微机原理及其应用

主　编　温淑焕　何　群　孟　宗
副主编　吴希军　孟　辉　朱丹丹　赵立兴
主　审　贾清泉

中国农业科学技术出版社

内容提要

本书是根据高等学校非计算机专业微机原理课程的教学特点编写的教材。主要内容包括：微处理器8086及其结构、8086指令系统和汇编语言程序设计、主存储器及其与CPU的接口、输入输出、中断及常用的微型计算机接口电路、数模（D/A）转换与模数（A/D）转换接口。本书观点新，内容全面，实用性强。

本书适合各类高等院校、各种成人教育学校和培训班的教材，也可供考研学生学习和广大科技人员参考。

版权专有　侵权必究

图书在版编目(CIP)数据

微机原理及其应用／温淑焕，何群，孟宗主编. —北京：中国农业科学技术出版社，2010.6

ISBN 978-7-5116-0151-3

Ⅰ.①微… Ⅱ.①温…②何…③孟… Ⅲ.①微型计算机—高等学校—教材 Ⅳ.①TP36

中国版本图书馆 CIP 数据核字(2010)第 086761 号

出版发行	中国农业科学技术出版社
出 版 者	中国农业科学技术出版社
	北京市中关村南大街12号　邮编：100081
电　　话	(010) 82109704(发行部) (010) 82106626(编辑室)
	(010) 82109703(读者服务部)
传　　真	(010) 82106624
网　　址	http://www.castp.cn
经 销 者	新华书店北京发行所
印 刷 者	河北省昌黎县第一印刷厂
开　　本	787 mm×1 092 mm　1/16
印　　张	19.625
字　　数	420千字
版　　次	2010年6月第1版　2010年6月第1次印刷
定　　价	38.00元

版权所有·翻印必究

前 言

当前，微型计算机技术日新月异的发展，是计算机科学划时代的进步。微型计算机和微型计算机技术发展很快，从原理、器件到体系结构，不断有新的进步，令人目不暇接。尽管这样，微机的基本工作原理并没有改变，以 16 位微机为主体的教学内容在若干年内仍将维持。所以，本书仍以 16 位结构的 8088/8086 微处理器和 IBM PC/XT 为典型机型，以微机小系统的应用为主要目标，详尽地论述有关微处理器及其指令系统的概念和程序设计方法，介绍构成微型计算机的存储器、接口部件、总线、A/D、D/A 等各项技术，并对构成高档 PC 机的 80386、80486 及 Pentium 芯片作了简单的介绍，以帮助读者自然地向高档 PC 机的领域过渡。

本书共分九章，第一章主要讲的是微型计算机的发展简况，计算机中的数和编码及其相互转换以及计算机基础知识以及计算机的硬件和软件的结构；第二章主要讲的是 8086 的两种引线，标志寄存器的使用，8086 的功能结构、指令周期、总线周期和 T 状态的基本概念；第三章主要讲的是数据类型和 8086 指令的操作数寻址方式，8086 的指令格式和的通用指令；第四章主要讲的是汇编语言的格式、语句行的构成、指示性语句、指令语句及编程方法；第五章主要讲的是 RAM、ROM 的种类，基本存储电路，RAM 的结构，掌握 RAM 与 CPU 的连接；第六章主要讲的是存储器对应输入输出方式，端口寻址的输入输出方式，CPU 与 I/O 设备之间的接口信息，CPU 与外设数据传送的方式，8255 的结构、方式选择及各方式的功能；第七章主要讲的是中断的概念、中断源以及中断系统的功能，CPU 响应中断的条件，CPU 对中断的响应，中断优先权的确定原理，中断控制器 8259 的功能、结构、编程和工作方式；第八章主要讲的是计数器/定时器 8253 的控制字、工作方式、编程及 8253 的内部结构；第九章主要讲的是 A/D、D/A 转换原理及其接口电路。

本书编写的目的是拓宽学生视野、以便对微机系统的发展和微机应用有一个整体的认识。建议在实施教学时注意把握主要内容，对一些比较新、比较泛和比较粗的内容可以不讲或略讲、让学生课下阅读。

本书第一章和第七章由温淑焕编写，第二章由孟辉编写，第三章由赵立兴编写，第四章由何群编写，第五章由朱丹丹编写，第六章由孟宗编写，第八章和第九章由吴希军编写。贾清泉教授担任主审，对本书进行了详细审阅并提出很多宝贵意见。在此表示衷心的感谢。由于水平有限，书中难免有疏漏和不当之处，敬请读者提出宝贵意见。

编者

2010 年 5 月

目 录

第 1 章 微型计算机概述 1
1.1 微型计算机发展概述 1
1.2 计算机基础 7
1.3 微型计算机的硬件和软件 12
1.4 微型计算机的结构 14
1.5 多媒体计算机 15

第 2 章 8086 及处理器总线 17
2.1 8086 的功能结构 17
2.2 8086 微处理器的执行环境 19
2.3 处理器总线 27
2.4 系统总线 39

第 3 章 8086 的指令系统 50
3.1 8086 的寻址方式 50
3.2 8086 的指令系统 54

第 4 章 汇编语言程序设计 101
4.1 程序设计语言概述 101
4.2 汇编语言的格式 102
4.3 语句行的构成 103
4.4 指示性语句(Directive statements) 109
4.5 指令语句 123
4.6 汇编语言程序设计及举例 128

第 5 章 存储器系统 173
5.1 存储器概述 173
5.2 半导体存储器 175
5.3 读写存储器 RAM 180
5.4 只读存储器 ROM 183
5.5 存储器与 CPU 的接口技术 191

第 6 章 输入和输出 198
6.1 输入输出接口电路概述 198
6.2 CPU 和外设之间的数据传送方式 201
6.3 并行通信和并行接口 214
6.4 可编程并行通信接口 8255A 216

第 7 章 中断系统 241
7.1 中断的基本概念 241
7.2 8086/8088 中断系统 241
7.3 中断优先权 246
7.4 中断控制器 Intel8259A 249

第 8 章 计数器/定时器 8253 265
8.1 概述 265
8.2 8253-PIT 的控制字 268
8.3 8253-PIT 的工作方式 269
8.4 8253-PIT 的编程 280

第 9 章 模/数和数/模转换 282
9.1 概述 282
9.2 数/模（D/A 转换器） 283
9.3 模/数（A/D 转换器） 293
9.4 采样保持电路 305
9.5 多路转换模拟开关 306

第 1 章　微型计算机概述

1.1　微型计算机发展概述

计算机系统是能够自动地、快速地、准确地进行信息处理的电子工具,其工作过程的实质是电子器件状态的快速变化。

1946 年,世界上出现了第一台由电子管构成的、能够按照人们事先的安排、快速完成所要求计算任务的 ENIAC 电子计算机,计算机及其相关技术经历了一个快速发展的过程。一般来说,电子计算机发展历程的各个阶段,是以所采用的电子器件的不同来划分的,如电子管、晶体管、中小规模集成电路和大规模及超大规模集成电路计算机。微型计算机属于第四代电子计算机产品,即大规模及超大规模集成电路计算机,是电路技术不断发展,芯片集成度不断提高的产物。

主机按体积、性能和价格分为巨型机、大型机、中型机、小型机和微型机五类。从其工作原理上来讲,微型机与其他几类计算机并没有本质上的差别。所不同的是由于采用了集成度较高的器件,使得其在结构上具有独特的特点,即将组成计算机硬件系统的两大核心部分——运算器和控制器,或者微处理器 MPU。

微处理器是微型计算机系统的核心部分,自 20 世纪 70 年代初出现第一片微处理器芯片以来,微处理器的性能和集成度几乎每两年翻一番,其发展速度大大超过了前几代计算机。微型计算机系统及相关技术的发展,主要涉及以下几个方面:CPU、主频、缓存、新技术(如指令集、插槽技术等)。

1.1.1　微型计算机的发展历史

微型计算机系统的核心部件为 CPU,因此我们主要以 CPU 的发展、演变过程为线索,来介绍微型计算机系统的发展过程,本书主要以 Intel 公司的 CPU 为主线。

第一代:4 位及低档 8 位微处理器

1971 年,Intel 公司推出第一片 4 位微处理器 Intel4004,如图 1-1 所示,以其为核心组成了一台计算机,开创了一个全新的计算机时代。随后出现的 Intel4040,是第一片通用的 4 位微处理器。1972 年,霍夫等人开发出第一个 8 位微处理器 Intel 8008,如图 1-2 所示。集成度约 2000 管/片,时钟频率 1MHz。在此基础上 Intel 公司研制出 S4 型微型计算机,微处理器为

4040,4 位机，4040 是 4004 的改进型。然后又推出 S8 型微型计算机，微处理器为 8008,8 位机。

第二代：低、中档 8 位微处理器

1973～1974 年，中、低档微处理器出现，这种微处理器具有体积小、使用方便的优点，其中以 Intel8008、M6800、Rockwell6502 为代表，8 位，集成度 5000 管/片，时钟频率 2～4MHz。

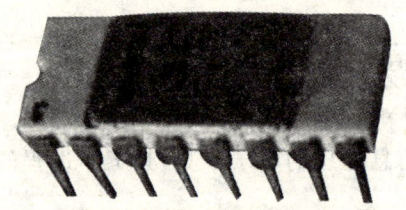
图 1-1　Intel4004 微处理器

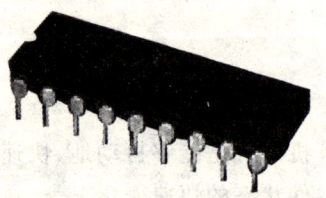
图 1-2　Intel8008 微处理器

这一时期，微处理器的设计和生产技术已经相当成熟，组成微型计算机系统的其他部件也越来越齐全，系统朝着提高集成度、提高功能与速度，减少组成系统所需的芯片数量的方向发展。

第三代：中、高档 8 位微处理器

1975～1976 年，典型的产品为 Z-80,Intel8085,Apple-Ⅱ微型计算机，如图 1-3 所示，8 位，时钟频率 2～4MHz,集成度约 10000 管/片，这期间还出现了一系列单片机。

第四代：16 及低档 32 位微处理器

1978 年，Intel 首次推出 16 位处理器 8086,时钟频率达到 4～8MHz,8086 的内部和外部数据总线都是 16 位，地址总线为 20 位，可直接访问 1MB 内存。1979 年，Intel 又推出 8086 的姊妹芯片 8088,时钟频率达到 48MHz,如图 1-4 所示，集成度达到 2 万～6 万管/片。其指令系统和 8086 完全兼容，它与 8086 不同的是外部数据总线为 8 位，地址线为 20 位。

图 1-3　Apple-Ⅱ微型计算机

图 1-4　Intel8088 微处理器

1982年，Intel推出了80286，如图1-5所示，时钟频率为10MHz，内部结构仍然为16位结构，但地址总线扩展到24位，可访问16MB内存，其工作频率也较8086提高了许多。80286可以兼容8086的指令集和工作模式，并增加了部分新指令和提供了保护模式操作功能。

1985年，Intel又推出了32位处理器80386，如图1-6所示，时钟频率为16～25MHz，该芯片的内外部数据线及地址总线都是32位，可访问4GB内存，并支持分页机制。除了工作模式和保护模式外，80386又增加了一种"虚拟8086"的工作模式，可以在操作系统控制下模拟多个8086同时工作。

图1-5 Intel80286微处理器

图1-6 Intel80386微处理器

1989年，Intel推出了80486，如图1-7所示，时钟频率为30～40MHz，集成度达到15万～50万管/片，168个脚，因此被称为超级微型机。早期的80486相当于把80386和完成浮点运算的数学协处理器80387以及8KB的高速缓存集成到一起，这种片内高速缓存称为一级L1缓存，80486还支持主板上的二级L2缓存。后期推出的80486 DX2首次引入了倍频的概念，有效缓解了外部设备的制造工艺跟不上CPU主频发展速度的矛盾。

图1-7 Intel80486微处理器

第五代：高档32位微处理器

1993年，Intel公司推出了64位Pentium80586，如图1-8所示，或称P5，中文译名为"奔腾"。Pentium 最大的改进是它拥有超标量结构,支持在一个时钟周期内执行一至多条指令,且一级缓存的容量增加到了 16KB,这样大大提高了存取主存的速度,使得 Pentium 的速度比 80486 快数倍。除此之外,Pentium 还具有良好的超频性能,把一个低主频 CPU 当作高主频 CPU 来使用,使得花费较低的代价可获得较高的性能。AMD 和 Cyrix 推出了与 Pentium 兼容的处理器 K5 和 6x86,但是由于这些产品的浮点性能不如 Pentium,超频性能不强,且主频始终跟在 Intel 后面跑,因此只获得了少部分的市场份额。

1995 年,Intel 公司推出了高性能奔腾 Pentium Pro,该芯片具有两个特点,一是片内封装了与 CPU 同频运行的 256KB 或 512KB 二级缓存;二是支持动态预测执行,打乱程序原有指令顺序,按照优化顺序同时执行多条指令,性能比 Pentium 更胜一筹。

1996 年底,Intel 发布了 Pentium MMX,如图 1-9 所示。Pentium MMX 是英特尔在 Pentium 内核基础上改进,最大的特点是增加了 57 条 MMX 指令。这些指令专门用来处理音视频相关的计算,目的是提高 CPU 处理多媒体数据的效率。

图 1-8 Intel80586 微处理器

图 1-9 Pentium MMX

接着 Intel 推出 Pentium Pro 微处理器,采用了一种新的总线接口 Socket 8。新的处理器对多媒体功能提供了很好的支持。1997 年推出了 PⅡ,PⅡ是对 Pentium Pro 的改进,芯片封装有着巨大的改变。Pentium Ⅱ首次引入了 S.E.C(Single Edge Contact)封装技术,将高速缓存与处理器整合在一块 PCB 板上。

1999 年 1 月,Intel 推出奔腾Ⅲ处理器,如图 1-10 所示,其身份代码可通过 Internet 读取,集成度达每片 2810 万个以上器件,主频为 500MHz 以上。2000 年英特尔发布了 Pentium 4 处理器,如图 1-11 所示,用户使用基于 Pentium 4 处理器的个人电脑,可以创建专业品质的影片,透过因特网传递电视品质的影像,实时进行语音、影像通讯,实时 3D 渲染,快速进行 MP3 编码解码运算,在连接因特网时运行多个多媒体软件。

图 1-10 Pentium Ⅲ 处理器

图 1-11 Pentium 4 处理器

微处理器主要特点如下：

时间	机型	主要特点
	8088	
1978	8086	第一个 16 位微处理器
1982	80286	保护模式,实模式
1985	80386	32 位微处理器,新增虚拟 86 模式
1989	80486	内含协处理器,片内 Cache
1993	Pentium	RISC 技术,超标量结构,分支预测
1995	Pentium Pro	封装 2 级 CaChe,动态执行
1996	Pentium MMX	MMX 多媒体指令
1997	Pentium Ⅱ	双重独立总线,单边接触盒
1999	Pentium Ⅲ	SEE 指令
2000	Pentium Ⅳ	SEE2 指令,NetBurst 微结构,400MHz 外频

Gordon Moore 是 Intel 公司的创始人,著名半导体科学家。他在 1965 年预言:"晶体管的大小将以指数速率变小,而集成到芯片上的晶体管数目将 18～24 个月翻一番。"这个预言就是著名的摩尔定律,如图 1-12 所示。这个趋势一直延续至今,在 26 年的时间里,芯片上的晶体管数量增加了 3200 多倍,从 1971 年推出的第一款 4004 的 2300 个增加到奔腾®Ⅱ 处理器的 750 万个 。其数据如下:

年代	型号	晶体管数量
• 1978 年	8086	2.9 万

- 1982 年　　80286　　　　　13.5 万
- 1985 年　　80386　　　　　32 万
- 1990 年　　80486　　　　　120 万
- 1993 年　　Pentium　　　　320 万
- 1996 年　　Pentium Pro　　550 万
- 1997 年　　Pentium Ⅱ　　　750 万

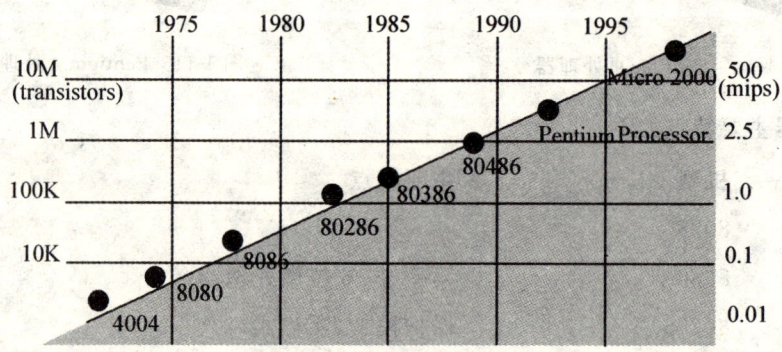

图 1-12　摩尔定律曲线图

1.1.2 微型计算机的应用

微型计算机本质上与其它计算机并无太多的区别,所不同的是由于广泛采用了集成度相当高的器件和部件,特别是把组成计算机系统的两大核心部件——运算器和控制器集成在一起,形成了微型计算机系统的中央处理器 CPU,因此带来微型计算机系统的下列特点:

1. 体积小,重量轻;
2. 价格低;
3. 可靠性高,结构灵活;
4. 应用面广;
5. 功能强,性能优越。

上述特点都与组成器件集成度的不断提高,有着非常密切的关系。由于微型计算机具有体积小、价格低、工作可靠、使用方便、通用性强等的特点。所以,目前主要有以下几个方面的应用:

(1) 科学计算　科学计算自始至终是计算机的重要应用领域。当今的计算机具有更快和更强的数据运算能力,在航天、军工、气象等领域得到广泛的应用。而如今许多微型机系统具有较强的运算处理能力,由多个微处理器模块构成的系统,其功能可与大型机相匹敌,而成本却大大低于大型机,具有取代大型机,甚至巨型机的趋势。

(2) 信息处理及计算机网络　微型机配上数据库管理软件后,可以灵活地对各种信息按要求分类、检索、存储和打印等,尤其是运用于网络系统。计算机网络近几年发展迅速,除本单位、本部门的局域网络外,覆盖全国乃至世界的广域网络也相继建立起来。网络应用范围也在不断扩大。国内的"三金"工程的建立会加速社会信息化的进程。

(3) 生产过程自动化　过程控制是计算机应用较早的领域之一。计算机在工业领域的应用改变了传统的制造方式。近几年,计算机辅助设计、计算机辅助制造得到长足发展,生产过程自动化不但是生产装置的自动化,而且发展成为计算机集成制造系统,大大提高了生产率。

(4) 智能化仪器及装置　微型机体积小、价格低、耗电少,这使得它在仪器、仪表中得到广泛应用。现在的仪器、仪表多数采用微处理器来代替传统的机械部件或分立的电子部件,使产品在测量精度和性能上有很大提高。在人们日常使用的各种家用电器中,现在也更多地采用了微处理器进行控制,如全自动洗衣机、电视机、电冰箱、自动空调等。

(5) 家用电脑　计算机多媒体技术的应用和计算机通信功能的完善,计算机性能的提高和价格的降低,使计算机正快速地走向家庭。家用电脑的普及正在替代传统的家用电器,并将改变人们的生活方式。如家庭影院、家庭教育、家庭办公等正在成为现实。

1.2　计算机基础

1.2.1　数制、编码

(一) 数制

人们可以用二进制、八进制、十进制、十六进制表示数,但是从容易实现角度考虑,用两种状态表示方便,所以电子计算机中一般采用二进制。但是人们又习惯使用十进制数,所以需要掌握各数制之间的转换原理。

计算机均用二进制数表示,但是二进制数书写起来太长,所以微型计算机中的二进制数都采用十六进制来缩写。十六进制数用 0~9,A~F 等 16 个数码表示十进制数 0~15(如表 1-1 所示)。为了对十进制数、二进制数、八进制数及十六进制数加以区别,在数的后面加一个字母以进行区别。用 B(Binary System) 表示二进制数制;D(Decimal System) 或不带字母表示十进制数制;Q(Octave System) 表示八进制数制;H(hexadecimal) 表示十六进制数制。

表 1-1　不同进位记数制对照表

十进制	二进制(B)	十六进制(H)	十进制	二进制(B)	十六进制(H)
0	0000	0	8	1000	8
1	0001	1	9	1001	9
2	0010	2	10	1010	A

续表

十进制	二进制(B)	十六进制(H)	十进制	二进制(B)	十六进制(H)
3	0011	3	11	1011	B
4	0100	4	12	1100	C
5	0101	5	13	1101	D
6	0110	6	14	1110	E
7	0111	7	15	1111	F

1. 二进制数和十六进制数间的相互转换

将二进制数从右(最低位)向左依次每4位为1组分组,若最后1组不足4位,则在其左边添加0,以便凑成4位,每组用1位十六进制数表示。如:

1111101000110B→1 1111 0100 0110B→0001 1111 0100 0110B=1F46H

十六进制数转换二进制数,用4位二进制数代替1位十六进制数即可。

如:4AB8H=0100 1010 1011 1000B

2. 十六进制数和十进制数间的相互转换

将十六进制数按权展开相加,如:

$1F3DH = 16^3 \times 1 + 16^2 \times 15 + 16^1 \times 3 + 16^0 \times 13 = 4096 \times 1 + 256 \times 15 + 16 \times 3 + 1 \times 13$
$= 4096 + 3840 + 48 + 13 = 7997$

十进制整数转换为十六进制数,可以用16不断地去除待转换的十进制数,一直到商等于0为止。将所得的各次余数,依倒叙排列,即可得到所转换的十六进制数。如将38947转换为十六进制数,其方法及算式如下:

即 38947=9823H

```
16│38947   3
 16│2434   2
  16│152   8
   16│9    9
      0
```

(二) 计算机中数的几个概念

1. 机器数与真值

机器数:机器中数的表示形式,它将数的正、负符号和数值部分一起进行二进制编码,其位数通常为8的整数倍。

真值:机器数所代表的实际数值的正负和大小,是人们习惯表示的数。

2. 计算机中有符号数的表示

有符号数有原码、反码和补码三种表示法。

(1) 原码:数值部分用其绝对值,正数的符号位用"0"表示,负数的符号位用"1"表示。如:

$$X1=+5 \qquad [X1]_原 = \underline{0}0000101B$$
$$X2=-5 \qquad [X2]_原 = \underline{1}0000101B$$
符号位

原码表示简单易懂,而且与真值的转换方便。但若是两个异号数相加,或两个同号数相减,就要做减法。为了把减运算转换为加运算,从而简化计算机的结构,就引进了反码和补码。

(2) 反码:正数的反码与原码相同;负数反码:符号位不变,数值部分按位取反。

例:求 8 位反码机器数:

$$X1=+4 \quad [X1]_原=000000100B=[X1]_反=04H$$
$$X2=-4 \quad [X2]_原=10000100B \quad [X2]_反=11111011B=FBH$$

└─── 取反 ───┘

(3) 补码:正数的补码与原码相同;负数补码为其反码加 1。

例:求 8 位补码机器数:

$$X1=+4 \qquad [X1]_原=[X1]_反=[X1]_补=00000100=04H$$
$$X2=-4 \qquad [X2]_原=10000100$$
$$\qquad\qquad\qquad [X2]_反=11111011$$
$$\qquad\qquad\qquad [X2]_补=[X2]_反+1=11111100=FCH$$

几点说明:

① 一个用补码表示的机器数,若最高位为 0,则其余几位即为此数的绝对值;若最高位为 1,其余几位不是此数的绝对值,必须把该数求补[按位取反(包括符号位)加 1],才能得到它的绝对值。

如:$X=-15 \quad [-15]_补=F1H=11110001B$

求补得 $00001110+1=00001111B=15$

② 当数采用补码表示时,就可以把减法转换为加法。

【例 1-1】 $64-10=64+(-10)=54$

$[64]_补=40H=0100\ 0000B$

$[10]_补=0AH=0000\ 1010B$

$[-10]_补=1111\ 0110B$

```
     做减法运算过程:              用补码相加过程:
        0100 0000                    0100 0000
      - 0000 1010                  + 1111 0110
        0011 0110                  1 0011 0110
                                   └─进位自然丢失
```

结果相同,其真值为 36H(=54)。由于数的八位限制,最高位的进位是自然丢失的(在计算机中,进位被存放在进位标志 CY 中的)用补码表示后,减法均可以用补码相加完成。因此,在微型计算机中,凡是符号数一律是用补码表示的。用加法器完成加、减运算,用加法器和移位寄存器完成乘、除运算,简化计算机硬件结构。

(三)二进制编码的十进制数(BCD 码)

在计算机中十进制数可以用二进制编码表示,BCD(Binary-Code Decimal)码是比较常用的一种编码形式。BCD 码有两种形式,即压缩 BCD 和非压缩 BCD 码。

1. 压缩 BCD 码

压缩 BCD 码就是通常的 8421 码;它用 4 个二进制位表示一个十进制位,一个字节可以表示两个十进制位,即 00～99。

2. 非压缩 BCD 码

非压缩 BCD 码用 8 个二进制位表示一个十进制位,只用低 4 个二进制位表示一个十进制位 0～9,高 4 位任意,通常默认为 0。举例如下:

真值	8	64
压缩 BCD 码	08H	64H
非压缩 BCD 码	08H	0604H

3. 二进制编码的十进制数

一位十进制数用 4 位二进制编码来表示。

例:83.123＝(1000 0011.0001 0010 0011)$_{BCD}$

(四)ASCII 码(American Standard Code for Information Interchange,美国信息交换标准代码)

采用 7 位二进制来对一个字符进行编码,可表示 128 个字符。美国标准信息交换码 ASCII 码,用 8 位二进制编码表示字符,用于计算机与计算机、计算机与外设之间传递信息,每一个符号都有对应的 ASCII 码,常用数字和字母 ASCII 码如表 1-2 所列,在程序中,字符可用 ASCII 码表示,也可以用加引号的字符表示,例如字符 4,可以用 34H 表示,也可以用"4"表示,此时,它只有符号的意义,而无数量的概念。

表 1-2 常用字符的 ASCII 码

字符	ASCII(H)
0～9	30～39
A～Z	41～5A
a～z	61～7A
Blank(Space)	20
$	24

1.2.2 常用的名词术语

1. 位(bit)：是计算机所能表示的最小最基本的数据单位,它指的是取值只能为 0 或 1 的一个二进制数值位。位作为单位时记作 b。

2. 字节(byte)：由 8 个位二进制位组成,通常用作计算存储容量的单位。字节作为单位时记作 B,是衡量计算机所容纳信息量多少的单位。

3. 字:"字"是计算机内部进行数据传递处理的基本单位。通常它与计算机内部的寄存器、运算装置、总线宽度相一致。

4. 字长：一个字所包含的二进制位数称为字长。常见的微型计算机的字长,有 8 位、16 位、32 位和 64 位。

5. BIOS：通常指用于修改 CMOS 内容的工具程序,这个程序固化在主板上的 ROM 中。它也包括如下程序：基本输入输出程序,系统信息设置,开机上电自检程序和系统自举程序。

6. CMOS：用以存储 BIOS 设定内容的一颗 IC 元件。二者的区别如下：

(1) 采用的存储材料不同。BIOS 采用 ROM 芯片虽然现在采用了可擦写只读存储器(flash ROM),即使更新也需要用特殊的方法,或者用紫外线照射擦写窗口,才能修改。

CMOS 本身采用低供电电压可读写的 RAM,需要不间断的电源供电,以维持其存储数据,否则,一旦掉电数据将丢失。

(2) 存储的内容不同。BIOS 中始终固定保存微型计算机正常运行所必需的基本输入输出程序(BIOS setup program)、系统信息设置(system setup)、开机上电自检程序(POST)和系统启动自举程序(system boot program)。

CMOS 中存储着被固化工具程序 BIOS 修改过的系统的硬件配置和用户对某些参数的设定值。

1.2.3 计算机的工作过程

程序存放在存储器中,CPU 上电后自动从存储器特定位置开始逐条执行指令。执行过程:取一条指令,分析指令,执行指令。

- 举例: 一段汇编程序

    MOV AL, 7; 将数值 7 装入累加器 AL 中
    ADD AL, 10; AL 内容与 10 相加,结果存于 AL 中
    HLT ; 停止操作

编译成机器码:
10110000 (MOV AL,X)
00000111 (X=7)
00000100 (ADD AL,X)00001010 (X=10)
11110100 (HLT)

写入存储器

地址	内容
0000H	10110000
0001H	00000111
0002H	00000100
0003H	00001010
0004H	11110100

1.3 微型计算机的硬件和软件

微型计算机系统的组成：冯·诺依曼概念，程序存储及程序控制的概念，是由美籍匈牙利人冯·诺依曼提出的，因此又称为冯·诺依曼概念。冯·诺依曼计算机由五大部件组成：控制器、运算器、存储器、输入设备和输出设备。最初的冯·诺依曼计算机和现代的计算机有了很大的不同，例如：冯·诺依曼计算机的五大部件改变成了三个子系统：处理器、存储系统、输入输出系统。

1. 微型计算机的典型结构

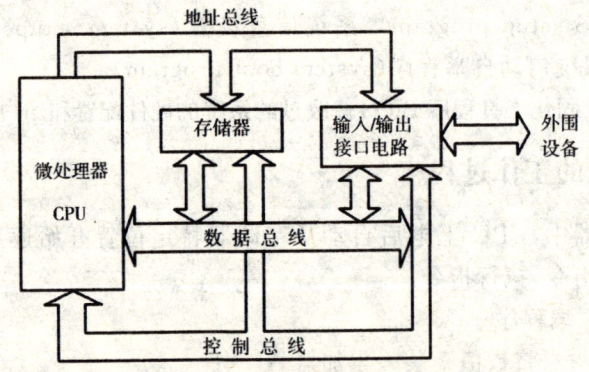

图 1-13 微型计算机结构图

图 1-13 是微型计算机的典型组成结构示意图，从图中我们可以看出，微型计算机由微处理器 CPU、一定容量的内部存储器（包括 ROM、RAM）、输入/输出接口电路组成。各功能部件之间通过总线有机地连接在一起，其中微处理器是整个微型计算机的核心部件。

（1）内部存储器，按照读写方式的不同，分为 ROM 和 RAM 两种类型；

（2）输入/输出接口电路是外围设备与微型计算机之间的连接电路，在两者之间进行信息交换的过程中，起暂存、缓冲、类型变换及时序匹配的作用；

(3) 总线是 CPU 与其他各功能部件之间进行信息传输的通道,按所传送信息的不同类型,总线可以分为数据总线 DB、地址总线 AB 和控制总线 CB 三种类型。

2. 微型计算机系统的组成

微型计算机系统包括硬件和软件两大部分。微型计算机再加上外设、电源、软件等构成微型计算机系统。微型计算机系统常用的外围设备有显示器、打印机、键盘等;软件一般指在计算机上运行的程序,包括操作系统、编译、编辑、汇编软件等。

微处理器、微型计算机与微型计算机系统三者之间的关系如下:

(1) 微处理器(Microprocessor)
- 一个大规模集成电路芯片
- 内含控制器、运算器(寄存器)等
- 微型计算机中的核心芯片

(2) 微型计算机(Microcomputer)
- 通常指微型计算机的硬件系统
- 还有一般的说法:微机、微型机

(3) 微型计算机系统(Microcomputer system)
- 指由硬件和软件共同组成的完整的计算机系统

微型计算机系统组成如图 1-14 所示。

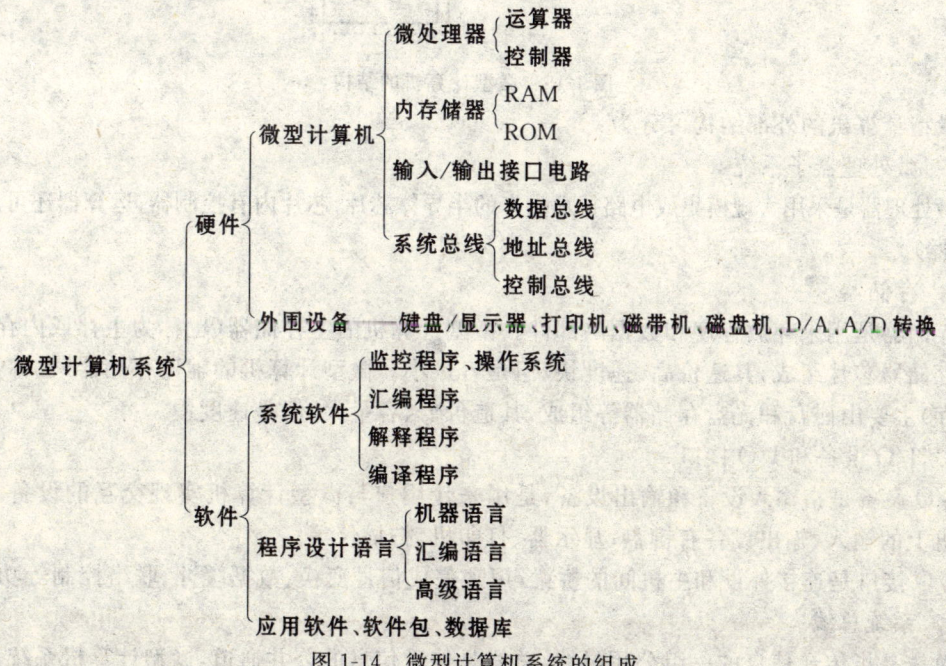

图 1-14 微型计算机系统的组成

软硬件之间的相互关系如下:

(1) 硬件是基础,软件依赖于硬件的存在而发生作用;
(2) 软件是灵魂,是硬件功能的扩充和完善;
(3) 硬件和软件相互渗透,相互促进,并可以相互转化。

1.4 微型计算机的结构

微型计算机的外部结构如图 1-15 所示。

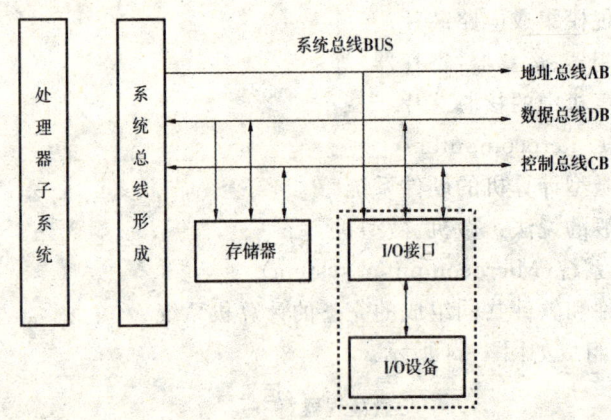

图 1-15 微型计算机的结构

微型计算机的外部结构可分为:

1. 微处理器子系统

微处理器是采用大规模集成电路技术生产的半导体芯片,芯片内有控制器、运算器还可以加入(寄存器)。

2. 存储器

存储器是用来存放程序和数据的部件。微型计算机的主存储器(也称为主存或内存)由半导体存储器芯片组成,其造价高、速度快、但是容量小。微型计算机的辅助存储器(也称为辅存或外存)主要由磁盘和光盘存储器等组成,其造价低、容量大、但是速度慢。

3. I/O 设备和 I/O 接口

I/O 设备是指输入设备和输出设备,是用来让用户与微型计算机实现交互的设备。微型计算机上的输入、输出设备有键盘、显示器、打印机、扫描仪等。

I/O 接口是连接外设和主机间的桥梁,用来完成信号变换、数据缓冲、联络控制等功能。

4. 系统总线

总线是指传递信息的一组公用导线,总线是传送信息的公共通道,微型计算机系统采用总线结构连接系统功能部件。总线信号可分成三组:

(1) 地址总线 AB：传送地址信息。输出将要访问的内存单元或 I/O 端口的地址；地址线的多少决定了系统直接寻址存储器的范围。

Intel80x86	地址条数	存储容量
8086	20	1MB
8088	20	1MB
80286	24	16MB
80386	32	4GB

(2) 数据总线 DB：传送数据信息。CPU 读操作时，外部数据通过数据总线送往 CPU，CPU 写操作时，CPU 数据通过数据总线送往外部。数据线的多少决定了一次能够传送数据的位数。

Intel 80x86	数据位数
8086	16
8088	8
80286	16
80386～Pentium 4	32

(3) 控制总线 CB：传送控制信息。协调系统中各部件的操作，有输出控制、输入状态等信号，控制总线决定了系统总线的特点，例如功能、适应性等。除了 CPU 外，还有 DMA 控制器和协处理器都具有控制系统总线的能力。它们被称为"总线主控设备"。在某一个时刻，只能由一个总线主控设备来控制系统总线。在连接系统总线的各个设备中，某一个时刻只能有一个发送者向总线发送信号，但可以有多个设备从总线上同时获得信号。

1.5 多媒体计算机

多媒体技术利用计算机来综合、集成地处理文字、图形、图像、声音、视频、动画等媒体，而形成的一种全新的信息传播和处理技术。这种技术包括计算机屏幕显示、视频光盘、CD-ROM 以及语言和声音的综合，同时在这些部件之间建立逻辑连接，从而使整个系统具有交互性。显然，多媒体技术使计算机进一步摆脱了"计算工具"的传统观念，成为处理各种信息的强有力工具。

当代微型计算机的 MPU 是安装在主板上的超大规模集成电路芯片，由算术逻辑部件 ALU，控制部件 CU 和寄存器组 R 三个基本部分和内部总线组成，是 MC 的核心部件，更是 MC 的心脏。

MC 则是当代微型计算机的主板，是以微处理器为核心，加上由大规模集成电路制作的存储器 M(ROM 和 RAM)、I/O(输入/输出)接口和系统总线组成的。

MCS 是以微型计算机为核心,再配以相应的外围设备,电源、辅助电路和控制微型计算机工作的软件而构成的完整的计算系统。图 1-16 为一套标准的多媒体微型计算机系统。

多媒体计算机(MPC)是多媒体技术走向实用化的范例。它是在 PC 的基础上融合高质量的图形、立体声、动画等媒体而组合的系统,其硬件结构如图 1-16 所示。

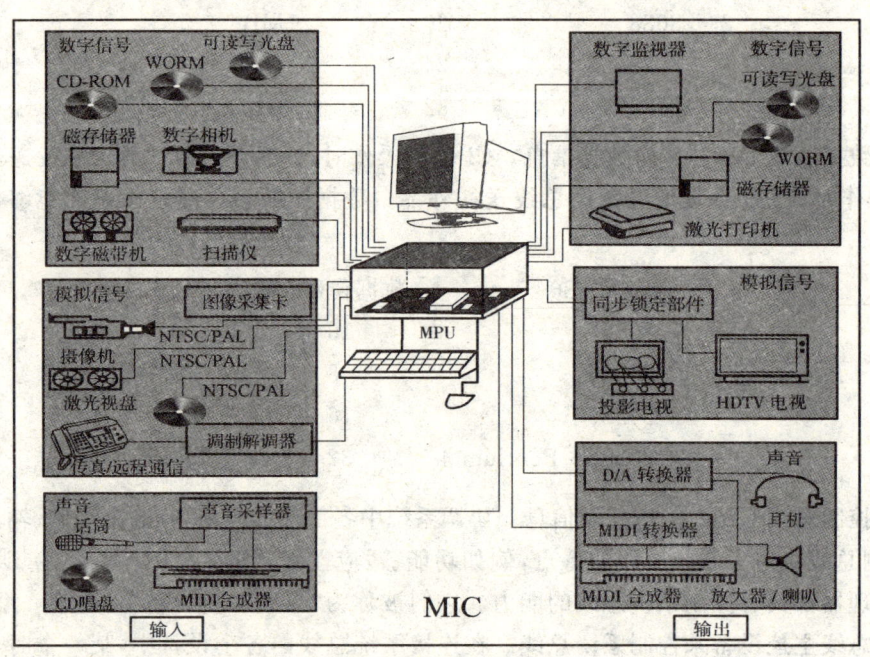

图 1-16　多媒体计算机的组成

总之,多媒体计算机是在通用的 PC 的基础上,增加了多媒体设备和多媒体软件构成的。本章不涉及软件,所以,在普通台式计算机的基础上增加了多媒体设备就构成了多媒体计算机的硬件系统。

第 2 章 8086 及处理器总线

8086CPU 曾是使用广泛的 16 位微处理器。80386 和 80486 及目前流行的 Pentium 系列都是从 8086 发展而来的,称为 80x86 系列。

本章主要介绍 Intel 系列中的几种 CPU,其中以 8086 微处理机为重点,较详细地讲述了 8086CPU 的内部结构及芯片的管脚及其功能。围绕以 8086CPU 组成的计算机系统,介绍有关的功能部件、它们之间的相互作用以及系统配置。为便于了解 8086 执行指令的过程,介绍了 8086CPU 的内部时序。对 Intel 系列的高档微处理机也做了一定的说明。

2.1 8086 的功能结构

8086CPU 的内部结构如图 2-1 所示。从图 2-1 可以看出,8086CPU 由两大部分组成:总线接口单元(Bus Interface Unit,BIU)和指令执行单元(Execution Unit,EU)。BIU 主要由地址加法器、专用寄存器组、指令队列和总线控制电路等 4 个部分组成,它负责与外部存储器或 I/O 端口打交道。其主要功能是形成访问存储器的物理地址、访问存储器并取指令暂存到指令队列中等待执行,访问存储器或 I/O 端口读取操作数参加 EU 运算以及存放运算结果等。EU 主要由算术逻辑运算单元(ALU)、标志寄存器(FR)、通用寄存器组和 EU 控制器等 4 个部分组成,其主要功能是执行指令。

BIU 通过地址加法器形成某条指令在存储器中的物理地址后,启动存储器,从给定的地址中取出指令代码,送指令队列中等待。BIU 中的指令队列可以存放 6 字节的指令代码,一般情况下应保证指令队列中总是填满指令,使得 EU 可以不断地得到等待执行的指令。一旦指令队列中空出 2 个字节,BIU 将自动进入读指令的操作以填满指令队列。总线控制电路将 8086CPU 的内部总线与外部总线相连,是 8086CPU 与外部交换数据的必经之路,它包括 16 条数据总线、20 条地址总线和若干条控制总线。CPU 通过这些总线与外部世界取得联系,从而形成各种规模的 8086 微型计算机。

EU 中的算术逻辑运算单元(ALU)可以完成 8 位或 16 位的二进制运算,运算结果通过内部总线送到通用寄存器组或 BIU 的内部寄存器中,等待写入存储器。暂存寄存器用来暂存参加运算的操作数,经 ALU 运算后的结果特征置入标志寄存器(FR)中保存。EU 控制器负责从 BIU 的指令队列中取指令,并对指令译码,根据指令要求向 EU 内部各部件发出控制命令,

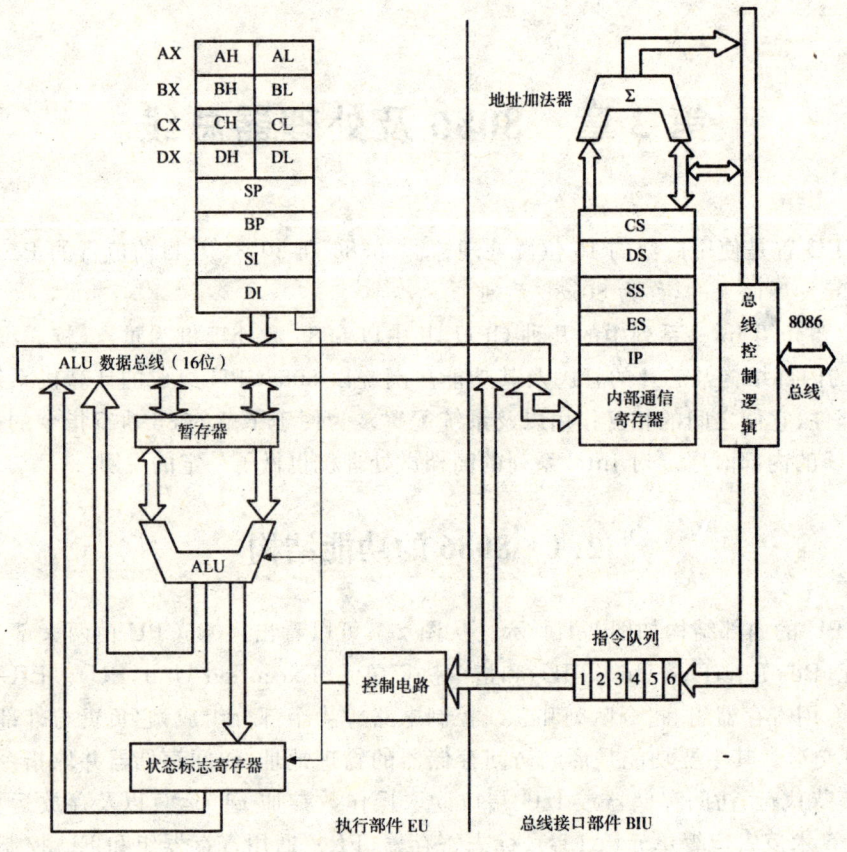

图 2-1 8086CPU 的内部结构框图

以完成各条指令的功能。

　　传统的 CPU 在程序执行时,总是先从存储器中取出一条指令,读出一个操作数(如指令需要操作数的话),然后执行指令。即执行的顺序为:取第一条指令,执行第一条指令;取第二条指令,执行第二条指令……直至取最后一条指令,执行最后一条指令。它的工作顺序如图 2-2 所示。

　　在 8086CPU 体系结构中,这些步骤分配给两个独立的处理单元进行:BIU 负责取指令、读出操作数和写入结果,EU 负责执行指令。这两个单元能够相互独立地工作,并在大多数情况下,使大部分取指令和执行指令重叠进行,即在取指令的同时,指令执行部件也同时工作,其执行顺序如图 2-3 所示。

　　这种执行顺序减少了等待取指所需的时间,有效地加快了系统的运算速度。换句话说,EU 在执行指令时,不必通过访问存储器去取指令,而是从指令队列中取得指令代码,并分析

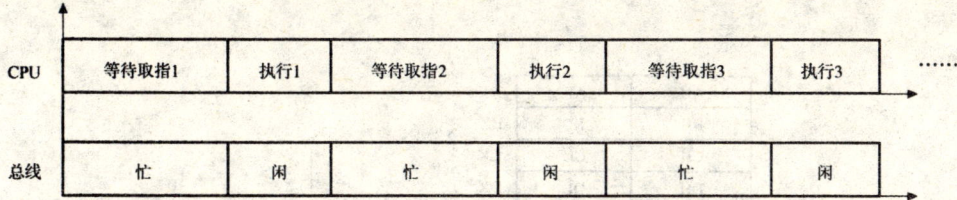

图 2-2 传统微处理器的指令执行过程

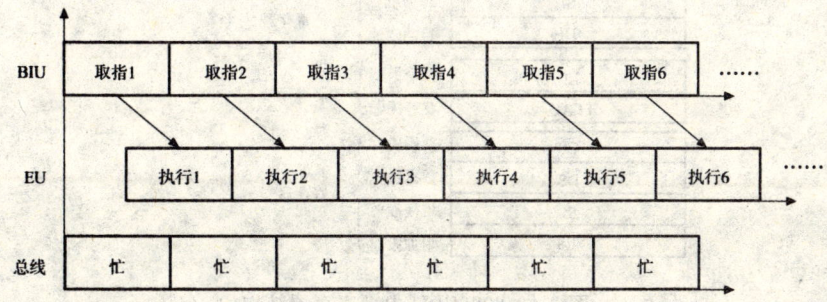

图 2-3 8086CPU 的指令执行过程

执行它。这种重叠的操作技术称为流水线,过去只在大型机中才使用,在 80x86 系列微处理器中得到了广泛的使用与提高。

2.2 8086 微处理器的执行环境

2.2.1 基本程序执行寄存器

处理器为应用程序编程提供了 14 个基本程序执行寄存器,它们组成了执行通用指令的基本执行环境。其结构如图 2-4 所示。可将其分为通用寄存器、段寄存器和控制寄存器。

1. 通用寄存器

在 8086CPU 指令执行部件 EU 中有 8 个 16 位通用寄存器,其作用是存放数据和地址。它们分成两组,一组由 AX、BX、CX、DX 构成,称为通用数据寄存器。这些通用数据寄存器除了具有保存数据和地址作用外,各寄存器还有其特殊的用途:

- AX(Accumulator Register,累加器)——一般用来存放参加运算的数据和结果,在乘、除法运算、I/O 操作、BCD 数运算中有不可替代的作用。
- BX(Base Register,基址寄存器)——除可作为数据寄存器外,还可存放内存的逻辑偏移地址,而 AX、CX、DX 则不能。
- CX(Counter,计数寄存器)——它既可以作为数据寄存器,还可在串指令和移位指令

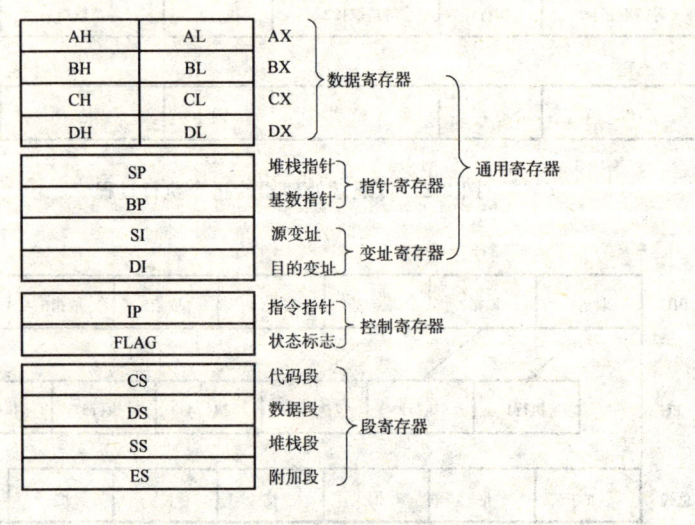

图 2-4 8086CPU 内部寄存器结构

中作为计数用。

- DX(Data Register,数据寄存器)——除可作为通用数据寄存器外,还在乘、除法运算、带符号数的扩展指令中有特殊用途。

通用数据寄存器既可用来存放 16 位的数据或地址,也可把它们作为 8 位寄存器来使用,即把每个 16 位的通用数据寄存器分成高 8 位和低 8 位。低 8 位被命名为 AL、BL、CL 和 DL,高 8 位被命名为 AH、BH、CH 和 DH。这些寄存器一般存放 8 位数据。

另一组也包括 4 个 16 位寄存器,主要用来存放存储器或 I/O 端口的地址。

- SI(Source Index,源变址寄存器)——多用于存放内存的逻辑偏移地址(隐含的逻辑段地址在数据段寄存器中),也可存放数据。
- DI(Destination Index,目的变址寄存器)——多用于存放内存的逻辑偏移地址(隐含的逻辑段地址在数据段寄存器中),也可存放数据。
- BP(Base Pointer,基址指针)——用于存放内存的逻辑偏移地址(隐含的逻辑段地址在堆栈段寄存器中)。
- SP(Stack Pointer,堆栈指针)——用于存放栈顶的逻辑偏移地址(隐含的逻辑段地址在堆栈段寄存器中)。

为了更好地管理存储器,8086 把它所对应的存储空间分成几个逻辑段,而存放在上述指针或变址寄存器中的往往是在某一逻辑段中寻址的偏移地址。例如,一条 ADD 指令可以在当前数据段中指定它的一个操作数,办法之一就是把该操作数的偏移量放在一个指示器或变址寄存器中。

2. 段寄存器

8086CPU 总线接口部件(BIU)设有 4 个 16 位段寄存器,分别是代码段寄存器(CS)、数据段寄存器(DS)、堆栈段寄存器(SS)和附加段寄存器(ES)。

- CS (Code Segment,代码段寄存器)——存放程序代码段起始地址的高 16 位。
- DS (Data Segment,数据段寄存器)——存放数据段起始地址的高 16 位。
- SS (Stack Segment,堆栈段寄存器)——存放堆栈段起始地址的高 16 位。
- ES (Extended Segment,附加段寄存器)——存放扩展数据段起始地址的高 16 位。

8086 具有 1MB 的存储空间,但放在指令寄存器和变址寄存器中的地址都只有 16 位。仅 16 位地址不能直接提供 1MB 存储器寻址,只能在一个特定的 64KB 的段中作为偏移量寻址。由此,划分地址段并且确定偏移量寻址是在哪一段中进行就变得至关重要了。在 8086 系统中,1MB 的存储空间可被分成许多逻辑段,每段最长为 64KB,这些逻辑段可在 8086 系统中整个 1MB 存储空间中浮动。同时,划分的各个逻辑段首地址的高 16 位存放在该段寄存器中,这个高 16 位地址又称为段基址。这样,CS 用来存放当前代码段的段基址,DS 用来存放当前数据段的段基址,ES 用来存放扩展段的段基址,SS 用来存放堆栈段的段基址。

由于系统中只设 4 个段寄存器,任何时候 CPU 只能识别当前可寻址的 4 个逻辑段。通常,代码段用来存放可执行的指令,数据段和扩展段用来存放参加运算的操作数和运算结果,堆栈段作为程序执行中需要使用的堆栈,即在存储器中开辟的堆栈区。如果程序量或数据量很大,超过 64KB,那么就需要定义多个代码段、数据段、扩展段和堆栈段,只是在 4 个段寄存器中存放的应该是当前正在使用的逻辑段的段基址。

3. 标志寄存器

8086CPU 设置了一个 16 位标志寄存器(FR),如图 2-5 所示。它包括 6 个状态标志、一个控制标志和两个系统标志,用来存放运算结果特征和控制 CPU 操作。

15	14	13	12	11	10	9	8	7	6	5	4	3	2	1	0
				OF	DF	IF	TF	SF	ZF		AF		PF		CF

图 2-5 标志寄存器结构

(1) 状态标志

① CF(Carry Flag)——进位标志位

CF=1,表示本次运算中最高位(D_{15} 或 D_7)有进位(加法运算时)或有借位(减法运算时)。CF 标志可以通过 STC 指令置位,通过 CLC 指令复位(清除进位标志),还可通过 CMC 指令将当前 CF 标志取反。

② PF(Parity Flag)——奇偶校验标志位

PF=1,表示本次运算结果中有偶数个"1";PF=0,表示本次运算结果中有奇数个"1"。

③ AF(Auxiliary Carry Flag)——辅助进位标志位

AF=1,表示运算结果的 8 位数据中,低 4 位向高 4 位有进位(加法运算时)或有借位(减法运算时)。这个标志位只在十进制运算中有用。

④ ZF (Zero Flag)——零标志位

ZF=1,表示本次运算结果为零;ZF=0,运算结果非零。

⑤ SF(Sign Flag)——符号标志位

SF=1,表示本次运算结果的最高位(D_{15} 或 D_7)为"1",否则 SF=0。

⑥ OF(Overflow Flag)——溢出标志位

OF=1,表示本次算术运算结果产生溢出,否则 OF=0。所谓溢出,就是字节运算的结果超出了范围-128~+127,或者字运算超出了范围-32768~+32767。在加法运算时,当次高位向最高位有进位,而最高位又没有向前进位时,便产生溢出,于是 OF=1;或者每当次高位向最高位无进位,而最高位向前却有进位时,同样也产生溢出,于是 OF=1。在减法运算中,每当判断出最高位将要借位,而低位并不向最高位产生借位时,OF 置 1;或者,每当判断出低位从最高位有借位,而最高位并不需要从更高位借位时,OF 置 1。计算机在进行算术运算时,判断是否溢出的一个简单方法是:运算结果是否合理。例如,当两个正数相加,和为负数时,OF=1;否则,OF=0。要说明的是,计算机在运算时会影响 OF 标志,但对编程者来说,该标志仅对带符号数有意义。

为了对上述 6 个状态标志位有更具体的了解,举两个例子。

【例 2-1】 执行下面两个数的加法。

```
    0010 0011 0100 0101
  + 0011 0010 0001 1001
    ─────────────────────
    0101 0101 0101 1110
```

结果对各状态标志的影响如下:由于运算结果的最高位为 0,所以 SF=0;运算结果本身不为 0,所以 ZF=0;结果中所含的 1 的个数为 9,即有奇数个 1,所以 PF=0;由于最高位没有产进位,所以 CF=0;又由于 D_3 位没有往 D_4 位产生进位,所以 AF=0;由于次高位没有往最高位产生进位,最高位也没有往前进位,所以 OF=0。

【例 2-2】 执行下面两个数的加法。

```
    0101 0100 0011 1001
  + 0100 0101 1100 1010
    ─────────────────────
    1001 1001 1010 0011
```

结果对各状态标志的影响如下:由于运算结果的最高位为 1,所以 SF=1;运算结果本身不为 0,所以 ZF=0;结果中所含 1 的个数为 8,即含有偶数个 1,所以 PF=1;由于最高位没有产生进位,所以 CF=0;运算过程中,D_3 位向 D_4 位产生了进位,所以 AF=1;由于次高位往最高位产生了进位,而最高位没有往前产生进位,所以 OF=1。

当然,在大多数情况下,一次运算后,并不改变所有标志,程序要根据需要对相关的标志进行检测和利用。

（2）控制标志

DF（Direction Flag）——方向标志位

在串操作指令中，若 DF＝0,表示串操作指令地址指针自动增量,即串操作的数据由低地址向高地址进行；DF＝1,表示地址指针自动减量,即串操作的数据是由高地址向低地址进行的。DF 标志位可以通过 STD 指令置位,也可通过 CLD 指令复位。

（3）系统标志

① IF（Interrupt Flag）——中断标志位

IF＝1,表示允许 CPU 响应可屏蔽中断位,IF 标志可以通过 STI 指令置位,也可以通过 CLI 指令复位。

② TF（Trap Flag）——单步标志位

TF＝1,表示控制 CPU 进入单步工作方式。在这种工作方式下,CPU 每执行完一条指令就自动产生一次内部中断,这在程序调试过程中非常有用。对 TF 标志的设定和清除没有专用指令,但可用编程间接达到目的。例如,可先将标志寄存器的内容推入堆栈,再设法对标志寄存器的某一位（即 TF 位）进行置 1 或清零操作,然后再利用堆栈指令将修改后的数据送入标志寄存器,这样就可以对该标志进行置位和清零。

4. 指令指针寄存器

16 位指令指针寄存器（IP）与传统的 8 位微处理器中的程序计数器（PC）相似。IP 中的内容可由 BIU 自动修改,使之始终存有相对于当前指令段起点偏移量的下一条指令,即 IP 总是指向下一条待执行的指令,当然,由于指令队列的缘故,这个定义并不十分确切。在正常执行过程中,IP 中存有 BIU 要取出的下一条指令的偏移量,但是当 IP 的内容被保存到堆栈中去时,它首先会自动调整成要执行的下一条指令。程序是不能直接访问 IP 的,但可以通过某些指令修改 IP 的内存,这类指令主要是程序控制类指令。该类指令可将转移目标地址送入 IP 中,以实现程序的转移,也可以将 IP 内容压入堆栈或从堆栈中弹出。

2.2.2 8086 的存储器组织

8086 是一个微处理器而不是一台微型计算机。两者的区别在于,微处理器并不包含任何存储单元或输入/输出接口。做一个形象的比喻,微处理器能够思考、判断,但是如果没有存储器就不能记忆,没有输入/输出接口就不能听（输入）或说（输出）。

本节将简要介绍 8086 的存储器结构。

8086 系统中的存储器是一个最多 1MB 的序列,即可寻址的存储空间为 1MB,系统为每个字节分配一个 20 位的物理地址（对应十六进制的地址范围 00000H～FFFFFH）。

在存储器中任何两个相邻的字节被定义为一个字。在一个字中的每个字节有一个地址,并且这两个地址中的较小的一个被用来作为该字的地址,如图 2-6 表示。

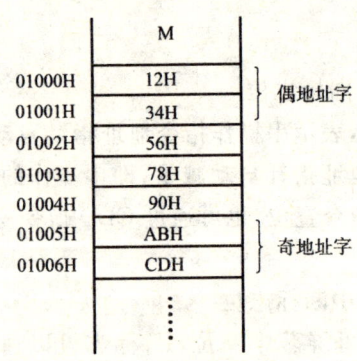

图 2-6 字在存储器中的例子

由图 2-6 可以看出,一个字的起始地址可以从偶地址开始,也可以从奇地址开始,并且较高存储器地址的字节存放该字的高 8 位,较低存储器地址的字节存放该字的低 8 位。

1. 存储器的结构

8086 系统中,存储器采用分体结构,即 1MB 的存储空间分成两个 512KB 的存储体,一个存储体中包含偶数地址,另一个存储体包含奇数地址。两个存储体采用字节交叉编址方式,如表 2-1 所示。

表 2-1 交叉编址方式

奇数地址	$D_{15} \sim D_8$	$D_7 \sim D_0$	偶数地址
00000H			00000H
00003H			00002H
00005H			00004H
	512*8 奇地址 存储体 ($A_0=1$)	512*8 偶地址 存储体 ($A_0=0$)	
FFFFFH			FFFFEH

对于任何一个存储体,只要 19 位地址($A_{19} \sim A_1$)就够了。地址 A_0 用以区分当前访问的是哪一个存储体:$A_0=0$,表示访问偶地址存储体;$A_0=1$,表示访问奇地址存储体。在 8086 系统中,允许访问存储器中的一个字节,也允许访问存储器中的一个字(相邻两个字节),这时要求同时访问两个存储体,各取出一个字节的信息。这种情况下,只用 A_0 来控制读写操作就不够了,为此 8086 系统增设了一个总线高位有效控制信号 $\overline{BHE}$。当 $\overline{BHE}$ 有效时,选定奇地址存储体,存储体内地址由 $A_{19} \sim A_1$ 确定。当 $A_0=0$ 时,选定偶地址存储体,存储体内地址同样由 $A_{19} \sim A_1$ 确定。值得注意的是,偶地址存储体固定与低 8 位数据总线($D_7 \sim D_0$)相连,因此把它称为低字节存储体;奇地址存储体固定与高 8 位数据总线($D_{15} \sim D_8$)相连,因此把它称为

高字节存储体。$\overline{BHE}$和A_0互相配合,使CPU可以访问1个存储体中的一个字节或同时访问两个存储体中的一个字。$\overline{BHE}$和A_0的控制作用如表2-2所示。

表 2-2 $\overline{BHE}$和A_0组合对应的控制

$\overline{BHE}$	A_0	对应的操作
0	0	从偶地址读/写一个字节
0	1	从奇地址读/写一个字节
1	0	从偶地址读/写一个字节
0	1	从奇地址读/写一个字节

在字访问情况下,对奇地址存放的字需要进行两次读/写操作,而对偶地址存放的字,仅需要一次读/写操作。这样,为了加快程序的运行速度,希望被访问的存储器的字地址为偶地址。通常,这种从偶地址开始的字称为"对准字",而从奇地址开始的字称为"非对准字"。

2. 存储器的分段

8086寻址空间是1MB,因此要对整个空间寻址需要20位长的地址码,但是8086CPU内所有寄存器都是16位寄存器。这样,如果仅是一个16位寄存器,就只能寻址64KB。要达到对1MB存储器的寻址,8086系统采用分段并附以地址偏移量的办法形成20位的物理地址,得到对1MB内存空间的寻址。被划分的存储器段称为逻辑段。当段寄存器的内容确定后,该段的寻址范围就已经确定,其容量不大于64KB,同时通过修改段寄存器内容,可以达到逻辑段在整个存储空间中浮动。各个逻辑段之间可以紧密相连,可以中间有间隔,也可以相互重叠(部分重叠甚至完全重叠)。图2-7给出了附加段和数据段相互重叠的例子。

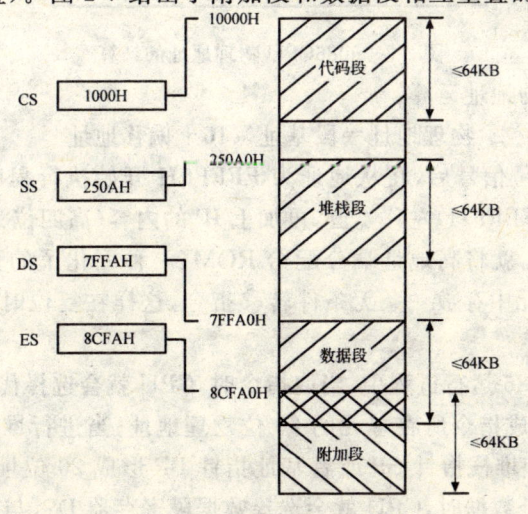

图 2-7 存储器分段的例子

在8086存储空间中,把16个字节的存储空间称为一节(Paragraph)。为了简化操作,要求各个逻辑段从节整数边界开始。也就是说,保证段首地址的最低4位的地址码总为"0"。这样,段寄存器只要存放相应段首地址的高16位(又称为段基址),而段内的相对地址(又称为偏移地址)则用系统中的16位通用寄存器来存放。若已知当前有效的代码段、堆栈段、数据段和附加段的段基址分别为1000H、250AH、7FFAH和8CFAH,那么它们在存储器中的分布情况如图2-7所示。

3. 存储器中的逻辑地址和物理地址

采用分段结构的存储器中,任何一个物理地址(又称逻辑地址)都由段基址和偏移地址两部分构成,都是无符号的20位二进制数,表示范围为00000H～FFFFFH。它是CPU访问存储器的实际寻址地址,即一个存储单元唯一对应一个20位的物理地址,因此也称为绝对地址。

16位的段基址左移4位(相当于在段基址最低位后添4个"0"),然后与偏移地址相加获得物理地址,如图2-8所示。

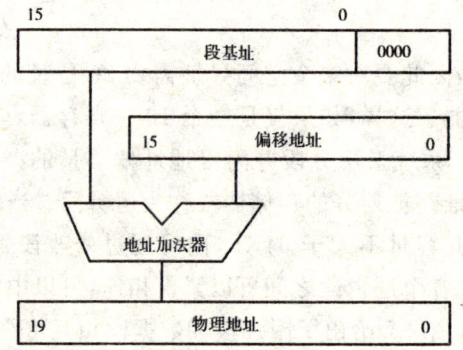

图2-8　8086CPU 物理地址的计算

这相当于完成如下的地址运算:

$$物理地址 = 段基址 \times 16 + 偏移地址$$

8086CPU 在执行复位信号后,将从地址为 FFFF0H 开始执行程序。这个地址实际上是CS 的内容(复位时置为 FFFFH)左移4位,再加上 IP 的内容(高四位为零)而形成的。由于上述原因,在存储器安排时,就将高地址端分配给 ROM(一种固化了的只能读的存储器),而在FFFF0H 开始的几个单元中存放一条无条件转移指令,这样在复位时,CPU 就自动转到系统初始化程序中去。

如图2-9所示,在8086运行过程中,当取指令时,CPU 就会选择代码段寄存器 CS,再和指令指针 IP 的内容一起形成指令所在单元的20位物理地址;当进行堆栈操作时,CPU 就会选择堆栈段寄存器 SS,再和堆栈指针 SP 或者基址指针 BP 形成20位堆栈指针;当往内存写一个数据或者从内存读一个数据时,CPU 就会选择数据段寄存器 DS,与变址寄存器 SI 和 DI 或者通用寄存器 BX 中(或指令中)的偏移值形成操作数所在存储单元的20位物理地址。附加段一般作为辅助的数据段来使用。8086 对数据的串操作指令多数要用到附加段寄存器。

例如，段寄存器 CS=1200H，指令指针寄存器 IP=FF00H，此时，指令的物理地址为：

$$\begin{array}{r} CS\times 16 \quad 12000H \\ +\quad IP \quad FF00H \\ \hline 21F00H \end{array}$$

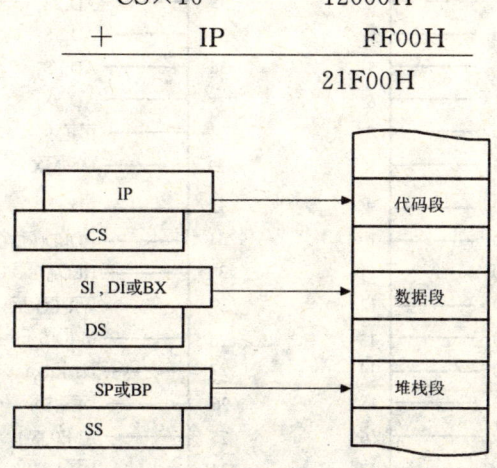

图 2-9　寄存器组合指向存储单元

2.3　处理器总线

8086CPU 是一个双列直插式、40 引脚的器件，它的引脚功能与系统的组态有关。

2.3.1　8086CPU 的管脚及功能

最早用于 IBM PC 中的 8088CPU，其内部结构与 8086 基本相同，只是 8088 共有 8 条外部数据总线，因此也称为准 16 位微处理器。8086 是由 Intel 公司设计生产的 16 位 CPU，它具有 40 个管脚，采用双列直插式封装，内外数据线都为 16 位，地址线为 20 位。采用高性能的 N 沟道、耗尽型负载的硅栅工艺（HMOS）制造。由于受当时制造工艺的限制，部分管脚采用分时复用的方式。图 2-10 是 8086CPU 管脚分配图。

8086CPU 可以工作在最小模式和最大模式下，因此有 8 条管脚（24～31）在上述两种不同工作模式中具有不同的功能，图 2-10 括号中所示为最大模式下被重新定义的控制信号。

1. 18086CPU 各管脚功能的简要说明
- $AD_{15}\sim AD_0$（Address Data Bus）——分时复用的地址数据总线。传送地址时以三态输出，传送数据时可以以双向三态输入/输出。
- A_{19}/S_6，A_{18}/S_5，A_{17}/S_4 和 A_{16}/S_3（Address/Status）——分时复用的地址/状态线。当它作为地址线用时，$A_{19}\sim A_{16}$ 与 $AD_{15}\sim AD_0$ 一起构成访问存储器的 20 位物理地址。当 CPU 访问 I/O 端口时，$A_{19}\sim A_{16}$ 保持为"0"（低电平）。当它作为状态线用时，$S_6\sim S_3$

· 27 ·

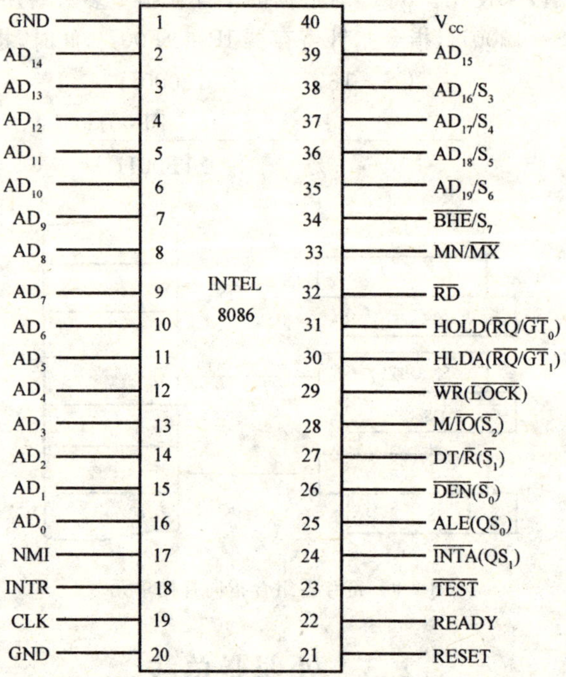

```
         GND ──┤ 1        40 ├── V_CC
        AD_14 ─┤ 2        39 ├── AD_15
        AD_13 ─┤ 3        38 ├── AD_16/S_3
        AD_12 ─┤ 4        37 ├── AD_17/S_4
        AD_11 ─┤ 5        36 ├── AD_18/S_5
        AD_10 ─┤ 6        35 ├── AD_19/S_6
         AD_9 ─┤ 7        34 ├── BHE/S_7
         AD_8 ─┤ 8        33 ├── MN/MX
         AD_7 ─┤ 9  INTEL 32 ├── RD
         AD_6 ─┤ 10  8086 31 ├── HOLD(RQ/GT_0)
         AD_5 ─┤ 11       30 ├── HLDA(RQ/GT_1)
         AD_4 ─┤ 12       29 ├── WR(LOCK)
         AD_3 ─┤ 13       28 ├── M/IO(S_2)
         AD_2 ─┤ 14       27 ├── DT/R(S_1)
         AD_1 ─┤ 15       26 ├── DEN(S_0)
         AD_0 ─┤ 16       25 ├── ALE(QS_0)
          NMI ─┤ 17       24 ├── INTA(QS_1)
         INTR ─┤ 18       23 ├── TEST
          CLK ─┤ 19       22 ├── READY
          GND ─┤ 20       21 ├── RESET
```

图 2-10 8086 的引脚

用来输出状态信息,其中 S_3 和 S_4 表示当前使用的段寄存器名,如表 2-3 所示。特别当 $S_4S_3=10$ 时,表示当前正在使用 CS 寄存器对存储器寻址,或者是当前正在对 I/O 端口或中断矢量寻址。S_5 用来表示中断标志状态,当 IF=1 时,S_5 为"1"。S_6 保持为"0"。

- $\overline{BHE}/S_7$(Bus High Enable/ Status)——总线高位有效信号(三态输出,低电平有效),表示当前高 8 位数据总线上的数据有效。当读/写存储器或 I/O 端口以及中断响应时,$\overline{BHE}$ 与最低位地址线 AD_0 配合表示当前总线使用情况,如表 2-4 所示。非数据传送期间,S_7 输出状态信息,低电平有效。在 CPU 处于保持响应期间被设置为高阻抗状态。

表 2-3 S_4、S_3 状态编码

S_4S_3	段寄存器
00	ES
01	SS
10	CS(I/O, INT)
11	DS

表 2-4 $\overline{BHE}$ 和 AD_0 的编码

$\overline{BHE}$	AD_0	总线使用情况
0	0	16 位数据总线上进行字节传送
0	1	高 8 位数据总线上进行字节传送
1	0	低 8 位数据总线上进行字节传送
1	1	无效

- MN/$\overline{\text{MX}}$(Minimum/Maximum)——工作模式选择信号(由外部输入)。MN/$\overline{\text{MX}}$为高电平,表示CPU工作在最小模式系统中;MN/$\overline{\text{MX}}$为低电平,表示CPU工作在最大模式系统中。
- $\overline{\text{RD}}$(Read)——读信号(三态输出,低电平有效),表示当前CPU正在读存储器或I/O端口。
- HOLD(Hold Request)——总线请求信号(由外部输入,高电平有效且向CPU请求使用总线)。
- HLDA(Hold Acknowledge)——在最小模式系统中表示有其他共享总线的处理总线请求响应信号(向外部输出,高电平有效)。CPU一旦测试到有HOLD请求时,就在当前总线周期结束时,使HLDA有效,表示响应这一总线请求,并且立即让出总线使用权,CPU中的EU可以继续工作到下一次要求使用总线为止。CPU只有当HOLD无效时,才将HLDA置成无效,并且收回对总线的使用权,继续自己的操作。
- $\overline{\text{WR}}$(Write)——写信号(三态输出,低电平有效),表示当前CPU正在写存储器或I/O端口。
- M/$\overline{\text{IO}}$(Memory/IO)——存储器或IO端口访问信号(三态输出)。M/$\overline{\text{IO}}$为高电平时,表示当前CPU正在访问存储器;M/$\overline{\text{IO}}$为低电平时,表示当前CPU正在访问I/O端口。
- DT/$\overline{\text{R}}$(Data Transmit/Receive)——数据发送接收控制信号(三态输出),在最小模式系统中用来控制数据收发器8286/8287的数据传送方向。当DT/$\overline{\text{R}}$为高电平时,表示数据从CPU向外部输出,即完成写操作;DT/$\overline{\text{R}}$为低电平时,表示数据从外部向CPU输入,即完成读操作。
- $\overline{\text{DEN}}$(Data Enable)——数据允许信号(三态输出,低电平有效),在最小模式系统中作为数据收发器8286/8287的选通信号。
- ALE(Address Latch Enable)——地址锁存允许信号(向外部输出,高电平有效),在最小模式系统中作为地址锁存器8282/8283的片选信号。
- $\overline{\text{INTA}}$(Interrupt Acknowledge)——中断响应信号(向外部输出,低电平有效),表示CPU响应了外部发来的INTR信号。在中断响应总线周期,它可作为选通信号。
- $\overline{\text{TEST}}$——测试信号(由外部输入,低电平有效)。当CPU执行WAIT指令时(WAIT指令使处理器与外部硬件同步),每隔5个时钟周期对$\overline{\text{TEST}}$进行一次测试,若测试到该信号无效时,则CPU继续执行WAIT指令,即处于空闲等待状态;当CPU测到$\overline{\text{TEST}}$输入为低电平时,则转而执行WAIT的下一条指令。由此可见,$\overline{\text{TEST}}$对WAIT指令起到监视的作用。
- READY——准备就绪信号(由外部输入,高电平有效),表示CPU访问的存储器或I/O端口已准备好传输数据。当READY无效时,要求CPU插入一个或多个等待周期

Tw,直到 READY 信号有效为止。
- RESET——复位信号(由外部输入,高电平有效),至少要保持 4 个时钟周期。CPU 接收到该信号后,停止进行操作,并对寄存器 FR、IP、DS、SS、ES 及指令队列清零,而将 CS 设置为 FFFFH。当复位信号变为低电平时,CPU 从 FFFF0H 开始执行程序。由此可见,采用 8086CPU 计算机系统的启动程序就保持在从 FFFF0H 开始的存储器中。
- NMI(Non-Maskable Interrupt Request)——不可屏蔽中断请求信号(由外部输入,边沿触发,正跳变有效)。NMI 不受中断允许标志的限制,CPU 一旦测试到 NMI 请求信号,待当前指令执行完就自动从中断入口地址表中找到类型 2 中断服务程序的入口地址,并转去执行。NMI 是一种比 INTR 高级的中断请求。
- INTR(Interrupt Request)——中断请求信号(由外部输入,电平触发,高电平有效)。INTR 有效时,表示外部设备向 CPU 发出中断请求,CPU 在每条指令的最后一个时钟周期对 INTR 进行测试,一旦测试到有中断请求,并且当中断允许标志 IF=1 时,则暂停执行下条指令转入中断响应周期。
- CLK(Clock)——主时钟信号(由时钟发生器 8284 输入)。8086CPU 可以使用的时钟频率随芯片型号不同而异,8086 为 5MHz,8086-1 为 10MHz,8086-2 为 8MHz。
- GND——接地线。
- Vcc(电源)——8086CPU 只需要单一的 +5V 电源,由 Vcc 输入。

2. 8086CPU 工作在最大模式系统时,有 8 个管脚(24~31)要重新定义
- $\overline{S_2}$、$\overline{S_1}$ 和 $\overline{S_0}$(Bus Cycle Status)——总线周期状态信号(三态输出),在最大模式系统中由 CPU 传送给总线控制器 8288,8288 对它们译码后代替 CPU 输出相应的控制信号。这些信号线的功能如表 2-5 所示。

表 2-5 最大组态下的总线周期

$\overline{S_2}$	$\overline{S_1}$	$\overline{S_0}$	功 能
0	0	0	中断响应
0	0	1	读 I/O 端口
0	1	0	写 I/O 端口
0	1	1	暂停(Halt)
1	0	0	取指
1	0	1	读存储器
1	1	0	写存储器
1	1	1	无源

- $\overline{\text{LOCK}}$——封锁信号(三态输出,低电平有效)。LOCK 有效时,表示 CPU 不允许其他总线主控者占用总线,这个信号由软件设置。当在指令前加上 LOCK 前缀时,则在执行这条指令期间 LOCK 保持有效,即在此指令执行期间,CPU 封锁其他主控者使用总线。
- $\overline{\text{RQ}}/\overline{\text{GT}}_0$ 和 $\overline{\text{RQ}}/\overline{\text{GT}}_1$ (Request/Grant)——请求/同意信号(双向,低电平有效)。当该信号为输入时,表示其他主控者向 CPU 请求使用总线;为输出时,表示 CPU 对总线请求的响应信号。两条线可同时与两个主控者相连,内部保证 $\overline{\text{RQ}}/\overline{\text{GT}}_0$ 比 $\overline{\text{RQ}}/\overline{\text{GT}}_1$ 有较高优先级。
- QS_1 和 QS_0 (Instruction Queue Status)——指令队列状态(向外部输出),用来表示 CPU 中指令队列当前的状态,其含义如表 2-6 所示。设置这两个引脚的目的是让外部的设备监视 CPU 内部的指令队列,可让协处理器 8087 进行指令的扩展处理。

表 2-6　QS_1 和 QS_0 编码的含义

QS_1	QS_0	编码含义
0	0	无操作
0	1	从队列中取第一个字节
1	0	队列已空
1	1	从队列中取后续字节

2.3.2　8086 的最小和最大模式系统

以 8086CPU 构成的微型计算机系统,有最小模式和最大模式两种配置。最小模式是单机系统,系统中所需要的控制信号全部由 8086CPU 本身直接提供;最大模式可以构成多处理机系统,系统中所需要的控制信号由总线控制器 8288 提供。CPU 工作模式的选择是由硬件决定的,当 CPU 的管脚 MN/$\overline{\text{MX}}$ 接高电平(+15V)时,构成最小模式;当 MN/$\overline{\text{MX}}$ 接低电平(地)时,构成最大模式。在介绍 8086CPU 管脚功能时已经指出,两种不同模式下的主要区别体现在 8086CPU 的第 24~31 号管脚具有不同的功能。

1. 最小模式系统

图 2-11 给出以 8086CPU 构成的最小模式的基本配置。在该系统中,除了存储器、I/O 芯片和基本时钟发生器(8284)外,还有用于地址的锁存器 8282(或 8283)以及用于数据的缓冲器 8286(或 8287)。在 8086 系统中,地址线和数据线是复用的,所以地址锁存器是必要的。这些复用的管脚在某时刻只能体现地址线或数据线之一,所以在对存储器进行访问时,首先要将地址输出。此时,复用的管脚是地址线,然后利用地址锁存器保存这些地址。之后,这些管脚才是数据线,将数据读出或写到存储器。在某一时刻,处理器把某个存储单元的地址发送到地址

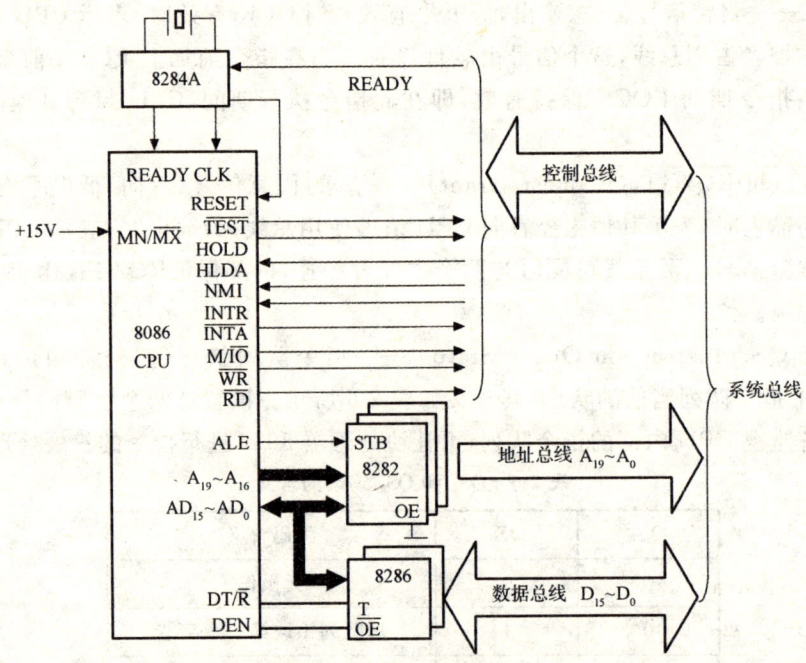

图 2-11 8086CPU 的最小模式

总线上,经锁存器将这些地址保存起来。只有这样,处理器才能把数据通过某些共享的管脚送到数据总线上,完成对存储器的读写操作。从这个意义上讲,在 8086 最小模式系统中,数据缓冲器就不是必要的。

8282(或 8283)是带三态缓冲器的通用 8 位数据锁存器。两者的区别仅在于 8282 的输入信号和输出信号是同相的,而 8283 的输入信号和输出信号是反相的。由于地址输出是单向的,因此选用单向的数据锁存器 8282 作为地址锁存。

8286(或 8287)是带三态输出的 8 位双向数据缓冲器,专用于需要双向传输的数据总线接口。两者的区别仅在于 8286 的输入或输出时信号是同相的,而 8287 的输入或输出时信号是反相的。在 8086 最小模式系统中,可以不用数据收发缓冲器 8286(或 8287),这时可将 CPU 的地址/数据总线直接与存储器或 I/O 端口的数据线相连。

8086 最小模式系统还允许接入其他要求共享总线的设备。典型的例子是接入 DMA 控制器 8237 芯片,相关的信号线是 HOLD 和 HLDA。

2. 最大模式系统

图 2-12 给出了 8086 最大模式系统的基本配置,与图 2-11 的最小模式系统相比较,主要区别是最大模式系统中增加了一个总线控制器 8288 和一个总线仲裁器 8289。8086CPU 输出的状态信号 $S_2 \sim S_0$ 同时送给 8288 和 8289,由 8288 输出 8086CPU 系统所需要的控制信号,而 8289 总线仲裁器对系统中多个处理器提出共享总线资源的要求作出裁决。因此,8086 的最大

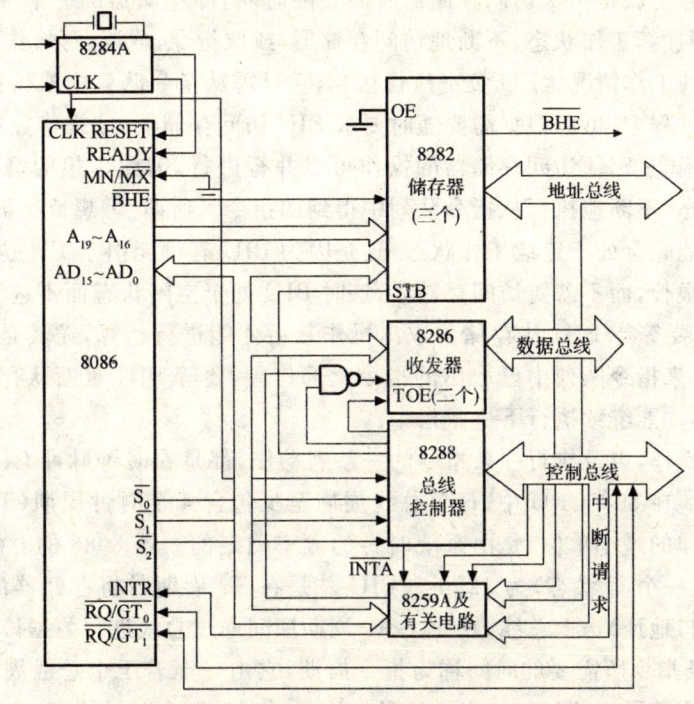

图 2-12　8086CPU 的最大模式

模式系统由于 8288 和 8289 的存在,很容易构成一个多处理器系统。

在 8086 最大模式系统中,8288 主要用来解释状态码 $\overline{S_2},\overline{S_1},\overline{S_0}$ 所表示的总线状态,并产生 DT/$\overline{R}$、DEN、MCE/PDEN 和 ALE 等一系列总线命令和控制信号。

2.3.3　8086CPU 内部时序

各种微处理器的工作过程实际上就是执行指令的过程。它们所进行的操作是周期性的,即取指令、执行指令、再取指令、再执行指令……由于传统的计算机对指令采用串行解释方式,因此总是一条指令执行完了再去取下一条指令,直到整个程序执行完毕。这种工作方式的优点是控制简单,指令之间不会产生任何关联,但速度慢,系统吞吐率比较低。

8086CPU 因设置了可独立操作的指令执行部件(EU)和总线接口部件(BIU),且两者有明确的分工,所以系统的效率得到了提高。

为了更好地理解这一点,先来看 BIU 的工作情况。总线接口部件 BIU 直接负责 CPU 与存储器和 I/O 端口交换数据,它的工作包括从存储器取出指令送入指令队列中,或者取出操作数去参加 EU 中的运算,或者将 EU 运算结果写入存储器中,而这些操作都要经过系统外部总线来完成。在 8086CPU 中,把 BIU 完成一次访问存储器操作所需的时间称为一个总线周期。总线周期实际上就是一次访问存储器所需要的时间,即存储器的一个存取周期。理想情况下,BIU 可处于连续工作状态,不断地访问存储器,或取指令,或读/写操作数。

再来看 EU 的工作情况。EU 负责执行指令,它只需从指令队列中取得指令,并分析执行它。在指令执行过程中,可以根据需要随时要求 BIU 访问存储器,取操作数或写运算结果,关键的是,EU 的操作与 BIU 访问存储器的操作可以并行进行,因此理想的情况下,EU 也可处于连续工作状态,不断地执行从指令队列中得到的指令。所谓"理想情况下",即说明实际上 BIU 和 EU 不可能完全处于连续工作状态,这是因为 BIU 有可能由于 EU 执行某些复杂指令时内部操作时间很长,而不需要访问存储器,这时 BIU 处于空闲状态而不进入总线周期;另一方面,EU 有时需要等待 BIU 从存储器取出操作数后才能进行运算,尤其是遇到转移类指令时,就有可能使原来指令队列中已取出的指令全部作废,要等 BIU 重新从存储器中取出目标地址中的指令后,才能继续执行下一条指令。

上述的这些操作,以及执行一条指令的一系列动作,都是在时钟脉冲 CLK 的统一控制下一步一步进行的。在 8086CPU 中,每个总线周期至少包含 4 个时钟周期($T_1 \sim T_4$)。时钟周期是微处理器操作的最小单位,是由系统时钟的频率确定的。若 8086 的时钟频率为 8MHz,则一个时钟周期(一个 T 状态)为 125ns。BIU 总是在 T_1 周期时将存储器的 20 位物理地址(或 16 位 I/O 端口地址)送上总线,在 $T_2 \sim T_4$ 周期期间通过总线进行数据传输。如图 2-13 所示。EU 执行一条指令所需要的时间称为指令周期,它由一至若干个总线周期组成。8086 中不同指令的指令周期是不等长的。指令的最短执行时间是两个时钟周期,一般的加、减、比较、逻辑操作是几十个时钟周期,最长的为 16 位数乘除法大约需要 200 个时钟周期。

若 CPU 不执行总线周期,则总线接口执行空闲周期(一系列的 T_1 状态)。在这些空闲周期,CPU 在高位地址线上仍然驱动上一个机器周期的状态信息。若上一个总线周期是写周期,则在空转状态,CPU 在 $AD_{15} \sim AD_0$ 上仍输出上一个总线周期要写的数据,直至下一个总线周期的开始。在这些空转周期,CPU 进行内部操作。

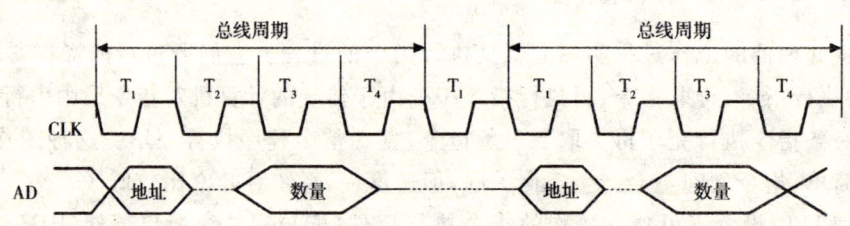

图 2-13 基本的总线周期时序图

8086CPU 的每条指令都有自己的固定的时序。例如在最小模式下从存储器读一个字节(或字)的总线周期,是由 4 个 T 状态组成的,如图 2-14 所示。CPU 希望能在 4 个 T 状态时间内,把存储单元的信息读出来。在 T_1 周期开始后一段时间(在 T_1 状态)把地址信息从地址线 $A_{19} \sim A_{16}$、$AD_{15} \sim AD_0$ 上输出,且立即发出地址锁存信号 ALE,把在 $A_{19} \sim A_{16}$ 上出现的高 4 位

地址和在 $AD_{15} \sim AD_0$ 上出现的低 16 位地址,在外部地址锁存器上锁存。这样,20 位地址信息就送至存储器。CPU 也是在 T_1 状态发出区分是存储器还是 I/O 操作的 M/$\overline{IO}$ 信号。在 T_2 状态,CPU 发出读命令信号(若使用接口芯片 8286,还有相应的控制信号 DT/$\overline{R}$ 和 $\overline{DEN}$)。有了这些控制信号,存储器就可以实现读出。在这些信号发出后,CPU 等待一段时间,到它的 T_4 状态的前沿(下降沿)采样数据总线 $AD_{15} \sim AD_0$ 获取数据,从而结束此总线周期。

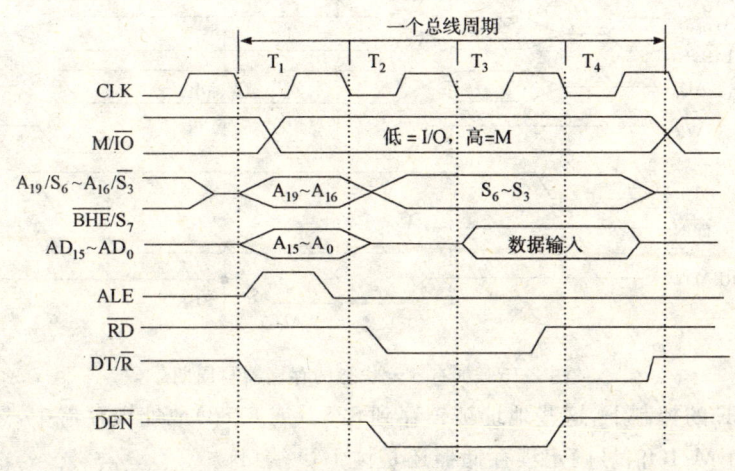

图 2-14 最小模式下存储器读周期时序图

实际上存储器(I/O 端口也如此)从接收地址信号开始,要经过地址译码选择,选中所需要的单元;从接收到 M/$\overline{IO}$ 信号和 $\overline{RD}$ 信号(这些信号一般用作选通信号),到信息从被选中的单元读出送至数据总线也都是需要一定时间的,它是否能在 T_4 周期的前沿前完成,这完全取决于存储电路本身。所以,在 CPU 的时序和存储器或 I/O 端口的时序之间存在配合问题。

为解决此问题,在 CPU 中就设计了一条准备就绪(READY)输入线,这是由存储器或 I/O 端口输送给 CPU 的状态信号线,在存储器或 I/O 端口对数据的读写操作完成时,使 READY 线有效(即为高电平)。CPU 在 T_3 状态的前沿(下降沿)采样 READY 线,若其有效,则为正常周期,在 T_3 状态结束后进入 T_4 状态,且 CPU 在 T_4 状态的前沿采样数据总线,完成一个读写周期;若在 T_3 状态的前沿采样到 READY 为无效(低电平),则在 T_3 周期结束后,进入 Tw 周期(等待周期),且在 Tw 周期的前沿采样 READY 线,只要其为无效,就继续进入下一个 Tw 周期,直至在某一个 Tw 周期的前沿采样到 READY 为有效,则在此 Tw 周期结束时进入 T_4 周期,在 T_4 状态的前沿采样数据线,完成一个读写周期,其过程如图 2-15 所示。

下面对 8086 典型的时序进行介绍。

1. 最小模式系统中 8086CPU 读总线周期

最小模式下 8086CPU 的读总线周期时序图如图 2-16 所示。在 T_1 时钟周期,BIU 将被访问的存储单元的 20 位物理地址 $A_{19} \sim A_0$ 和总线高位有效信号 $\overline{BHE}$ 一起送到总线。在地址锁

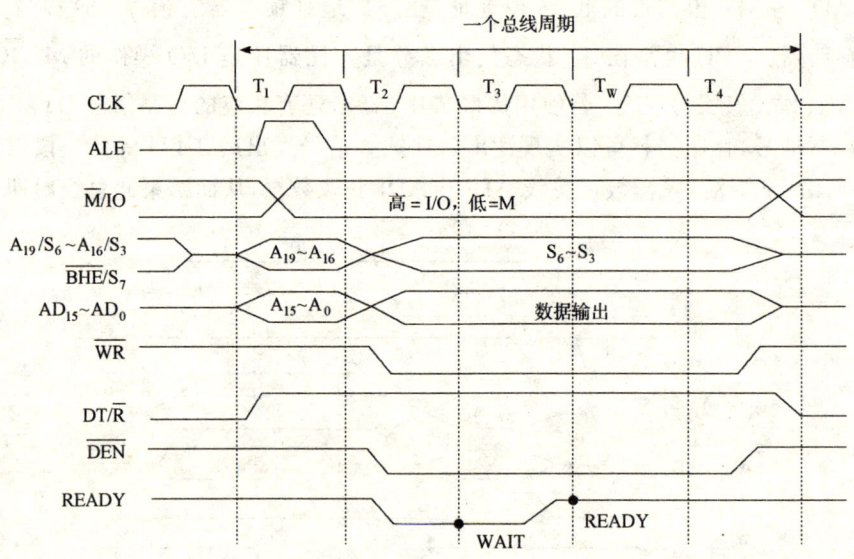

图 2-15 具有 Tw 状态的存储器写周期

存允许信号 ALE 的控制下,这些地址被锁存到 8282(或 8283)地址锁存器中,然后输出到地址总线上。以后由 $M/\overline{IO}$ 信号确定读存储器还是读 I/O 端口。

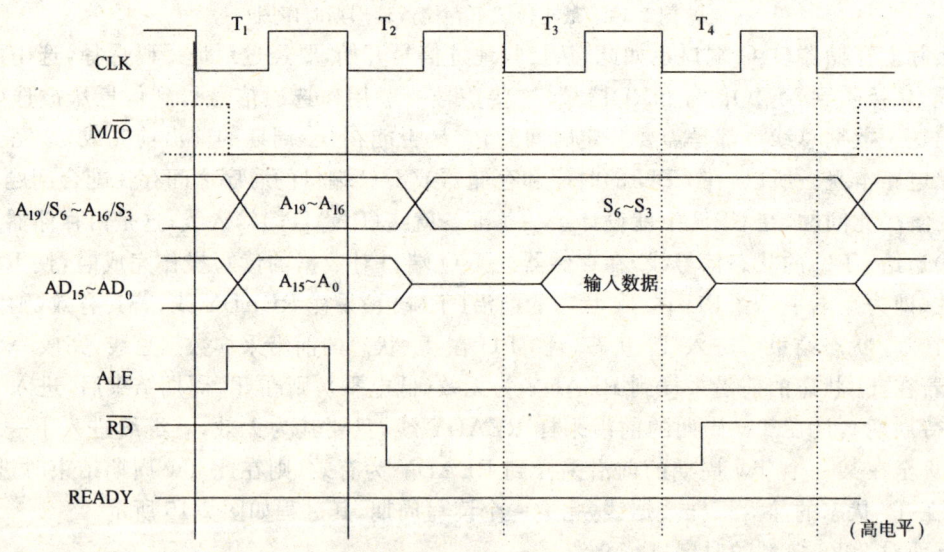

图 2-16 最小模式下 8086 读总线周期时序图

在 T_2 周期时,$AD_{15} \sim AD_0$ 成为高阻悬空状态,$A_{19}/S_6 \sim A_{16}/S_3$ 和 $\overline{BHE}/S_7$ 立即成为状态信息输出,与此同时,$\overline{RD}$ 信号有效,从而启动被选的存储器或 I/O 端口。

如果被选的存储器或 I/O 端口在 T_3 周期来不及读出数据送到数据总线上,它们就将 READY 置为有效(高电平)。CPU 在 T_1 周期时钟脉冲的上升沿使 READY 信号有效后,就在 T_3 周期结束时,在 DT/$\overline{R}$=0 和 $\overline{DEN}$=0 信号的控制下,将数据总线上的 16 位(或 8 位)有效数据经数据收发器 8286(或 8287)缓冲后向 CPU 输入,从而完成读存储器的任务。

如果配合工作的存储器或 I/O 端口由于本身速度或其他原因,来不及在 T_2 状态时读出所需信息,那么必须在 T_3 周期时钟脉冲的上升沿时使 READY 无效(低电平)。当 CPU 在此时得知 READY 信号无效时,就会在 T_3 周期之后插入一个等待周期 Tw,然后在 Tw 的时钟上升沿再次测试 READY 信号,若还是无效则继续插入一个新的等待周期,直至 READY 有效为止。在插入 Tw 期间,其他控制信号保持同 T_3 状态时相同,在一个总线周期可插入若干个 Tw 周期,以协调高速 CPU 与低速存储器或 I/O 端口之间的数据传输。

2. 最小模式系统中 8086CPU 写总线周期

8086CPU 在最小模式下写总线周期时序图如图 2-17 所示。它与上面介绍的读总线周期大同小异。下面主要说明它们的不同之处。

在写总线周期,地址的传送过程与读总线周期完全相同,而当输出地址被锁存后,在地址数据复用总线 $AD_{15} \sim AD_0$ 上会输出 16 位数据,同时当 $\overline{WR}$ 有效时,向存储器或 I/O 端口发出写命令,要求将数据总线上的数据写入指定的存储单元或 I/O 端口中去。在写总线周期中,DT/$\overline{R}$ 线应输出高电平,使数据缓冲器 8286(或 8287)呈输出状态。必要时,存储器或 I/O 端口可以通过 READY 信号要求 CPU 在 T_3 和 T_4 状态之间插入等待周期 Tw,以延长写入过程。

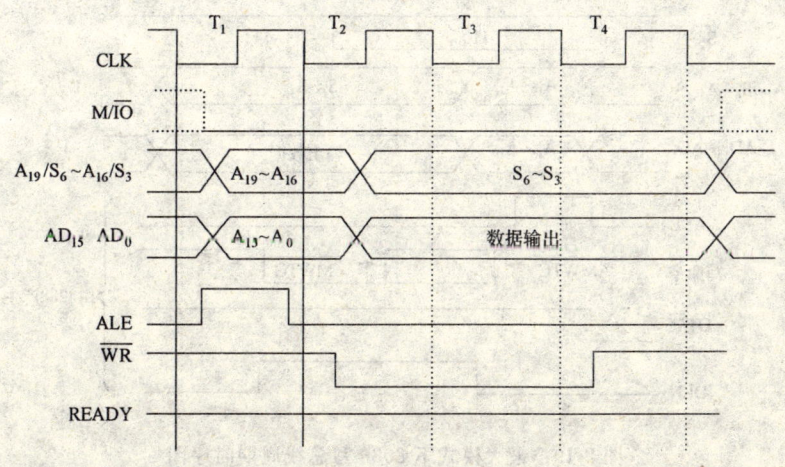

图 2-17 最小模式下 8086 读总线周期时序图

3. 最大模式系统中 8086CPU 的读/写总线周期

图 2-18 和图 2-19 分别为最大模式系统中 CPU 的读和写总线周期时序图,同 8086 的最小模式相比,最大模式中由于增设了总线控制器 8288,因此有一些控制信号不再由 CPU 直接

给出,而由 8288 依据 CPU 送来的三位状态信号 $\overline{S_2}$、$\overline{S_1}$ 和 $\overline{S_0}$ 译码后提供。在图 2-18 和图 2-19 中,从总线周期的 T_1 时钟周期开始,CPU 就输出 $\overline{S_2}$、$\overline{S_1}$ 和 $\overline{S_0}$。8288 根据这些状态信息的不同编码分别输出对存储器或 I/O 端口的控制命令,完成读/写操作功能。

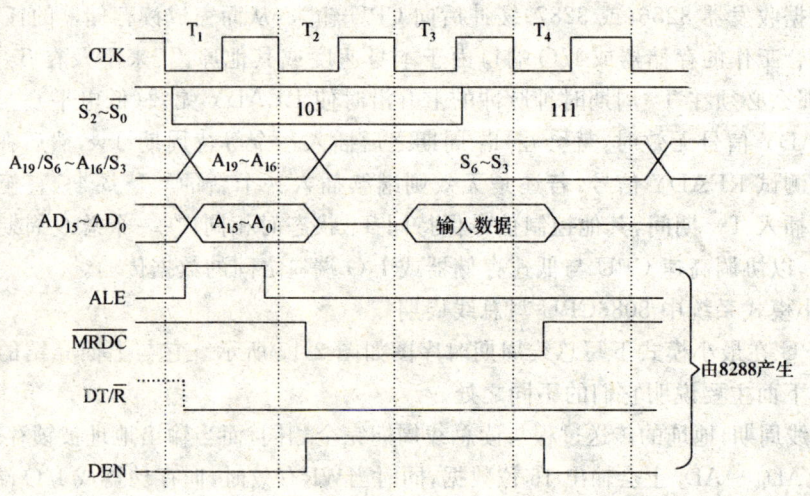

图 2-18 最大模式下 8086 读总线周期时序图

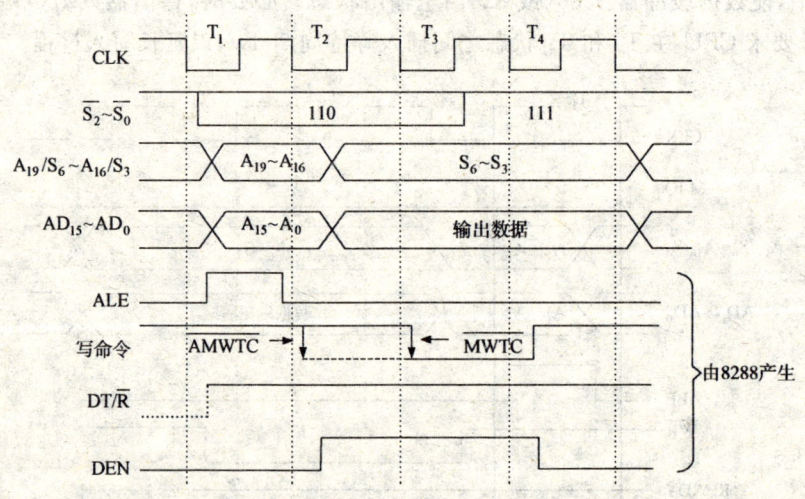

图 2-19 最大模式下 8086 写总线周期时序图

4. I/O 端口读和 I/O 写周期

8086 的基本 I/O 总线周期时序与存储器读写的时序是类似的。但通常 I/O 电路的工作速度较慢,往往要插入等待状态。例如在 IBM-PC/XT 的 READY 信号设计在 I/O 操作时,要求插入一个 Tw 状态。即在 PC 中,基本的 I/O 操作是由 T_1、T_2、T_3、Tw、T_4 组成,占用 5

个时钟周期。I/O端口的读周期和写周期时序如图2-20所示。

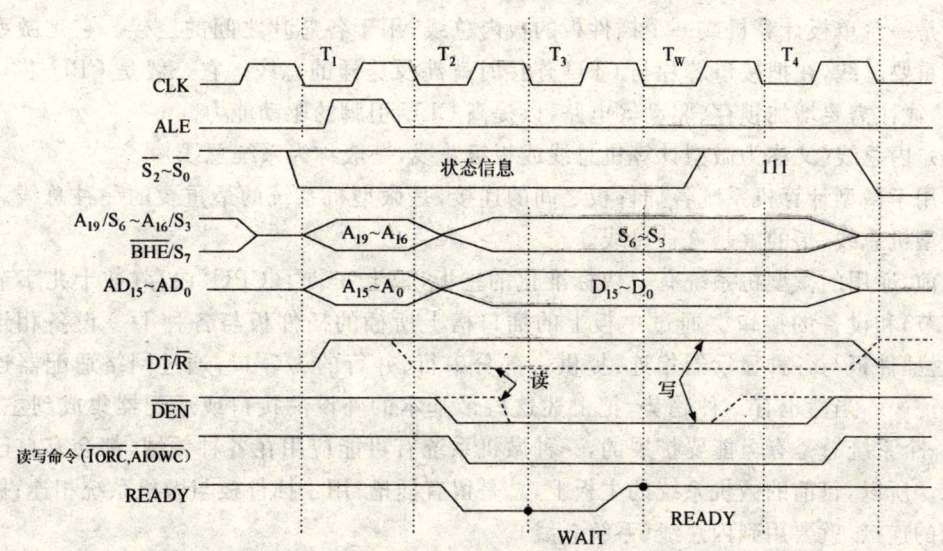

图2-20 最大组态时的I/O读写时序图

2.4 系统总线

微型计算机系统大都采用总线结构。这种结构的特点是采用一组公共的信号线作为微型计算机各部件之间的通信线。这种公共信号线就称为总线。在微型计算机的应用中,有些场合,只要用单片计算机,或者用CPU与为数不多的芯片组成一个小系统,或者使用单板计算机。有些场合则要使用若干块插件板来组成一个较大的微型计算机系统。

在小系统单板计算机各芯片之间,组成微型机的插件板之间,或微型机系统之间,都有各自的总线,把各部件组织起来,组成一个能彼此传递信息和对信息进行加工处理的整体。因此总线是各部件联系的纽带,在接口技术中扮演着重要的角色。随着微型计算机硬件的发展,总线技术也不断地发展与更迭。

2.4.1 概述

1. 总线的分类

根据总线所处的位置不同,总线可分为片内总线、片总线、内总线和外总线。

(1) 片内总线

它位于微处理器芯片的内部,用于算术逻辑单元(ALU)与各种寄存器或其他功能单元之间的相互连接。

（2）片总线（又称元件级总线或局部总线）

它是一台单板计算机或一个插件板的板内总线，用于各芯片之间的连接。它是微型机系统内的重要总线，在把接口芯片与 CPU 连接时就涉及这样的总线。它一般是 CPU 芯片引脚的延伸，往往需要增加锁存、驱动等电路，以提高 CPU 引脚的驱动能力。

（3）内总线（又称为微型计算机总线或板级总线，一般称为系统总线）

它用于微型计算机系统各插件板之间的连接，是微型机系统的最重要的一种总线。一般谈到微型机总线，指的就是这种总线。

目前，通用的微型机系统有一块标准化的主板，板上安装了 CPU、内存（数十兆字节至数百兆字节）和设备的接口。通过主板上的插口槽上所插的插件板与各种 I/O 设备相连。例如，通过插件板与各种显示器相连；提供一部分串行、并行的 I/O 口；通过网络适配器连接各种网络……。当然也有一种趋势，把上述这些最基本的外设的接口或适配器集成到主板上。但是，一个系统总是有可能要扩展的，一种微机系统有可能应用在各种领域，都会有自己的特殊需求。所以，目前的微机系统的主板上，总是留有插槽，用于插件板与微机系统相连；插件板与主板的连接，就要用到内总线（系统总线）。

（4）外总线（又称通信总线）

它用于系统之间的连接，如微机系统之间，微机系统与仪器、仪表或其他设备之间的连接。常用的外总线有 RS-232C、IEEE-488、VXI 等。

上述各种总线定义如图 2-21 所示。

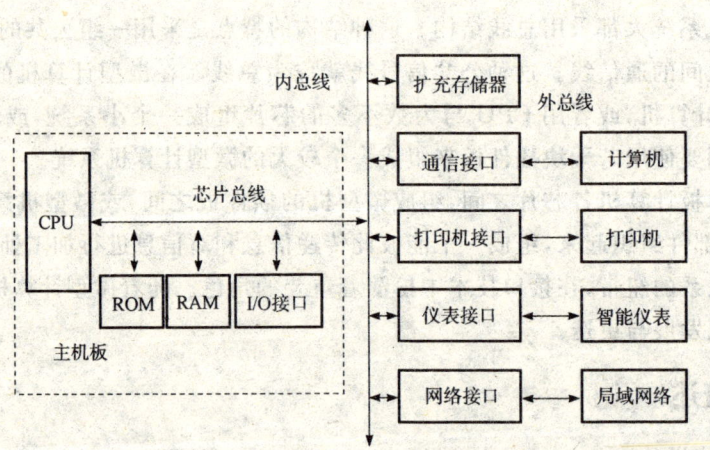

图 2-21　微型计算机各级总线示意图

从接口的角度来说，我们关心的是片总线、内总线和外总线。这些总线通常有几十根到上百根信号线。

所谓总线必须在以下几方面作出规定。

① 物理特性：物理特性指的是总线物理连接的方式。包括总线的根数、总线的插头、插座的形状和引脚的排列。例如，BBM-PC/XT 的总线共 62 根线，分两列编号。

② 功能特性：功能特性是指在一组总线中，每一根线的功能是什么。从功能上看，总线分为三组（即三总线）：地址总线、数据总线和控制总线。

③ 电气特性：电气特性定义每一根线上信号的传送方向、有效电平范围。一般规定送入 CPU 的信号叫输入信号 IN，从 CPU 送出的信号叫输出信号 OUT。

④ 时间特性：时间特性定义了每根线在什么时间有效，也就是每根线的时序。

本节主要介绍各种总线的前两种特性。总线大体可以分成以下几种主要类型。

（1）地址总线

它们是微型计算机用来传送地址的信号线。地址线的数目决定了直接寻址的范围。早期的 8 位 CPU 有 16 根地址线，可寻址 64KB 地址空间。IBM-PC 的 8088(8086) 有 20 根地址线，可寻址 1MB。HBM AT 的 80286 有 24 根地址线，可寻址 16MB。80386 以上的芯片有 32 根地址线，可寻址 4GB。P6 以上处理器有 36 根地址线，可寻址 64GB。目前，正在开发 64 位 CPU，其寻址范围就更大了。地址总线均为单向、三态总线，即信号只有一个传送方向，三态是指可输出高电平或低电平外，还可处于断开（高阻）状态。

（2）数据总线

它们是传送数据和代码的总线，一般为双向信号线（即可输入也可输出）数据总线也采用三态逻辑。

目前，数据总线已由 8 条、16 条、32 条，扩展为 64 条。

（3）控制总线

传送控制信号的总线，用来实现命令、状态传送、中断、信号传送，以及提供系统使用的时钟和复位信号等。

根据不同的使用条件，控制总线有的为单向、有的为双向，有的为三态，有的为非三态。控制总线是一组很重要的信号线，它决定了总线功能的强弱和适应性的好坏。好的总线控制功能强、时序简单且使用方便。

（4）电源和地线

它们决定了总线使用的电源种类及地线分布和用法。

（5）备用线

留作功能扩充和用户的特殊要求使用。

系统总线一般都做成多个插槽的形式，各插槽相同的引脚都连在一起，总线就连到这些引脚上。

为了工业化生产和能实现兼容，总线是标准化的。总线接口引脚的定义、传输速率的设定、驱动能力的限制、信号电平的规定、时序的安排以及信息格式的约定等，都有统一的标准。外总线则使用标准的接口插头，其结构和通信约定也都是标准的。

2. 总线的操作过程

系统总线上的数据传输是在主控模块的控制下进行的,主控模块具有控制总线的能力,例如 CPU、DMA 控制器。总线从属模块则没有控制总线的能力,它可以对总线上传来的信号进行地址译码,并且接收和执行总线主控模块的命令信号。总线完成一次数据传输周期,一般分为四个阶段。

(1) 申请阶段

当系统总线上有多个主控模块时,需要使用总线的主控模块提出申请,由总线仲裁部分确定把下一传输周期的总线使用权授给哪个模块。若系统总线上只有一个主控模块,就无需这一阶段。

(2) 寻址阶段

取得总线使用权的主控模块,通过总线发出本次打算访问的从属模块的地址及有关命令,以启动参与本次传输的从属模块。

(3) 传输阶段

主控模块和从属模块之间进行数据传输,数据由源模块发出经数据总线流入目的模块。

(4) 结束阶段

主控模块的有关信息均从系统总线上撤除,让出总线。

3. 总线的数据传输方式

主控模块和从属模块之间的数据传送有以下几种传输方式。

(1) 同步式传输

此方式用"系统时钟"作为控制数据传送的时间标准。主设备与从设备进行一次传送所需的时间(称为传输周期或总线周期)是固定的,其中每一步骤的起止时刻,也都有严格的规定,都以系统时钟来统一步伐。

很多微机系统的基本传输方式都是同步传输。例如本章第三节中提到的 8086 的基本总线周期是由 4 个时钟周期组成的,以 CPU 从存储器读取数据的过程为例,主设备在 T_1 周期发出 $\overline{M/IO}$ 高电平,表示与存储器通信,20 位地址信号也在 T_1 期间发出,以便寻访指定的内存单元。在 T_1 时刻发出的从 ALE 高电平信号,把在 $AD_{15} \sim AD_0$ 上出现的地址信号锁存至地址锁存器中;在 T_2 状态,读命令变为有效,以控制数据传送的方向。作为从设备的存储器,经过地址译码、$\overline{RD}$ 选通等电路延时,应在 T_3 时刻将被选通的数据放至数据线上,以便 CPU 在 T_4 的下降沿采样数据线获取数据,随后撤销数据命令等信息,整个读周期就在 T_4 上升沿全部结束。

上述同步传输要求主模块严格地按系统时钟这个标准规定的时刻发出地址、命令,也要求从模块严格地按系统时钟的规定读出数据或完成写入操作。主模块和从模块之间的时间配合是强制同步的。

同步传输动作简单,但要解决各种速率模块的时间匹配。当把一个慢速设备连接至同步系统上，就要求降低时钟速率来迁就此慢速设备。

(2) 异步式传输

异步式传输采用"应答式"传输技术。用"请求(Request, REQ)"和"允许(Acknowledge, ACK)"两条信号线来协调传输过程，而不依赖于公共时钟信号，如图 2-22 所示。它可以根据模块的速率自动调整响应的时间，接口任何类型的外围设备，都不需要考虑该设备的速度，从而避免同步式传输的上述缺点。

数据传输是从总线主模块将欲读、写的数据从模块(存储器或 I/O 端口)的地址放至地址总线上开始的。对读操作，主模块在地址建立后，送出低电平有效的读请求信号。总线上的所有从模块各自进行地址译码和判断选择，被选中的模块响应这一请求，将数据读出放至总线上，该从模块此时使允许线(ACK)变为有效，标识已将主模块所需的数据放至数据总线上，数据也已稳定，等待主模块读取。这段时间是由从模块的速度决定的。主模块在检测到 ACK 信号有效后，就撤销请求信号(读命令)，利用请求信号的变化沿，把从模块送出的数据锁存，完成数据的读取，并表示命令已撤除。随后地址与数据分别撤除，ACK 信号也变为无效，以表示知道读请求的撤销，完成整个读周期。

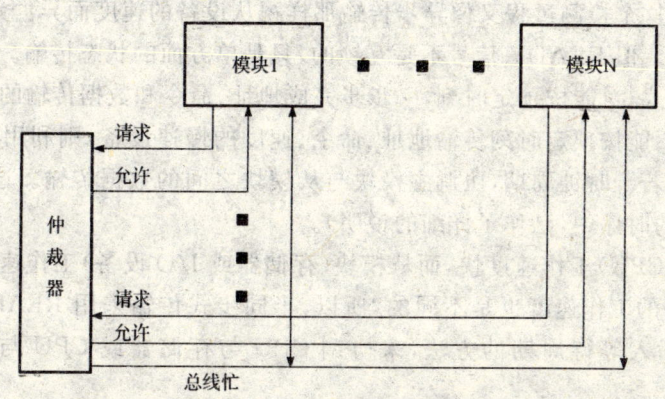

图 2-22 异步传输的仲裁

对于写操作，主模块可同时提供地址和待写数据。在写请求(写命令)产生之前，地址和数据必须是有效的，这由地址建立时间来保证。各从模块经过地址译码和判断、选通之后，被选中的从模块发出应答信号(ACK 电平变低)，表示数据已接收，允许主模块撤去命令、地址和数据。从模块接收数据所要求的时间取决于从模块的存取速度。主模块接收到 ACK 信号后，就撤销写请求以及撤销地址和数据，结束写周期。

异步式传输，利用 REQ 和 ACK 的呼应关系来控制传输过程，具有以下主要特点。

① 应答关系完全互锁，即 REQ 和 ACK 之间有确定的制约关系，主设备的请求 REQ 的有效，由从设备的 ACK 来响应；ACK 的有效，允许主设备撤销 REQ；只有 REQ 已撤销，才最后撤销 ACK；只有 ACK 已撤销，才允许下一个传输周期的开始。这就保证了数据传输的可靠

进行。

② 数据传送的速度不是固定不变的,它取决于从模块的存取速度。因而同一个系统中可以容纳不同存取速度的模块,每个模块都能以其最佳可能的速度来配合数据的传输。

异步传输的缺点是不管从模块存取时间的快、慢,每次都要经过四个步骤:请求、响应、撤销请求、撤销响应,影响了效率。

(3) 半同步式传输

此种方式是前两种方式的折中。从总体上看,它是一个同步系统,它仍用系统时钟来定时,利用某一时钟脉冲的前沿或后沿判断某一信号的状态,或控制某一信号的产生或消失,使传输操作与时钟同步。但是,它又不像同步传输那样传输周期固定。对于慢速的从模块,其传输周期可延长时钟脉冲周期的整数倍。其方法是增加一条信号线(WAIT 或 READY)。READY 信号线为无效时,表示选中的从设备尚未准备好数据传输(写时,未做好接收数据的准备;读时,数据未放至数据总线上)。系统用一适当的状态时钟检测此线,若 READY 为无效,系统就自动地将传输周期延长一个时钟周期(通过插入等待周期来实现),强制主模块等待。在延长的时钟周期中继续进行检测,重复上述过程,直至检测到 READY 信号有效,才不再延长传输周期。这个检测过程又像异步传输那样视从设备的速度而异。允许不同速度的模块协调地一起工作。但 READY 信号不是互锁的,只是单方面的状态传输。

半同步传输方式,对能按预定时刻,一步步完成地址、命令和数据传输的从模块,完全按同步方式传输;而对不能按预定时刻传输地址、命令、速度的慢速设备,则利用 READY 信号,强制主模块延迟等待若干时钟周期,协调主模块与从模块之间的数据传输。这是微机系统中常用的方法(在前面的时序中,已作了详细的说明)。

通常,主模块(CPU)工作速度快,而从模块(存储器或 I/O 设备)工作速度慢,而且不同的存储器和 I/O 设备的工作速度也是不同的,所以,半同步式传输采用 READY 信号在正常的 CPU 总线周期中插入等待周期的方法,来协调 CPU 与存储器或 CPU 与 I/O 设备之间的传输。

2.4.2 PC 总线

IBM-PC 及 XT 使用的总线就称为 PC 总线。当时使用的 CPU 是 Intel 公司的准 16 位 CPU 8088。但 PC 总线不是 CPU 引脚的延伸,而是由 8282 锁存器、8286 发送接收器、8288 总线控制器、8259 中断控制器、8237 DMA 控制器以及其他逻辑的重新驱动和组合控制而成,所以又称为 I/O 通道。它共有 62 条引线,全部引到系统板 8 个双列扩充槽插座上,每个插座相对应的引脚连在一起,再连到总线的相应信号线上。

插件板分 A、B 两面,A 面为元件侧。用户自行设计的或购买的与总线匹配的插件板就可插在这些插座上。其中第 8 个插槽的 B8 是该插槽的插件板选中(CARD SLCTD)信号,由该插件板建立,它通知系统板该插件板已被选中。

2.4.3 ISA 总线

ISA(Industry Standard Architecture)——工业标准体系结构总线,又称 AT 总线。是 IBM AT 机推出时使用的总线,逐步演变为一个事实上的工业标准,得到广泛的使用。

AT 机以 80286 为 CPU,它具有 16 位数据宽度,24 条地址线,可寻址 16MB 地址单元,它是在 PC 总线的基础上扩展一个 36 线插槽形成的。同一槽线的插槽;分成 62 线和 36 线两段共计 98 线。在目前的 PC 中已不再使用 PC 与 ISA 总线,不再详细分析。

2.4.4 PCI 总线

随着 CPU 的迅速发展,主频率不断提高,数据总线的宽度也由 8 位到 16 位、32 位甚至 64 位,总线也随之不断发展。

伴随着 Pentium 芯片的出现和发展,一种新的总线——PCI 总线也得到广泛的应用,已经成为总线的主流。

PCI(Peripheral Component Interconnect)总线称为外部设备互连总线,它能与其他总线互连,如图 2-23 所示。

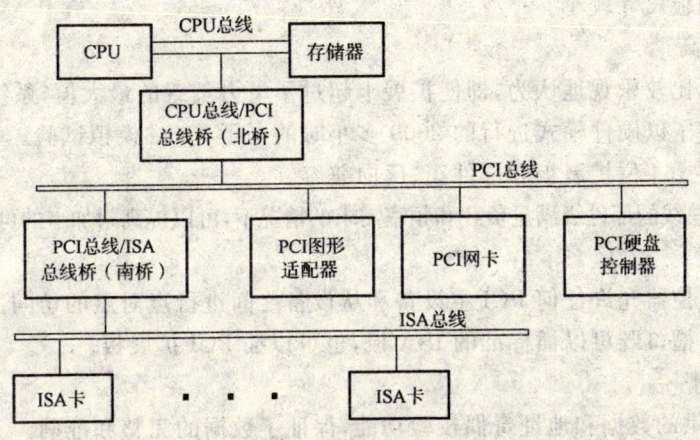

图 2-23　PCI 总线连接图

它把一个计算机系统的总线分为几个档次,速度最高的为处理器总线,可连接主存储器等高速部件;第二级为 PCI 总线,可直接连接工作速度较高的卡,如图形加速卡、高速网卡等,也可以通过 DE 控制器、SCSI 控制器连接高速硬盘等设备;第三级通过 PCI 总线的桥,可以与目前常用的 ISA 总线的设备相连,以提高兼容性。

1. PCI 总线的特点

(1) 高性能

① 32 位总线宽度,可升级到 64 位。

②支持突发工作方式，后边可跟无数个数据总线周期，改善了由写确定的图像质量。
③处理器/内存与系统能力完全一致。
④同步总线操作的工作频率可达到33MHz。

(2) 低成本
①采用最优化的芯片，标准的 ASIC 技术和其他处理技术相结合。
②多路复用体系结构减少了管脚个数和 PCI 部件。
③在 ISA 基本系统上的扩展板，也可在 PCI 系统上工作。PCI 到 ISA 的桥由厂家提供，减少了用户的开发成本，避免了混乱。

(3) 使用方便
能够自动配置参数，支持 PCI 总线扩展板和部件。PCI 设备包含配置寄存器，可用来存放设备配置的信息。

(4) 寿命长
①处理器独立支持多种处理器及将来待开发的更高性能的处理器，并且不依赖任何 CPU。
②支持 64 位地址。
③5V 和 3V 信号环境已规范化：工业上 5V 到 3V 已完成平滑过渡。
④附加板尺寸较小。

(5) 可靠性高
①可以比较乐观地认为，即使扩展卡超过了电力负载的最大值，系统也可以运行。
②通过了以硬件模式进行的 2000 多小时的电子 Spice 模拟试验。
③32 位、64 位扩展板和部件正、反向兼容。
在局部总线的部件级满足负载和频率需求的情况下，可以提高附加卡的可靠性和可操作性。

(6) 灵活
①多主控器允许任何 PCI 主设备和从设备之间进行点对点的访问。
②共享槽口既可以插标准的 ISA 板，也可以插 PCI 扩展板。

(7) 数据完整
PCI 提供的数据和地址奇偶校验功能，保证了数据的完整和准确。

(8) 软件兼容
PCI 部件和驱动程序可以在各种不同的平台上运行。

2. PCI 总线信号定义
PCI 总线信号如图 2-24 所示。
信号类型由每一个信号名称后边的符号表明，这些符号含义如下。
IN：标准的只输入信号。
OUT：标准的只输出信号。
T/S：双向三态信号。

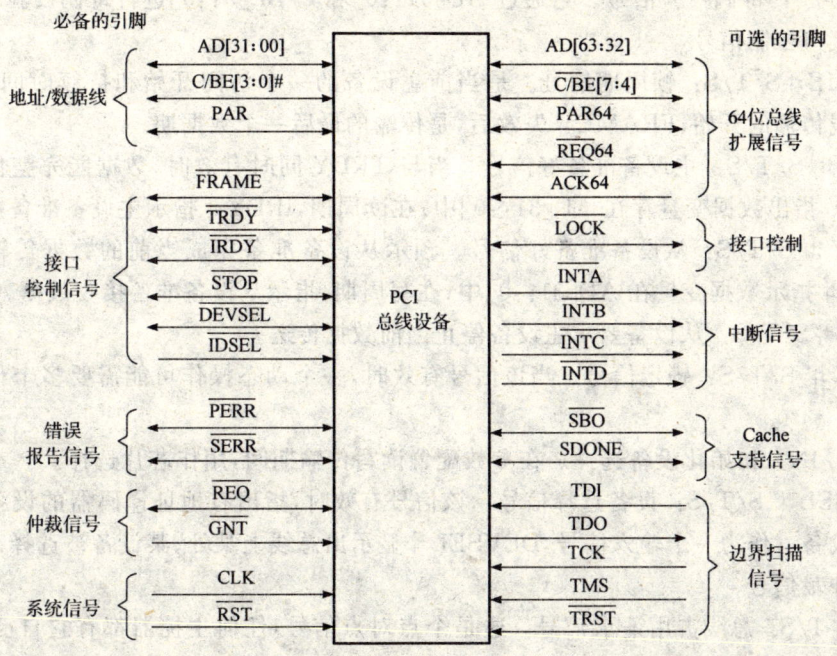

图 2-24 PCI 总线信号

S/T/S：一次只有一个信号驱动的低电平三态信号。驱动 S/T/S 信号必须在它空浮之前维持一个时钟周期的高电平。新的驱动信号必须在三态之后一个时钟周期才开始驱动。

O/D：漏极开路信号，允许多个设备共享的一个"线或"信号。

信号后面♯符号，指明信号是低电平有效。

(1) 系统信号定义

CLK IN：系统时钟信号对于所有的 PCI 设备都是输入信号。除了 RST♯、IRQB♯、IRQC♯、IRQD♯之外，其他的 PCI 信号都在时钟上升沿有效。这一频率也称为 PCI 总线的工作频率。

RST IN：复位信号。用来使 PCI 特性寄存器和定序器相关的信号恢复初始状态。RST♯和 CLK 可以不同步。当设备请求引导系统时，将响应"RESET"，复位后将响应系统引导。

(2) 地址和数据信号

AD[31::00] T/S：地址和数据共用相同的 PCI 引脚。一个 PCI 总线传输周期包含了一个地址信号期和接着的一个（或无限个）数据期。PCI 总线支持突发读写功能。在 FRAME♯有效时，是地址期；在 IRDY♯和 TRDY♯同时有效时，是数据期。

C/BE[3:0]♯ T/S：总线命令和字节启用信号。在地址期，C/BE[3::0]♯定义总线命令；在数据期 C/BE[3::0]♯用作字节启用（允许）。

PAR T/S：奇偶校验信号。它通过 AD[31::0]和 C/BE[3::0]进行奇偶校验。

(3) 接口控制信号

FRAME♯ S/T/S：帧周期信号。是当前主设备的一个访问开始和持续时间。FRAME♯预示总线传输的开始；FRAME♯失效后，是传输的最后一个数据期。

IRDY♯ S/T/S：主设备准备好信号。当与 TRDY 同时有效时，数据能完整传输。在写周期，IRDY 指出数据变量存在 AD[31::0]中；在读周期，IRDY♯指示主设备准备接收数据。

TRDY♯ S/T/S：从设备准备好信号。预示从设备准备完成当前的数据传输。在读周期，TRDY♯指示数据变量在 AD[31::0]中；在写周期，指示从设备准备接收数据。

STOP♯ S/T/S：从设备要求主设备停止当前数据传送。

LOCK♯ S/T/S：锁定信号。当该信号有效时，一个动态操作可能需要多个传输周期来完成。

IDSEL IN：初始化设备选择。在参数配置读写传输期间，用作芯片选择。

DEVSEL♯ S/T/S：设备选择信号。该信号有效时，指出有地址译码器的设备作为当前访问的从设备。作为一个输入信号，DEVSEL♯显示出总线上某处、某设备被选择。

(4) 仲裁信号

REQ♯ T/S：总线占用请求信号。这是个点对点信号，任何主控器都有它自己的 REQ♯信号。

GNT♯ T/S：总线占用允许信号，指明总线占用请求已被响应。这是个点对点的信号，任何主设备都有自己的 GNT♯。

(5) 错误报告信号

PERR♯ S/T/S：只报告数据奇偶校验错。一个主设备只有在响应 DEVSEL♯信号和完成数据期之后，才报告一个 PERR♯。当发现奇偶校验错时，必须驱动设备，使其在该数据后接收两个数据期的数据。

SERR♯ S/T/S：系统错误信号。专门用作报告地址奇偶错、特殊命令序列中的数据奇偶错，或能引起大的灾难性的系统错。

(6) 中断信号

PCI 上的中断设备是可操作的，定义为低电平有效。INT♯信号与时钟不同步，PCI 定义的一个中断向量对应一个设备；四个以上中断向量对应一个多功能的设备或连接器。

INTX♯ O/D：其中 x＝A、B、C3 被用在需要一个中断请求时，且只对一个多功能设备有意义。

(7) 其他可选信号

① 高速缓存支持信号 SBO♯ 和 SDONE

SBO♯ IN/OUT：试探返回。当该信号有效时，关闭预示命中一个缓冲行。

SDONE IN/OUT：预示命中一个缓冲行。当它无效时，表明探测结果仍未确定；当它有效时,则表明探测完成。

② 64 位扩展信号

AD[L63::32]T/S:地址数据复用同一引线,提供附加的 32 位。

C/BE[7::4]#T/S:扩展高 32 位的总线命令和字节启动信号。

REQ64#S/T/S:64 位传输请求。REQ64# 与 FRAME# 有相同时序。

ACK64#S/T/S:告知 64 位传输。标明从设备将用 64 位传输。ACK64# 与 DEVSEL# 具有相同时序。

PAR64#T/S:奇偶双字节校验,是 AD[63::32] 和 C/BE[7::4] 的校验位。

2.4.5 USB 总线

近年来又出现了一种全新的接口方式——通用串行接口(Universal Serial Bus,USB)接口,目前,一般主流微机主板都可以支持 2～4 个 USB 接口。与此同时,USB 设备的数量逐渐增多,鼠标、键盘、游戏杆、显示器、扫描仪、打印机、麦克风、MODEM、摄像头、数字相机等可以根据用户的爱好随意选择,USB 接口将是新世纪最为流行、应用最广泛的接口技术。

USB 是由 Intel、Microsoft、IBM、DEC、Compaq、Northen Telecom 等共同提出的。它虽然叫串行接口,但与以往的串行接口有许多不同。它是一种全新的串行总线式接口,可以完成输入/输出的功能,它具有以下的特点。

(1) 因为使用了总线的设计,所以可以在一个 USB 接口上接多个设备。理论上 USB 接口可以共同支持连接 127 个设备,这是普通串口不能比拟的。

(2) USB 接口可以为设备提供 +5V 的电源供应,所以只要所接外设不是高耗电的设备,如电机等(+12V),那么就可以由 USB 口直接供给电源,而无需另接电源了。对于移动办公的设备来说,USB 接口设备将是一个上佳的选择。

(3) USB 接口的速度十分快,数据传输速率可以高达 1.5～12MB/s,而普通串口却只能达到 11520B/s,这样大的传输量可以胜任许多工作,所以 USB 接口可以连接一些高数据量的存储设备,比如外置存储器等。在 1999 年 2 月发布的 USB 规范版本 2.0 草案中已建议将 12Mb/s 的带宽提升到 120～240Mb/s,传输速度又提高了 10 倍以上。

(4) 因为 USB 是一种独立的串口总线,所以它在驱动设备的时候不需要占用中断和 DMA 通道,这样对于不太懂电脑的人来说,不需再设定这些参数。同时因为这个特点,USB 接口的设备具有真正的即插即用(PNP)功能,即使在计算机正在工作的时候,你也完全可以插拔新的 USB 设备,无需关闭计算机,十分的方便快捷。

第 3 章 8086 的指令系统

3.1 8086 的寻址方式

8086 机器指令主要由两部分组成,一部分是指令的操作码,规定指令执行什么样的操作,是数据传送还是转移等;第二部分是操作数,参加操作的数据对象或其所在的地址,8086 系列指令包括无操作数指令、单操作数指令和双操作数指令。如

  HLT   ; 无操作数指令;
  INC CX   ; 单操作数指令;
  ADD AX,BX ; 双操作数指令。

第一操作数为目的操作数,第二操作数为源操作数。有些操作数是被隐含在指令中的(在立即寻址方式中),但是大多数情况下是显示规定的(规定了操作数的地址)。如何寻找操作数就是寻址方式。一个操作数能定位在以下地方之一:

- 指令中;
- 寄存器;
- 存储单元;
- I/O 端口。

3.1.1 立即数

某些指令用包含在指令中的数据作为源操作数。这些操作数称为立即操作数,或简称为立即数。这种寻址方式如图 3-1 所示。

例如,以下 MOV 指令将立即数 3064H 传送至 AX 寄存器:

  MOV AX,3064H

指令执行后,AX=3064H,16 位数据存入 AX 寄存器。

所有算术指令(除了 DIV 和 IDIV 指令)均允许源操作数是立即数。允许的立即数的最大值随指令改变,但绝不能大于无符号双字整数 2^{32}。

3.1.2 寄存器操作数

源操作数和目的操作数能在以下寄存器中,具体位置取决于正在执行的指令:

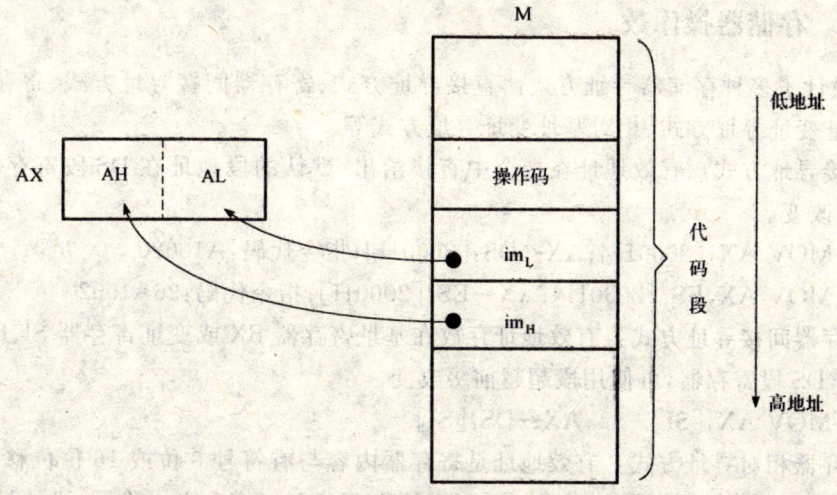

图 3-1 立即寻址方式

- 16 位通用寄存器(AX、BX、CX、DX、SI、DI、SP 或 BP)。
- 8 位通用寄存器(AH、BH、CH、DH、AL、BL、CL 或 DL)。
- 段寄存器(CS、DS、SS、ES)。
- FLAGS 寄存器。

例如:MOV DS,AX,这种寻址方式如图 3-2 所示。

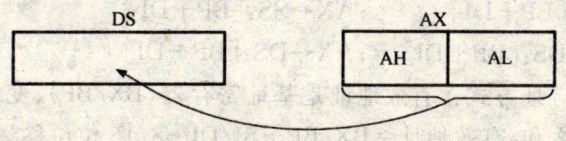

图 3-2 寄存器寻址

例如,以下 MOV 指令将 BX 寄存器中的内容传送至 AX 寄存器中:
MOV AX,BX
若指令执行前,AX=30AAH,BX=7255H;
则指令执行后,AX=7255H,BX=7255H。

某些指令(例如 DIV 和 MUL 指令)中使用了包含在一对 16 位寄存器中的双字操作数。寄存器对用冒号分隔。例如 DX:AX,DX 包含高序位,而 AX 包含双字操作数的低序位。

若干指令(例如 PUSHF 和 POPF 指令)用于装入和存储 FLAGS 寄存器的内容或设置或清除在此寄存器中的不同的位。其他指令(例如 Jcc 指令)用在 FLAGS 寄存器中状态标志的状态作为条件码执行分支等操作。

3.1.3 存储器操作数

8086 设计了多种存储器寻址方式：直接寻址方式、寄存器间接寻址方式、寄存器相对寻址方式、基址变址寻址方式、相对基址变址寻址方式等。

1. 直接寻址方式：有效地址在指令中直接给出，默认的段地址在 DS 段寄存器，可使用段超越前缀改变。

例如：MOV AX,[2000H]   ;AX←DS:[2000H];指令代码:A10020
   MOV AX,ES:[2000H] ;AX←ES:[2000H];指令代码:26A10020

2. 寄存器间接寻址方式：有效地址存放在基址寄存器 BX 或变址寄存器 SI、DI 中，默认的段地址在 DS 段寄存器，可使用段超越前缀改变。

例如：MOV AX,[SI]   ;AX←DS:[SI]

3. 寄存器相对寻址方式：有效地址是寄存器内容与有符号 8 位或 16 位位移量之和，寄存器可以是 BX、BP 或 SI、DI。有效地址＝BX/BP/SI/DI＋8/16 位位移量，段地址对应 BX/SI/DI 寄存器默认是 DS，对应 BP 寄存器默认是 SS；可用段超越前缀改变。

例如：MOV AX,[DI+06H]   ;AX←DS:[DI+06H]
   MOV AX,[BP+06H]   ;AX←SS:[BP+06H]

4. 基址变址寻址方式：有效地址由基址寄存器(BX 或 BP)的内容加上变址寄存器(SI 或 DI)的内容构成，有效地址＝BX/BP＋SI/DI，段地址对应 BX 基址寄存器默认是 DS，对应 BP 基址寄存器默认是 SS；可用段超越前缀改变。

例如：MOV AX,[BX+SI]   ;AX←DS:[BX+SI]
   MOV AX,[BP+DI]   ;AX←SS:[BP+DI]
   MOV AX,DS:[BP+DI] ;AX←DS:[BP+DI]

5. 相对基址变址寻址方式：有效地址是基址寄存器(BX/BP)、变址寄存器(SI/DI)与一个 8 位或 16 位位移量之和，有效地址＝BX/BP＋SI/DI＋8/16 位位移量，段地址对应 BX 基址寄存器默认是 DS，对应 BP 基址寄存器默认是 SS；可用段超越前缀改变。

例如：MOV AX,[BX+SI+06H]   ;AX←DS:[BX+SI+06H]

在内存中的源操作数和目的操作数由段选择子和偏移量引用，如图 3-3 所示。

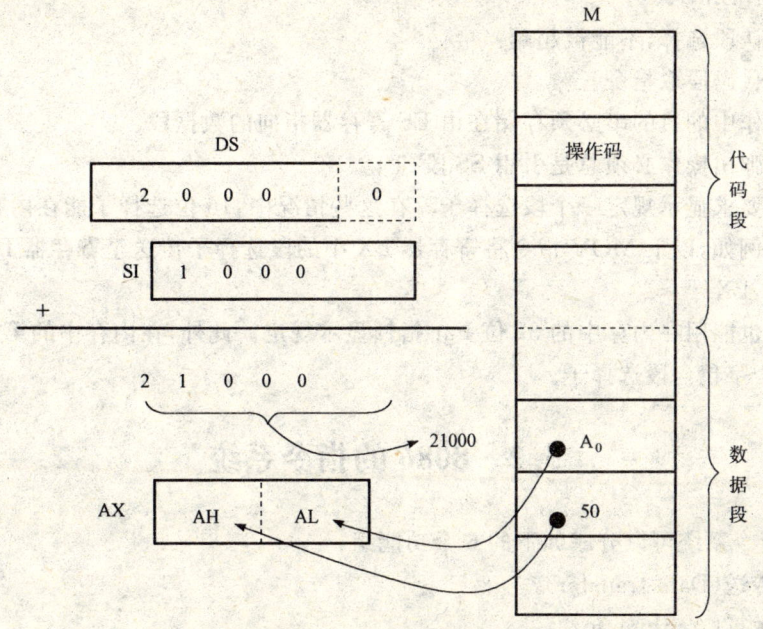

图 3-3 内存操作数地址

段选择子规定包含操作数的段,偏移量(从段的开始至操作数的第一个字节的字节数)规定操作数的线性或有效地址。

规定段选择子 段选择子能隐含或显示规定。规定段选择子的最简单的方法是把它加载至段寄存器,然后允许处理器根据正在执行的操作类型,隐含地选择寄存器。处理器按照表 3-1 中给定的规则自动选择段。

表 3-1 段寄存器的约定

存储器基准的类型	约定段基数	可修改的段基数	逻辑地址
取指令型	CS	无	IP
堆栈操作	SS	无	SP
源串	DS	CS、ES、SS	SI
目的串	ES	无	DI
用 BP 作为基寄存器	SS	CS、DS、ES	有效地址
通用数据读写	DS	CS、ES、SS	有效地址

当存储数据至内存或从内存取数据时,DS 段默认能被超越以允许访问其他段。在汇编程序内,段超越通常用冒号":"处理。例如,以下 MOV 指令将寄存器 AX 中的值传送至由 ES 寄存器指向的段,段中的偏移量包含在 BX 寄存器中:

MOV ES:[BX],A

以下的默认段选择,不能被超越:
- 必须从代码段取指令。
- 在串操作中的目的串必须存储在由 ES 寄存器指向的数据段。
- 推入和弹出操作必须总是引用 SS 段。

某些指令要求显示规定一个段选择子。在这些情况中,16 位选择子能在内存单元或在 16 位寄存器中。例如,以下 MOV 指令将寄存器 BX 中的段选择子传送至寄存器 DS:

MOV DS,BX

段选择子也能用在内存中的 32 位 Far 指针显示规定。此外,在内存中的第一个字包含偏移量,而下一个字包含段选择子。

3.2 8086 的指令系统

8086 的指令系统可以分成如下的 6 个功能组:

1. 数据传送(Data transfer)
2. 算术运算(Arithmetic)
3. 逻辑运算(Logic)
4. 串操作(String manipulation)
5. 控制传送(Control transfer)
6. 处理器控制(Processor control)

下面我们就从这 6 个方面来介绍 8086 的指令系统,并通过程序说明这些指令的使用。

在介绍指令以前,我们先把在指令中要出现的一些符号介绍如下:

AH、AL、BH、BL、CH、CL、DH、DL	八位寄存器
AX、BX、CX、DX、SP、BP、SI、DI	十六位通用寄存器
SP	堆栈指针
IP(或 PC)	指令指针
Flags	标志位
DI、SI	目的和源变址寄存器
CS、DS、ES、SS	段寄存器
r	通用寄存器组(如 AX 等或 AL 等,取决于操作数的长度确定)
a	AL 或 AX(取决于操作数的长度)
src,dst	源和目的操作数。所有下列的寻址方式都是可用的

	[BX+SI+n]
	[BX+DI+n]
	[BP+SI+n]
	[BP+DI+n]
	[SI+n]
	[DI+n]
	[BP+n]
	[BX+n]
	[n]
r	
ADR(src)	源操作数地址
[]	存储单元的内容(正常在数据段)
ES[]	附加存储器段的内容
OPRD	操作数
seg	段寄存器(CS,DS,ES,SS)
im	立即数
n	8 位
nn	16 位
nnnn	32 位

3.2.1 数据传送指令

数据传送指令是计算机最基本、最重要的一种操作,在一个实际程序中,数据传送指令使用的比例是最高的。数据传送指令在内存和通用寄存器和段寄存器之间传送数据。它们也执行特殊的操作,例如堆栈访问和数据转换。所以,数据传送是否方便,是否灵活,是否速度快,是指令系统需要重要考虑的问题。

这一类指令,除了 SAHF 和 POPF 指令以外,对标志位没有影响。

1. MOV 指令

MOV 指令是最常用的数据传送指令。它的格式是:

MOV OPRD1,OPRD2

它有两个操作数,左边的是目标操作数(OPRD1),右边的是源操作数(OPRD2)。它把 8 位或 16 位源操作数传送至目的地。它在通用寄存器之间、存储器和通用寄存器或段寄存器之间传送数据,或把立即数传送至通用寄存器。

(1) 通用寄存器之间的传送

MOV   AL,BL

MOV AX,DX
MOV SI,BP
MOV BX,DI
MOV DL,CH

(2) 寄存器与存储器之间的传送

MOV [BX], AX ; 寄存器到存储器

若(DS)=6000H,(BX)=1200H,(AX)=1234H

执行后(61200H)=34H (61201H)=12H

MOV CL, [BP], [DI]

将 SS 段的偏移地址(BP)+(DI)存储单元内容送至 CL,如(SS)=8000H,(BP)=1020H,(DI)=0383H,(813A3H)=55H,则执行后(CL)=55H

MOV AX, [6000H]

将 DS 段的 6000H 和 6001H 两个单元的内容送至 AX。

(3) 立即数传送至 CPU 的通用寄存器

MOV AL, 5
MOV BX, 3078H

(4) 立即数到存储器的传送

MOV Byte PTR[BP+SI], 5 ; 5 → SS:(BP+SI)
MOV Word PTR[BX], [1005H] ; 05H → [DS:(BX)],10H → [DS:(BX+1)]
MOV Word PTR[DI], 2000H ; 将立即数 2000H 存放到以 DI 的内容为地址指
                           针的相邻两个单元中

(5) 寄存器与段寄存器之间的传送

MOV DS, [1000H]
MOV [BX], ES

若执行前 DS=8000H,(81000H)=00H,(81001H)=20H,ES=4000H,BX=1200H;执行以上两条指令之后:

DS=2000H   ; 第一条指令执行完
(21200H)=00H (21201H)=40H   ; 第二条指令执行完

注意: 不能用 MOV 指令实现以下传送。

· 存储器操作数之间不能直接传送

  MOV [1000H], [DI]   错

应该为

  MOV AX,[DI]
  MOV [1000H],AX

- 立即数不能直接送至段寄存器

    MOV　DS，2000H　　　　错

  应该为

    MOV　AX，2000H

    MOV　DS，AX

- 段寄存器之间不能直接传送

    MOV　ES，DS　　　　错

  应该为

    MOV　AX，DS

    MOV　ES，AX

- CS 只可以作为源操作数

    MOV　CS，AX　　　　错

    MOV　AX，CS　　　　对

- 源操作数和目的操作数的宽度必须相同

它的使用举例如表 3-2 所示。

表 3-2　MOV 指令使用举例

MOV 操作数	MOV 码举例
存储器,累加器	MOV　ARPAY[SI],AL
累加器,存储器	MOV　AX,TEMP_RESULT
寄存器,寄存器	MOV　AX,CX
寄存器,存储器	MOV　BP,STACK_TOP
存储器,寄存器	MOV　COUNT[DI],CX
寄存器,立即数	MOV　CL,2
存储器,立即数	MOV　MASK[BX][SI],2CII
段寄存器,16 位寄存器	MOV　ES,CX
段寄存器,存储器	MOV　DS,SEGMENY_BASE
寄存器,段寄存器	MOV　BP,SS
存储器,段寄存器	MOV　[BX]SEG_SAVE,CS

2. 交换指令

XCHG OPRD1,OPRD2

这是一条交换指令,它有两个操作数：OPRD1 和 OPRD2。该指令的功能是使两个操作数交换,即指令执行后 OPRD1 中的内容即为指令执行前 OPRD2 的内容,而指令执行后

OPRD2 中的内容则为指令执行前 OPRD1 中的内容。这条指令的操作数可以是一个字节或一个字。

交换能在通用寄存器与累加器之间、通用寄存器之间（通用寄存器可用 r 表示，src 表示源操作数）、存储器和累加器之间进行。但段寄存器不能作为一个操作数。以下是有效的指令：

XCHG　AX，　r
XCHG　r，　　src
XCHG　AL，　CL
XCHG　AX，　DI
XCHG　AX，　BUFFER
XCHG　BX，　DATA[SI]

3. 堆栈操作指令

在介绍堆栈操作指令之前，我们先介绍一下什么是堆栈，以及为什么需要堆栈。

在一个实际程序中，有一些操作要执行多次，为了简化程序，把这些要重复执行的操作编为子程序，也常常把一些常用的操作编为标准化、通用化的子程序。所以一个实际程序常分为主程序（Main Program）和若干子程序（Subroutine），在主程序中往往要调用子程序或要处理中断（关于中断我们将在后面详细讨论），这时就要暂停主程序的执行，转去执行子程序（或中断服务程序），则机器必须把主程序中调用子程序指令的下一条指令的地址值保留下来，才能保证当子程序执行完以后能返回主程序继续执行。若第 x_1 条指令为调用子程序指令，则它的下一条指令 x_2 的地址——即 PC（在 8086 中，则为代码段寄存器 CS 和指令指针 IP）的值要保留下来。主程序调用子程序示意图如图 3-4(a)所示。

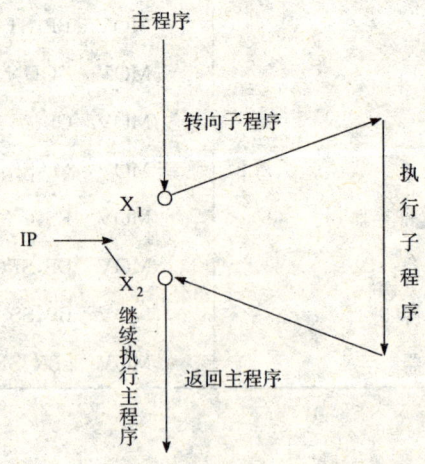

图 3-4(a)　主程序调用子程序示意图

另外，执行子程序时，通常都要用到内部寄存器，并且执行的结果会影响标志位，所以，也必须把主程序中有关寄存器中的中间结果和标志位的状态保留下来,这就需要有一个保存这些内容的地方。而且,在一个程序中,往往在子程序中还会调用别的子程序,这被称为子程序嵌套或子程序递归(调用自己),子程序嵌套示意图如图 3-4(b)所示。

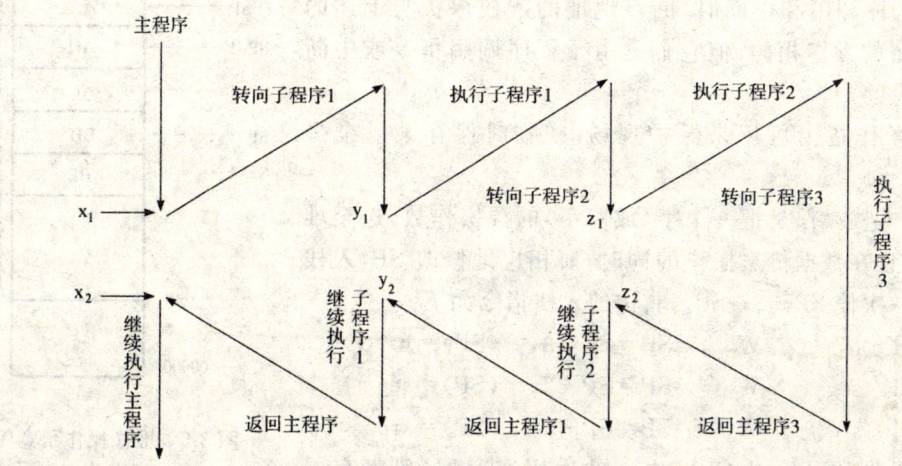

图 3-4(b)　子程序嵌套示意图

调用子程序时,不仅需要把许多信息保留下来,而且还要保证逐次正确地返回。这就要求后保留的值先取出来,也即数据要按照后进先出(Last In First Out,LIFO)的原则保留。能实现这样要求的部件就是堆栈。在早期的微型计算机中,堆栈是一个 CPU 的内部寄存器组,容量有限,于是子程序调用和嵌套的重数就有限;目前,微型计算机一般都是把内存的一个区域作为堆栈,所以,实质上堆栈就是一个按照后进先出原则组织的一段内存区域,这样也就要有一个指针(相当于地址)SP 来指示堆栈的顶部在哪儿。8086 中规定堆栈设置在堆栈段(SS)内,堆栈指针 SP 始终指向堆栈的顶部,即始终指向最后推入堆栈的信息所在的单元。SP 的初值,可由上述的 MOV SP,im 指令来设定。SP 的初值规定了所用堆栈的大小。

堆栈操作指令分为两类:即把信息推入堆栈的指令 PUSH 和信息由堆栈弹出的指令 POP。

(1) 入栈指令

PUSH　OPRD

操作数的长度为字或双字,在入栈操作时,把一个字(或双字)从源操作数传送至由 SP(ESP)所指向的堆栈的顶部。

例如,有:

PUSH　AX

PUSH　BX

每一个指令分两步执行:先 SP−1→SP,然后把 AH(寄存器中的高位字节)送至 SP 所指的单元;再次使 SP−1→SP,把 AL(寄存器中的低位字节)送至 SP 所指的单元。如图 3-5 所示。

随着推入内容的增加,堆栈扩展,SP值减小,但每次操作完,SP总是指向堆栈的顶部。堆栈的最大容量,即为SP的初值与SS之间的距离。

在子程序调用和中断时,断点地址的入栈保护与上述的PUSH指令的操作相同,但它们是由子程序调用指令或中断响应来完成的。

堆栈操作指令可用来保护现场,或临时保存某一个操作数。

总之,入栈操作是把一个字(或双字)的源操作数,送至堆栈的顶部,且在数据传送操作的同时,要相应地修改SP,入栈指令执行一次使SP−2→SP。具体的入栈指令如下:

PUSH　r　　　　W　　　SP=SP−2,（SP）=r
PUSH　seg　　　W　　　SP=SP−2,（SP）=seg
PUSH　src　　　W　　　SP=SP−2,（SP）=src

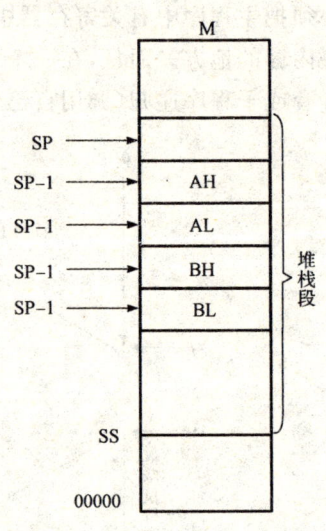

图 3-5　堆栈操作示意图

即源操作数可以是CPU内部的通用寄存器、段寄存器(除CS以外)和内存操作数(可用各种寻址方式)。

(2) 出栈指令

POP　OPRD

把现行SP所指向的堆栈顶部的一个字(或双字),送至指定的目的操作数;同时进行修改堆栈指针的操作,即SP+2→SP。

具体的出栈指令如下:

POP　r　　　　W　　　r=(SP),SP=SP+2
POP　seg　　　W　　　seg=(SP),SP=SP+2
POP　dst　　　W　　　dst=(SP),SP=SP+2

4. 输入输出指令

(1) IN

输入指令,允许把一个字节或一个字由一个输入端口(port),传送至AL(若是一个字节)或AX(若是一个字)。一个计算机可以配接许多外部设备,每个外部设备与CPU之间要交换数据、状态信息和控制命令,每一种这样的信息交换都要通过一个端口来进行。系统中端口的区分也是像在存储器中那样,用地址来区分。端口地址若是由指令中的n所规定,则可寻址port0～port255,共256个端口;端口地址也可包含在寄存器DX中,则允许寻址64K个端口。

具体指令如下:

IN　AL,n　　　B　　　AL=[n]
IN　AX,n　　　W　　　AX=[n+1][n]

```
IN   AL,  DX    B    AL=[DX]
IN   AX,  DX    W    AX=[DX+1][DX]
```

(2) OUT

输出指令,允许把在 AL 中的一个字节或在 AX 中的一个字,传送至一个输出端口。端口寻址方式与 IN 指令相同。具体的指令如下:

```
OUT   n,   AL    B    AL→[n]
OUT   n,   AX    W    AX→[n],[n+1]
OUT   DX,  AL    B    AL→[DX]
OUT   DX,  AX    W    AX→[DX],[DX+1]
```

(3) XLAT

这条指令完成一个字节的查表转换。寄存器 AL 的内容作为一个 256 个字节的表的下标。这个表的基地址在寄存器 BX 中,转换后的一个字节的操作数放在 AL 中。指令格式为:

```
XLAT    B         AL=[BX+AL]
```

例如:数字 0~9 对应的 ASCII 码为:30H、31H、32H、33H、34H、35H、36H、37H、38H、39H。若某一端口输出给 CPU 一位十进制数码,要求 CPU 把它转换为相应的 ASCII 码,再输送给这个端口。

要实现这样的转换,可以把 ASCII 码按十进制数的次序排成一个表放在内存的某一区域中,把此区域的首地址送至 BX。CPU 从指定端口(例如端口号为1)输入一个字节至 AL,然后利用查表指令 XLAT 从 ASCII 码表中查到相应的 ASCII 码,再通过同一端口输出。

```
MOV     BX,  TABLE
IN      AL,  1
XLAT    TABLE
OUT     1,   AL
```

5. 地址-目的传送指令

(1) LEA

把源操作数的地址偏移量,传送至目的操作数。源操作数必须是一个内存操作数;目的操作数必须是一个 16 位的通用寄存器。这条指令常用来建立操作所需要的寄存器地址指针。

```
LEA  r,  src         r=(src)
```

(2) LDS

这条指令是传送一个目标指针(即一个 32 位的目标,它包括一个段地址和一个地址偏移量),从源操作数(它必须是一个内存操作数)传送至一对目的寄存器。目的的段地址必须传送至 DS 段地址寄存器;而 16 位地址偏移量,必须传送至一个 16 位的指针寄存器或变址寄存器。如图 3-6 所示。

指令的格式为:

LDS　r，src　DW　　r←(EA)，DS←(EA+2)

例：LDS　SI，　DATA.SEG[DI]

(3) LES

除了把目标段地址送至段寄存器 ES 以外，其他与 LDS 指令类似。

LES　r，src　r←(EA)，　ES←(EA+2)

6. 标志寄存器传送指令

(1) PUSHF

把整个标志寄存器(包括全部九个标志)推入至堆栈指针所指的堆栈的顶部，同时修改堆栈指针，即 SP－2→SP。

这条指令无操作数，且不影响标志位。

(2) POPF

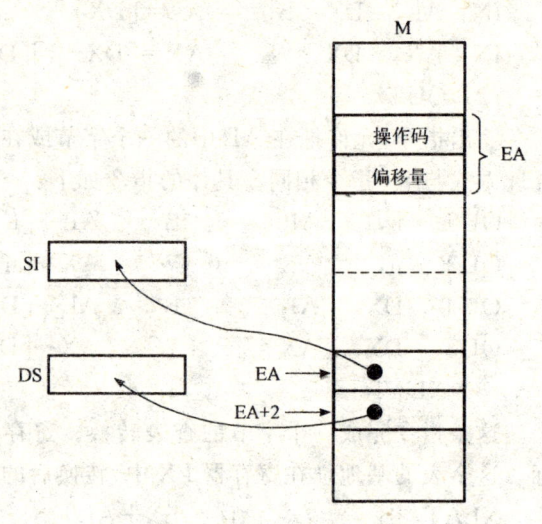

图 3-6　LDS 指令示意图

这条指令把现行堆栈指针所指的一个字，传送给标志寄存器,同时相应地修改堆栈指针，即 SP+2→SP。

这条指令执行后，8086 的标志位就取决于原堆栈顶部的内容。

PUSHF 和 POPF 这两条指令可以保存和恢复标志寄存器。在子程序调用和中断服务中可利用这两条指令来保护和恢复标志位。

另外这两条指令也可以用来改变追踪标志 TF。在 8086 的指令系统中，没有直接能改变 TF 标志的指令，故若要改变 TF 标志，先用 PUSHF 指令把标志位入栈，然后设法改变栈顶存储单元的 D8 位(把整个标志看成一个字)，再用 POPF 指令恢复，这样其余的标志不受影响而只有 TF 标志按需要改变了。

3.2.2　算术运算指令

8086 提供加、减、乘、除这四种基本的算术操作。这些操作都可以用于字节或字的运算。这些操作也都可用于带符号数与无符号数的运算。若是符号数，则用补码表示。

8086 提供了各种校正操作指令，故可以进行组合的(即两位 BCD 码表示的)或未组合的(即用一位 BCD 码表示高 4 位为 0 的)十进制的算术运算。

1. 加法指令

8086 具有 5 种加法操作指令：

(1) ADD　OPRD1，OPRD2

这条指令完成两个操作数相加，结果送至一个操作数，即 OPRD1+OPRD2→OPRD1。目的操作数可以是累加器，任一通用寄存器，以及存储器操作数。

指令格式如下：

ADD r，src	B/W/D	r＋src → r
ADD a，im	B/W/D	a＋im → a
ADD dst，im	B/W/D	dst＋im → dst
ADD dst，r	B/W/D	dst＋r → dst

这条指令影响标志 AF、CF、OF、PF、SF、ZF。

这条指令的使用如表 3-3 所示。

表 3-3 ADD 指令使用举例

ADD 操作数	ADD 码举例
寄存器，寄存器	ADD CX,DX
寄存器，存储器	ADD BX,ALPHA
存储器，寄存器	ADD TEMP,CL
寄存器，立即数	ADD CL,2
存储器，立即数	ADD ALPHA,2
累加器，立即数	ADD AX,200

(2) ADC(Add with Carry)

此指令的格式为：

ADC OPRD1，OPRD2

这条指令与上一条类似，只是在两个操作数相加时，要把进位标志 C 的现行值加上去，结果送至一个目标操作数(OPRD1)。如：

ADC r，src	r＋src＋c → r
ADC a，im	a＋im＋c → a
ADC dst,im	dst＋im＋c → dst
ADC dst,r	dst＋r＋c → dst

ADC 指令主要用于多字节运算中。在 8086 中，可以进行 8 位运算，也可以进行 16 位运算。但是 16 位二进制数的表示范围仍然是很有限的，为了扩大数的范围，仍然需要多字节运算。例如，有两个四字节的数相加，加法要分两次进行，先进行低两字节相加，然后再做高两字节相加。在高两字节相加时要把低两字节相加后的进位考虑进去，就要用到带进位的加法指令 ADC。

若两个四字节数已分别放在自 FIRST 和 SECOND 开始的存储区域中，每个数占四个存储单元，存放时最低字节在地址最低处，以下程序段实现相加操作：

MOV AX，FIRST

```
ADD   AX,  SECOND
MOV   THIRD,  AX
MOV   AX,  FIRST+2
ADC   AX,  SECOND+2
MOV   THIRD+2,  AX
```
ADC 指令的使用如表 3-4 所示。

表 3-4 ADC 指令使用举例

ADC 操作数	ADC 码举例
寄存器,寄存器	ADC AX,SI
寄存器,存储器	ADC DX,TETA[SI]
存储器,寄存器	ADC ALPHA[BX][SI],DI
寄存器,立即数	ADC BX,256
存储器,立即数	ADC GAMMA,30H
累加器,立即数	ADC AL,5

(3) INC(Increment)

这条指令完成对指定的操作数加 1,然后返回此操作数。此指令主要用于在循环程序中修改地址指针和循环次数等。

这条指令执行的结果影响标志位 AF、OF、PF、SF 和 ZF,而对进位标志没有影响。

这条指令的操作数可以是在通用寄存器中,也可以在内存中。

```
INC   AL                 ; AL+1 → AL
INC   BX                 ; BX+1 → BX
INC   WORD PTR 4[BX]  ; [(BX)+4)+1] → [(BX)+4]
```
WORD PTR 就是指明要对存储单元中的一个 16 位数加一,而不是 8 位数。

此指令的使用情况如表 3-5 所示。

表 3-5 INC 指令使用举例

INC 操作数	INC 码举例
16 位寄存器	INC BX
8 位寄存器	INC BL
存储器	INC ALPHA[DI][BX]

(4) AAA

这条指令对在 AL 中的由两个未组合的十进制操作数相加后的结果进行校正,产生一个未组合的十进制和。两个未组合的十进制数可以直接用 ADD 指令相加,但要得到正确的未组合的十进制结果,必须在加法指令以后,紧接着用一条 AAA 指令来加以校正,则在 AX 中就可以得到正确的结果。

所谓未组合的十进制数,就是一位十进制数,也即十进制数字的 ASCII 码的高四位置为 0 以后所形成的数码。即 6 为 00000110,7 为 00000111 等。当这样的两个数相加(必须有一个在 AL 中)以后,要在 AX 中得到正确的仍是未组合的十进制结果,就必须进行调整。因为 6+7=13,则应该在 AL 中的为 00000011,而在 AH 中(若初始值为 0)为 00000001。但加法是按二进制规则进行的,在未调整前 AL 中的值为:

$$
\begin{array}{r}
00000110 \\
+\ 00000111 \\
\hline
00001101
\end{array}
$$

调整的操作为:

若(AL & 0FH)>9 或标志 AF = 1,则

AL ← AL+6

AH ← AH+1

AF ← 1

CF ← A

AL ← AL & 0FH

这条指令无操作数且对标志 AF 和 CF 有影响,而对 OF、PF、SF、ZF 等标志未定义。

(5) DAA(Decimal Adjust for Addition)

这条指令能对在 AL 中的由两个组合的十进制数相加的结果,进行校正,以得到正确的组合的十进制和。

我们可以对两个组合的十进制数,直接用 ADD 指令(必须有一个操作数在 AL 中)进行相加,但若要得到正确的组合的十进制结果,则必须在 ADD 指令之后紧接着用一条 DAA 指令来加以校正,这样在 AL 中就可以得到正确的组合的十进制和。

这条指令的校正操作为:

若(AL & 0FH)>9 或标志 AF = 1,则

AL ← AL+6

AF ← 1

若 AL>9 或标志 CF = 1,则

AL ← AL+60H

CF ← 1

此指令无操作数,影响标志 AF、CF、PF、SF、ZF,而对标志 OF 未定义。

下面我们举一个多字节相加的例子。若有两个多字节数 NA 和 NB,每一个是 16 位十进制数,NA 放在以 FIRST 开始的存储区中,NB 放在以 SECOND 开始的存储区中,都是最低字节在前。相加以后的和放在自 THIRD 开始的存储区中。十进制数在机器中用 BCD 码表示,

故一个字节可表示两位十进制数,16位十进制数,用8个字节表示。因是十进制数相加,加完后要用DAA指令,故每次只能是字节相加,因此,加法要做8次,我们用一个循环程序来完成。在最低字节相加时,可用ADD指令;而后面7次相加都要用ADC指令。因是循环程序,故加法全用ADC指令,则在最低字节相加前,要使进位标志CF清0。相加的结果应在AL中(DAA指令只能对在AL中相加的结果进行调整),所以,在程序中要用到三个地址指针,在循环前要设置初值。能实现上述要求的程序段如下:

```
        MOV   BX,   OFFSET  FIRST
        MOV   SI,   OFFSET  SECOND
        MOV   DI,   OFFSET  THIRD
        MOV   CX,   8
        CLC
ANGIN:  MOV   AL,   [BX]
        ADC   AL,   [SI]
        DAA
        MOV   [DI], AL
        INC   BX
        INC   SI
        INC   DI
        DEC   CX
        JNZ   AGAIN
        HLT
```

2. 减法指令

8086有7条减法指令

(1) SUB 指令

此指令的格式为

SUB OPRD1, OPRD2

这条指令完成两个操作数相减,也即从 OPRD1 中减去 OPRD2,结果放在 OPRD1 中。具体地说,可以从累加器中减去立即数,或从寄存器或内存操作数中减去立即数,或从寄存器中减去寄存器或内存操作数,或从寄存器或内存操作数中减去寄存器操作数等。如:

SUB r,src	B/W/D	r−src → r
SUB a,im	B/W/D	a−im → r
SUB dst,r	B/W/D	dst−r → dst
SUB dst,im	B/W/D	dst−im → dst

这条指令影响标志 AF、CF、OF、PF、SF、ZF。

此指令的使用如表 3-6 所示。

表 3-6 SUB 指令使用举例

SUB 操作数	SUB 码举例
寄存器,寄存器	SUB　CX,　BX
寄存器,存储器	SUB　DX,　MATH_TOTAL[SI]
存储器,寄存器	SUB　[BP+2],　CL
累加器,立即数	SUB　AL,　10
寄存器,立即数	SUB　SI,　5280
存储器,立即数	SUB　[BP]BALANCE,　1000

(2) SBB(Subtract with Borrow)指令

此指令格式为：

SBB　OPRD1,　OPRD2

这条指令与 SUB 指令类似,只是在两个操作数相减时,还要减去借位标志 CF 的现行值。如：

SBB　r,src　　　　　$r-src-c \rightarrow r$

SBB　a,im　　　　　$a-im-c \rightarrow a$

SBB　dst,r　　　　　$dst-r-c \rightarrow dst$

SBB　dst,im　　　　$dst-im-c \rightarrow dst$

这条指令对标志位 AF、CF、OF、PF、SF 和 ZF 都有影响。本指令主要用于多字节操作数相减。此指令的使用如表 3-7 所示。

表 3-7 SBB 指令使用举例

SBB 操作数	SBB 码举例
寄存器,寄存器	SBB　DX,CX
寄存器,存储器	SBB　DI,　[BX]PAYMENT
存储器,寄存器	SBB　BALANCE,　AX
累加器,立即数	SBB　AX,　2
寄存器,立即数	SBB　CL,　1
存储器,立即数	SBB　COUNT[SI],10

(3) DEC(Decrement)

本指令对指定的操作数减 1,然后送回此操作数。所用的操作数可以是寄存器 r,也可以是内存操作数。

在相减时，把操作数作为一个无符号二进制数来对待。指令执行的结果，影响标志 AF、OF、PF、SF 和 ZF，但对标志 CF 不影响（即保持此指令以前的值）。

此指令的使用如表 3-8 所示。

表 3-8　DEC 指令使用举例

DEC 操作数	DEC 码举例
16 位寄存器	DEC　AX
8 位寄存器	DEC　AL
存储器	DEC　ARRAY[SI]

(4) NEG(Negate)

这条指令是对操作数取补，也即用零减去操作数，再把结果送回操作数。若在字节操作时对 －128，或在字操作时对 －32768 取补，则操作数没变化，但溢出标志 OF 置位。

此指令影响标志 AF、CF、OF、PF、SF 和 ZF。此指令执行的结果，一般总是使标志 CF = 1；除非在操作数为零时，才使 CF = 0。

例如：　　NEG　AX　　　　　　　　　　　；对累加器 AX 求补
　　　　　NEG　BYTE　PTR[DI]　　　　　；对存储器内容求补
　　　　　NEG　WORD　PTR　4[BX]　　；对存储器内容求补

如果 AX=00F2H，NEG　AX，对 AX 求补后，AX=FF0EH，(n 位长的 X 补码相当于模减去 $2^n-|X|$)。

此指令的使用如表 3-9 所示。

表 3-9　NEG 指令使用举例

NEG 操作数	NEG 码举例
寄存器	NEG　AL
存储器	NEG　MULTIPLIER

(5) CMP(Compare)

比较指令完成两个操作数相减，使结果反映在标志位上，但并不送回。

指令格式为：

CMP　r,　src　　　　r－src
CMP　a,　im　　　　a－im
CMP　dst,　r　　　　dst－r
CMP　dst,　im　　　dst－im

具体地说，比较指令，可使累加器与立即数，与任一通用寄存器，或任一内存操作数相比较，也可以使任一通用寄存器与立即数，与别的寄存器，或任一内存操作数相比较，还可以使内存操作数与立即数,与任一寄存器相比较。

比较指令主要用于比较两个数之间的关系,即两者是否相等,或两个中哪一个大。

在比较指令之后,根据 ZF 标志即可判断两者是否相等,若两者相等,相减以后结果为 0,ZF 标志为 1;否则为 0。

若两者不等,则可利用比较指令之后的标志位的状态来确定两者的大小。

若在 AX 和 BX 中有两个正数,要比较确定它们哪个大,可用比较指令:

CMP   AX,   BX

即令作 AX-BX。由于这两个数都是正数,显然若 AX>BX,则结果为正;若 AX<BX,则结果为负。所以,可由比较指令执行后的 SF 标志来确定。即若 SF = 0,则 AX>BX;而 SF = 1,则 AX<BX(在这儿,我们不考虑相等的情况)。

所以,若要求比较 AX 和 BX 中两个正数的大小,把大数放在 AX 中就可以用以下程序段:

```
CMP    AX,   BX
JNS    NEXT
XCHG   AX,   BX
```
NEXT:

这样的结论,能否适用于任意两个数相比较的情况呢?

例如在 AX 和 BX 中有两个无符号数,AX = A000H,BX = 1050H,若用比较指令:

CMP   AX,   BX

在机器中的运行结果为:

$$\begin{array}{r} 1010\ 0000\ 0000\ 0000 \\ -\ 0001\ 0000\ 0101\ 0000 \\ \hline 1000\ 1111\ 1011\ 0000 \end{array}$$

则符号标志 SF = 1。若沿用上述利用 SF 标志判断大小的结论,则会得出 AX<BX。而作为无符号数显然是 AX>BX。这是由于在无符号数表示中最高位(D15 位)不代表符号,而是数值 2^{15}。

可见在两个无符号数相比较时,就不能根据 SF 标志来确定两者的大小。用什么标志来判断两个无符号数的大小呢?应该用借位标志 CF。显然大数减去小数,不会产生借位,CF = 0;而小数减去大数,就有借位 CF = 1。

当在 AX 中 BX 中是两个带符号数,又如何判断它们的大小呢?这时仅由结果的正或负来确定数的大小就不够了,因为在比较时要做减法,而减法的结果有可能溢出。下面我们分四种情况分别加以说明:

① 若参与比较的两个数为 A 和 B,A 和 B 都为正数,则执行 CMP 指令后,若 SF 标志=0,则 A>B;反之 A<B。

② 若 A>0,B<0。

我们知道结果应该是 A>B,且比较的结果应该是正数。若 A=+127,B=-63,比较是执行 A-B=A+(-B)=+127+[-(-63)]=+127+63,则在机器中的结果为:

```
    0111 1111
+   0011 1111
  ───────────
    1011 1110
```

结果的 bit7=1,即 SF=1 表示结果为负,所以,若以 SF 标志来判断则会得出 A<B 这样的错误结论。所以会出现这种情况,是由于 8 位带符号数所能表示的范围为+127~128。而运算结果为+190>+127,超出了它的范围,即产生了溢出,因而导致了错误的结论。

因此,在这种情况下,就不能只用 SF 标志来判断数的大小了。而必须同时考虑运算的结果是否有溢出,若结果无溢出,即 OF=0,则仍为 SF=0,A>B;SF=1,A<B。而当结果有溢出时,即 OF=1,则 SF=0,A<B;SF=1,A>B。

③ 若 A<0,B>0

若 A=-63,B=+127,则显然 A<B,且运算结果应为负。但 A-B=A+(-B),在机器中的运行结果为:

```
   A=-63                1100 0001
  -B=-127           +   1000 0001
                    ─────────────
                    ①   0100 0010
                    自然丢失
```

结果的 D7=0,SF 标志即为 0。所以,若单独用 SF 标志来判断,也会得出 A>B 的错误结论。同样,出现这种情况的原因,是由于运算的结果为-190 小于 8 位带符号数所能表示的最小值-128,产生了溢出。

④ 若 A<0,B<0

在运算过程中不会产生溢出。则可以用 SF 标志来判断两个数的大小。

把以上四种情况概括起来,我们可以得出以下结论:

在没有溢出的情况下,即 OF=0 时;SF=0,则 A>B; SF=1, 则 A<B。

在发生溢出的情况下,即 OF=1 时;SF=1,A>B; SF=0, A<B。

所以,当两个带符号数相比较时,要把标志位 SF 和 OF 结合起来一起考虑,才能判断哪一个数大。即只有在 OF 标志和 SF 标志同时为 0 或同时为 1 时,A>B,就可以把 A>B 的条件写成

$$SF \oplus OF = 0$$

在 8086 的转移指令中,考虑到上述情况,有两条用于判断带符号数大小的转移指令。大于的转移指令为 JG/JNLE,条件为 SF⊕OF=0,且 ZF=0;小于的转移指令为 JL/JNGE,条件为 SF⊕OF=1。

若自 BLOCK 开始的内存缓冲区中,有 100 带符号数,要我们找出其中的最大值,把它存

放到 MAX 单元中。

要解决这个问题,我们可以先把数据块的第一个数取至 AX 中,然后从第二个存储单元开始,依次与 AX 中的内容相比较,若 AX 中的值大,则不作其他操作,接着进行下一次比较;若 AX 中的值小,则把内存单元的内容送至 AX 中。这样,经过 99 次比较,在 AX 中的必然是数据块中的最大值,再把它存至 MAX 单元中。

要进行 99 次比较,当然要编一个循环程序,在每一循环中要用比较指令,然后用转移指令来判别大小。循环开始前要置初值。能满足上述要求的程序段为:

```
         MOV  BX, OFFSET  BLOCK
         MOV  AX, [BX]
         INC  BX
         INC  BX
         MOV  CX, 99
AGAIN:   CMP  AX, [BX]
         JG   NEXT
         MOV  AX, [BX]
NEXT:    INC  BX
         INC  BX
         DEC  CX
         JNZ  AGAIN
         MOV  MAX, AX
         HLT
```

比较指令后面通常跟着一条条件转移指令,它检查比较的结果和决定程序的转向。

本指令影响标志位 AF、CF、OF、PF、SF 和 ZF。

本指令的使用如表 3-10 所示。

表 3-10 CMP 指令使用举例

CMP 操作数	CMP 码举例
寄存器,寄存器	CMP BX, CX
寄存器,存储器	CMP DH, ALPHA
存储器,寄存器	CMP [BP+2], SI
寄存器,立即数	CMP BL, 02H
存储器,立即数	CMP [BX]BADAR[DI], 3420H
累加器,立即数	CMP AL, 00010000B

(6) AAS

本指令与 AAA 指令类似,能把在 AL 中的由两个未组合的十进制数相减的结果,进行校正,在 AL 中产生一个正确地未组合十进制数差。

在 8086 中,允许两个未组合的十进制数直接相减,但相减后要得到正确的未组合的十进制差,就必须在 SUB 指令以后,紧跟着用一条 AAS 指令来加以校正,这样就能在 AL 中得到正确地两个未组合十进制数的差。

校正的操作为:

若(AL & 0FH)>9 或标志 AF=1,则

AL ← AL−6

AH ← AH−1

AF ← 1

CF ← 1

AL ← AL & 0FH

此指令无操作数,影响标志 AF 和 CF,对标志 OF、PF、SF 和 ZF 未定义。

(7) DAS(Decimal Adjust for Subtraction)

本指令与 DAA 指令类似,能对在 AL 中的由两个组合的十进制数相减以后的结果,进行校正以得到正确的组合的十进制差。

8086 中允许两个组合的十进制数直接相减,但要得到正确地结果,就必须在 SUB 指令以后,紧接着用一条 DAS 指令来加以校正,这样就可以在 AL 中得到正确地两个组合的十进制数的差。

校正的操作为:

若(AL & 0FH)>9 或标志 AF=1,则

AL ← AL−6

AF ← 1

若 AL>9FH 或标志 CF=1,则

AL ← AL−60H

CF ← 1

本指令无操作数,执行的结果影响标志 AF、CF、PF、SF 和 ZF,但对标志 OF 未定义。

3. 乘法指令

8086 中有三条乘法操作指令:

(1) MUL 无符号数乘法指令

此指令格式为:

MUL OPRD

本指令完成在 AL(字节)或 AX(字)中的操作数以及另一个操作数(两个无符号数)的乘法。双倍长度的乘积,送回到 AL 和 AH(在两个 8 位数相乘时),或送回到 AX 和它的扩展部分 DX(在两个字操作数相乘时)。

若结果的高半部分(在字节相乘时为 AH,在字相乘时为 DX)不为零,则标志 CF=1,OF=1;否则 CF=0,OF=0。所以标志 CF=1,OF=1 表示在 AH 或 DX 中包含有结果的有效数。

本指令影响标志 CF 和 OF,而对 AF、PF、SF、ZF 等未定义。

相乘的另一操作数可以是寄存器操作数或内存操作数。如：

MUL　src　　　　　B　　AX=AL * src

MUL　src　　　　　W　　DX：AX=AX * src

若要把内存单元 FIRST 和 SECOND 这两个字节的内容相乘,乘积放在 THIRD 和 FOURTH 单元中,可以用以下程序段：

MOV　AL, FIRST

MUL　SECOND

MOV　THIRD,AX

此指令的使用如表 3-11 所示。

表 3-11　MUL 指令使用举例

MUL 操作数	MUL 码举例
8 位寄存器	MUL　BL
16 位寄存器	MUL　CX
8 位存储器	MUL　MONTH[SI]
16 位存储器	MUL　BAUD_RATE

以上是 8086 中的无符号数乘法指令,隐含以累加器(字节乘法为 AL,字乘法为 AX)作为一个操作数,在指令中规定另一操作数,乘法的结果放在累加器(字节相乘结果在 AX)或累加器及其延伸部分(字相乘,结果放在 DX：AX)中。

(2) IMUL 符号数乘法指令

整数乘法指令。这条指令除了完成两个带符号数相乘以外,其他与 MUL 完全类似。若结果的高半部分(对于字节相乘则为 AH,对于字相乘则为 DX)不是低半部分的符号扩展,则标志 CF=1,OF=1;否则 CF=0,OF=0。若结果为 CF=1,OF=1,则表示高半部分包含有结果的有效数(不光是符号部分)。

IMUL　src　　　　　B　　AX=AL * src(符号数)

IMUL　src　　　　　W　　DX：AX=AX * src(符号数)

此指令的使用如表 3-12 所示。

表 3-12　符号数乘法举例

IMUL 操作数	IMUL 码举例
8 位寄存器	IMUL　CL
16 位寄存器	IMUL　BX
8 位存储器	IMUL　RATE_BYTE
16 位存储器	IMUL　RATE_WORD[BP][DI]

(3) AAM

这条指令能把在 AX 中的两个未组合的十进制数相乘的结果,进行校正,最后在 AX 中能得到正确地未组合的十进制数的乘积(即高位在 AH 中,低位在 AL 中)。

8086 允许两个未组合的十进制数直接相乘,但要得到正确的结果,必须在 MUL 指令之后,紧跟着一条 AAM 指令进行校正,最后可在 AX 中得到正确的两个未组合的十进制数的乘积。

这条指令的校正操作为:

AH ← AL/0AH   (AL 被 0A 除的商 → AH)

AL ← AL%0AH   (AL 被 0A 除的余数 → AL)

如前所述,一个未组合的十进制数是一位十进制数。所以当两个未组合的十进制数,例如一个为 6——00000110,一个为 7——00000111,按二进制的规则相乘时,乘积的有效数在 AL 中,其值为 00101010,即为用二进制表示的乘积。要在 AX 中得到用未组合十进制表示的乘积,则乘积的十位数值(0000 0100)应在 AH 中,AL 中应为个位数值(0000 0010),就必须要进行校正操作,上面所规定的校正操作就能得到正确的结果。

此指令无操作数,影响标志位 PF、SF、ZF,对标志 AF、CF、OF 未定义。

4. 除法指令

(1) DIV

这条无符号数的除法指令,能把在 AX 和它的扩展部分(若是字节相除则在 AH 和 AL 中,若是字相除则在 DX:AX 中)中的无符号被除数被源操作数除,且把相除以后的商送至累加器(8 位时送至 AL,16 位时送至 AX),余数送至累加器的扩展部分(8 位时送至 AH,16 位时送至 DX)。若除数为 0,则在内部会产生一个类型 0 中断。

此指令执行后对标志 AF、CF、OF、PF、SF 和 ZF 的影响是未定义的。

DIV   src   B   AL=AX/src(无符号数),AH=余数

DIV   src   W   AX=DX:AX/src(无符号数),DX=余数

此指令使用如表 3-13 所示。

表 3-13 DIV 指令使用举例

DIV 操作数	DIV 码举例
8 位寄存器	DIV CL
16 位寄存器	DIV BX
8 位存储器	DIV ALPHA
16 位存储器	DIV TABLE[SI]

(2) IDIV(Integer DIVision)

这条指令除了完成带符号数相除以外,与 DIV 完全类似。

在字节相除时,最大的商为+127(7FH),而最小的负数商为-127(81H);在字相除时,最大的商为+32767(7FFFH),最小的负数商为-32767(8001H)。若相除以后,商是正的且超过了上述的最大值,或商是负的且小于上述的最小值,则与被0除一样,在内部产生一个类型0中断。

除法操作完成以后,对标志位 AF、CF、OF、PF、SF 和 ZF 的影响是未定义的。

此指令的使用如表 3-14 所示。

表 3-14 IDIV 指令使用举例

IDIV 操作数	IDIV 码举例
8 位寄存器	IDIV BL
16 位寄存器	IDIV CX
8 位存储器	IDIV DIVISOR_BYTE[SI]
16 位存储器	IDIV [BX]DIVISOR_WORD

(3) AAD(Unpacked BCD[ASCII]Adjust for Division)

这条指令能把在 AX 中的两个未组合的十进制数在两个数相除以前进行校正,这样在两个未组合的十进制数相除以后,可以得到正确的未组合的十进制结果。

例如在 AX 中的被除数为 62,按未组合的十进制数的表示为:

AH　　　　　AL
00000110　　00000010

除数为 8,即为 00001000,在相除之前必须先校正,使被除数 62 以二进制形式集中在 AL 中,即应校正为:

AH　　　　　AL
00000000　　00111110

再用二进制除法指令 DIV 相除,相除以后,以未组合十进制表示的商在 AL 中,而相应的余数在 AH 中。所以这条指令的校正操作为:

AL ← AH * 0AH + AL

AH ← 0

8086 处理器允许两个未组合的十进制数直接相除,但要得到正确的未组合的十进制商和余数,则应在相除之前,先用一条 AAD 指令进行校正,然后再用一条 DIV 指令,则相除以后的商送至 AL 中,而余数送至 AH 中。AH 和 AL 的高半字节全为 0。

这条指令影响标志位 PF、SF、ZF,而对标志 AF、CF、OF 的影响未定义。

(4) CBW(Convert Byte to Word)

这条指令能扩展在寄存器 AL 中的字节的符号,把它送至 AH 中。

若 AL<80H,则扩展以后 AH ← 0;

若 AL≥80H,则扩展以后 AH ← FFH。

这条指令能在两个字节相处以前,产生一个双位长度的被除数。

此指令无操作数且不影响标志位。

(5) CWD(Convert Word to Double Word)

这条指令能把在 AX 中的字的符号扩展送至寄存器 DX 中。

若 AX<8000,则 DX ← 0;否则 DX ← FFFFH。

这条指令能在两个字相除以前,把在 AX 中的字的符号扩展至 DX 中,形成双倍长度的被除数,从而能完成相应的除法。

这条指令无操作数,也不影响标志位。

3.2.3 逻辑运算指令

8086 可以对 8 位或 16 位操作数进行逻辑操作。逻辑操作可以分成两类:

- 单操作数操作
- 两个操作数操作

1. 单操作数操作(Single-Operand Operation)

8086 提供以下的单操作数逻辑操作指令

(1) NOT

这条指令对源操作数求反,然后送回源操作数。

源操作数可以是寄存器操作数,也可以是存储器操作数(所有寻址方式)。

NOT OPRD   B/W/D   OPRD 的反码 → OPRD

此指令对标志位没有影响。

(2) 8086 有四条移位指令

SAL(Shift Arithmetic Left)算术左移指令

SHL(Shift Logic Left)逻辑左移指令

SAR(Shift Arithmetic Right)算术右移指令

SHR(Shift Logic Right)逻辑右移指令

这些指令的格式为:

SAL OPRD1, OPRD2
SHL OPRD1, OPRD2
SAR OPRD1, OPRD2
SHR OPRD1, OPRD2

第一个操作数是目标操作数,即对它进行移位操作。目标操作数可以是任一通用寄存器或一个内存操作数(可用所有寻址方式)。第二个操作数规定移位的次数(或移位的位数)。在 8086 中,第二个操作数或是 1(规定移 1 位)、8 位立即数或为寄存器 CL(在寄存器 CL 中规定移位的次数)。

说明：
① 右移/左移相当于减半/倍增，显然，逻辑右移/左移对无符号数减半/倍增；算术右移/左移对有符号数减半/倍增。
② 移位后若符号位改变，则 OF=1，若不变，则 OF=0。
③ 影响 CF、OF、PF、SF 和 ZF，对 AF 未定义。

SAL/SHL 这两条指令在物理上是完全一样的，每移位一次后，最低位补 0，最高位移入标志位 CF，如图 3-7 所示。

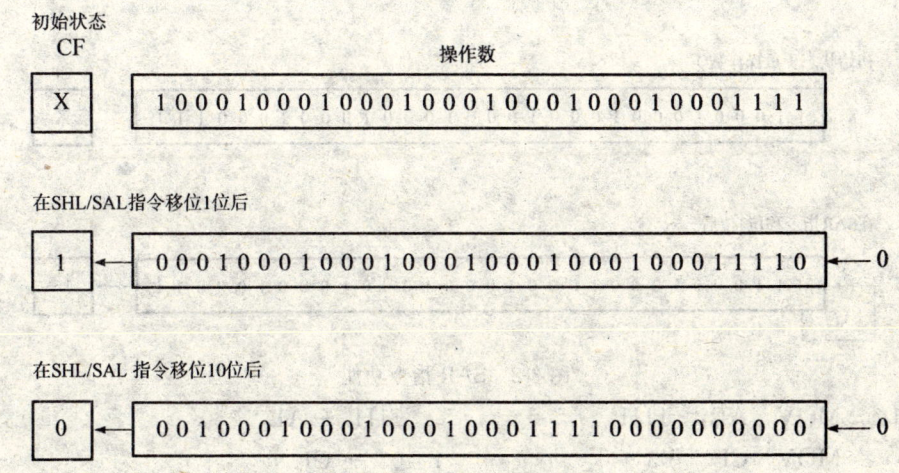

图 3-7　SHL/SAL 指令功能

在移位次数为 1 的情况下，若移位以后目标操作数的最高位与进位标志 CF 不相等，则溢出标志 OF=1；否则 OF=0。这用于表示移位后的符号位与移位前是否相同（若相同，OF=0）。标志位 PF、SF、ZF 表示移位以后的结果，对标志位 AF 未定义。

例如：
MOV　CL，2
SHL　SI，CL
——如指令执行前：(SI)=1450H
——则指令执行后：(SI)=5140H，　CF=0
——相当于 5200×4D=20800D

SAR 每执行一次，使目标操作数右移 1 位，但保持符号位不变，最低位移至标志位 CF，如图 3-8 所示。

SAR 指令影响标志位 CF、OF、PF、SF 和 ZF，对标志位 AF 未定义。

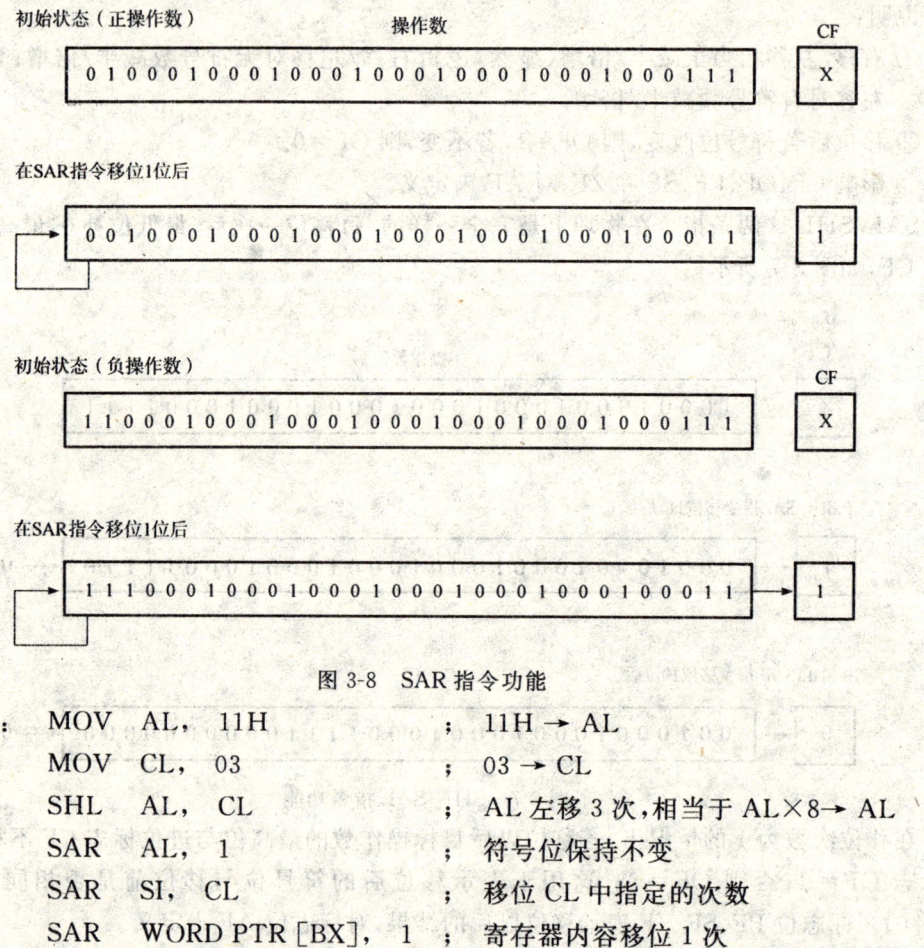

图 3-8 SAR 指令功能

```
例如：  MOV   AL, 11H        ; 11H → AL
        MOV   CL, 03         ; 03 → CL
        SHL   AL, CL         ; AL 左移 3 次,相当于 AL×8 → AL
        SAR   AL, 1          ; 符号位保持不变
        SAR   SI, CL         ; 移位 CL 中指定的次数
        SAR   WORD PTR [BX], 1 ; 寄存器内容移位 1 次
```

SHR 指令每执行 1 次,使目标操作数右移 1 位,最低位进入标志位 CF,最高位补 0(与 SAR 不同),如图 3-9 所示。

在指定的移位次数为 1 时,若移位以后,操作数的最高位和次高位不同,则标志位 OF=1,否则 OF=0。这用以表示移位前后的符号是否相同(OF=0,符号位未变)。

(3) 循环移位指令

8086 处理器有四条循环移位指令 ROL(Rotate Left)、ROR(Rotate Right)、RCL(Rotate through CF Left) 和 RCR(Rotate through CF Right)。

前两条循环指令,未把标志位 CF 包含在循环的环中。后两条把标志位 CF 包含在循环的环中,作为整个循环的一部分。

循环指令可以对字节进行操作,也可以对字进行操作。操作数可以是寄存器操作数,也可

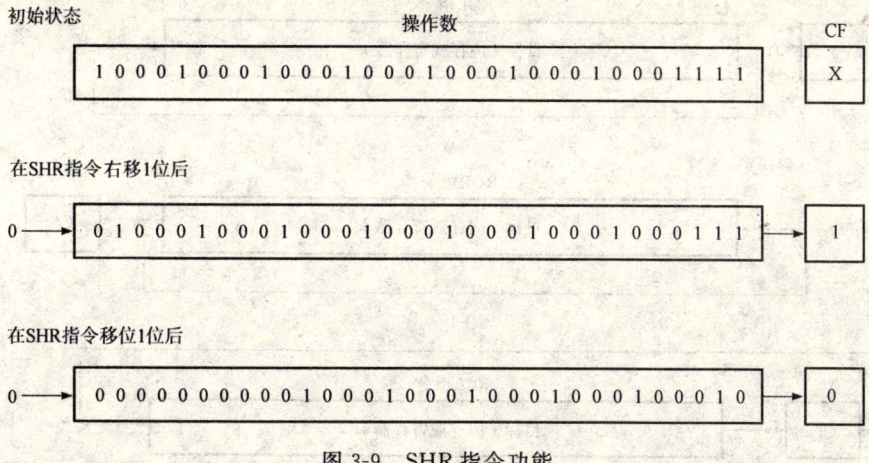

图 3-9　SHR 指令功能

以是内存操作数。可以是循环移位一位,也可以循环由 CL 的内容所决定的次数。

ROL 指令格式为:

ROL　OPRD1,　OPRD2

其中,第一个操作数是要对其进行移位操作的目标操作数。第二个操作数是 8 位立即数或寄存器 CL,用以规定移位的次数。

ROL 指令每执行一次,就把最高位一方面移入标志位 CF,另一方面返回操作数的最低位,如图 3-10(a)所示。

当规定的循环次数为 1 时,若循环以后的操作数的最高位不等于标志位 CF,则溢出标志 OF=1;否则 OF=0。这可以用来表示移位前后的符号是否改变(OF=0,则表示符号未变)。

ROL 指令影响标志位 CF 和 OF。

ROR 指令,每执行一次,操作数的最低位一方面传送至标志 CF,另一方面循环回操作数的最高位,如图 3-10(b)所示。

当规定的循环次数为 1 时,则循环移位后操作数的最高位与它的次高位不相等,则标志 OF=1;否则 OF=0。这可用以指示移位前后的符号位是否改变(OF=0,表示符号位未变)。

此指令只影响标志 CF 和 OF。

RCL 指令是把标志位 CF 包含在循环中的左循环指令。每执行一次,则操作数的最高位传送至标志 CF,而原标志 CF 中的内容,传送至操作数的最低位,如图 3-10(c)所示。

只有在规定循环次数为 1 时,若循环以后的操作数的最高位与标志位 CF 不相等时,则标志 OF=1;否则 OF=0。这可用来表示循环以后的符号位与原来的是否相同。

这个指令只影响标志 CF 和 OF。

RCR 指令是把标志位 CF 包含在循环的环中的右向循环移位指令。每执行一次,标志位 CF 中的原内容传送至操作数的最高位,而操作数的最低位送至标志 CF,如图 3-10(d)所示。

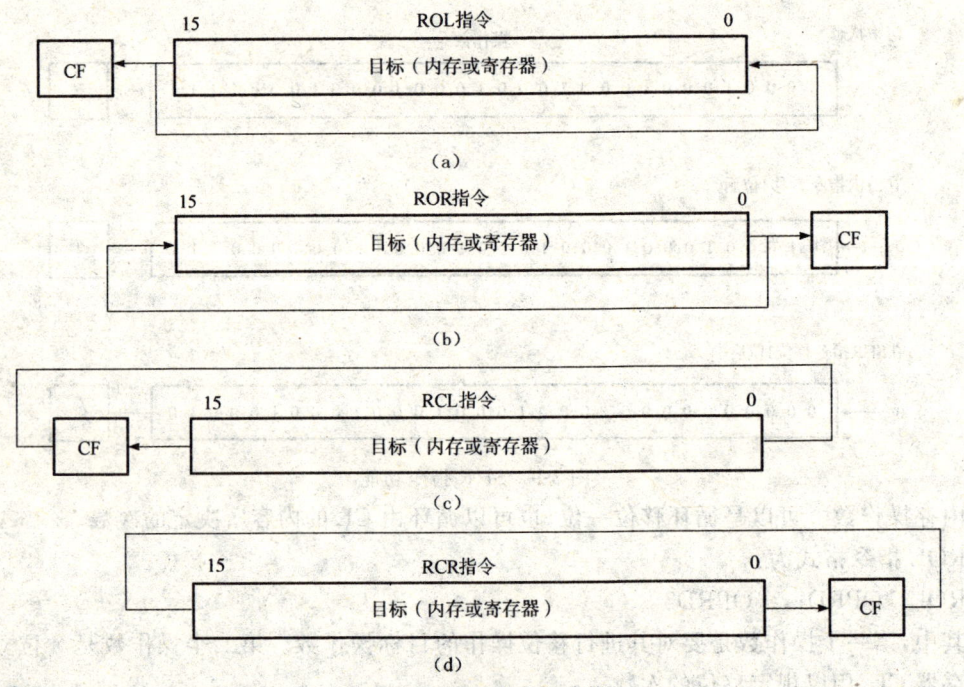

图 3-10 循环指令的功能

只有当规定的循环次数为 1 时,在循环以后,若操作数的最高位与次高位不相等,则标志 OF=1;否则 OF=0。这可以用来表示循环前后的符号位是否相同。

本指令只影响标志 CF 和 OF。

左移一位,只要左移以后的数未超出一个字节或一个字的表达范围,则原数的每一位的权增加了一倍,相当于原数×2。

相应的右移一位就相当于除以 2。

2. 两个操作数操作(Two-Operand Operation)

8086 提供了四条两个操作数的逻辑操作指令。在这些指令操作时,标志 CF 和 OF 复位,而标志 SF、PF、ZF 反映操作的结果。

(1) AND

这条指令对两个操作数进行按位的逻辑"与"运算,即只有相"与"的两位全为 1,"与"的结果才为 1,否则"与"的结果为 0。"与"以后的结果送至目的操作数。

8086 的 AND 指令可以进行字节操作,也可以进行字操作。

"与"指令的一般格式为:

AND　OPRD1,　OPRD2

其中目的操作数 OPRD1 可以是累加器,也可以是任一通用寄存器,也可以是内存操作数

(可用所有寻址方式)。源操作数 OPRD2 可以是立即数、寄存器,也可以是内存操作数(可用所有寻址方式)。

例如:
AND　AL,　9FH　　　　　　　　；AL∧9FH → AL
AND　AX,　BX　　　　　　　　；AX∧BX → AX
AND　SI,　BP
AND　AX,　DATA_WORD
AND　DX,　BUFFER[SI+BX]
AND　DATA_WORD,00FFH
AND　BLOCK[BP+DI],　CX

例如:要把数码 0~9 的 ASCII 码转换为相应的二进制数,则可以用"与"指令,使高 4 位全变为 0,而低 4 位保留,即与 0FH 相"与"。某一个操作数,自己和自己相"与",操作数不变,但可使进位标志 CF 清 0。

假设 DX 中存有数字 3 和 6 的 ASCII 码,即 DX=0306H,要将它转换成相应的二进制数,并且把结果存回 DX,可用如下指令实现:

AND　DX,　0F0FH　　　　　；DX ← 36H∧0F0FH

将 DH 和 DL 中的高 4 位用 0 全屏蔽掉,截取低 4 位,最后在 DX 中得到数字 3 和 6 的二进制数 0306H。

"与"操作指令主要用在使一个操作数中的若干位维持不变,而若干位置为 0 的场合。这时,要维持不变的这些位与"1"相"与";而要置为 0 的这些位与"0"相"与"。

此指令执行以后,标志 CF=0,OF=0;标志 PF、SF、ZF 反映操作的结果;对标志 AF 未定义。

本指令的使用如表 3-15 所示。

表 3-15　AND 指令使用举例

AND 操作数	AND 码举例
寄存器,寄存器	AND　AL,　BL
寄存器,存储器	AND　CX,FLAG_WORD
存储器,寄存器	AND　ASCII[DI],AL
寄存器,立即数	AND　CX,0F000H
存储器,立即数	AND　BETA,01H
累加器,立即数	AND　AX,01010000B

(2) TEST

本指令完成与 AND 指令同样的操作,结果反映在标志位上,但并不送回目标操作数,即

TEST 指令不改变操作数的值。

这条指令通常用于检测一些条件是否满足,但又不希望改变原有的操作数的情况下。通常在这条指令后面还会加上一条条件转移指令。

例如:

```
        TEST   AL,   01H           ; AL∧01H,若 D1=0,则 ZF=1
        JZ     THERE               ; ZF=1 则转移
```

又例如:从 4000H 开始的单元中存放有 32 个有符号数,要求统计负数的个数,并将结果存入 BUFFER 单元。

分析:用 SI 指向表的首址,CX 作计数器,DX 作负数个数计数器。然后用 TEST 命令对每一个存储单元的符号位进行"测试",若 D7=1 则该数为负数。

```
程序:    XOR    DX,    DX          ; 相当于 MOV DX,0
        MOV    SI,    4000H
        MOV    CX,    32
AGAIN:  MOV    AL,    [SI]
        INC    SI
        TEST   AL,    80H          ; 测试符号位 D7
        JZ     NEXT
        INC    DX
NEXT:   LOOP   AGAIN
        MOV    BUFFER,    DX
```

TEST 指令使用如表 3-16 所示。

表 3-16 TEST 指令使用举例

TEST 操作数	TEST 码举例
寄存器,寄存器	TEST SI, DI
寄存器,存储器	TEST SI, END_COUNY
累加数,立即数	TEST AL, 00100000B
寄存器,立即数	TEST BX, 0CC4H
存储器,立即数	TEST RETURN_CODE, 01H

(3) OR

此指令对指定的两个操作数进行逻辑"或"运算。进行"或"运算的两位中的任一个为 1(或两个都为 1),则或的结果为 1;否则为 0。或运算的结果送回目的操作数。8086 允许对字节或字进行"或"运算。"或"运算指令使标志位 CF=0,OF=0;"或"操作以后的结果反映在标志位 PF、SF 和 ZF 上;对标志 AF 未定义。

"或"指令的一般格式位：

OR　OPRD1，　OPRD2

其中，目的操作数 OPRD1，可以是累加器，可以是任一通用寄存器，也可以是一个内存操作数（可用所有寻址方式）。源操作数 OPRD2，可以是立即数、寄存器，也可以是内存操作数（可用所有寻址方式）。

例如：

OR　AL，　30H
OR　AX，　00FFH
OR　BX，　SI
OR　DX，　DATA_WORD
OR　BUFFER[BX]，　SI
OR　BUFFER[BX+SI]，　8000H
：

一个操作数自身相"或"，不改变操作数的值，但可使进位标志 CF 清 0。

"或"运算主要应用于：如果要求使一个操作数中的若干位维持不变，而另外若干位置为 1 的场合。这时，要维持不变的这些位与"0"相"或"；而要置为"1"的这些位与"1"相"或"。利用"或"运算，可以对两个操作数进行组合，也可以对某些位置位。

若用一个字节表示一个字符的 ASCII 码，则其最高位（位 7）通常为 0。在数据传送，特别是远距离传送时，为了可靠起见常要进行校验，对一个字符常用的校验方法为奇偶校验。把字符的 ASCII 码最高位用作校验位，使包括校验位在内的一个字符中"1"的个数恒为奇数——奇校验；或恒为偶数——偶校验。若采用奇校验，则检查自负的 ASCII 码中为"1"的个数，若已为奇数，则令它的最高位为"0"；否则，令最高位为"1"。若此字符的 ASCII 码已在寄存器 AL 中，能实现上述校验的程序段为：

AND　AL，　7FH
JNP　NEXT
OR　AL，　80H
NEXT：

OR 指令的使用如表 3-17 所示。

表 3-17　OR 指令使用举例

OR 操作数	OR 码举例
寄存器，寄存器	OR　AL，BL
寄存器，存储器	OR　DX，PORT_ID[DI]
存储器，寄存器	OR　FLAG_BYTE，CL

续表

OR 操作数	OR 码举例
寄存器,立即数	OR CL, 01H
存储器,立即数	OR [BX], CMD_WOED,0CFH
累加器,立即数	OR AL, 01101100B

(4) XOR

这条指令对两个指定的操作数进行"异或"运算,当进行"异或"运算的两位不相同时(即一个为 1,另一个为 0),"异或"的结果为 1;否则为 0。异或运算的结果送回一个操作数。

XOR 指令的一般格式为:

XOR OPRD1, OPRD2

其中,目的操作数 OPRD1 可以是累加器,可以是任一通用寄存器,也可以是一个内存操作数(可用全部寻址方式)。源操作数可以是立即数,可以是寄存器,也可以是内存操作数(可用所有寻址方式)。

例如:

XOR AL, 0FH

XOR AX, BX

XOR DX, SI

XOR CX, COUNT_WORD

XOR BUFFER[BX], DI

XOR BUFFER[BS+SI], AX

当一个操作数自身做"异或"运算的时候,由于每一位都相同,则"异或"结果必为 0,且使进位标志 CF 也为 0。这是使操作数的初值置为 0 的有效方法。如:

XOR AX, AX

XOR SI, SI

可使 AX 和 SI 清 0。

若要使一个操作数中的若干位维持不变,而若干位取反,可用"异或"运算来实现。要维持不变的这些位与"0"相"异或";而要取反的那些位与"1"相"异或"。

XOR 指令执行后,标志位 CF=0,OF=0;标志位 PF、SF、ZF 反映异或操作的结果;对标志 AF 未定义。

本指令的使用如表 3-18 所示。

表 3-18 XOR 指令使用举例

XOR 操作数	XOR 码举例
寄存器,寄存器	XOR CX, BX
寄存器,存储器	XOR CL, MASK_BYTE
存储器,寄存器	XOR ALPHA, [SI], DX
寄存器,立即数	XOR AL, 01000010B
存储器,立即数	XOR SI, 00C2H
累加器,立即数	XOR RETURN_CODE 0D2H

下面我们通过两个例子,来看一下这些逻辑操作指令的作用和如何使用它们。

【例 3-1】 由 ASCII 码转换为 BCD 码。

数字常数在输入输出时,是以十进制形式表示的,而在计算机中以二进制形式存放。所以在输入输出时,就有一个互相转换的问题。

通常在微型计算机中,从键盘输入的十进制数的每一位数码(即 0～9 中的任一个),是以它的 ASCII 码表示的,要向 CRT 输出的十进制数的每一位数码也是用 ASCII 码表示的。而在计算机中的一个十进制数,或者是把它转换为相应的二进制数存放,或者是以 BCD 码的形式存放。

若在内存的输入缓冲区中,已有若干个用 ASCII 码表示的十进制数码,则每一个存储单元只存放一位十进制数码。要求把它们转换为相应的 BCD 码,且把两个相邻存储单元的十进制数码的 BCD 码合并在一个存储单元中,且地址高的放在前 4 位(以这种形式表示的 BCD 数就称为组合的 BCD 数)。这样就可以节省一半存储单元。

要把十进制数码的 ASCII 码转换为 BCD 码,只要把高 4 位变为 0 就可以了;要把 2 位 BCD 数并在一个存储单元中,则只要把地址高的左移 4 位,再与地址低的组合在一起就可以。

输入缓冲区中,已存放的 ASCII 码的个数有可能是偶数,但也可能是奇数。若是奇数,则把地址最低的一个转换为 BCD 码(高 4 位为 0);然后把剩下的偶数个按统一的方法处理。下面是一个能满足上述要求的汇编语言的程序(不包括伪指令):

```
        MOV     SI,   OFFSET ASCBUF    ; 加载源地址
        MOV     DI,   OFFSET BCDBUF    ; 加载目标地址
        MOV     CX,   COUNT            ; 加载要转换的 ASCII 个数
        ROR     CX,   1                ; 右移 CX(使 CX 除以 2)并把最低位移入进位标志
        JNC     NEXT                   ; 进位位为 0,即原 CX 为偶数,转至 NEXT 处理
        ROL     CX,   1                ; 恢复 CX
        MOV     AL,   [SI]             ; 取出第一个 ASCII 数
        INC     SI                     ; 源指针指向下一个
        AND     AL,   0FH              ; 把 ASCII 转换为 BCD
```

```
         MOV    [DI], AL              ; 存入目标区
         INC    DI                    ; 目标指针指向下一个
         DEC    CX                    ; 个数减 1
         ROR    CX, 1                 ; 把 CX 除 2
NEXT:    MOV    AL, [SI]              ; 取入 ASCII 数
         INC    SI                    ; 源指针指向下一个
         AND    AL, 0FH               ; 把 ASCII 转换为 BCD
         MOV    BL, AL                ; 暂存至 BL
         MOV    AL, [SI]              ; 取下一个 ASCII 数
         INC    SI                    ; 源指针指向下一个
         PUSH   CX                    ; 暂存 CX
         MOV    CL, 4                 ; 设移位次数
         SAL    AL, CL                ; 第二个 ASCII 数左移 4 位
         POP    CX                    ; 恢复 CX
         ADD    AL, BL                ; 把两个 BCD 数组合
         MOV    [DI], AL              ; 存至目标
         INC    DI                    ; 目标指针指向下一个
         LOOP   NEXT                  ; CX 减 1,若不为 0 循环
         HLT
```

【例 3-2】 由 BCD 码转换成 ASCII 码

若在内存某一缓冲区中,存放着若干个单元的用 BCD 码表示的十进制数,每一个单元中放两位 BCD 码,要求把它们分别转换为 ASCII 码,存放在缓冲区中,高 4 位的 BCD 码转换的 ASCII 码放在地址较高的单元。

能满足上述要求的一个汇编语言的程序(不包括伪指令)如下:

```
         MOV    SI,  OFFSET BCDBUF
         MOV    DI,  OFFSET ASCBUF
         MOV    CX,  COUNT
         CLD
TRANT:   MOV    AL, [SI]
         INC    SI
         MOV    BL, AL
         AND    AL, 0FH
         OR     AL, 30H
         MOV    [DI], AL
         INC    DI
         MOV    AL, BL
```

```
PUSH    CX
MOV     CL, 4
SHR     AL, CL
OR      AL, 30H
MOV     [DI], AL
INC     DI
POP     CX
LOOP    TRANT
HTL
```

3.2.4 串操作指令

8086 处理器中有一些一字节指令,它们能完成各种基本的字节串、字串或两字串(即字节或字的序列)的操作。任一个这样的基本操作,都能在指令的前面用一个重复操作前缀(REP)使它们重复地操作。

所有的基本的串操作指令,用寄存器 SI 寻址源操作数,且假定是在现行的数据段区域中(段地址在段寄存器 DS 中);用寄存器 DI 寻址目的操作数,且假定是在现行的附加段区域中(段地址在段寄存器 ES 中)。这两个地址指针在每一个串操作以后会自动修改,但按增量还是按减量修改,取决于标志位 DF。若标志 DF=0,则在每次操作后 SI 和 DI 增量(字节操作则加 1,字操作加 2);若标志 DF=1,则每次操作后,SI 和 DI 减量。

任何一个串操作指令,可以在前面加上一个重复操作前缀,于是指令就重复执行,直至在寄存器 CX 中的操作次数满足要求为止。

重复操作是否完成的检测,是在操作以前进行的。所以若初始化使操作次数为 0,它不会引起重复操作。

若基本操作是一个影响 ZF 标志的操作,在重复操作前缀字节中也可以规定与标志 ZF 相比较的值(REPZ/REPE,REPNZ/REPNE)。在基本操作执行以后,ZF 标志与指定的值不等,则重复终结。

在重复的基本操作执行期间,操作数指针(SI 和 DI)和操作数寄存器,在每一次重复后修改。然而指令指针将保留重复前缀字节的偏移地址。因此,若一个重复操作指令,被外部源中断,则在中断返回以后,可以恢复重复操作指令。

串操作指令的重复前缀应该避免与别的两种前缀同时使用。

8086 有五种基本的串操作指令。

1. MOVS(Move String)

MOVS/MOVSB 用于传送串/传送字节串。

MOVS/MOVSW 用于传送串/传送字串。

把由 SI 作为指针的源串中的一个字节(MOVSB)或字(MOVSW),传送至由 DI 作为指针的目的串,且相应地修改指针,以指向串中的下一个元素。

在前面介绍数据传送指令 MOV 时,我们说过 MOV 指令不能实现内存单元之间的数据传送,而这种传送要求又是经常会遇到的,这时就要以某一通用寄存器作为桥梁,要实现重复传送,还必须修改地址。MOVS 指令就是为了实现这样的传送而设置的一条指令,除了直接完成数据从源地址传送至目的地址以外,还自动完成修改地址指针。但 MOVS 指令中规定源操作数必须用 SI 寻址,目的操作数必须用 DI 寻址。

传送 100 个字节内存操作数的例子,可写成:

```
        MOV    SI,  OFFSET SOURCE
        MOV    DI,  OFFSET DEST
        MOV    CX,  100
AGAIN:  MOVSB  DEST, SOURCE
        DEC    CX
        JNZ    AGAIN
```

若采用重复前缀,则可以用一条指令完成整个数据块的传送。但要用重复前缀,数据长度必须放在寄存器 CX 中。上述程序可简化为:

```
MOV  SI,  OFFSET SOURCE
MOV  DI,  OFFSET DEST
MOV  CX,  100
REP  MOVSB    DEST, SOURCE
```

此指令对标志位无影响。

2. CMPS(Compare String)

CMPS/CMPSB 用于比较串/比较字节串。

CMPS/CMPSW 用于比较串/比较字串。

由 SI 作为指针的源串与由 DI 作为指针的目的串(双字、字或字节)相比较(源串—目的串),但相减的结果只反映到标志位上,而不送至任何一操作数。同时相应地修改源和目的串指针,指向串中的下一个元素。标志位 AF、CF、OF、PF、SF 和 ZF 反映了目的串元素和源串元素之间的关系。

这个指令可以用来检查两个串是否相同。通常在此指令之后,应有一条条件转移指令。

下面是一个利用 CMPSB 指令对 STRING1 和 STRING2 两个字符串进行比较的程序例子:

```
        MOV  SI, OFFSET  STRING1
        MOV  DI, OFFSET  STRING2
        MOV  CX, COUNT
```

```
            CLD
            REPZ  CMPSB
            JNZ   UNMAT         ；若串不相等，在 RESULT 单元中置 0FFH
            MOV AL，0           ；若串相等，在 RESULT 单元中置 0
            JMP   OUTPUT
    UNMAT：MOV AL，0FFH
    OUTPUT：MOV RESULT，AL
            HLT
```

若 CMPS 指令加上前缀 REPE 或 REPZ,则操作可解释为："当串未结尾(CX≠0)且串是相等的(ZF 标志为 1)继续比较"；若 CMPS 指令加以前缀 REPNZ,操作解释为："当串未结尾(CX≠0)且串不相等(ZF 标志为 0 时)继续比较"。

3．SCAS(Scan String)

SCAS/SCASB 用于扫描串/扫描字节串。

SCAS/SCASW 用于扫描串/扫描字串。

搜索串指令,关键字放在 AL(字节)或 AX(字)中,操作时从 AL(字节操作)或 AX(字操作)的内容中减去由 DI 作为指针的目的串元素,结果反映在标志位上,但并不改变目的串元素以及累加器中的值。SCAS 也修改 DI,使其指向下一个元素,在标志位 AF、CF、OF、PF、SF 和 ZF 中反映了 AL/AX/EAX 中的搜索值与串元素之间的关系。

利用 SCAS 指令可以进行搜索,下面举一个例子。把要搜索的关键字放在 AL(字节)或 AX(字)中,用以搜索内存的某一数据块或字符串中有无此关键字。若有,把搜索次数记下(若次数为 0,表示无要搜索的关键字),且记录下存放关键字的地址。

程序一开始,当然要设置数据块的地址指针(SCAS 指令要求设在 DI 中),要设立数据块的长度(要求设在 CX 中),把关键字送入 AL 或 AX 中。搜索可以用循环程序,或利用重复前缀。利用 ZF 标志以判断是否搜索到,以便分别处理。

```
            MOV    DI, OFFSET BLOCK
            MOV    CX, COUNT
            MOV    AL, CHAR
            CLD
            REPNE  SCASB
            JZ     FOUND
            MOV    DI,0
            JMP    DONE
    FOUND：DEC     DI
            MOV    POINTR, DI
```

```
              MOV      BX,   OFFSET BLOCK
              SUB      BX,   DI
              MOV      DI,   BX
       DONE： HLT
```

若 SCAS 指令前加上前缀 REPE 或 REPZ,则操作解释为："当串未结束(CX≠0)且串元素＝搜索值(ZF 标志＝1)时继续搜索"。这种格式可用来搜索从一个给定值的偏离。若 SCAS 前加上前缀 REPNZ,则操作解释为："当串未结束(CX≠0)且串元素≠搜索值(ZF 标志＝0)时继续搜索"。这种格式可以用来在一个串中查处一个值。

4. LODS(Load String)

LODS/LODSB 用于装入串/装入字节串。

LODS/LODSW 用于装入串/装入字串。

本指令把由 SI 作为指针的串元素,传送至 AL(字节操作)或 AX(字操作),同时修改 SI,使其指向串中的下一个元素。这个指令正常的是不重复执行的,因为每重复一次,累加器中的内容就要改写,只保留最后一个元素。但是在一个软件循环程序中,在用基本的串操作指令构成复杂的串操作时,LODS 指令作为其中一部分是十分有用的。

此指令对标志位无影响。

5. STOS(Store String)

STOS/STOSB 用于存储串/存储字节串。

STOS/STOSW 用于存储串/存储字串。

从累加器 AL(字节操作)或 AX(字操作)传送一个字节或字,到由 DI 作为指针的目的串中,同时修改 DI 以指向串中的下一个单元。利用重复操作,可以在串中建立一串相同的值。此指令对标志位无影响。

例如：若在内存缓冲区中有一个数据块,起始地址为 BLOCK。数据块中的数据有正有负,要求把其中的正负数分开,分别送至同一段的两个缓冲区,存放正数的缓冲区的起始地址为 PLUS_DATA,存放负数的缓冲区的起始地址为 MINUS_DATA。

要解决这一问题,可设 SI 为源数据块的指针,分别设 DI 和 BX 为放正、负数的目的区指针,使用 LODS 指令,把源数据取至 AL 中,然后检查其符号位,若是正数,则用 STOS 指令送至正数缓冲区;若是负数,则可以先把 DI 与 BX 交换,然后再利用 STOS 指令送至负数缓冲区。用 CX 来控制循环次数。程序如下：

```
       START： MOV      SI,  OFFSET  BLOCK
               MOV      DI,  OFFSET  PLUS_DATA
               MOV      BX,  OFFSET MINUS_DATA
               MOV      CX,  COUNT
       GOOD：  LODS     BLOCK
```

```
              TEST    AL, 80H
              JNZ     MIUS
              STOSB
              JMP     AGAIN
MIUS:         XCHG    BX, DI
              STOSB
              XCHG    BX, DI
AGAIN:        DEC     CX
              JNZ     GOOD
              HLT
```

上述的各种重复操作,显然也可以由软件编一个循环程序来完成。

3.2.5 控制传送指令(Control Transfer Instructions)

在8086中有四种控制传送操作：
- 调用(Call),转移(Jump)和返回(Return)
- 条件传送
- 重复控制
- 中断

所有的控制传送操作,是程序在内存的一个新的单元,很可能在一个新的码段区域中继续执行。

1. 调用(Call),转移(Jump)和返回(Return)

8086提供两种基本调用、转移和返回操作。一种是传送控制在现行的码段区域中；另一种是传送控制到一个任选的码段区域中,而那个区域就变为现行的码段区域。

(1) CALL

本指令是子程序(或过程)的调用指令,在调用结束后,要由所调用的子程序(或过程)中的RET指令,返回CALL指令的下一条指令。为了能保证正确返回,就需要把断点(即CALL指令的下一条指令的地址)入栈保护。

8086允许要调用的子程序(或过程)在现行码段区域中(此时子程序名中包含NEAR),也可以不在现行码段区域中(此时子程序名中包含FAR)。为了保证能正确返回,CALL指令的类型必须与RET指令的类型相匹配。

CALL指令有两种得到目标地址的方法：直接和间接。

直接调用(direct CALL),目标地址直接在CALL指令中。

间接调用(indirect CALL),目标地址在由指令指定的寄存器或内存单元中。

对于一个段内的直接调用CALL。堆栈指针SP减2,使IP(指令指针)入栈。从指令中得到的目标过程的相对偏移量(最大为32K字节)加到指令指针上。

一个段内的间接调用指令。首先SP减2,IP入栈。目标过程的地址偏移量,由指令中指定的16位通用寄存器或存储单元内取出,用它代替IP。

对于交叉段直接CALL指令,SP减2,把现行的码段寄存器CS的内容入栈。CS由指令中包含的段字代替。SP又一次减2,IP入栈,且IP由在指令中的地址偏移量代替。

对于一个交叉段间接CALL指令,SP减2,把现行的CS入栈。CS由指令指定的双字存储器指针的第二个字的内容所代替。SP再次减2,IP入栈,然后IP由指令中指定的双字指针的第一个字的内容所代替。

CALL指令对标志位无影响。

(2) JMP

这是一条无条件转移指令,它无条件地转移控制到目标单元。

JMP指令不像CALL指令,它不要求返回,所以在JMP指令执行过程中,不保留任何信息。

一个段内直接JMP指令,用从JMP指令得到的目标的相对偏移量加到指令指针上来改变指令指针。

若汇编程序能确定目标是在距JMP指令的±127字节之内,就自动产生一个叫做短(SHORT)JMP的两字节指令;否则,它产生一个能在±32K范围内寻址目标的NEAR JMP。

一个段内间接JMP指令,目标地址或是由一个16位通用寄存器,或是由内存单元来寻址。在前一种情况下,IP值取自指令中指定的寄存器;在后一种情况下,IP的值由指令中指定的内存字单元的内容代替。

一个交叉段直接JMP指令,由包含在指令中的值,代替CS和IP。

一个交叉段间接JMP指令,由指令指定的双字指针的第一个字单元的内容代替IP,第二个字单元的内容代替CS。

JMP指令对标志位无影响。

(3) RET

返回指令RET通常作为一个子程序或过程的最后一条指令,它用以返回到调用这个子程序的断点处。

一个段内的返回指令,只返回主程序断点处的指令指针值,即把SP所指的堆栈顶部的一个字的内容,弹回到指令指针,且SP加2。

若是一个交叉段返回指令,则要返回主程序断点处的段基地址和指令指针值,则在把SP所指的堆栈顶部的一个字的内容弹回到指令指针外,在SP+2后,继续把SP所指的一个字的内容弹回到码段寄存器CS,SP再次增2。

若在指令中规定了一个任送的POP值,则在上述操作完成以后,RET指令把这个值加到SP上。这个性能可以允许废除一些在执行CALL指令以前入栈的参数(在调用子程序时,往往要求向子程序传递若干参数,这可以在调用子程序前,把这些参数堆入栈,利用堆栈来传递)。

RET 指令对标志位无影响。

2. 条件转移指令(Conditional Jumps)

8086 有一连串的条件转移指令，它以某些标志位，或这些标志位的逻辑运算作为依据，若满足指令所规定的条件，则程序转移至指定目标；若不满足条件，则程序顺序执行条件转移指令的下一条指令。这类条件转移的目标地址是采用相对寻址方式，即以转移指令为基准的＋127或－128字节的范围之内。这类指令对标志位无影响。

8086 中的条件转移指令好像很多，而且往往一条指令有好几种助记符表示式。但是，归纳一下主要可以分成两大类：

• 根据单个标志位所形成的条件转移指令。

• 根据若干个标志位的逻辑运算所形成的条件的条件转移指令。

下面我们对这两类分别介绍：

(1) 根据单个标志位的条件转移指令

① CF 标志。

• JB/JNAE/JC。

这是当进位标志 CF＝1 时，能转移至目标地址的条件转移指令的 3 种助记符。

JB(Jump on Below)即低于转移。

JNAE(Jump on Not Above or Equal)即不高于或等于转移，这是低于转移的同义语。

JC(Jump on Carry)即有进位、借位转移。

这条指令适用于两个无符号数相比较的情况下。

• JAE/JNB/JNC。

这是当进位标志 CF＝0 时，能转移至目的地址的条件转移指令的 3 种助记符。

JAE(Jump on Above or Equal)即高于或等于转移。

JNB(Jump on Not Below)即不低于转移。

JNC(Jump on Not Carry)即无进位、借位转移。

② ZF 标志。

• JE/JZ。

这是当 ZF 标志等于 1 时，能转移至目标地址的条件转移指令的两种助记符。

JE(Jump on Equal)即相等转移。

JZ(Jump on Zero)即等于零转移。

这是指操作结果等于零，而不是操作数等于零。例如有两个不等于零的操作数比较，结果等于零，这只是说明了两个操作数相等，而不是操作数为零。

• JNE/JNZ。

这是 ZF 标志等于零时，能转移到目标地址的条件转移指令的两种助记符。

JNE(Jump on Not Equal)即不等转移。

JNE(Jump on Not Zero)即不等于零转移。

③ SF 标志。

　· JS。

这是当符号位 SF＝1 时，能转移到目标地址的条件转移指令。

JS(Jump on Sign)根据符号转移，在此是指符号为负转移。

　· JNS。

这是当符号标志 SF＝0 时，能转移到目标地址的条件转移指令。

JNS(Jump on Not Sign)即正转移。

④ PF 标志。

　· JP/JPE。

这是当奇偶标志 PF＝1 时，能转移到目标地址的条件转移指令的两种助记符。

JP(Jump on Parity)即偶转移。

JPE(Jump on Parity Even)即偶转移。

　· JNP/JPO。

这是当奇偶标志 PF＝0 时，能转移到目标地址的条件转移指令的两种助记符。

JNP(Jump on Not Parity)即奇转移。

JPO(Jump on Parity Odd)即奇转移。

⑤ O 标志。

　· JO。

这是当溢出标志位 OF＝1 时，能转移到目标地址的条件转移指令的助记符。

JO(Jump on Overflow)即溢出转移。

　· JNO。

这是当溢出标志位 OF＝0 时，能转移到目标地址的条件转移指令的助记符。

JNO(Jump on Not Overflow)即未溢出转移。

(2) 组合条件的条件转移指令

8086 中的这一类条件转移指令，主要用来判断两个数的大小。

如前所述，由于参加比较的数的性质不同，判断大小的方法也不同。两个正数相比较，可以用结果的符号位(SF 标志)来判断。两个无符号数相比较，可由进位标志来判断。若要考虑是否相等的条件即判断高于或等于的条件，或者低于或等于的条件，此时就要组合 CF 标志和 ZF 标志。

两个带符号数相比较，就要组合符号标志 SF 和溢出标志 OF，包含是否相等的条件就要组合 ZF 标志。

8086 结构微处理器的这一类指令，就是用来判断无符号数和带符号数的大小的。

① 判断无符号数的大小。

- JA/JNBE。

JA(Jump Above)即高于转移。

JNBE(Jump on Not Below or Equal)即不低于或等于转移。

即两个无符号数 A 和 B 相比较,当 A＞B(不包括相等的情况)时就满足这个条件。怎样来表示这个条件呢？若不相等,则必须 ZF＝0；若高于则没有借位,即 CF＝0。所以,条件为 CF∧ZF＝0。当满足这个条件时,能转移到目标地址。

- JBE/JNA。

JBE(Jump on Below or Equal)即低于或等于转移。

JNA(Jump on Not Above)即不高于转移。

这也是一条条件转移指令的两种助记符。当两个无符号数(A 和 B)相比较,当 A＜B(包括相等)时就满足这个条件。反映这个条件的标志为：有相等情况,则 ZF＝1；若低于,则必有借位 CF＝1,所以,条件为 CF∨ZF＝1。当满足这个条件时,能转移到目标地址。

② 判断带符号数的大小。

- JG/JNLE。

JG(Jump on Greater)即大于转移。

JNLE(Jump on Not Less or Equal)即不小于或等于转移。

这是一条条件转移指令的两种助记符。当两个带符号数 A 和 B 相比较,当 A＞B(不包括相等)时就满足这个条件。不相等,则必然 ZF＝0；若大于,则必须 SF⊕OF＝0(两者都为 0 或两者都为 1),所以,反映这个条件的标志为(SF⊕OF＝0)∧ZF＝0。当满足这个条件时,能转移到目标地址。

- JGE/JNL。

JGE(Jump on Great or Equal)即大于或等于转移。

JNL(Jump on Not Less)即不小于转移。

这也是一条条件转移指令的两种助记符。与上一条相比,只是条件为 A≥B,包含着相等的情况,所以去掉 ZF 必须为 0 的条件即可。当满足条件时,能够转移至目标地址。

- JL/JNGE。

JL(Jump on Less)即小于转移。

JNGE(Jump on Not Greater or Equal)即不大于或等于转移。

这也是一条条件转移指令的两种助记符。当两个带符号数 A 和 B 相比较,当 A＜B(不包括相等)时满足这个条件。不相等 ZF 必须为 0；小于必与符号标志 SF 和溢出标志 OF 异号,所以,条件为 SF⊕OF＝1,且 ZF＝0。当满足此条件时,能转移到目标地址。

- JLE/JNG。

JLE(Jump on Less or Equal)即小于或等于转移。

JNG(Jump on Not Greater)即不大于转移。

这也是同一条条件转移指令的两种助记符。当两个带符号数 A 和 B 相比较,当 A<B 时满足这个条件。若相等,则 ZF=1;若小于,则 SF⊕OF=1,故条件为(SF⊕OF=1)∨ZF=1。当满足条件时,能转移至目标地址。

③ JCXZ(Jump if CX=0)

若 CX=0,则传送控制到目标操作数——IP+偏移量(符号扩展到 16 位)。

这条指令在循环程序的开始处,为了能跳过循环(只要使 CX=0)是有用的。

这条指令不影响标志位。

这些指令是段内相对转移,在汇编语言中,目标操作数用标号(Label)表示,而在机器语言中,则是符号立即数。归纳起来有以下指令:

JE/JZ 若相等/若为 0 转移

JNE/JNZ 若不想等/若不为 0 转移

JA/JNBE 若高于/若不低于或等于转移

JAE/JNB 若高于或等于/若不低于转移

JB/JNAE 若低于/若不高于或等于转移

JBE/JNA 若低于或等于/若不高于转移

JG/JNLE 若大于/若不小于或等于转移

JGE/JNL 若大于或等于/若不小于转移

JL/JNGE 若小于/若不大于或等于转移

JLE/JNG 若小于或等于/若不大于转移

JC 若进位转移

JNC 若无进位转移

JO 若溢出转移

JNO 若无溢出转移

JS 若符号位为 1(负)转移

JNS 若符号位为 0(非负)转移

JPO/JNP 若奇/若奇偶标志为 0 转移

JPE/JP 若偶/若奇偶标志为 1 转移

JCXZ/JECXZ 寄存器 CX 为 0/寄存器 ECX 为 0 转移

3. 重复控制指令(Iteration Control)

一个循环程序必须要有指令来控制循环,重复控制指令在循环的头部或尾部确定是否进行循环。是否重复也是有条件的,通常是在 CX(ECX)寄存器中预置循环次数,重复控制指令当 CX(ECX)不等于零时,循环至目的地址。若不满足条件(通常当 CX=0 时),则顺序执行重复控制指令的下一条指令。

重复控制指令的目的地址必须在控制指令的+127 和 -128 字节的范围之内。这些指令对标志位都没有影响。

这些指令对于循环程序和完成串操作是十分有用的。

8086处理器有四种重复控制的指令：

(1) LOOP

LOOP指令使CX(ECX)减1,且判断若CX(ECX)不等于0,则循环至目标操作数——IP＋偏移量(符号扩展到16位)。

要使用LOOP指令,必须把重复次数置于寄存器CX(ECX)中。

一条LOOP指令相当于以下两种指令的组合：

DEC　CX

JNZ　AGAIN

(2) LOOPZ(或LOOPE)

这同一条指令有两种不同的助记符LOOPZ及LOOPE。

此指令使CX减1,且判断只有在CX不等于0,而且标志ZF＝1的条件下,才能循环至目标操作数——IP＋偏移量(符号扩展到16位)。

(3) LOOPNZ(或LOOPNE)

这也是同一条指令的2种助记符。此指令使CX减1,且判断只有当CX不等于0,而且标志ZF＝0的条件下,才能循环至目标操作数——IP＋偏移量(符号扩展到16位)。

(4) JCXZ

此指令在前面条件转移指令中已介绍过。

若地址操作数的属性是32位,则计数器用ECX；若是16位,则用CX。

4. 中断(Interrupt)

在8086中可以用功能上类似于外部中断的操作来改变程序执行的方向和调用一个类似于子程序的操作,这类操作叫做内部中断。

所有的中断操作,把标志寄存器入栈(类似于PUSHF指令)；和通过一个中断向量表,实现间接调用(包括段交叉这种类型)。这个中断向量表放在内存的绝对地址0到3FFH单元。表中可多达256个不同的中断型号的向量,每个型号对应一个四字节的向量。这四个字节中,有两个字节是中断服务程序所在的码段区域基准(将来要送至CS),有两个字节是中断服务程序入口地址的段内偏移量(将来要送至IP)。

8086提供三种中断传送操作指令：

(1) INT　n

指令的格式为：　　INT　n　　n＝0～255

本指令启动在指令中的中断型号n所规定的中断过程。

它首先使SP减2,把标志寄存器入栈,此操作与PUSH指令相同。其次清除标志TF和IF,以禁止追踪方式和屏蔽中断。然后SP再次减2,把主程序的码段寄存器CS的内容入栈。

用中断型号 n×4 来计算向量的地址,把向量的第二个字的内容传送至 CS;SP 再次减 2,把 IP 内容入栈,然后把上面计算所得的向量地址的第一个字的内容传送至 IP,于是控制就转移到中断服务程序。

这样的指令从功能上来说,除了把标志与断点一起入栈和从固定的向量表中取出中断服务程序(相当于一个子程序)的入口地址以外,与段交叉调用指令时是一样的。

系统中最多可用 256 条这样的中断指令,通常 INTEL 公司和 DOS 已经规定了若干低序号的中断指令保留为系统用外,其他可由用户在程序中使用。

若中断指令中的中断型号=3,这就是已知的断点中断,则汇编程序产生一个一字节指令。

利用这样的软件中断指令,可以要求操作系统给予服务。若是这种利用的话,则每种不同型号的中断,操作系统可以提供一个应用程序。

这种软件中断也可以用来检查外界硬件中断的已写好的中断服务过程。

本指令使标志位 TF 和 IF 清除,对其他标志无影响。

(2) INTO(Interrupt on Overflow)

INTO 指令可以写在一条算术运算指令的后面,若算术运算指令执行的结果产生溢出,即溢出标志 OF=1。INTO 指令,检查到标志 OF=1,则启动一个中断过程;否则,不进行任何操作,接着执行下一条指令。

若标志 OF=1,INTO 指令的操作类似于 INT,即先把标志寄存器入栈;清标志 TF 和 IF;把 CS 入栈,还要把 IP 入栈。在入栈过程中,当然要相应地修改堆栈指针 SP。

所不同的是 INTO 指令,规定是型号=4 的中断,所以它的中断向量地址为 10H。故在 CS 入栈后,把地址为(4×4+2)=12H 的一个字的内容传送至 CS;在 IP 入栈后,把地址为 10H 的一个字的内容传送至 IP。

(3) IRET(Interrupt Return)

所有的中断过程(服务程序)不管是硬件引起的,还是软件引起的,最后一条指令一定是 IRET,用以退出中断过程,返回到中断时的断点处。

中断的返回是由于 IRET 指令把 IP、CS 和标志位出栈来实现的。由于标志位要恢复中断以前的状态,所以,这样的指令对所有的标志位都有影响。

3.2.6 处理器控制指令

1. 标志操作(Flag Operation)

8086 有 7 条直接对单独的标志进行操作的指令。其中有 3 条是针对进位标志 CF 的,有两条是针对标志 DF 的,有两条是针对中断标志 IF 的。

(1) CLC(Clear Carry flag)

此指令使标志 CF=0。

(2) CMC(Complement Carry flag)

此指令使标志 CF 取反,即若执行指令前 CF=0,则此指令使 1→CF;若 CF=1,则0→CF。

(3) STC(Set Carry flag)

此指令使标志 CF=1。

(4) CLD(Clear Direction flag)

此指令使标志 DF=0。则在串操作指令时,使地址增量。

(5) STD(Set Direction flag)

此指令使标志 DF=1。则在串操作指令时,使地址减量。

(6) CLI(Clear Interrupt Enable flag)

此指令使中断允许标志 IF=0。于是在 8086 系统中,外部装置送至可屏蔽中断 INTR 引线上的中断请求,CPU 就不予以响应——也即中断屏蔽。但此标志对于非屏蔽中断 NMI 引线上的请求,以及软件中断都没有影响。

(7) STI(Set Interrupt Enable flag)

此指令使标志 IF=1,则 CPU 就可以响应出现在 INTR 引线上的外部中断请求。

上述的 7 条标志操作指令,除了对指定的标志进行操作以外,对别的标志都没有影响。此 7 条指令都没有操作数,都为 1 字节指令。

2. 处理器暂停(Processor Halt)

8086 的 HLT 指令使 8086 进入暂停状态。在暂停状态不进行任何操作,此指令也不影响任何标志。

当 8086 处在暂停状态时,只有在以下三种情况之一发生时,CPU 才能脱离暂停状态。

(1) 在 RESET 线上有复位信号。

(2) 在 NMI 线上有请求。

(3) 在中断允许情况下(即标志 IF=1),在 INTR 线上有请求。

所以,HLT 指令常在程序中为了等待中断而使用。

当由中断使处理器脱离暂停,在中断返回时,返回至 HLT 指令的下面一条指令。

3. 处理器脱离(Processor Escape)

ESC 指令也称为交权指令,当处理器执行这条指令时把控制权交给协处理器 8087。为了提高系统浮点运算的速度,系统中可以加入数值运算协处理器 8087,8087 的运算指令是与 8086 的指令组合在一个指令流中运行的,所有 8087 的运算指令的前面几位,对于 8086 来说或是一条 ESC 指令,当执行 ESC 指令时,8086 就把控制权交给 8087,但 ESC 指令还可以利用 8086 的寻址方式为 8087 获取一个存储操作数。

此指令对标志位无影响。

4. 处理器等待(Processor Wait)

8086 的 WAIT 指令,在 8086 的 TEST 引线无效的条件下,是 CPU 进入等待状态。在等待状态没有任何操作。

等待状态可以被允许的外部中断源所中断。当中断发生时,入栈保护的 IP 值就是 WAIT 指令的地址,所以当中断任务完成后,可以重新进入等待状态。

若等待状态结束,执行恢复,则只有在下一条指令执行时,才允许外部中断。

WAIT 指令可用于使 CPU 与外部硬件相同步。此指令对标志位无影响。

5. 总线锁定

LOCK 是一个一字节的前缀,它可以放在任何指令前面。LOCK 这个前缀可以使 8086 的一条输出引线 LOCK 有效,这就使在下一条指令执行期间,把总线锁存,使别的主设备不能控制总线。此指令对任何标志位无影响。

LOCK 指令,对于寄存器和存储器内容互换这种情况是十分有用的。

第4章 汇编语言程序设计

由于汇编语言具有执行速度快、易于实现对硬件的控制等优点,所以至今仍然是用户使用较多的程序设计语言。汇编语言程序设计是开发微型计算机系统软件的基础,在程序设计中占有十分重要的地位。

4.1 程序设计语言概述

计算机程序设计语言是指计算机能够理解和执行的语言。程序设计语言的种类很多,归纳起来有三种:机器语言、汇编语言和高级语言。

机器语言的特点用机器码书写程序,优点是计算机可以直接识别和执行;缺点是不易被人们识别和读写。难写、难读、难交流。

汇编语言的特点是用符号书写指令,缺点是机器不能直接识别,程序员必须了解机器的结构和指令系统,不易推广和普及,不能移植,不具备通用性;优点是易为人们识别、记忆和读写。

高级语言特点是用以英语为基础的语句编程,缺点是机器不能直接识别;执行时间长;优点是易于推广和交流;不依赖于机器,具有通用性。

机器语言、汇编语言和高级语言比较一览表如表 4-1 所示。

表 4-1 机器语言、汇编语言和高级语言比较一览表

名 称	特 点	缺 点	优 点	适用场合
机器语言	用机器码书写指令	不易被人们识别和读写。难写、难读、难交流	计算机可以直接识别和执行	无
汇编语言	用符号书写指令(用助记符表示操作码,特殊符号表示操作数)	机器不能直接识别;程序员必须了解机器的结构和指令系统,不易推广和普及;不能移植,不具备通用性	易为人们识别、记忆和读写	实时控制系统
高级语言	用以英语为基础的语句编程	机器不能直接识别;执行时间长	易于推广和交流;不依赖于机器,具有通用性	科学运算和数据处理

注:1. 高级语言程序转换为机器语言程序的过程称为编译过程,通过编译程序实现。
  2. 汇编语言源程序转换为机器语言目的程序的过程称为汇编过程,通过手工查表或汇编程序实现。

4.2 汇编语言的格式

4.2.1 8086汇编语言程序的一个例子

我们来介绍一个例子来说明8086汇编语言的格式。

```
MY_DATA    SEGMENT                    ; 定义数据段开始
SUM        DB         ?               ; 为符号SUM保留一个字节
MY_DATA    ENDS                       ; 数据段结束
MY_CODE    SEGMENT                    ; 定义码段
           ASSUME     CS:MY_CODE,
                      DS:MY_DATA      ; 规定CS和DS的内容
PORT_VAL   EQU        8               ; 端口的符号名
GO:        MOV        AX,MY_DATA      ; DS初始化为MY_DATA
           MOV        DS,AX
           MOV        SUM,0           ; 清SUM单元
CYCLE:     CMP        SUM,10          ; SUM单元与10相比较
           JNAE       NOT_DONE        ; 若未超过,转至NOT_DONE
           MOV        AL,SUM          ; 若超过,把SUM单元的内容
           OUT        PORT_VAL,AL     ; 通过AL输出
           HLT                        ; 然后停机
NOT_DONE:  IN         AL,PORT_VAL     ; 未超过时,输入下一个字节
           ADD        SUM,AL          ; 与以前的结果累加
           JMP        CYCLE           ; 转至CYCLE
MY_CODE    ENDS                       ; 码段结束
           END        GO              ; 整个程序结束
```

由这个例子看到,8086汇编的一个语句行也是由4个部分组成的,即

    标号   操作码   操作数   ;   注释
（或名字）

各部分之间至少要用一个空格作为间隔。IBM宏汇编对于语句行的格式是自由的,但如果写成格式化就便于阅读,建议读者按格式化来写语句行。另外,IBM宏汇编并不要求一个语句只能写一行,一个语句可以有后续行,规定以字符 & 作为后续行的标志。

4.2.2　8086 汇编语言源程序的格式

有例子可见,8086 的汇编语言的源程序是分段的,由若干个段形成一个源程序。源程序的一般格式为

```
NAME1      SEGMENT
             语句
    ┼         ⋮
             语句
NAME1      ENDS
NAME2      SEGMENT
             语句
              ⋮
             语句
NAME2      ENDS
           END      ＜标号＞
```

每一个段有一个名字,以符号 SEGMENT 作为段的开始,以语句 ENDS 作为段的结束。这两者都必须有名字,而且名字必须相同。

由若干的段组成一个源程序,整个源程序以语句 END 作为结束。

总之,8086 的源程序是由若干段组成的,而一个段又是由若干个语句行组成的。所以,语句行是汇编语言源程序的基础。

4.3　语句行的构成

4.3.1　符号(Symbol)

在汇编语言源程序中,为了使程序更具有普遍性,也便于程序的修改,用户常用符号(Symbol)等代替存储单元、数据、表达式等等,如 4.2.1 例中的存储单元 SUM、输入输出端口 PROT_VAL 等就是。符号是一种标识符,它要符合标识符的组成规则。

在实际使用中的符号可以分为五类,即寄存器、变量、标号、数、其他。

每一个符号都具有一定的属性,以允许汇编程序使用它来代表所需信息。

1. 寄存器(Registers)

8086 寄存器常在操作数场出现,代表某一个操作数。每个寄存器都有一种类型特性,有这些类型可能确定它是一个字节寄存器还是一个字寄存器。8086 的标志位被看作是一位寄存器。

2. 变量(Variable)

存放在存储单元中的操作数是变量,因为它们的值是可以改变的。在程序中出现的是存储单元地址的符号,即它们的名字。

所有的变量都具有三种属性:

(1) 段值(SEGMENT),即变量单元所在段的段地址(段的起始地址)的高 16 位,低 4 位始终为 0。

(2) 偏移量(OFFSET),即变量单元地址与段的起始地址之间的偏移量(16 位)。

(3) 类型(TYPE),变量有三种类型:字节(BYTE)、字(WORD)和双字(DOUBLE-WORD)。

变量通常是用存储器初始化命令定义的。

3. 标号(Label)

标号是某条指令所存放单元的符号地址,它是转移(条件转移或无条件转移)指令调用(CALL)指令的目标操作数。

对于汇编程序来说,标号与变量是类似的,都是存储单元的符号地址。只是标号对应的存储单元中存放的是指令;而变量所对用的存储单元中存放的是数据。所以,标号也有三种属性:段值、偏移量、类型。

标号的类型与变量不同,它的类型是 NEAR 或是 FAR。

NEAR 是指转移到此标号所指的语句,或调用子程序或过程,只需改变 IP 值,而不改变 CS 值。也即转移指令或调用指令与此标号所指的语句或过程在同一段内。

FAR 与 NEAR 不同,要转移到标号所指的语句,或调用此子程序或过程,不仅需要改变 IP 值,而其需要改变 CS。既是段交叉转移或调用。

若没有对标号进行类型说明,默认为 NEAR。

4. 数

在汇编语言源程序中的常数也常以符号的形式出现,这样就更具有通用性和便于修改。

如例中的

    PORT_VAL   EQU   3

就把端口地址 3 定义为一个符号 PORT_VAL。

5. 其他符号

除了上述 4 种符号外,在汇编语言中还常出现一些其他符号,把它们用作汇编程序中的伪指令名字。例如

    SEGMENT/ENDS   (定义一个段)

    CODEMACRO/ENDM   (定义一条宏指令)

等等。

4.3.2 表达式

表达式是由上面讨论过的标记(Token)、符号(Symbol)通过运算符组合起来的。粗略地说，一个表达式是一个由操作数和运算符组合的序列，在汇编时它能产生一个值。

1. 操作数(Operands)

一个操作数或者是一个寄存器名，或是一个常量(数字常量或字符串常量)，或是一个存储器操作数。

(1) 常量操作数

具有数字值的操作数是常量或是表示常量的标识符(符号)。例中的常量操作数是 100、PORT_VAL。常量操作数的值的允许范围是从 －65535 到 ＋65535。

要注意，操作数的值可以是负的，但常量绝不能是负的。可在常量的前面加上负号(一个运算符)，以表示一个负的操作数。但绝不能把负号作为常量的一部分。负号本身是一个单目运算符。

(2) 存储器操作数

存储器操作数，通常是标识符。具体地说，可以分成标号和变量两种。

如上所述，标号是可执行的指令语句的符号地址。它们通常是作为转移指令 JMP 和调用指令 CALL 的目标操作数。

变量通常是指存放在一些存储单元中的值，这些值在程序运行中是可变的。

变量可以具有以下几种寻址方式：

① 直接寻址(16 位地址偏移量包含在指令中)。

② 基址寻址。由一个基址寄存器的内容，加上一个在指令中指定的 8 位或 16 位位移量，决定变量的地址。

③ 变址寻址。由一个变址寄存器的内容，加上一个在指令中指定的 8 位或 16 位位移量，决定变量的地址。

④ 基址变址寻址。由一个基址寄存器的内容，加上一个变址寄存器的内容，再加上一个在指令中指定的 8 位或 16 位位移量，决定变量的地址。

作为存储器操作数的标号和变量都有三种属性：段值、段内地址偏移量、类型，都已在上面讨论过。

2. 运算符(Operators)

一个运算符取一个或多个操作数的值，以形成一个新值。再 IBM 宏汇编中有五种运算符：算术运算符(Arithmetic Operators)、逻辑运算符(Logical Operators)、关系运算符(Relational Operators)、分析运算符(Analytic Operators)、合成运算符(Synthetic Operators)。

(1) 算术运算符

这是一些读者十分熟悉的运算符——加(＋)、减(－)、乘(＊)、除(/)运算符。另一个算术运算符是 MOD，它产生除法以后的余数。因此 19/7 是 2(商是 2)，而 19MOD7 是 5(余数是 5)。

算术运算符总是可以应用于数字操作数，结果也是数字的。

当算术运算符应用于存储器——地址操作数时其规则就更加严格：只有当结果有明确的、有意义的物理解释时，这些运算才是有效的。

例如，两个存储器地址的乘积没有意义。因为乘完以后的地址是在哪一个段，它的地址偏移量是什么呢？所以，这是一种不允许的操作。

在同一个段的两个存储器地址的差，是这两个存储单元之间的数字距离，即他们的地址偏移量的差，这是有意义的。

对存储器地址操作数的另一个唯一有意义的算术运算是加或减一个数字量。

因此，对例子中的存储器地址作如下运算：

SUM+2

CYCLE-5

NOT_DONE-GO

是有效的表达式。而

SUM-CYCLE

不是一个有效的表达式，因为它们不在同一个段。

注意：SUM+2 的值，是在 MY_DATA 段的离开存储单元 SUM 两个字节的存储单元的地址，而不是 SUM 单元的内容加 2。因为 SUM 单元的内容，在程序执行以前是不知道的，而表达式是在汇编的时候计算的。

(2) 逻辑运算符

逻辑运算符是按位操作的 AND、OR、XOR、和 NOT。

逻辑运算的操作数只能是数字的，且结果是数字的。存储器地址操作数不能进行逻辑运算。例如：

1010101010101010B AND 1100110011001100B＝1000100010001000B

1100110011001100B OR 1111000011110000B＝1111110011111100B

NOT 1111111111111111B＝0000 0000 0000 0000B

而

1111 0000 1111 0000B XOR SUM 是无效的，作为一个逻辑运算的例子，考虑

　　IN　　AL,PORT_AVL

　　OUT　PORT_VAL　AND　0FEH,AL

IN 指令从 PORT_VAL 得到输入，OUT 指令把它输出到端口 PORT_VAL AND 0FEH，若 PORT_VAL 本身是偶数，则"与"操作以后仍是同一端口；若 PORT_VAL 是奇数，则输出端口就是比 PORT_VAL 低的下一个端口。这个端口的实际值是在汇编时确定的，而不是在执行的时候。

注意：AND、OR、XOR、和 NOT，也是 8086 指令的助记符。但是，作为 IMB 宏汇编的运算符是在程序汇编时计算的。而作为指令的助记符，则是在程序执行时计算的。下列指令：

  AND DX, PORT_VAL AND 0FEH

在程序汇编时，计算 PORT_VAL AND 0FEH，产生一个在指令操作数场的立即数；后来在指令执行时，这个立即数与寄存器 DX 的内容作"与"运算，结果送至 DX。

（3）关系运算符

在 IBM 宏汇编中有一下关系运算符：

① 相等 Equal(EQ)
② 不等 Not Equal(NE)
③ 小于 Less-Than(LT)
④ 大于 Greater-Than(GT)
⑤ 小于或等于 Less-Than-or-Equal(LE)
⑥ 大于或等于 Greater-Than-or-Equal(GE)

PORT_VAL LT 5 就是一个关系运算。

关系运算的两个操作数，或者都是数字的，或者是同一个段的存储地址。结果始终是一个数字值。若关系是假，则结果为 0；若关系为真则结果为 0FFFFH。

若在程序中有以下关系运算：

  MOV BX, PORT_VAL LT 5

若 PORT_VAL 的值小于 5，关系为真，则汇编程序在汇编后产生的语句为

  MOV BX, 0FFFFH

若 PORT_VAL 的值不小于 5，则关系为假，汇编后产生的语句为

  MOV BX, 0

像上例中那样单独使用关系运算符是不常用的，因为这样运算的结果不是 0 就是 0FFFFH，没有别的选择。所以，通常是把关系运算符与逻辑运算符组合起来使用。例如：

MOV BX, ((PORT_VAL LT 5) AND 20) OR ((PORT_VAL GE 5) AND 30) 则当 PORT_VAL 小于 5 时，将汇编为

  MOV BX, 20

否则，将汇编为

  MOV BX, 30

（4）分析运算符

分析运算符可以把存储器操作数分解为它的组成部分，如它的段值、段内偏移量和类型。

（5）合成运算符

合成运算符可以由已存在的存储器操作数生成一个段值和偏移量相同，而类型不同的新的存储器操作数。这两者我们放在稍后再做详细讨论。

4.3.3 语句(Statements)

如前所述,一个汇编语言的源程序是由一条条语句组成的,语句就是一个完成一个什么动作的说明。源程序中的语句可分成两类:指令语句和指示性语句(伪指令)。

伪指令与指令的区别:

伪指令由汇编程序识别,用来对汇编过程进行某种控制,或者对符号、标号赋值。在汇编过程中,伪指令不产生可执行的目标代码;而指令由 CPU 执行,在汇编过程中,产生可执行的目标代码,完成对数据的运算与处理。

指令语句,汇编程序把它们翻译成机器代码,这些代码命令 8086 执行某些操作。如

  MOV, ADD,JMP

等等。

指示性语句(又称为伪指令),汇编程序并不把它们也不可能翻译成机器代码,只是用来指示、引导汇编程序在汇编时做一些操作,如定义符号,分配存储单元,初始化存储器等等,所以伪指令本身不占用存储单元,例如:

MY_PLACE DB ?

告诉汇编程序,MY_PLACE 定义为一个字节,所以汇编程序要为它分配一个存储器地址。

以后,当汇编程序遇到指令语句

  INC MY_PLACE

时,将产生一个使 MY_PLACE 单元内容增量的目标码指令。

两种语言的格式是类似的。指令语句的格式为

   标号: 助记符 参数,…, 参数 ;注释

指示性语句的格式为

   名字 命令 参数,…, 参数 ;注释

在一个指令语句中的标号后面跟有冒号(:),而在一个指示性语句中的名字后面没有冒号,这就是这两种语句在格式上的主要区别。

一个标号与一条指令的地址符号名相联系,标号可以作为 JMP 指令和 CALL 指令的目标操作数。

在指示性语句中的名字与指令的地址毫无关系,绝不能转向它。

在指令语句中的标号,总是任选的;但在指示性语句中的名字,可能是强制的,任选的或禁止的,取决于实际的命令。

4.4 指示性语句(Directive statements)

在 IBM 宏汇编中有以下几种指示性语句：
(1) 符号定义语句，(2) 数据定义语句，(3) 段定义语句，(4) 过程定义语句，(5) 结束语句。下面分别予以介绍。

4.4.1 符号定义语句

1. 等值语句 EQU

EQU 语句给符号名定义一个值，或定义为别的符号名，甚至可以定义为一条可执行的指令等。

EQU 语句的格式为

Name   Equ   Expression

一些例子如下：

```
BOILING_POINT      EQU   212
BUFFER_SIZE        EQU   32
NEW_PORT           EQU   PORT_VAL+1
COUNT              EQU   CX
```

第四个语句与前三个不同，不是给 COUNT 定义一个值，而是定义为寄存器 CX 的同义语。

EQU 语句在为解除前不能重新定义。

2. 等号(Equal sign)=语句

此语句的功能与 EQU 语句类似，最大特点是能对符号进行再定义。例如：

EMP=6

EMP=7

EMP=EMP+1

3. 解除语句 PURGE

已经用 EQU 命令定义的符号，若以后不再用了就可以用 PURGE 语句解除。

PURGE 语句的格式为

　　PURGE 符号1， 符号2，…， 符号 n

要注意：PURGE 语句本身不能有名字。用 PURGE 语句解除后的符号就可以重新定义。

例如：

　　PURGE NEW_PORT

　　NEW_PORT EQU   PORT_VAL+10

是合法的命令。

4.4.2 数据定义语句

数据定义语句,为一个数据项分配存储单元,用一个符合名与这个存储单元相联系,且为这个数据提供一个任选的初始值。

与数据项相联系的符号名称为变量。数据定义语句的例子为:

```
THING              DB    ?    ;    定义一个字节
BIGGER_THING       DW    ?    ;    定义一个字
BIGGEST_THING      DD    ?    ;    定义一个双字
```

THING 是个符号名,它与在存储器中的一个字节相联系,即它是一个字节变量。BIGGER_THING 也是一个符号名,它与在存储器中的一个字相联系,即它是一个字变量。BIGGER_THING 它也是一个符号名,它与在存储器中的一个双字相联系,即它是一个双字变量。上述数据定义语句中的符号"?"是什么意思呢?

由汇编程序产生的目标码,产生指令和放指令的地址。在目标码已经产生以后,指令已经存放在存储器中,然后就可以执行。

在指令送至存储器的时候,数据项的初始值也可以送至存储器中。这意味着目标码除了包括指令和它们的地址外,也可以包括数据项的起始值和它们的地址。这些初始值是有数据定义语句所规定的,例如:

```
THING      DB    25
```

不仅使 THING 这个符号与一个字节的存储单元相联系,而且在汇编时会把 25 放入与 THING 相联系的存储单元中。所以 THING 是一个字节变量,它的初始值为 25。

同样,以下语句

```
BIGGER_THING    DW    4142H
```

在汇编时就会把 41H 和 42H 分别放在与 BIGGER_THING 相联系的两个连续的字节单元中(一个字中),而且 42H 放在地址低的字节,41H 放在地址较高的字节。所以,若 BIGGER_THING 是一个字变量,则它的初始值为 41 42H。

语句

```
BIGGER_THING    DD    12345678H
```

在汇编时就会初始化为如图 4-1 所示。它定义了一个双字变量,且给了初始值

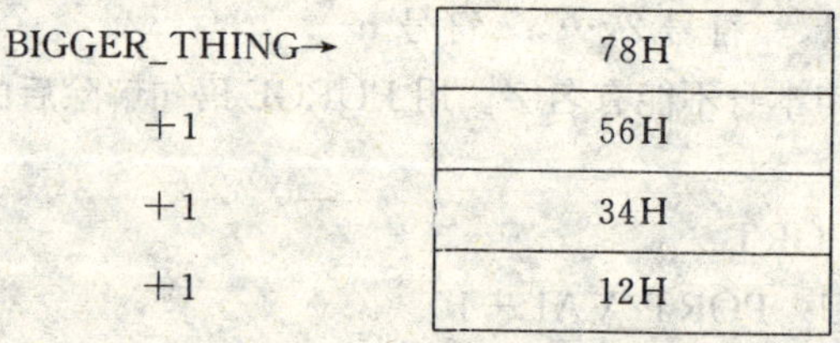

```
BIGGER_THING →  | 78H |
          +1    | 56H |
          +1    | 34H |
          +1    | 12H |
```

图 4-1 定义双字的数据定义语句的作用

当汇编程序汇编时遇到"?"号，则它仍然为数据项分配相应的存储单元(DB 分配一个字节、DW 分配一个字、DD 分配一个双字)，但并不产生一个目标码以初始化这些存储单元。即"?"号是为了保留若干个存储单元，以便存放指令执行的中间结果。

通常，初始值能用一个表达式来规定，因为表达式是在汇编时计算的。所以能写如下语句：

```
IN_PORT     DB    PORT_VAL
OUT_PORT    DB    PORT_VAL+1
```

其中，PORT_VAL 已经由 EQU 语句赋值。

同样，在存储单元中可以存放存储器地址值。存放内存单元内的段内偏移量需用一个字存放全地址，则需用两个字，一个字放段地址，另一个字段内偏移量。如：

```
LITTLE_CYCLE    DB    CYCLE    ; CYCLE 的段内偏移量
BIG_CYCLE       DD    CYCLE    ; CYCLE 的段地址及段内偏移量
      ⋮
CYCLE：         MOV   BX,AX
```

在实际应用中，还经常会用到由字节、字或双字构成的表。例如 8086 中的指令 XLAT，可以利用一个由字节组成的表，把一种编码转换成同一个值的另一种编码。8086 的中断机构要用到一个中断服务程序的入口地址表，其中每一项是一个双字指针。8086 的串操作指令包含串元素的由字节或字组成的表进行操作。如何在内存中建立起这样的表呢？只要在数据定义语句的参数部分，引入若干个用逗号分隔的参数就可建立一个表。下列语句定义了一个包含 2 的权的字节的表：

```
POWERS_2    DB    1,2,4,8,16
```

在地址相应于 POWERS_2 的字节单元初始化为 1(在目标码输入存储器时实现)，下面 4 个连续字节分别初始化为 2、4、8、16。

语句
```
ALL_ZERO    DB    0,0,0,0,0,0
```

可以把 6 个字节单元全部初始化为 0。这个语句可以用 DUP 来缩写：

```
ALL_ZERO    DB    6    DUP(0)
```

DUP 利用给出的一个初值(或另一组初值)以及这些值应该重复的次数，来初始化存储器。

```
    DB    100   DUP (0)        ; 100 个字节全初始化为 0
    DW    100   DUP(0)         ; 100 个字全初始化为 0
          DW    10 DUP(?)      ; 保留 10 个字
    F00   DD    50 DUP(F00)    ; F00 的地址(包括它的段地址和段内偏移量)
                               ; 的 50 个拷贝
```

　　　　　　DB　　　10 DUP(10 DUP (0))　　　；10次重复的0的10次重复
　　　　　　DW　　　35 DUP(F00,0,1)　　　　；F00的段内偏移量,0和1,这三个字的
　　　　　　　　　　　　　　　　　　　　　　　　35次重复
　　　　　　DB　　　5 DUP(1,2,4 DUP(3),2 DUP(1,0))　；这个语句定义了1,2,3,3,
　　　　　　　　　　　　　　　　　　　　　　　　3,3,1,0,1,0的5份拷贝
　　　ALPHA DW 2 DUP(3 DUP(1,2 DUP(4,8),6),0)　；定义了1,4,8,4,8,6,1,4,8,4,
　　　　　　　　　　　　　　　　　　　　　　　　8,6,1,4,8,4,8,6,0的2份
　　　　　　　　　　　　　　　　　　　　　　　　拷贝

　　可以用DB数据定义语句在内存中定义一个字符串。字符串中的每一个字符用它的ASCII码表示,为一个字节,故字符串的定义必须用DB命令。有两种定义字符串的方法：一种是字符串中的每一个字符分别定义,每一个字符之间用逗号分隔；另一种方式是在整个字符串的前面都加单引号,如
　　　　EXAM1　DB　'THIS　IS　A　EXAMPLE'
　　IBM宏汇编对在程序中涉及的每一个存储单元与一种类型联系起来,这样能对访问存储器的指令产生正确的目标码。例如,数据定义语句
　　　　SUM　DB　?
告诉汇编程序,SUM是字节类型的,以后当遇到如下的语句
　　　　INC　SUM
汇编程序就产生一个字节的增量指令,而不是一个字增量指令
　　一个存储单元的类型如下：
　　1. 数据字节,如
　　　　SUM　　　DB　　?　　；定义一个字节
　　2. 数据字(两个连续的字节),如
　　　　BIGGER　DW　　?　　；定义一个字
　　3. 数据双字(四个连续的字节),如
　　　　BIGGEST　DD　　?　　；定义一个双字
　　4. NEAR指令单元,如
　　　　CYCLE：　CMP　SUM,100
　　5. FAR指令单元
　　一个指令单元能出现一条JMP或CALL语句中,若这个指令单元的类型是NEAR,汇编程序将产生一个段内JMP或CALL指令；若指令单元的类型是FAR,则产生一个段交叉JMP或CALL指令。例如下列的有标点的指令语句
　　　　CYCLE：　CMP　SUM,100
告诉汇编程序,存储单元CYCLE的类型是NEAR。以后,当汇编程序遇到如下的转移指令：

　　　　JMP　　　　CYCLY

就产生一个段内的 JMP 指令,而不是段交叉 JMP 指令。

　　一个 NEAR 指令单元规定了一个长度为两个字节的指针,即此指令单元在段内的地址偏移量。获取了此地址偏移量,就可以采用段内的转移或调用。

　　一个 FAR 指令单元,规定了一个长度为四个字节的指针,即此指令单元所在段的段地址和段内的地址偏移量。只有获取了这四个字节,才能得到一个 FAR 指令单元的全地址,才能实现交叉的段调用的转移。

　　一个存储单元地址加或者减一个数字值形成的新的存储单元与初始的存储单元有相同的类型。例如,SUM+2 的字节型,BIGGER－3 是字型,而 CYCLE+1 是一个 NEAR 型指令单元。

　　现在有条件再回过来讨论和分析合成运算符。

　　分析运算符把存储器地址操作数分解为它们的各个组成部分。这些运算符是(1) SEG,(2) OFFSET, (3) TYPE, (4) SIZE, (5) LENGTH

　　若在一个程序中,对它的数据段有如下定义:

DATA_TABLES　　SEGMENT
BUFFER1　　DB　　100　　DUP(0)
BUFFER2　　DW　　200　　DUP(20H)
BUFFER3　　DD　　100　　DUP(13)
DATA_TABLES　　ENDS

　　其中的每一个存储单元都有一些属性(或组成成分)。分析运算符 SEG,返回的是一个存储单元的段地址(即它所在段的起始地址);OFFSET 运算符返回的是每一个存储单元地址的段内偏移量,即它与段地址之间的偏差。故

SEG　　BUFFER1
SEG　　BUFFER2
SEG　　BUFFER3

都是相同的,它们返回的地址都是 DATA_TABLES 的地址。所以,若要对数据段寄存器初始化,则可以采用指令:

MOV　　AX,SEG　BUFFER1
MOV　　DS,AX

而

OFFSET　　BUFFER1
OFFSET　　BUFFER2
OFFSET　　BUFFER3

是各不相同的。若要向这些缓冲区填入新的数据,可以用一些地址指针,则可以用以下指令来

初始化地址指针：
    MOV   BX,OFFSET   BUFFER1
    MOV   SI,OFFSET   BUFFER2
    MOV   DI,OFFSET   BUFFER3
以后，就可以是这些指针来间接寻址这些缓冲区：

表 4-2 存储器操作数的类型值

存储器操作数	类型部分
数据字节	1
数据字	2
数据双字	4
NEAR 指令单元	−1
FAR 指令单元	−2

    MOV   [BX], AL
    MOV   [SI], CX
    MOV   WORD PTR   [DI],DX

TYPE 运算符返回一个数字值,它表示存储器操作数的类型部分。各种存储器操作数类型部分的值如表 4-2 所示。

注意：字节、字和双字的类型部分,分别是它们所占有的字节数。而指令单元的类型部分的值,没有实际的物理意义。

LENGTH 运算符返回一个与存储器地址操作数相联系的单元数（所定义的基本单元的个数）。注意：要用 LENGTH 返回的存储器必须用 DUP()来定义,否则返回 1。故
    LENGTH   BUFFER1=100
    LENGTH   BUFFER2=200
    LENGTH   BUFFER3=100
可以利用 LENGTH 运算符对计数器进行初始化。如
    MOV   CX,LENGTH   BUFFER1
分析运算符 SIZE 返回一个为存储器地址操作数所分配的字节数。故
    SIZE   BUFFER1=100
    SIZE   BUFFER2=400
    SIZE   BUFFER3=400
即
    SIZE   BUFFER3=(LENGTH BUFFER3)×(TYPE BUFFER3)

一般地说,若一个存储单元的操作数 X,则

    SIZE   X=(LENGTH. X)×(TYPE   X)

IBM 宏汇编中的合成运算符为 PTR 和 THIS,它们能建立起一些新的存储器地址操作数。PTR 运算符能产生一个新的存储器地址操作数(一个变量或标号)。新的操作数的段地址和段内偏移量与 PTR 运算符右边的操作数的对应分量相同,而类型由 PTR 的左边的操作数指定。不像一个数据定义语句,PTR 操作数并不分配存储器,它可以给已分配的存储器一个另外的定义。例如,若 TWO_BYTE 已定义为

    TWO_BYTE   DW   ?

于是我们可以给 TWO_BYTE 这个操作数的第一个字节定义为

    ONE_BYTE   EQU   BYTE   PTR   TWO_BYTE

在这里运算符 PTR 建立了一个新的存储器操作数,但是它的段地址和段内偏移量与 TWO_BYTE 相同,只是类型有所不同。TWO_BYTE 由 DW 命令规定了类型是字,而 ONF_BYTE 由 PTR 运算符的左边的 BYTE 规定了类型是字节。

    同样,字单元 TWO_BYTE 的第二个字节也可由 PTR 来建立:

    OTHER_BYTE   EQU   BYTE   PTR   TWO_BYTE

TWO_BYTE 只能用于字操作的指令中,故

    MOV   TWO_BYTE,   AX 是合法的。但若要把它当字节来使用,企图用指令

    MOV   AL,TWO_BYTE

则是非法的,只能用如下指令:

    MOV   AL,ONE_BYTE

或

    MOV   AL,BYTE   PTR   TWO_BYTE

又例如,若已经在数据段中定义了一个字缓冲区

BUFFER   DW   10   DUP(?)

由于某种原因,希望把它当作 20 个字节而不是 10 个字来访问。例如想访问其中的第四个字节,若先使 SI 中的内容为 3,即

    MOV   SI,3

想用一下指令来访问第 4 个字节:

    MOV   AL,BUFFER[SI]

则是不合法的,因为 AL(字节)与 BUFFER(字)的类型不同。若把指令改为

    MOV   AL,BYTE   PTR   BUFFER[SI]

就是正确的了。

    若要多次访问这个缓存区中的不同字节,每次访问时都写为 BYTE PTR BUFFER 就不太方便了。于是就可以定义一个新的存储器操作数

BYTE_BUFFER   EQU   BYTE   PTR   BUFFER

在要访问字节时,可用指令

MOV   AL, BYTE_BUFFER[SI]

PTR 运算符也可以建立字和双字。如

MANY_BYTES   DB   100DUP(?)   ; 定义一个 100 个字节的矩阵
FIRST_WORD   EQU   WORD   PTR   MANY_BYTES
SECOND_DOUBLE   EQU   DWORD   PTR   MANY_BYTES

也可以用 PTR 运算符建立指令单元

INCHES: CMP   SUM,100   ; INCHES 的类型是 NEAR
        JMP   INCHES   ; 段内转移
MILES: EQU   FAR   PTR   INCHES   ; MILES 的类型是 FAR
       JMP   MILES   ; 段交叉转移

合成运算符 THIS 与 PTR 类似,也可以建立一个新的存储器地址操作数,并且不分配存储器。用运算符 THIS 建立起来的新的存储器地址操作数的类型在 THIS 中指定,而它的段地址和段内偏移量就是汇编时的当前值。

例如,在前面所提到的数据表中,若希望原定义的字节缓冲区按字来使用,或字缓冲区按字节来使用,双字缓冲区按字来使用,则可以用 THIS 运算符:

DATA_TABLES   SEGMENT
WBUFFER1   EQU   THIS   WORD
BUFFER1   DB   100   DUP(0)
BBUFFER2   EQU   THIS   BYTE
BUFFER2   DW   200   DUP(20H)
DWBUFFER3   EQU   THIS   WORD
BUFFER3   DD   100   DUP(13)
DATA_TABLES   ENDS

其中,WBUFFER1 的类型是字(在 THIS 中指定),而它的段地址及段内偏移量为 BUFFER1 的相应值(也即在汇编时遇到 THIS 运算符时的段地址及偏移量的当前值)。

THIS 操作符,对于建立 FAR 指令单元是比较方便的:

MILES   EQU   THIS   FAR
         CMP   SUM,100
         JMP   MILES

4.4.3 段定义语句

8086 的存储器是分段的,所以 8086 必须按段来组织程序和利用存储器。这就需要有段定义语句。段定义的主要命令有：(1) SEGMENT, (2) ENDS, (3) ASSUME, (4) ORG。

SEGMENT 和 ENDS 语句把汇编语言源程序分成段。这些段就相应于存储器段,在这些存储器段中,存放相应段的目标码。

汇编程序为什么要关心存储器段呢？这是由于：

首先,若有一个段内的转移和调用命令,在指令中只包含新的单元的 16 位段内偏移量;而一个段交叉的转移和调用命令,还必须包含段地址。

其次,使用当前(即现行)数据段和当前堆栈段的数据访问指令,对于 8086 结构来说是最优的,因为它只包含数据单元的 16 位段内偏移量。任何别的访问指令,访问处在四个当前的可寻址的段之一中的数据单元,在指令中还必须附加一个段超越前缀(另一个 8 位字节)。

因此,汇编程序必须知道程序的段结构,并知道在各种指令执行时将访问哪一个段内段寄存器所指向。这个信息是由 ASSUME 语句提供的。

下面的程序是一个简单的例子,它说明了如何使用 SEGMENT、ENDS 和 ASSUME 命令,以定义码段、堆栈段、数据段和附加段

```
MY_DATA     SEGMENT
X           DB      ?
Y           DW      ?
Z           DD      ?
MY_DATA     ENDS
MY_EXTRA    SEGMENT
ALPHA       DB      ?
BETA        DW      ?
GAMMA       DD      ?
MY_EXTRA    ENDS
MY_STACK    SEGMENT
            DW      100     DUP(?)
TOP         EQU     THIS    WORD
MY_STACK    ENDS
MY_CODE     SEGMENT
            ASSUME  CS:MY_CODE,DS:MY_DATA
            ASSUME  ES:MY_EXTRA,SS:MY_STACK
START:      MOV     AX,SEG  X
            MOV     DS,AX
            MOV     AX,SEG  ALPHA
            MOV     ES,AX
```

```
                MOV     AX,MY_STACK
                MOV     SS,AX
                MOV     SP,OFFSET    TOP
MY_CODE         ENDS
                END     START
```

通常在汇编语言的源程序中,至少要定义码段(指令段)、堆栈段和数据段,有时还要定义附加段。每一个段必须有一个名字,如 MY_DATA、MY_CODE 等。一个段由命令 SEGMENT 开始,由命令 ENDS 结束,它们必须成对出现,而且它们的语句中必须有名字,名字必须相同。最后用语句 END 来结束整个程序。

ASSUME 语句,只是使汇编程序知道在程序执行时各个段寄存器的值,而这些段寄存器的实际值(除了码段寄存器 CS 以外),还必须在程序执行时,用 MOV 指令来赋给。ASSUME 语句的用途可解释如下:

若在上列程序中,要求把字节 X 的内容,传送至字节 ALPHA。这当然要在码段中编一些指令,先把 X 的内容送给一个寄存器(例如 BL),然后再由这个寄存器,传送给 ALPHA。即需要如下指令:

```
        MOV     BL,X
        MOV     ALPHA,BL
```

在指令执行时,若要用到数据单元,8086CPU 的默认状态认为数据单元在数据段。即没有在指令中指定,则 CPU 到数据段去寻址操作数。这样,在执行第一条指令时工作得很好,因为 X 确实是在由 DS 的内容 MY_DATA 作为起始地址的数据段中。但在执行第二条命令就遇到了问题,因为在数据段中没有单元 ALPHA。ALPHA 是在附加段而不是在数据段中。

但是,在汇编时,由 ASSUME 语句就知道有一个附加段,它的起始地址为 MY_EXTRA,ALPHA 单元是在附加段中。当汇编到上述的第二条指令时,汇编程序就知道要正确执行这条指令,必须告诉 CPU,ALPHA 单元不在数据段中,而要到其他段去寻找。这样在第二条指令前必须要有段超越前缀。汇编程序在汇编时就会加上这个前缀。

当实际的指令执行时,并不是总能知道段寄存器中的内容是什么的。考察以下程序:

```
OLD_DATA        SEGMENT
OLD_BYTE        DB      ?
OLD_DATA        ENDS
NEW_DATA        SEGMENT
NEW_BYTE        DB      ?
NEW_DATA        ENDS
MORE_CODE       SEGMENT
                ASSUME  CS:MORE_CODE
```

```
                MOV      AX,OLD_DATA
                MOV      DS,AX
                MOV      ES,AX
                ASSUME   DS:OLD_DATA,ES:OLD_DATA
        CYCLE:  INC      OLD_BYTE
                  ⋮
                MOV      AX,NEW_DATA
                MOV      DS,AX
                JMP      CYCLE
                  ⋮
        MORE_CODE ENDS
                END CYCLE
```

在第一次执行 INC 命令时，DS 包含的为 OLD_DATA，因而 OLD_BYTE 在数据段中，指令的执行是正常的。但是，随后 DS 改变为 NEW_DATA，而程序是循环的，当第二次执行同一个 INC 指令时，OLD_BYTE 就不在当前的数据段了。所以汇编程序必须产生一个段超越前缀加到 INC 指令上，虽然在第一次执行时，并不需要这个前缀。

为了告诉汇编程序，没有对 DS 程序做任何假定，则必须在 INC 命令之前，增加如下语句：

```
              ASSUME DS:NOTHING
      CYCLE: INC      OLD_BYTE
                ⋮
```

但是，在码段的一开始时，必须告诉汇编程序（通过一个 ASSUME 语句），在此程序执行时，寄存器 CS 的内容是什么。

我们也可以用在每一条指令执行时，注明将使用哪一个段寄存器的方法来代替用 ASSUME 语句（当然码段是必须用 ASSUME 语句指明的）。例如上面提到的，把 X 单元的内容传送至 ALPHA 单元，可以写为

```
        MOV     BL,DS:X
        MOV     ES:ALPHA,BL
```

这表示在访问 X 单元时，段地址应该用 DS；在访问 ALPHA 单元时，段地址应该用 ES。

因为 CPU 在执行这些指令时，正常地将用数据段，以 DS 的内容作为段地址，因此汇编程序在为第二条指令产生目标码时，将产生一个段超越前缀。

如前面提到的一个段的最大容量是 64K 字节，这是因为段内地址偏移量为 16 位。但这并不是说一个段的长度是固定的，都是 16 位，实际上只要在程序中改变段寄存器值，段的位置是可以根据需要改变的。

由于在形成某一个存储单元的物理地址时,是把某一个段寄存器的内容左移4位(低4位补0),若一个段的实际空间不足64K,则别的段可以在这个段的最后一个字节以外开始。但是,第二个段也只能处在一个16个字节的边界上,因此,有可能不是在第一个段的最后一个字节后立即开始。这意味着在两个段之间,可能有15个字节要浪费。

假定第一个段在地址10000H开始,只用6DH个字节,即所用的最后一个字节的地址为1006CH。而最接近的可以开始的第二段的地址为10070H,因而1006D、1006E、1006F这些单元就用不上了,浪费了。

为了避免这种浪费,可以不在第一段的最后一个字节之外开始第二段,而在第一段所用的最后一个16个字节的界限上开始第二段,例如不是从10070H开始第二段,而是从10060H开始第二段,这样第二段与第一段有重叠,第二段开始的13个字节归第一段使用,使第二段的空间减少了13个字节,但这样避免了浪费存储单元。

一般来说,存储器段具体在哪儿是不要紧的,可由汇编程序来选择。但是,在有些情况下,可能要给汇编程序一些约束,例如:"不要使这个段与别的段搭接",保证这个段所用的第一个字节在偶数地址——这样对于一个字的访问可以在一个存储器读/写周期完成。或"在下列地址开始这个段"。可以把这些约束写入到源程序中:

1. 不要搭接,段中的第一个可用字节是在16字节界限上。

　　MY_SEG　　SEGMENT　　　；这是一种正常情况
　　　　　　　　⋮
　　MY_SEG　　ENDS

2. 允许搭接,但第一个可用字节必须在字的界限上。

　　MY_SEG　　SEGMENT　　WORD
　　　　　　　　⋮
　　MY_SEG　　ENDS

3. 段开始在指定的16个字节界值上,但第一个可用字节在指定的偏移位置上。

　　MY_SEG　　SEGMENT　　AT　　1A2BH　　；段地址为1A2BH
　　　　　　　ORG　　0003H　　　　　　　；段内从偏移量0003H开始
　　　　　　　　⋮
　　MY_SEG　　ENDS

在最后这个例子中,介绍了另一个语句ORG(Origin),它规定了段内的起始地址。伪指令ORG的一般格式为

　　ORG　　<表达式>

此语句指定了段内在它以后的程序或数据块存放的起始地址,也即以语句中的表达式的值作为起始地址,连续存放,除非遇到一个新的ORG语句。

4.4.4 过程定义语句

过程是程序的一部分,它们可以被程序调用。每次可调用一个过程。当过程中的指令执行完后,控制返回调用它的地方。

在 8086 中调用过程和从过程返回的指令是 CALL 和 RET。这些指令可以有两种情况:段内的和段交叉的。

段交叉指令把过程应该返回处的段地址和段内偏移量这两者都入栈保护(CALL 指令)和退栈(RET)。

段内的调用与返回指令只入栈和退栈段内的地址偏移量。

过程定义语句的格式为

```
PROCEDURE_NAME    PROC    [NEAR]
```
或
```
PROCEDURE_NAME    PROC    FAR
                  ⋮
                  RET
                  ⋮
PROCEDURE_NAME    ENDP
```

伪指令 PROC 与 ENDP 都必须有名字,两者必须成对出现,名字必须相同。利用过程调用语句可以把程序分段,以便于阅读、理解、调试、修改。

若整个程序由主程序和若干个子程序构成,则主程序和这些子程序必须一起包含在码段中(除非用段交叉调用)。主程序和各个子程序都作为一个过程,用上述的过程定义语句来定义。

用段内 CALL 指令调用的过程,必须用段内的 RET 指令返回,这样的过程是 NEAR 过程;用段交叉 CALL 指令调用的过程,必须用段交叉 RET 指令返回,这样的过程是 FAR 过程。

过程定义语句 PROC 和 ENDP(End procedure)限定了一个过程且指出它是一个 NEAR 或 FAR 过程。这在两方面帮助了汇编程序。

首先,当汇编到 CALL 时知道是什么的调用;其次,当汇编到 RET 时知道是什么样的返回。

下面是一个过程定义例子:
```
MY_CODE      SEGMENT
             ASSUME    CS:MY_CODE
UP_COUNT     PROC      NEAR
             ADD       CX,1
```

```
                    RET
UP_COUNT    ENDP
START：
                    ⋮
                    CALL    UP_COUNT
                    ⋮
                    CALL    UP_COUNT
                    ⋮
                    HLT
MY_CODE     ENDS
                    END    START
```

因为 UP_COUNT 标明是 NEAR 过程，所有对它的调用，都汇编为段内调用，所以其中的 RET 指令，都汇编为段内返回。

这个例子指出了在 RET 和 HLT 之间的某些类似点。在一个过程中可以有多于一个的 RET 指令，好像在一个程序中会有多于一个得 HLT 一样。

在一个过程中的最后一条指令，可以不是 RET(HLT)指令，但必须是一条转移回到过程中某处的转移指令。

命令 END(ENDP)告诉汇编程序，程序在哪儿结束了，但它不会使汇编程序产生一条 HLT(RET)指令。

4.4.5 结束语句

除了一个例外以外，每一个结束语句都与某个开始语句成对出现。例如，SEGMENT 和 ENDS，PROC 和 ENDP。

唯一的例外就是 END 语句，它标志着整个源程序的结束，它告诉汇编程序，没有更多的指令要汇编了。END 语句的格式是：

END   ＜表达式＞

其中，表达式必须产生了一个存储器地址值，这个地址是当程序执行时，第一条要执行的指令的地址。下面的例子解释了 END 语句的使用。

```
                    ⋮
HART：
                    ⋮
          END    START
```

4.5 指令语句

每一条指令语句,使汇编程序产生一条 8086 指令。一条 8086 指令是由一个操作码场和一些由操作数寻址方式所指定的场组成的。

所以在 IBM 宏汇编的指令语句,必须包括一个指令助记符,以及充分的寻址信息以允许汇编程序产生一条指令。

4.5.1 指令助记符

大多数指令助记符(Instruction Mnemonics)与 8086 指令的符号操作码名相同。某些附加的指令助记符,如 NIL 和 NOP 使得汇编语言更加通用。

1. NOP(No-Operation)

指令助记符 NOP,使汇编程序产生一字节指令,它使寄存器 AX 的内容自行交换。除了不做任何事以外,NOP 并不浪费任何不做的时间,因为它并不做任何的存储器访问。这看起来好像很奇怪,为什么要浪费不做任何事的指令的存储单元呢? 这是由于 NOP 可以保留一些单元为以后填入指令用。另外,当需要精确的时间关系时,这也可以使程序的一部分放慢。

2. 保留空格(Place Holder)

NIL 是使汇编程序不产生任何指令的唯一的指令助记符。与 NOP 指令相比较,NOP 使汇编程序产生一条不做任何操作的指令;而 NIL 甚至连指令都不产生。

NIL 在汇编语言程序中是为标号保留空格的。如

```
CYCLE:     NIL
           INC   AX
```

虽然它与以下语句等效

```
CYCLE:     INC   AX
```

但有了 NIL,若以后需要的话,便于在 INC 指令前插入其他指令。

4.5.2 指令前缀

8086 指令,允许指令用一个或多个指令前缀(Instruction Prefixes)开始。有三种可能的前缀:(1) 段超越(Segment-override),(2) 重复(Repeat),(3) 锁定(Lock)。

IBM 宏汇编中允许的作为前缀的助记符如下:

```
LOCK
REP        (Repeat)
REPE       (当相等时重复)
```

REPENE　（当不相等时重复）
REPZ　　（当标志 Z=1 时重复）
REPNZ　（当标志 Z=0 时重复）
具有前缀的指令语句的例子为
CYCLE：　LOCK　DEC　COUNT

段超越前缀是当汇编程序在汇编时认识到一个存储器访问需要这样一个前缀时,由汇编程序自动产生的。汇编程序这样的决定是分两步做的。

首先,它选择一个能使程序正常执行的段寄存器。汇编程序是基于前面的 ASSUME 语句所提供的信息来选择段寄存器的。我们也可以用包含有段寄存器的指令,来迫使选择一个实际的段寄存器。如
MOV　　BX,　　ES:SUM
其次,汇编程序决定在用所选择的段寄存器执行指令时,是否需要一个段超越前缀。

4.5.3 操作数寻址方式

8086CPU 提供了各种操作数寻址方式,IBM 宏汇编在写指令语句时,必须为每一种寻址方式表示一种表达式。

汇编程序在产生一条指令要涉及一个存储单元时,要用到关于这个存储单元类型的信息。例如,以下情况汇编程序将产生一个字节增量:
SUM　　　DB　　?　　　；类型是字节
　　　　　　　⋮
　　　　　INC　SUM　；一个字节增量
然而,用间接寻址方式的操作数,汇编程序不是始终能知道存储单元的类型的。如
MOV　　AL,　[BX]
这时,汇编程序并不知道源操作数的类型,但是,它能确定目标操作数 AL 的类型是字节。所以,汇编程序假定[BX]也是字节型的并产生一个字节传送指令。

但是,对于语句
INC　　BYTE　PTR[BX]　　；一个字节增量
INC　　WORD　PTR[BX]　　；一个字增量

4.5.4 串操作指令

汇编程序通常可以通过一个操作数自己的说明,来确定一个操作数的类型,从而帮助汇编程序确定当访问此操作数时应产生什么样的码。

然而,如上面讨论的,当用一个间接寻址方式时,可能需要向汇编程序提供附加的信息,以帮助确定类型。

串操作指令(String Instructions)也需要这样的附加的信息。考虑串操作指令 MOVS。这条指令是把在数据段中的地址偏移量在 SI 中的存储单元的内容,传送给在附加段中的地址偏移量在 DI 中的存储单元。对于这样的指令,不需要规定任何操作数,因为这条指令对从哪儿传送到哪儿没有选择的可能。

然而,这条指令可以传送一个字节也可以传送一个字,汇编程序就必须确定它的类型,才能产生正确的指令。为了这个理由,IBM 宏汇编必须规定已经传送至 SI 和 DI 的项。

例如

```
ALPHA       DB      ?
BETA        DB      ?
            ⋮
    MOV  SI,  OFFSET  ALPHA
    MOV  DI,  OFFSET  BETA
    MOVS  BETA,ALPHA
```

在 MOVS 指令中的 BETA 和 ALPHA,告诉汇编程序,产生一条传送字节的 MOVS 指令,因为 BETA 和 ALPHA 这两者的类型是字节。

与 MOVS 指令类似,别的四个基本的串操作指令也包括有操作数。MOVS 和 CMPS 有两个操作数,而 SCAS、LODS 和 STOS 有一个操作数。例如

```
CMPS     BETA,ALPHA
SCAS     ALPHA
LODS     ALPHA
STOS     BETA
```

XLAT 指令也要求一个操作数,如

```
MOV   BX,  OFFSET   TABLE
XLAT    TABLE
```

通过上面的介绍,我们知道一个完整的用汇编语言写的源程序,应该是由可执行指令组成的指令性语句;和由对符号定义、分配存储单元、分段等指示性语句组成。而且,一个完整的程序至少应该包含三种段:由源程序行组成的码段,堆栈操作所需要的堆栈段和存放数据的数据段。在上一章介绍指令的应用中,我们介绍了一些简单的例子,但是这些例子只包含了可执行指令的指令语句,由于尚未介绍故未包括指示性语句。实际上只有给这些例子加上必要的指示性语句才能构成一个完整源程序,才能上机调试和运行。

下面我们通过一个例子来说明:一个完整的汇编语言的源程序应该由哪些部分组成。

例子是把两个分别由未组合的 BCD 码(一个字节为一位 BCD 数)的串相加。由于 8086 中允许两个未组合的十进制数相加,只要经过适当调整就可以得到正确的结果。所以,在程序中把第一个串的一位 BCD 数取至 AL 中,与第二个串的相应位相加,经过 DAA 调整,再把结

果存至存储器中。程序中的前面部分是为了设置段,先设置数据段,用 DB 伪指令定义两个数据串,用 COUNT 表示数据的长度。接着是定义堆栈段,为堆栈留下了 100 个单元的空间(实际上当然要由需要来定),然后是定义码段,从标号 GO 开始就是可执行指令部分。程序如下:

```
            ;NAME       ADP_TWO_BCD_STRING
    DATA    SEGMENT
    STRI1   DB          '1','7','5','2'
    STRI2   DB          '3','8','1','4'
    COUNT   EQU         $-STRI2
    DATA    ENDS
    STACK   SEGMENT     PARA STACK 'STACK'
    STAPN   DB          100 DUP (?)
    TOP     EQU         LENGTH STAPN
    STACK   ENDS
    CODE    SEGMENT
            ASSUME      CS:CODE,SS:STACK,DS:DATA,ES:DATA
    START   PROC        FAR
            PUSH        DS
            MOV         AX,0
            PUSH        AX
    GO:     MOV         AX,DATA
            MOV         DS,AX
            MOV         ES,AX
            MOV         AX,STACK
            MOV         SS,AX
            MOV         SP,AX
            CLC
            CLD
            MOV         SI,OFFSET STRI1
            MOV         DI,OFFSET STRI2
            MOV         CX,COUNT
    CYCLE:  LODS        STRI1
            ADC         AL,[DI]
            DAA
            STOS        STRI2
```

```
            LOOP      CYCLE
            RET
    START   ENDP
    CODE    ENDS
            END       START
```
程序中的
```
            DATA      SEGMENT
              ⋮
            DATA      ENDS
```
定义了一个数据段,当然数据段的名字(程序中为 DATA)可由用户自己确定。数据段中定义了两个串,有的程序也可能要定义许多变量,也可能要为保存中间结果或最后结果保留一些存储单元。

程序中的
```
    STACK SEGMENT PARA STACK 'STACK'
              ⋮
    STACK     ENDS
```
定义了一个堆栈段,其中的 PARA 表示此段开始于 16 个字节的边界上;STACK 表示是堆栈段且给了一个名字'STACK'。在此段中用 DB 伪指令为堆栈段保留了 100 个字节的空间,在各个不同程序中,可以由实际需要来确定。

程序中用
```
    CODE    SEGMENT
              ⋮
    CODE    ENDS
```
定义了一个码段,包含了程序中的可执行语句。首先用
```
    ASSUME
```
语句指明了码段、堆栈段、数据段和附加段是哪些段(本程序中为 CODE,STACK,DATA 和 DATA,即数据段与附加段在物理上是同一个段)。在码段中还包含了一个过程
```
    START   PROC    FAR
              ⋮
    START   ENDP
```
这是为了当程序执行完了以后,能把控制返回 DOS 而设计的。在这个过程中的前三条指令:
```
    PUSH    DS
    MOV     AX,0
    PUSH    AX
```

是为了在过程一开始就在堆栈中推入了一个段地址和一个 IP 指针值(0000H),为过程的最后一个语句

  RET

提供了转移地址。

  那么,这个转移地址是什么呢?

  当我们用编辑程序把源程序输入至机器中,用汇编程序把它转变为目标程序,用连接程序对其进行连接和定位后,连接程序为每一个用户程序建立了一个程序段前缀(详细的请见本书十一章)共占用 256 个字节。在程序段前缀的开始处(0000H 处)安排了一条结束程序运行返回 DOS 的指令,而且给 DS 所赋的值(在未执行用户程序中的指令 MOV DS,AX 之前)就是程序段前缀的段地址。所以,上面提到的 4 条指令就能在用户程序结束以后,利用 RET 指令把控制返回到程序段前缀的开始处,通过执行在程序段前缀中安放的这一条指令,而把控制返回到 DOS。

  程序中的
    ...
  MOV   DS,AX
  MOV   ES,AX
    ...
  MOV   SS,AX

是给段寄存器赋实际所用的值(堆栈段若按程序中定义,则连接程序会给 SS 和 SP 赋初值,可以省去程序中给 SS 和 SP 赋值的指令)。

  其他的语句就是为了完成所规定的操作必需的指令语句。程序最后的

  END   START

结束整个源程序,这也是汇编时所需要的。

  在后面的程序举例中,我们给出的都是完整的汇编语言的源程序。

4.6 汇编语言程序设计及举例

4.6.1 概述

  在第三章中结合指令,介绍了一些汇编语言的程序实例,如何根据问题来设计汇编语言的程序呢?在这一节,我们介绍汇编语言程序设计的主要方法,并通过一些实例来说明。

  1. 编写汇编语言程序的步骤

  (1) 从实际问题抽象出数学模型。

  (2) 确定解决此数学模型的算法。解决同一个问题可以有不同的算法,它们的效率可能

有很大的差别。例如要做 X*10,可以用乘法指令;也可以用 X*8+X*2,而 X*2 或 X*8 也可以自身相加,或 X 左移来实现;这些方法的程序复杂程度和执行时间差别是很大的。又例如查表,是用线性查找还是用对分查找区别也很大。所以,确定合适的算法是很重要的。

(3) 画出程序流程图。把根据算法解决问题的思路和方法,用图形表示出来。

(4) 分配内存工作单元和寄存器。

(5) 根据流程图编制程序。

当然,到这儿只是设计出了基本程序,此程序是否正确、可靠,还必须上机调试、排错和进行必要的检测。这些,就不在这一节介绍了。

2. 判断程序质量的标准

为解决同一问题所编制的程序,往往是多种多样的,如何衡量程序的质量呢?通常有三个标准:

(1) 程序的执行时间。

(2) 程序所占用的内存字节数。

(3) 程序的语句行数。

几年前,前两个标准是主要的。但随着大规模集成电路技术的发展,半导体存储器的容量越来越大,成本又急剧下降,微型计算机的内存容量已从 16K 字节、64K 字节扩展到 640K 字节、几兆字节,所以程序所占的内存字节数已逐渐变得次要了(当然若是在单板计算机中,内存容量很小的情况下,仍是一个重要问题)。而为了节省软件开发的成本,程序的语句数逐渐变为主要因素之一了。

3. 程序流程图

在确定了问题的算法以后,先不要急于写一条条指令,而要用流程图把编制程序的方法和思路勾画出来,确定程序的结构和相互之间的关系。本书中的流程图,采用以下一些惯用的画法。

(1) 用方框表示工作框,方框中用简明的语言标明所完成的特定功能。它有一个入口一个出口,用箭头表示。

(2) 用菱形表示判断框,菱形内标明比较、判断和条件。它有一个入口和几个出口,各用箭头表示。在各个出口处要标明出口条件,条件成立则写"是(用 Y 表示)",条件不成立用"否(用 N 表示)"。

(3) 程序中要调用的子程序或过程,用◇框表示,在框中标明子程序或过程的名字(包括入口地址,入口条件、参数,出口参数)。它有一个入口一个出口,各用箭头表示。

(4) 带箭头的直线。程序的各框之间用带箭头的直线连接起来,表示程序的走向。

4.6.2 算术运算程序设计(直线运行程序)

最简单的程序时没有分支、没有循环的直线运行程序。下面以两个算术运算程序作说明。

【例 4-1】 两个 32 位无符号数乘法程序。

在 8086/8086 中,数据是 16 位的,它只有 16 位运算指令,若是两个 32 位数相乘就无法直接用指令实现(在 80386 中有 32 位数相乘的指令),但可以用 16 位乘法指令做 4 次乘法,然后把部分积相加来实现。

若数据区中已有一个缓冲区存放了 32 位的被乘数和乘数,保留了 64 位的空间以存放乘积能实现上述运算的程序流程图如图 4-2 所示。

相应的程序为:

```
                ;name       32 bit multiply
        data    segment
mulnum  dw      0000,0ffffh,0000
                0ffffh,4 dup(?)
        data    ends
        stack   segment     para stack 'stack'
                db          100 dup(?)
        stack   ends
        code    segment
                assume      cs:code,ds:data,
                            ss:stack,es:data
        start   proc        far
begin:  push    ds                      ;DS 中包含的是程序段前缀的起始地址
        mov     ax,0
        push    ax                      ;设置返回至 DOS 的段值和 IP 值
        mov     ax,data
        mov     ds,ax
        mov     es,ax                   ; 置段寄存器初值
        lea     bx,mulnum
mulu32: mov     ax,[bx]                 ;B→AX
        mov     si,[bx+4]               ;D→SI
        mov     di,[bx+6]               ;C→DI
        mul     si                      ; B×D
        mov     [bx+8],ax               ; 保存部分积 1
        mov     [bx+0ah],dx
        mov     ax,[bx+2]               ;A→AX
        mul     si                      ; A×D
```

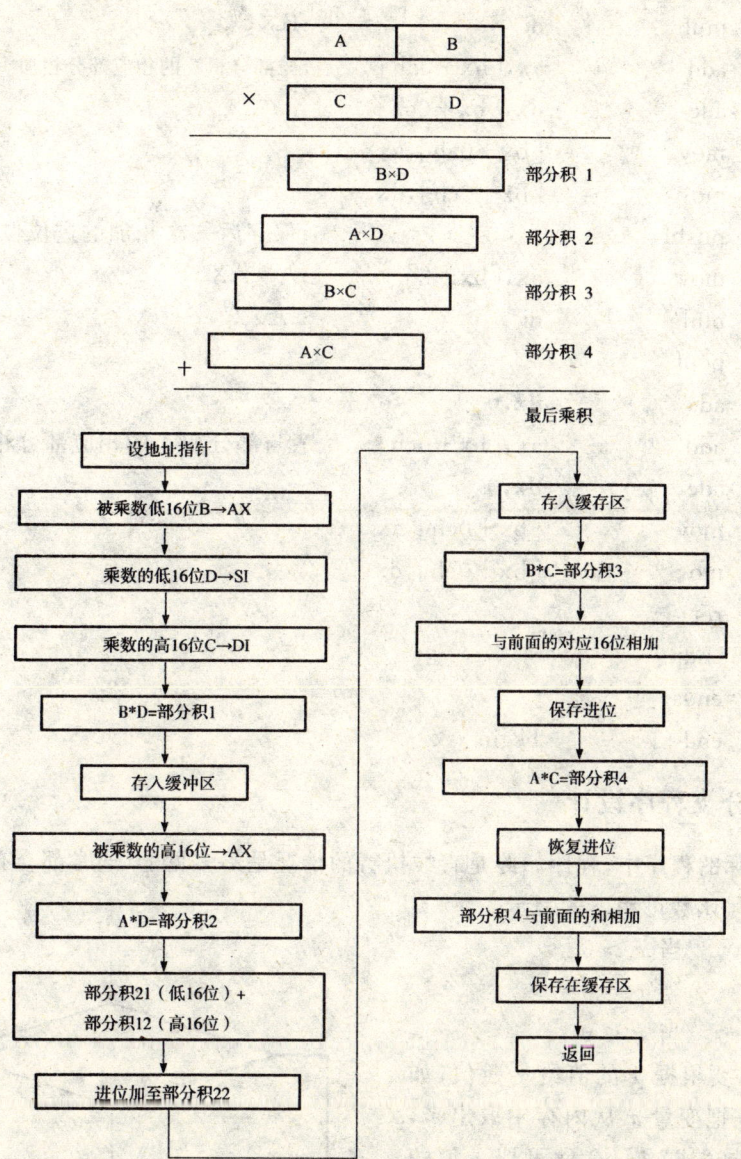

图 4-2 用 16 位乘法指令实现 32 位乘法的程序流程图

```
add     ax,[bx+0ah]
adc     dx,0                    ;部分积 2 的一部分与部分积 1 的相应部分相加
mov     [bx+0ah],ax
mov     [bx+0ch],dx             ;保存
mov     ax,[bx]                 ;B→AX
```

```
            mul       di                  ;B×C
            add       ax,[bx+0ah]         ;与部分积3的相应部分相加
            adc       dx,[bx+0ch]
            mov       [bx+0ah],ax
            mov       [bx+0ch],dx
            pushf                         ;保存后一次相加的进位位
            mov       ax,[bx+2]           ;A→AX
            mul       di                  ;A×C
            popf
            adc       dx,0
            add       ax,[bx+0ch]         ;与部分积4的相应部分相加
            adc       dx,0
            mov       [bx+0ch],ax
            mov       [bx+0eh],dx
            ret
start       endp
code        ends
            end       begin
```

4.6.3 分支程序设计

在一个实际的程序中,程序始终是直线执行的情况是不多见的,通常都会有各种分支。例如变量 x 的符号函数可用下式表示

$$y = \begin{cases} 1 & \text{当 } x > 0 \\ 0 & \text{当 } x = 0 \\ -1 & \text{当 } x < 0 \end{cases}$$

在程序中,要根据 x 的值给 y 赋值,如图 4-3 所示。先把变量 x 从内存中取出来,执行一次"与"或"或"操作,就可把 x 值的特征反映到标志位上。于是就可以判断是否等于零,若是,则令 y = 0;若否,再判断是否小于零,若是,则令 y = -1;不是,就令 y = 1。相应的程序为:

```
SIGEF:      MOV       AX,BUFFER
            OR        AX,AX
```

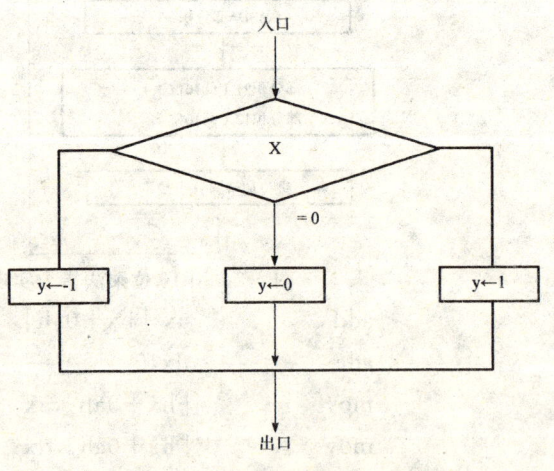

图 4-3 符号函数的程序流程图

```
            JE      ZERO
            JNS     PLUS
            MOV     BX,0FFH
            JMP     CONTI
    ZERO:   MOV     BX,0
            JMP     CONTI
    PLUS:   MOV     BX,1
    CONTI:
```

4.6.4 循环程序设计

在程序中,往往要求某一段程序重复执行多次,这时候就可以利用循环程序结构。一个循环结构由以下几部分组成:

1. 循环体:就是要求重复执行的程序段部分。其中又分为:循环工作部分和循环控制部分。循环控制部分每循环一次检查循环结束的条件,当满足条件时就停止循环,往下执行其他程序。

2. 循环结束条件:在循环程序中必须给出循环结束条件,否则程序就会进入死循环。常见的循环是计数循环,当循环了一定次数后就结束循环。在微型机中,常用一个内部寄存器作为计数器,通常这个计数器的初值置以循环次数,每循环一次令其减 1,当计数器减为 0 时,就停止循环。也可以初值为 0,每循环一次加 1,再与循环次数相比较,若两者相等就停止循环。循环结束条件还可以有好多种,下面结合例子分别介绍。

3. 循环初态:用于循环过程的工作单元,在循环开始时往往要置以初态,即分别给它们赋予一个初值。循环初态又可分为两部分,一是循环工作部分初态,另一是结束条件的初态。例如,要设地址指针,要使某些寄存器清零,或设某些标志等等。循环结束条件的初态往往置以循环次数。置初态也是循环程序的重要的一部分,不注意往往容易出错。在循环程序中,控制循环的方法因要求不同而有若干种。

(1) 用计数器控制循环

这是一种最常用也是最普遍的控制循环的方法。

【例 4-2】 在一串给定个数的数中寻找最大值(或最小值),放在指定的存储单元。每个数用 16 位表示。

```
            ;NAME    SEARCH_MAX
            DATA     SEGMENT
    BUFFER  DW                        X1,X2,…,Xn
```

```
            COUNT       EQU             $-BUFFER
            MAX         DW              ?
            DATA        ENDS
            STACK       SEGMENT         PARA STACK 'STACK'
                        DB              64 DUP(?)
            TOP         EQU             $-STACK
            STACK       ENDS
            CODE        SEGMENT
            START       PROC            FAR
                        ASSUME          CS:CODE,DS:DATA,
                                        SS:STACK
            BEGIN:      PUSH            DS
                        MOV             AX,0
                        PUSH            AX
                        MOV             AX,DATA
                        MOV             DS,AX
                        MOV             AX,STACK
                        MOV             SS,AX
                        MOV             AX,TOP
                        MOV             SP,AX
                        MOV             CX,COUNT
                        LEA             BX,BUFFER
                        MOV             AX,[BX]
                        INC             BX
            AGAIN:      CMP             AX,[BX]
                        JGE             NEXT
                        MOV             AX,[BX]
            NEXT:       INC             BX
                        LOOP            AGAIN
            START       ENDP
            CODE        ENDS
                        END             START
```

(2) 按问题的条件控制循环

有些循环程序的循环次数是不知道或不确定的，而是要根据条件来确定是否循环，例如当满足条件时循环（或不循环），于是就要按条件控制循环。

【例 4-3】 求一个 16 位（或 32 位）无符号数的整数平方根。

所用的方法是逐次逼近的古典法（牛顿法）。这种方法指出：若 X_1 是数 N 的平方根的近似值，那么

$$X_2 = (N/X_1 \pm X_1)/2$$

是一个更接近的近似值。即若数 N 的平方根有确定的值。第一个近似值可使用公式 $(N/200+2)$ 得到；用第一个近似值除 N，然后对两个结果求平均值，就是第二个近似值；用它去除 N 再与第二个近似值求平均值就得到了第三个近似值……

例如，$N = 90000$，则第一次近似值为：

$90000/200 + 2 = 452$
$90000/452 = 199 \quad (452+199)/2 = 326 = X_1$
$90000/326 = 276 \quad (326+276)/2 = 301 = X_2$
$90000/301 = 299 \quad (301+299)/2 = 300$
$90000/300 = 300$

就可以确定 90000 的平方根为 300。但是，并不是一个整数都具有整数的平方根，所以就要取近似值。怎么能求得近似值呢？一种是控制逐次逼近的次数，例如要求逼近 10 次，就认为这个近似值已足够精确了；另一种是给定一个误差，只要相邻两次逼近所求得的值的差小于这个误差就停止计算。本例中按第二种方法设计程序，给定的误差为 ±1。所以，程序的循环要由给定的条件来控制。能实现这种算法的程序流程图如图 4-4 所示。

根据流程，可写出如下程序：

```
            ;name        get_square_root
    data    segment
    num     dw          2710h
    result  dw          ?
    digit   equ         200
    data    ends
    stack   segment     para   stack 'stack'
            db          100    dup(?)
    stack   ends
    code    segment
            assume      cs:code,ds:data,ss:stack
    start   proc        far
    begin:  push        ds
            mov         ax,0
```

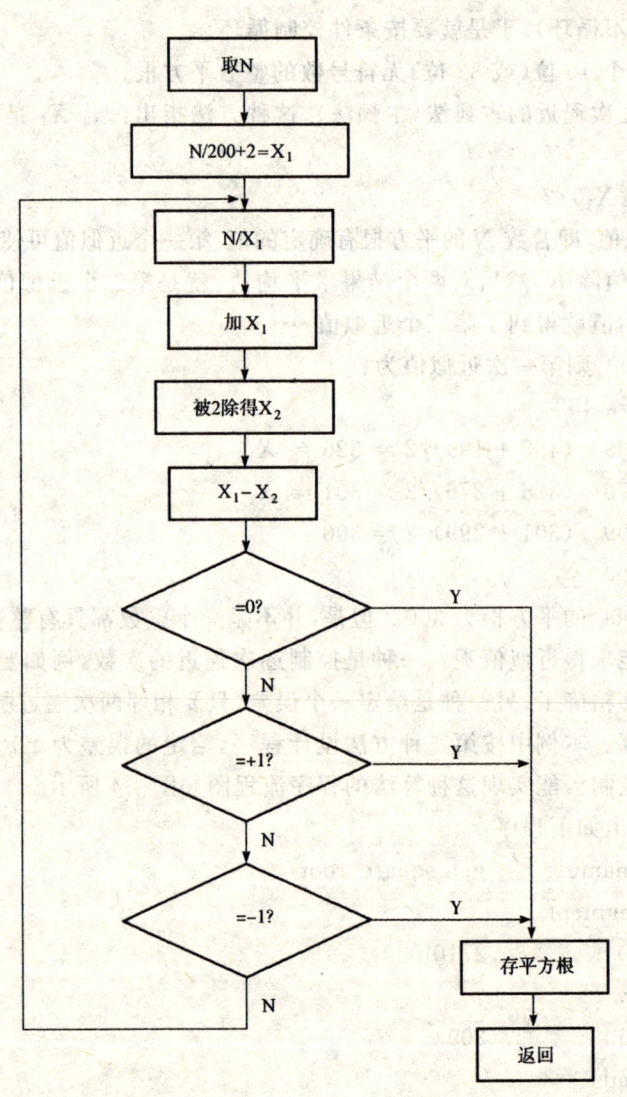

图 4-4 求整数平方根的程序流程图

```
        push    ax              ; 为返回 DOS 设置返回地址
        mov     ax,data
        mov     ds,ax
        mov     es,ax           ; 置段寄存器
        lea     bx,num
        mov     ax,[bx]
        mov     si,ax
```

```
                mov      di,digit
                cwd
                div      di              ; 第一次试探 N/200
                add      ax,2            ; AX 中为第一次试探值
        conti:  mov      cx,ax
                mov      ax,si           ; N→AX
                cwd
                div      cx
                add      ax,cx
                shr      ax,1            ; 得到新的试探值
                mov      dx,ax           ; 与上一个试探值比较
                sub      dx,cx           ; 相等则结束循环
                je       done            ; 若差正负 1 也结束循环
                cmp      dx,1
                je       done
                cmp      dx,-1
                jne      conti
        done:   mov      [bx+2],ax       ; 存结果
                ret
        start   endp
        code    ends
                end      begin
```

由于 8086 中，数是用整数表示的，所以用上述办法求平方根的应用范围是十分有限的。若要求实数的平方根就要用 8087 数值协处理器。

（3）用开关量控制循环

在有些情况下，可能在一个循环中有两个循环支路，在第一个支路循环了若干次以后，转至另一个循环支路循环。这就可以设一个开关变量，用以控制转入不同的循环支路。

【例 4-4】 若在某一数据采集系统中，采集到的前 5 个量，用一种函数进行处理；而采集到的后 7 个量，用另一种函数进行处理。若采集到的数据放在缓冲区 BUFFER 中，处理后的数据放在 BLOCK 缓冲区中。第一种处理函数为子程序 FUN1，第二种处理函数为子程序 FUN2。在程序中设置一个开关（即标志），其初值为 0，控制进行第一种处理；在处理了 5 个数据，使开关置为 1，控制进行第二种处理，在处理了 7 个数据后恢复初始状态。其流程图如图 4-5 所示。

相应的程序为：

```
                ;Name        loop_use_switch
```

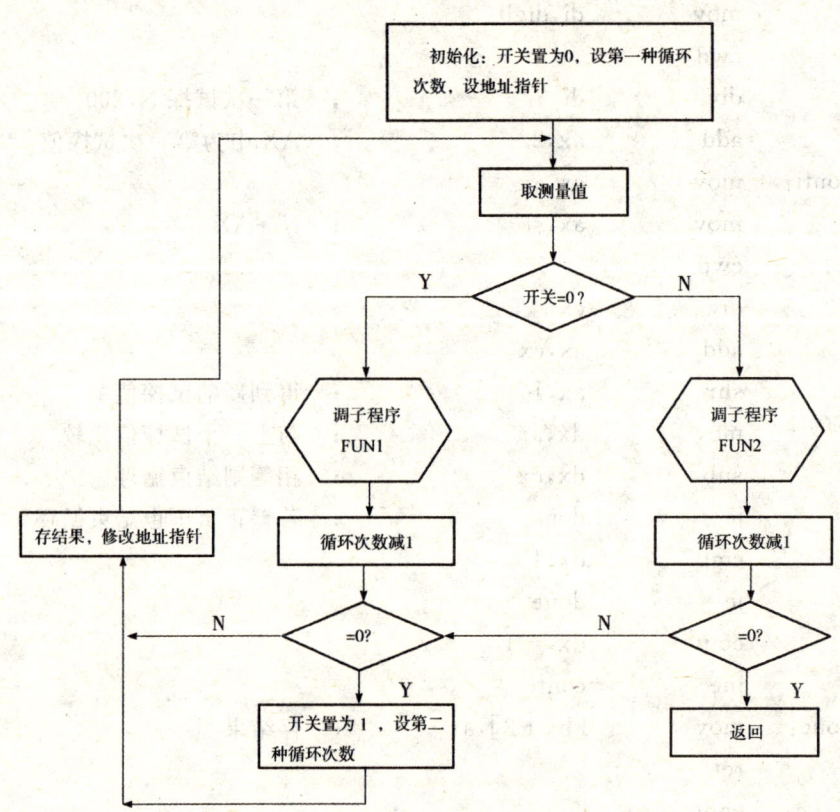

图 4-5 用开关量控制循环的程序

Data	segment	
Buffer	dw	05,05,05,05,05,05,05,05,05,05,05,05
Block	dw	12 dup(?)
count1	equ	5
count2	equ	7
data	ends	
stack	segment	para stack 'stack'
	db	100 dup(?)
stack	ends	
code	segment	
	assume	cs:code, ds:data, ss:stack
start	proc	far
begin:	push	ds

```
           mov      ax,0
           push     ax
           mov      ax,data         ; 为返回 DOS
           mov      ds,ax           ; 设置返回地址
           mov      es,ax           ; 置段寄存器初值
           mov      dx,0            ; 置开关量初值
           mov      cx,count1+1
           lea      bx,buffer
           lea      si,block
again:     mov      ax,[bx]
           cmp      dx,0            ; 开关量是否为 0
           jne      anoth           ; 不为 0,转至 ANOTHER
           call     fun1
           loop     next
           mov      dx,1            ; 开关量转为 1
           mov      cx,count2+1
           jmp      again
next:      mov      [si],ax
           inc      bx
           inc      bx
           inc      si
           inc      si
           jmp      again
anoth:     call     fun2
           loop     next
           ret
start      endp
fun1       proc
           add      ax,ax           ; FUN1 举例
           ret
fun1       endp
fun2       proc
           add      ax,ax
           add      ax,ax           ; FUN2 举例
```

```
            ret
    fun2    endp
    code    ends
            end             begin
```

4.6.5 字符串处理程序设计

计算机经常要处理字符,常用的字符编码是 ASCII 码。在使用 ASCII 码字符时,要注意以下几点:

1. ASCII 码的数字和字符形成一个有序序列。例如数字 0~9 的 ASCII 码为 30H~39H,大写字母 A~Z 的 ASCII 码为 41H~5AH 等。

2. 计算机并不区分可打印的和不可打印的字符,只有 I/O 装置(例如显示器、打印机)才加以区分。

3. 一个 I/O 装置只按 ASCII 码处理数据。例如要打印数码 7,必须向它送 7 的 ASCII 码 37H,而不是响铃符 07H。若按数字键 9,键盘送至主机的是 9 的 ASCII 码 39H。

4. 许多 ASCII 装置(例如键盘、显示器、打印机等)并不用整个 ASCII 字符集。例如有的忽略了许多控制字符和小写字母。

5. 不同的设备对 ASCII 控制字符的解释往往不同,在使用中需要注意。

6. 一些广泛使用的控制字符为

    0AH   换行(LF)
    0DH   回车(CR)
    08H   退格
    7BH   删除字符(DEL)

7. 基本 ASCII 字符集的编码为 7 位,在微型机中就用一个字节(最高位为零)来表示。

(1) 确定字符串的长度

系统中字符串的长度是不固定的,通常以某个特殊字符作为结束标志,例如有的用回车符(CR),有的用字符 $。但在对字符串操作时就要确定它的长度。

【例 4-5】 从头搜索字符串的结束标志,统计搜索的字符个数,其流程图如图 4-6 所示。
相应的程序为:

```
        ;name    length_of_string
data    segment
string  db       'abcduvwxyz',0dh
ll      db       ?
cr      equ      '0dh'
data    ends
```

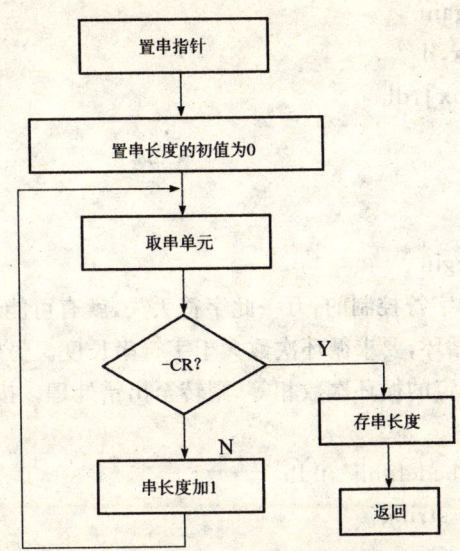

图 4-6 确定字符串长度的流程图

```
stack   segment     para stack 'stack'
        db          100 dup(?)
stack   ends
code    segment
        assume      cs:code,ds:data,es:data,ss:stack
start   proc        far
begin:  push        ds
        mov         ax,0
        push        ax
        mov         ax,data
        mov         ds,ax
        mov         es,ax
        lea         di,string       ;设串的地址指针
        mov         dl,0            ;置串长度初值为0
        mov         al,cr           ;串结束标志→AL
        cld
again:  scasb                       ;搜索串
        je          done            ;找到结束标志,停止
        inc         dl              ;串长度加1
```

```
            jmp         again
    done:   lea         bx,ll
            mov         [bx],dl
            ret
    start   endp
    code    ends
            end         begin
```

以上的循环是由特定的字符控制的,万一此字符丢失,就有可能进入死循环。为避免出现这种情况,还用循环次数控制循环,要求循环次数大于字符串长度。另外,在程序结束时,检查程序得到的字符串长度是否与给定的循环次数相等,则转至出错处理。按上述要求,程序改为:

```
    data    segment
    string  db          'abcdefghij',0dh
    count   equ         $-string
    ll      db          ?
    data    ends
    stack   segment     para stack 'stack'
            db          100 dup(?)
    stack   ends
    code    segment
            assume      cs:code,ds:data,es:data,ss:stack
    start   proc        far
    begin:  push        ds
            mov         ax,0
            push        ax
            mov         ax,data
            mov         ds,ax
            mov         es,ax
            lea         di,string          ; 置被搜索串地址指针
            mov         dl,0               ; 置串长度初值为0
            mov         al,0dh
            mov         cx,count+10        ; 置循环次数大于串长度
            cld
    again:  scasb
            je          done               ; 找到结束标志,停止
```

```
            inc       dl
            dec       cx                      ; 循环次数减 1
            jne       again                   ; 规定的循环次数未完,循环
            jmp       error                   ; 由计数停止循环,则出错,转至出错处
                                                理程序
done: mov             ll,dl
            ret
error: hlt
start       endp
code        ends
            end       begin
```

(2) 找串中的第一个非空格字符

一个串常以空格为前导,在实际处理时就要去掉这些空格,就要寻找第一个非空格字符。

【例 4-6】 从一个给定的字符串中,从头开始比较,找到第一个非空字符,其流程图如图 4-7 所示。相应的程序为:

```
            ;name     del_blank
data        segment
string      db        '0000abcdefghij',' $ '
count       equ       $-string
strin2      db        count dup(?)
strin3      db        0dh,0ah,' $ '
data        ends
stack       segment   para stack 'stack'
            db        100 dup(?)
stack       ends
code        segment
            assume    cs:code,ds:data,es:data,ss:stack
start       proc      far
begin: push           ds
            mov       ax,0
            push      ax
            mov       ax,data
            mov       ds,ax
            mov       es,ax
```

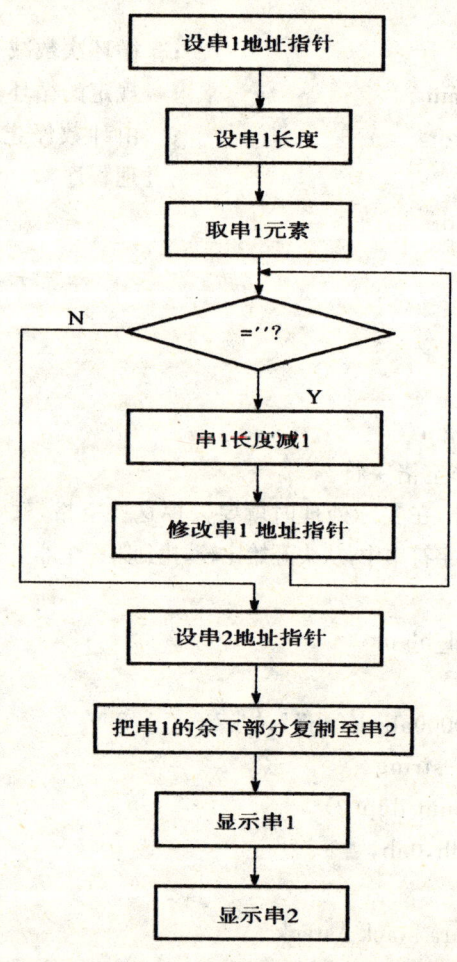

图 4-7 找第一个非空字符的程序流程图

```
        lea       di,string
        mov       cx,count
        mov       al,' '              ;在 AL 中送入空格字符
        repe scasb                    ;搜索空格直至非空格字符
        inc       cx
        mov       bx,count
        sub       bx,cx               ;空格的个数
        lea       di,string2
        mov       al,20h
        push      cx
```

```
        mov        cx,bx
        rep stosb
        pop        cx
        lea        si,string
        add        si,bx
        rep movsb                    ; 把串1中的非空格字符传送至串2
        lea        dx,string
        mov        ah,9
        int        21h               ; 显示串1
        lea        dx,string3
        mov        ah,9
        int        21h               ; 显示回车、换行
        lea        dx,string2
        mov        ah,9
        int        21h               ; 显示串2
        ret
start   endp
code    ends
        end        begin
```

(3) 用空格代替前导零

【例4-7】 有些字符串以零作为前导,现要求以空格来代替前导零,其流程图如图4-8所示。相应的程序为:

```
            ;name        use_space_rpl_0
data        segment
string1     db          '0000abcdserty876','$'
count       equ         $-string1-1
string2     db          count dup(?),'$'
string3     db          0dh,0ah,'$'
data        ends
stack       segment     para stack 'stack'
            db          100 dup(?)
stack       ends
code        segment
            assume      cs:code,ds:data,es:data,ss:stack
```

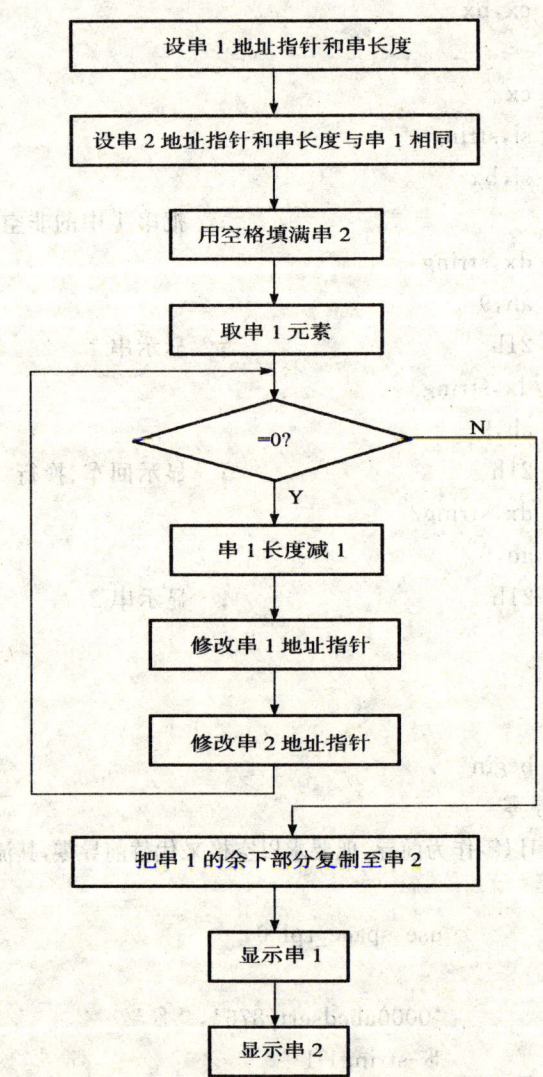

图 4-8 用空格代替前导零的程序流程图

```
start       proc        far
begin:      push        ds
            mov         ax,0
            push        ax
            mov         ax,data
            mov         ds,ax
```

· 146 ·

```
            mov       es,ax
            lea       di,string1
            mov       cx,count
            mov       al,'0'
            repe      scasb                    ;搜索"0"
            inc       cx
            mov       bx,count
            sub       bx,cx                    ;得到"0"的个数
            lea       di,string2
            push      cx
            mov       cx,bx
            mov       al,20h                   ;在STRING2中用空格代替前导"0"
            rep       stosb
            pop       cx
            lea       si,string1
            add       si,bx
            rep       movsb                    ;在STRING1中的非"0"字符传送
            lea       dx,string1
            mov       ah,9
            int       21h                      ;显示STRING1
            lea       dx,string3
            mov       ah,9
            int       21h                      ;显示回车换行
            lea       dx,string2
            mov       ah,9
            int       21h                      ;显示STRING2
            ret
start       endp
code        ends
            end       begin
```

4.6.6 排序

1. 一种简单的排序方法——气泡分类法(Bubble Sort)

【例 4-8】 若有一个数组(或列)它有 N 个数,在本例中为如下的 10 个数：22,—12,80,

—6，—70，—9，127，—10，00，40。希望把它们按数的大小排列。我们采用两两比较的办法：先拿 N 个数 $e_N > e_{N-1}$ 则不交换，反之则交换；然后拿 e_{N-1} 与 e_{N-2} 相比较，按同样原则决定是否交换，这样一直比下去，最后拿 e_2 与 e_1 相比较，也按同样原则决定是否交换。当第一趟比较结束时，数组中的最小值冒到了顶部。但数组尚未按大小顺序排列好，就要进行第二趟比较，这样数组中的第二个最小值升到了顶部的相应位置……。这样不断地一趟一趟比较下去，若数组的长度为 N，则最多经过 N-1 趟比较，就可以使数组按大小排列有序。在每一趟比较时，数两两比较的次数，在第一趟时为 N-1 次，在第二趟时，可以是 N-2 次……。N-1 趟的比较是一种最坏情况，大部分数组不需要经过 N-1 趟的比较就已经排列有序了。为了在程序中除去不必要的比较(趟所造成的循环)，就可以设置一个标志，在每趟(大循环)开始时，置此标志为 0；若在整个趟的比较中，未发生数的交换，则此标志仍为 0；若发生过交换，则置此标志为-1。然后在下一趟开始前，检查此标志，若不为 0，表示数组尚未排列有序，继续进行比较排序；若为 0，则表示数组已按大小排列有序(每次两两比较时，都已是大的数在下，小的数在上，故不用交换)，就停止循环。一种比较简单气泡分类(排序)程序的流程如图 4-9 所示。

相应的程序为：

```
               ;name         bubble_sort1
data           segment
buffer         dw            22,-12,80,-6,-70,-9,127,-10,00,40
count          equ           $-buffer
data           ends
stack          segment       para stack 'stack'
               db            100 dup(?)
stack          ends
code           segment
               assume        cs:code,ds:data,es:data,ss:stack
start          proc          far
begin:         push          ds
               mov           ax,0
               push          ax
               mov           ax,data
               mov           ds,ax
               mov           es,ax
conti:         mov           bl,0          ;一趟开始，在 BL 设标志为 0
               mov           cx,count      ;取数组长度 N 至 CX 中
               mov           si,cx         ;以 SI 作为变址寄存器
```

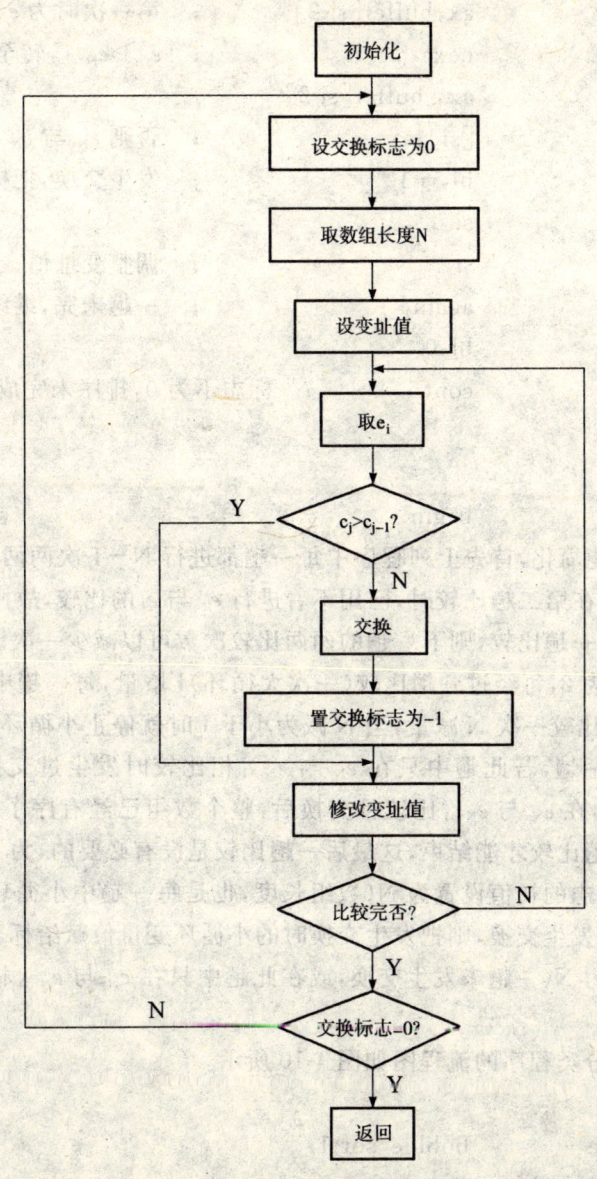

图 4-9 气泡分类程序流程图

```
        dec      si
        dec      si                      ; 调整变址值以指向数组的底部
        shr      cx,1                    ; 调整 CX 为数组中的元素个数
again:  mov      ax,buffer[si]           ; 取 $e_N \to AX$
```

```
            cmp         ax,buffer[si-2]      ; 第一次时为 $e_N$ 与 $e_{N-1}$ 相比较
            jge         next                 ; $e_N \geqslant e_{N-1}$,转至 NEXT
            xchg        ax, buffer[si-2]
            mov         [si],ax              ; 否则 $e_N$ 与 $e_{N-1}$ 相交换
            mov         bl,-1                ; 发生交换,把标志置为-1
    next:   dec         si
            dec         si                   ; 调整变址值
            loop        again                ; 一趟未完,继续进行两两比较
            cmp         bl,0
            jne         cont i                ; 标志不为 0,排序未完成,继续下一趟比较
    start   endp
    code    ends
            end         begin
```

以上程序还有可能简化,首先上列程序中每一趟都进行 N-1 次两两比较是没有必要的,因为第一趟比较后,故在第二趟比较时,已用不着进行 e_2 与 e_1 的比较,故两两比较次数可以减少一次,所以每进行了一趟比较,则下一趟的两两比较次数可以减少一次。这样就需要设置一个大循环变量 I,初值为 2,每经过一趟比较(一次大循环)I 增量,每一趟中的小循环变量初值 N(数组长度),每两两比较一次 N 减量,当 N 减为小于 I 时就停止小循环;其次,上列程序中,若有的数组排序到某一趟,若此趟中只在 e_N 与 e_{N-1} 相比较时发生过交换,这表示数组中前 N-2 个元素已经有序,在 e_N 与 e_{N-1} 比较且交换后,整个数组已经有序了。但在这种情况下,上列程序仍需进行一趟比较才能结束,这最后一趟比较是没有必要的,为了去掉这一趟不必要的比较,可以把交换标志的初值设置为 N(数组长度,也是每一趟中小循环变量的初值),而未发生交换标志不变,若发生交换,则把发生交换时的小循环变量值赋给标志。在一趟比较结束时,检查标志,若其值为 N(一趟未发生交换,或在此趟中只在 e_N 与 e_{N-1} 相比较时发生过一次交换)则停止排序。

经过改进的气泡分类程序的流程图如图 4-10 所示。

相应的程序为:

```
            ;name       bubble_sort1
    data    segment
    buffer  dw          22,-12,80,-6,-70,-9,127,-10,00,40
    count   equ         $-buffer
    data    ends
    stack   segment     para stack 'stack'
            db          100 dup(?)
```

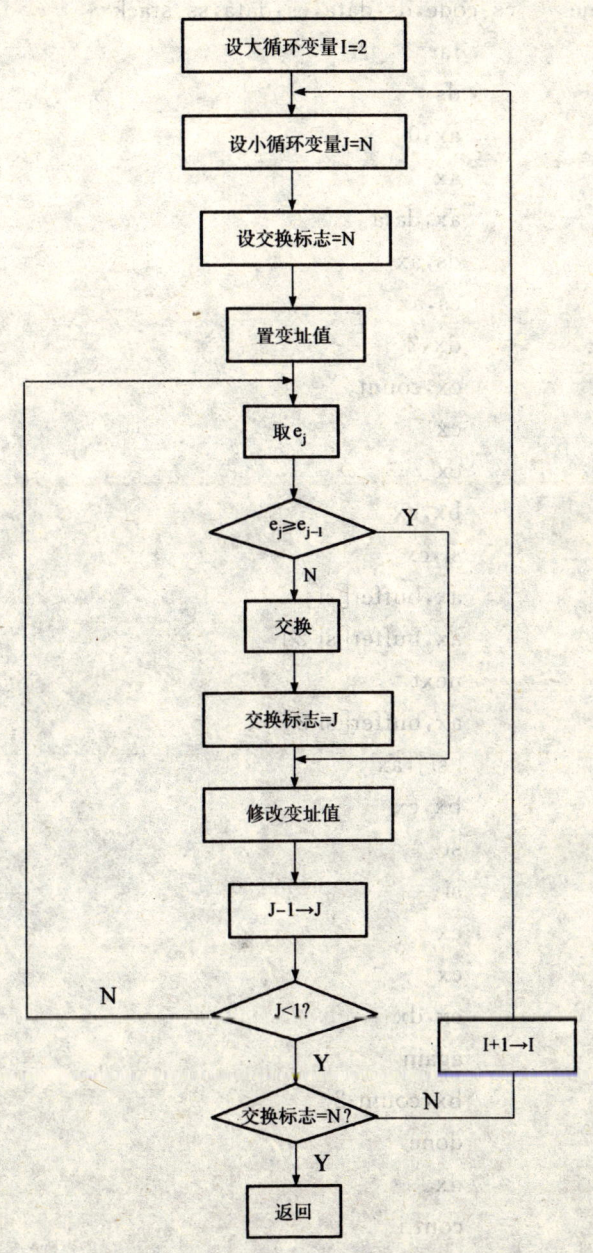

图 4-10 改进的气泡分类程序流程图

```
stack      ends
code       segment
```

```
        assume      cs:code,ds:data,es:data,ss:stack
start   proc        far
begin:  push        ds
        mov         ax,0
        push        ax
        mov         ax,data
        mov         ds,ax
        mov         es,ax
        mov         dx,2
conti:  mov         cx,count
        dec         cx
        dec         cx
        mov         bx,cx
        mov         si,cx
again:  mov         ax,buffer[si]
        cmp         ax,buffer[si-2]
        jge         next
        xchg        ax,buffer[si-2]
        mov         [si],ax
        mov         bx,cx
next:   dec         si
        dec         si
        dec         cx
        dec         cx
        cmp         cx,dx
        jge         again
        cmp         bx,count-2
        je          done
        inc         dx
        jmp         conti
done:   ret
start   endp
code    ends
        end         begin
```

4.6.7 子程序设计

如果一个子程序(Subroutines)能够被中断程序调用(即在这两种情况下结果都是正确的),就称这个子程序是能重入的。

重入性对于一个标准子程序是重要的,特别是对一个以中断与外设交换信息的系统,这样中断服务程序就可以调用这些标准子程序而不致引起错误。对于一个微机系统,因为它利用堆栈,所以子程序的重入性是容易做到的,只要在子程序中,利用寄存器和堆栈来存放临时的数据,而不用固定的存储单元,就能够实现重入。

一个子程序调用它自己称为递归。而递归必须是能重入的。

对于一个子程序,必须用注释对它进行明确的描述,包括:

① 子程序的目的;
② 输入与输出参数;
③ 所用的寄存器和存储单元;
④ 最好有一个使用举例。

下面介绍一些使用程序的例子。

1. 把用十六进制表示的字转换为 ASCII 串。

【例 4-9】 把在内存中的自变量 NUMBER 的值,转换为 4 个用 ASCII 码表示的十六进制数码串,串的起始地址为 STRING。

相应的程序为:

```
            ;name       use_subr_examl
data        segment
num         dw          25afh
string      db          4    dup(?),'$',0dh,0ah
data        ends
stack       segment     para   stack   'stack'
            db    100   dup(?)
stack       ends
code        segment
            assume      cs:code,ds:data,ss:stack
begin:      mov         ax,data
            mov         ds,ax
            mov         es,ax
            lea         bx,string
            push        bx
```

```
            push      num
            call      binhex
            lea       bx,string
            mov       ah,4ch
            int       21h
            mov       ah,4ch
            int       21h
binhex      proc
            push      bp
            mov       bp,sp
            push      ax
            push      di
            push      cx
            push      dx
            pushf
            mov       ax,[bp+4]
            mov       di,[bp+6]
            add       di,length string-1
            mov       dx,ax
            mov       cx,4
again:      and       ax,0fh
            call      hexd
            std
            stosb
            push      cx
            mov       cl,4
            shr       dx,cl
            mov       ax,dx
            pop       cx
            loop      again
            popf
            pop       dx
            pop       cx
            pop       di
```

```
                pop         ax
                pop         bp
                ret         4
binhex          endp
hexd            proc
                cmp         al,0ah
                js          addz
                add         al,'a'-'0'-0ah
addz:           add         al,'0'
                ret
hexd            endp
code            ends
                end         begin
```

以上程序中有几点是值得注意的：

① 要传送的参数在程序的数据段定义，则在每次调用时根据需要定义不同的值。

② 在程序中要传送的是这些参数的地址，这也要在程序中正确定义。例中是全面定义了参数的段地址和段内偏移量，当然也可以默认为是数据段，只定义段内偏移量。

③ 在取这些地址时，要注意他们是在程序段上定义的，故要用 CS:[BX]。还要注意传送的是 32 位还是 16 位地址，要用不同的命令。

④ 主程序中的调用子程序指令推入的是 CALL 指令的下一单元地址，在这儿就不是正确的返回地址，所以在程序中根据要传送的参数所占的字节数对它进行适当的调整，以指向真正要返回执行的指令的地址。

2. 数的阶乘

【例 4-10】 确定变量 NUMB 的阶乘，把结果存入变量 FNUMB。变量 NUMB 的值大于 0 小于 9。

按照阶乘的定义：

$$n! = \begin{cases} n*(n-1)! & n>0 \\ 1 & n>1 \end{cases}$$

这是一个递归定义，所以在程序中包含着子程序的递归调用。

```
                ;name       use_subr_exam3
data            segment
num             db          5
fnum            dw          ?
data            ends
```

```
stack    segment        para stack'stack'
         db             100    dup(?)
stack    ends
code     segment
         assume         cs:code,ds:data,es:data,ss:stack
start    proc           far
begin:   push           ds
         mov            ax,0
         push           ax
         mov            ax,data
         mov            ds,ax
         mov            es,ax
         push           cx
         mov            ah,0
         mov            al,num
         call           factor
         mov            fnum,ax
         pop            cx
         ret
start    endp
factor   proc
         push           ax
         sub            ax,1
         jne            f_cont
         pop            ax
         jmp            return
f_cont:  call           factor
         pop            cx
         mul            cx
return:  ret
factor   endp
code     ends
         end            begin
```

从上述程序中可以看到在计算阶乘的子程序中包括了递归调用。先把 NUM 推入堆栈，然后减 1,只要不等于 0 就递归调用,这样就把 n、$n-1$、$n-2$、$\cdots$、1 依次推入堆栈。然后依次出栈,通过相乘来实现阶乘。

4.6.8 有关 I/O 的 DOS 功能调用

上面的一些程序的运行结果,或是保留在寄存器中,或是保留在存储器中,不能很方便直观的看到运行的结果。为了在程序运行过程中了解运行的情况,应设法把结果在 CRT 上显示出来。要在程序中显示结果,方便的方法是调用操作系统中的 I/O 程序。操作系统的核心是由许多有关 I/O 驱动、磁盘读写以及文件管理子程序构成。这些子程序都编了号,可由汇编的源程序调用,在调用时,把子程序的号(或称系统功能调用号)送至 AH,把子程序规定的入口参数,送至指定的寄存器,然后由中断指令 INT 21H 来实现调用。在前面的例 4-8、4-9 中,我们已经引用了输出字符串的功能调用 9。在这儿我们不详细介绍 DOS 的功能调用,而只是通过几个程序例子介绍少量的有关 I/O 的功能调用,便于读者在程序中使用。我们将在本书的第二部分详细介绍 DOS 功能调用。

【例 4-11】 在 CRT 上连续输出字符 0~9。

DOS 的功能调用 2 就是向 CRT 输出一个字符的子程序,它要求把要输出的字符的 ASCII 码送至寄存器 DL。即:

```
MOV     DL,OUTPUT_CHAR
MOV     AH,2
INT     21H
```

为了使输出的字符之间有间隔,在每一个循环中,输出一个 0~9 的字符和一个空格。要输出 0~9,只要使一个寄存器(程序中为 BL)的初值为 0,每循环一次使其增量,为了保证是十进制数,增量后要用 DAA 指令调整,为了保证始终是一位十进制数,用 AND 0FH 指令屏蔽掉高 4 位。其流程如图 4-11 所示。

相应的程序为:

```
            ;name       output_char_0_9
stack       segment     para stack 'stack'
            db          100 dup(?)
stack       ends
code        segment
            assume      cs:code,ss:stack
start       proc        far
begin:      push        ds
            mov         ax,0
            push        ax
```

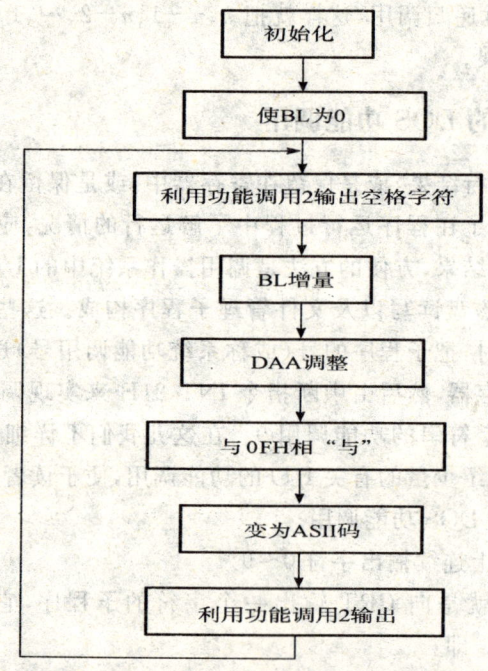

图 4-11 在 CRT 上输出 0～9 的程序流程图

```
            mov     bl,0
            push    bx
goon:       mov     dl,20h          ;把空格字符→DL
            mov     ah,2
            int     21h             ;输出空格字符
            pop     bx
            mov     al,bl
            inc     al
            daa                     ;增量后进行十进制调整
            and     al,0fh
            mov     bl,al
            push    bx
            or      al,30h          ;转换为 ASCII 码
            mov     dl,al
            mov     ah,2
            int     21h             ;输出一个 0～9 之间的字符
            mov     cx,0ffffh       ;为了便于观察,插入一定的延时
```

```
again:      dec       cx
            jne       again
            jmp       goon
start       endp
code        ends
            end       begin
```

【例 4-12】 在 CRT 上连续显示 00～59

在微型机系统上常常可以显示实时时钟,这就要能输出数码 00～59。要输出多于一个字符时,要利用功能调用 9,它是向 CRT 输出字符串的子程序,要求在调用前使 DX 指向字符串的首地址,字符串必须以字符'$'结束,则功能调用 9 能把字符'$'之前的全部字符向 CRT 输出。

为了使每次输出的数码能够换行,在每一循环中,利用系统调用 2,分别输出一个回车和换行字符,其流程如图 4-12 所示。

相应的程序为：

```
            ;name     output_char_00_59
stack       segment   para stack 'stack'
            db        100     dup(?)
stack       ends
data        segment
buffer      db        3       dup(?)
data        ends
code        segment
            assume    cs:code,ds:data,ss:stack
start       proc      far
begin:      push      ds
            mov       ax,0
            push      ax
            mov       ax,data
            mov       ds,ax
            mov       cx,1000          ;设置最大的循环次数
            mov       bl,0
            lea       si,buffer
            push      bx
```

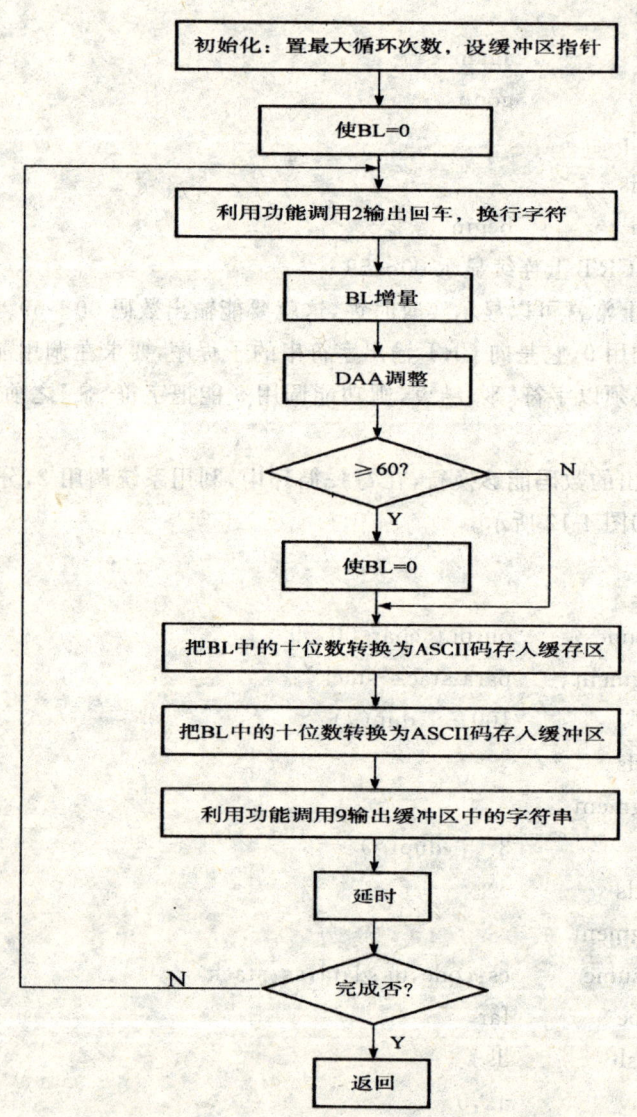

图 4-12 在 CRT 上连续显示 00~59 的程序流程图

```
goon:   mov     dl,0dh
        mov     ah,2        ;输出回车符
        int     21h
        mov     dl,0ah
        mov     ah,2
        int     21h
```

```
        pop     bx
        mov     al,bl
        inc     al
        daa
        cmp     al,60h          ;AL 增加到 60 吗?
        jc      next            ;未达到,转去显示
        mov     al,0            ;到 60,置为 0
next:   mov     bl,al
        push    bx
        mov     dl,al
        push    cx
        mov     cl,4
        shr     al,cl
        or      al,30h          ;把 AL 中十位数,转换为 ASCII 码
        mov     [si],al
        inc     si
        mov     al,dl
        and     al,0fh
        or      al,30h          ;把 AL 中的个位数,转换为 ASCII 码
        mov     [si],al
        inc     si
        mov     al,'$'
        mov     [si],al
        mov     dx,offset buffer
        mov     ah,9
        int     21h             ;输出字符串
        mov     cx,0ffffh
again:  dec     cx
        jne     again
        pop     cx
        dec     cx
        je      done
        mov     si,offset buffer
        jmp     goon
```

```
done:      ret
start      endp
code       ends
           end          begin
```

结束用户程序返回 DOS 的方法。

用户程序结束后一般应该返回 DOS。可以用以下四种方法之一返回 DOS。

(1) 用功能调用 4CH

在用户程序结束后插入以下语句

```
MOV    AH,4CH
INT    21H
```

(2) 用中断调用 20H

系统把中断调用 20H 作为结束任务返回 DOS 的一个子程序。故在用户程序结束时可插入

```
INT    20H
```

(3) 转移到 0 单元(程序段前缀的开始处)

在用户程序结束时,用指令

```
JMP    0
```

因为在程序段前缀的 0 单元放的是一条 INT 20H 指令,所以这种方法和第二种方法实质上是一样的。

在我们前面的大量举例中,都包含以下一些指令:

```
START   PORC    FAR
BEGIN:  PUSH    DS
        MOV     AX,0
        PUSH    AX
        ...
        RET
START   EDNP
```

因为规定了 START 是"远(FAR)"过程,故最后的 RET 指令是一种段间返回,要同时从堆栈中弹出在程序一开始推入的 AX(0000)和 DS,这实质上就是转移到程序段前缀的开始处,利用 INT 20H 指令结束程序返回 DOS。

(4) 用功能调用 00H

```
MOV    AH,0
INT    21H
```

这实质上是实现 JUMP 到单元 0,相当于上述的第三种方法。

在这四种方法中,推荐采用第一种方法,即用功能调用 4CH 以返回 DOS。我们把例 4-9 中的程序,改为用功能调用 4CH 返回 DOS。修改后的程序如下:

```
            ;name       how_to_ret_to_dos
    data    segment
    num     dw          2500
    string  db          4 dup(?),'$',0dh,0ah
    data    ends
    stack   segment     para stack 'stack'
            db          100 dup(?)
    stack   ends
    code    segment
            assume      cs:code,ds:data,es:data,ss:stack
    begin:  mov         ax,data
            mov         ds,ax
            mov         es,ax
            lea         bx,string
            push        bx
            push        num
            call        binhex
            lea         dx,string
            mov         ah,9
            int         21h
            mov         ah,4ch          ;利用功能调用 4CH 返回 DOS
            int         21h
    binhex  proc
            push        bp
            mov         bp,sp
            push        ax
            push        di
            push        cx
            push        dx
            pushf
            mov         ax,[bp+4]
```

```
            mov     di,[bp+6]
            add     di,length string-1
            mov     dx,ax
            mov     cx,4
again:      and     ax,0fh
            call    hexd
            std
            stosb
            push    cx
            mov     cl,4
            shr     dx,cl
            mov     ax,dx
            pop     cx
            loop    again
            popf
            pop     dx
            pop     cx
            pop     di
            pop     ax
            pop     bp
            ret     4
binhex      endp
hexd        proc
            cmp     al,0ah
            jl      addz
            add     al,'a'-'0'-0ah
addz:       add     al,'0'
            ret
hexd        endp
code        ends
            end     begin
```

4.6.9 宏汇编

在前面举例中,若一个程序段要多次使用,为了简化程序采用了子程序的办法。因此,常常把一些经常使用的典型的程序编为子程序,一方面简化了程序的编制,另外也可以提高程序的质量和可靠性。这样的目的也可以用宏指令和宏汇编来实现。

1. 宏指令的用途

(1) 在汇编语言的源程序中,若有的程序段要多次使用,为了使在源程序中不重复书写这个程序段,可以用一条宏指令来替代。由宏汇编程序在汇编时产生所需要的代码。

例如,为了实现 ASCII 码与 BCD 码之间的相互转换,往往需要把 AL 中的内容左移四位或右移四位。这当然可以用 8086 的指令来实现。若要左移四位,可用:

  MOV   CL,4
  SAL   AL,CL

若要多次使用,就可以用一条宏指令代替。如下所示:

  SHIFT MACRO
       MOV   CL,4
       SAL   AL,CL
       ENDM

以后凡要使 AL 中的内容左移四位,就可以用一条指令

  SHIFT

来代替

前者称为宏定义,SHIFT 使这个宏定义的名,它是调用时的依据,也是各个宏定义之间相互区分的标志。

MACRO 是宏定义的定义符,ENDM 是宏定义的结束符,这两者必须成对出现。

在 MACRO 与 ENDM 之间的是宏定义的体,即是要用宏指令来代替的程序段。它是由 IBM 宏汇编的指令语句(可执行语句)和管理语句(即由伪指令构成的语句)所构成。

后者是宏调用,即用宏定义名作为一条指令。宏汇编程序用到这样的调用时,就把此宏定义的体来替代这条宏指令。以产生目的代码。

(2) 宏定义不但能使源程序的书写简洁,而且由于宏指令具有接受参量的能力,所以功能就更灵活。

例如上述的宏指令只能使 AL 中的内容左移四位。若每次使用时,要移位的次数不同,或要使不同的寄存器移位,就不方便了。但是,若在宏定义中引入参量,就可以满足上述要求。

  SHIFT MACRO X
       MOV   CL,X
       SAL   AL,CL
       ENDM

其中,X 是一个形式参量,这儿用来代表移位次数。在调用时可把实际要求的移位次数作为实在参量代入,如

```
        SHIFT      4
```
就可以用实在参量4,代替在宏定义体中出现的形式参量X,而实现移位四次。若用
```
        SHIFT      6
```
则 AL 就左移6次。这样,就可以用调用时的实在参数来规定任意的移位次数。若我们再引入一个形式参量
```
        SHIFT      MACRO     X,Y
                   MOV       CL,X
                   SAL       Y,CL
                   ENDM
```
用形式参量 Y 来代替需要移位的寄存器。只要在调用时,把要移位的寄存器作为实在参量代入,就可以对任一寄存器实现指定的左移次数。
```
        SHIFT      4,AL
        SHIFT      4,BX
        SHIFT      6,DI
```
这些宏指令在汇编时,分别产生以下指令的目标代码:
```
        MOV        CL,4
        SAL        AL,CL
        MOV        CL,4
        SAL        BX,CL
        MOV        CL,6
        SAL        DI,CL
```
第一条宏指令使 AL 左移 4 位;第二条使 BX(16 位寄存器)左移 4 位;第三条使 DI 左移6位。

(3) 形式参量不只可出现在操作数部分,也可以出现在操作码部分。如:
```
        SHIFT      MACRO     X,Y,Z
                   MOV       CL,X
                   S&Z       Y,CL
                   ENDM
```
其中第三个形式参量 Z 代替操作码中的一部分。在 IBM 宏汇编中规定,若在宏定义体中的形式参量并没有适当的分隔符,则不被看作形式参量,调用时也不被实在参量所代替。例如上例中的操作码部分 SZ,Z 与 S 之间没有分隔,则此处的 Z,就不被看作形式参量。要把它定义为形式参量,必须在前面加上符号 &。于是 S&Z 中的 Z 就被看作形式参量。若有以下调用:
```
        SHIFT      4,AL,AL
```

```
SHIFT      6,BX,AR
SHIFT      8,SI,HR
```
在汇编时,分别产生以下指令的目标代码。
```
MOV        CL,4
SAL        AL,CL
MOV        CL,6
SAR        BX,CL
MOV        CL,8
SHR        SI,CL
```
就可以对任一个寄存器,进行任意的移位(算术左移,算术右移,逻辑右移)操作,移位任意指定的位数。

由此可见宏指令的使用是十分灵活的。

2. IBM 宏汇编中主要宏操作伪指令

(1) MACRO

其一般格式为:

宏定义名   MACRO   ＜形式参数表＞

宏定义名是一个宏定义调用的依据,也是不同宏定义相区别的标志,是必须要有的。对于宏定义名的规定与对标识符的规定是一致的。

宏定义中的形式参量表是任选的,可以没有形式参量,也可以有若干个形式参量。若有一个以上的形式参量时,它们之间必须用逗号分隔。对形式参量的规定与对标识符的规定是一致的,形式参量的参数的个数设有限制,只要一行限制在 132 个字符以内就行。

在调用时的实在参量多于 1 个时,也要用逗号分隔,它们与形式参量在位置上一一相对应。但 IBM 宏汇编并不要求它们在数量上必须一致。若调用时的实在参量多于形式参量,则多余的部分被忽略;若实在参量少于形式参量,则多余的形式参量变为 NULL(空)。

MACRO 必须与 ENDM 成对出现。

(2) PURGE

一个宏定义名,可以用伪指令 PURGE 来取消,然后就可以重新定义。

PURGE 伪指令的格式为:

PURGE   宏定义名[,…]

即一个 PURGE 可以取消多个宏定义。

(3) LOCAL

宏定义体内允许使用标号。例如在 AL 中有一位十六进制数码要转换为 ASCII 码,则可以用以下宏定义:

CHANGE   MACRO

```
              CMP     AL,10
              JL      ADD_0
              ADD     AL,'A'-'0'-10
    ADD_0     ADD     AL,'0'
              ENDM
```

若在一个程序中多次使用这条宏指令,则在汇编展开时,标号 ADD_0 就会出现重复定义的错误,这是不允许的。为此系统提供了 LOCAL 伪指令,其格式为:

  LACOL   形式参量表

汇编程序对 LACOL 伪操作中的形式参量表中的每一个形式参量建立一个符号(用??0000～?? FFFF 表示)以代替在展开中存在的每个形式参量符号。但是,要注意,LACOL 伪操作只能用在宏定义体内,而其必须是 MACRO 伪操作后的第一个语句,在 MACRO 与 LACOL 之间不允许有注释和分号标志。上面的 CHANGE 宏定义在有多次调用的情况下,应定义为:

```
    CHANGE    MACRO
              LOCAL   ADD_0
              CMP     AL,10
              JL      ADD_0
              ADD     AL,'A'-'0'-10
    ADD_0:    ADD     AL,'0'
              ENDM
```

若宏调用
```
              ⋮
              CHANGE
              ⋮
              CHANGE
              ⋮
```

在宏汇编展开时为:
```
              ⋮
    +         CMP     AL,10
    +         JL      ?? 0000
    +         ADD     AL,'A'-'0'-10
    +?? 000   ADD     AL,'0'
              ⋮
    +         CMP     AL,10
```

```
+           JL          ?? 0001
+           ADD         AL,'A'-'0'-10
+?? 0001    ADD         AL,'0'
```

(4) REPT

其一般格式为

```
    REPT        <表达式>
     ⋮          指令体
    ENDM
```

这个伪指令可以重复执行在它的指令体部分所包含的语句。重复执行的次数,由表达式的值决定。

例:

```
    X=0
    REPT        10
    X=X+1
    DB          X
    ENDM
```

它把 1～10 分配给十个连续的存储单元。

利用这个伪指令可以对某个存储区赋值(建立一个表)。

例:把数字 0～9 的 ASCII 码填入表 TABLE

```
              CHAR='0'
    TABLE  LABEL        BYTE
              REPT         10
              DB           CHAR
              CHAR=CHAR+1
              ENDM
```

(5) IRP

其一般格式为

```
    IRP         形式参量(参数表)
     ⋮          〉指令体
    ENDM
```

此伪指令能重复执行指令体部分所包含的语句,重复的次数由参数表中参数的个数所决定(参数表中的参数必须用两个三角括号括起来,参数间用逗号隔开)。而其每重复一次按次用参数表中的参数代替形式参量。

例:

```
    IRP    X<1,2,3,4,5,6,7,8,9,10>
    DB     X
    ENDM
```
因为参数表中的参数是 10 个,故指令体部分重复执行 10 次。上例中指令体部分只有一条伪指令 DB X,其中 X 为形式参量,在第一次执行时,用参数表中的第一个参数 1,代替形式参量则为 DB 1;第二次执行时,用参数表中的第二个参数 2 代替形式参量就为 DB 2;……。所以上例也是把 1 到 10 分配给 10 个连续的存储单元。

（6） IRPC

其一般格式为:

```
    IRPC    形式参量,字符串(或<字符串>)
      :    }指令体
    ENDM
```

此伪指令也能重复执行指令体部分所包含的语句。重复执行的次数,取决于字符串中字符的个数。而其每次重复执行时,依次把字符串中的字符代替形式参量。

所以,IRPC 伪指令与 IRP 伪指令很类似,只是用字符串(此字符串可以包括在两个三角括号中,也可以不包括)代替了 IRP 指令中的参数表。

例:

```
    IRPC    X,0123456789
    DB      X+1
    ENDM
```

其功能也是把 1 到 10 分配给 10 个连续的存储单元。

要注意上面提到的伪指令 MACRO,REPT,IRP 和 IRPC 都必须与伪指令 ENDM 成对出现。REPT,IRP 和 IRPC 可以包含在宏定义内,也可以用在宏定义之外。

3. 宏定义嵌套

宏定义允许嵌套,即可以在一个宏定义中利用宏调用,条件是这个宏调用必须先定义。

例:

```
    DIF     MACRO    N1,N2
            MOV      AX,N1
            SUB      AX,N2
            ENDM
    DIFSQR  MACRO    N1, N2 RESULT
            PUSH     DX
            PUSH     AX
            DIF      N1,N2
```

```
        IMUL      AX
        MOV       RESULT,AX
        POP       AX
        POP       DX
        ENDM
```

宏定义中还可以包含宏定义,当然在调用内层宏定义前必须先调用外层宏定义(实质上此调用起对内层宏指令的定义作用)。

例:
```
    DIFMALOT   MACRO    OPNA,OPRAT
    OPNA       MACRO    X,Y,Z
               PUSH     AX
               MOV      AX,X
               OPRAT    AX,Y
               MOV      Z,AX
               POP      AX
               ENDM
               ENDM
```

这里 OPNA 是内层宏定义的名,它也是外层宏定义的形式参数,当调用外层宏定义 DIFMALOT 时,就形成了对内层的定义。

若有宏调用
```
    DIFMALOT   ADDITION, ADD
```
经汇编展开为:
```
    ADDITION   MACRO    X,Y,Z
               PUSH     AX
               MOV      AX,X
               ADD      AX,Y
               MOV      Z,AX
               POP      AX
               ENDM
```

宏调用
```
    DIFMALOT   LOGICAND, AND
```
展开为:
```
    LOGICAND   MACRO    X,Y,Z
               PUSH     AX
```

```
        MOV      AX,X
        AND      AX,Y
        MOV      Z,AX
        ENDM
```
即可以用于定义各种算术与逻辑运算指令。类似的也可以用于定义移位和循环指令。

```
   SIFROT   MACRO    OPERNAME
   OPERNAME  MACRO   REG,NUM,OPERA
        PUSH     CX
        MOV      CX,NUM
        OPERA    REG,CL
        POP      CX
        ENDM
        ENDM
```

若有以下宏调用

```
        SIFROT   SHIFT
        SHIFT    AX,4,SHR
```

则经过汇编后产生以下指令

```
   +    PUSH     CX
   +    MOV      CX,4
   +    SHR      AX,CL
   +    POP      CX
```

若有宏调用

```
   SIFROT       ROTATE
   ROTATE       BX,8,RCL
```

则经过汇编后：

```
   +    PUSH     CX
   +    MOV      CX,8
   +    RCL      AX,CL
   +    POP      CX
```

第 5 章 存储器系统

存储器是计算机的基本组成部分,用来存储各种信息。有了存储器,计算机才有"记忆"功能,才能把计算机要执行的程序、要处理的数据及处理后的结果存储在计算机中,使计算机能正常工作。本章首先介绍微型计算机中存储器的分类,重点介绍半导体存储器。在了解半导体存储器基本电路、基本知识的基础上,着重探讨存储器扩展问题。

5.1 存储器概述

5.1.1 微型计算机中的存储器

存储器是用来存储二进制信息的部件,有了存储器计算机才有记忆功能。计算机中存储器可分为内存储器和外存储器,它们与 CPU 的连接方式不同,如图 5-1 所示,内存储器(简称为内存或主存储器)可直接与 CPU 连接,CPU 可直接访问内存,因而内存的存取速度需要与 CPU 处理信息的速度匹配,一般由半导体存储器组成。外存储器(简称为外存)需要通过 I/O 接口与 CPU 连接。外存储器中的信息必须通过调入内存才能被 CPU 处理。外存储器的存取速度低,存储介质各异,但存储容量大。外存包括:磁带、硬磁盘、软磁盘、光盘和移动式存储设备等。

随着计算机技术的不断发展和计算机应用的不断广泛,计算机的应用不断升级,对存储器容量、速度等性能的要求也不断提高。存储器容量、速度和价格是相互制约的。为配合 CPU 的执行速度,存储器应具有相应的速度,但价格昂贵、集成度低。为使 CPU 能运行更大更复杂的程序,存储器应具有尽可能大的容量。因此,为了尽可能发挥各种存储器的优点,规避缺点,计算机系统中除了处理器内部的寄存器组可以暂存数据外,处理器外部还采用了如图 5-2 所示的三级存储结构:容量有限但与 CPU 速度匹配的高速缓冲存储器,容量一定且 CPU 可直接访问的主存储器(内存),大容量但速度低的外存储器。高速缓冲器和内存均为半导体存储器,本章主要介绍半导体存储器,各类存储器的特性比较见表 5-1。

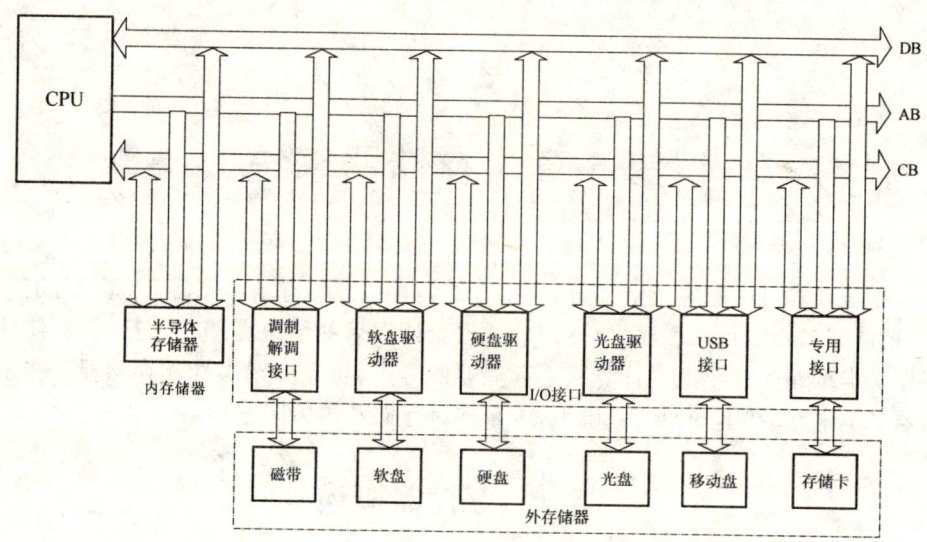

图 5-1 计算机存储器

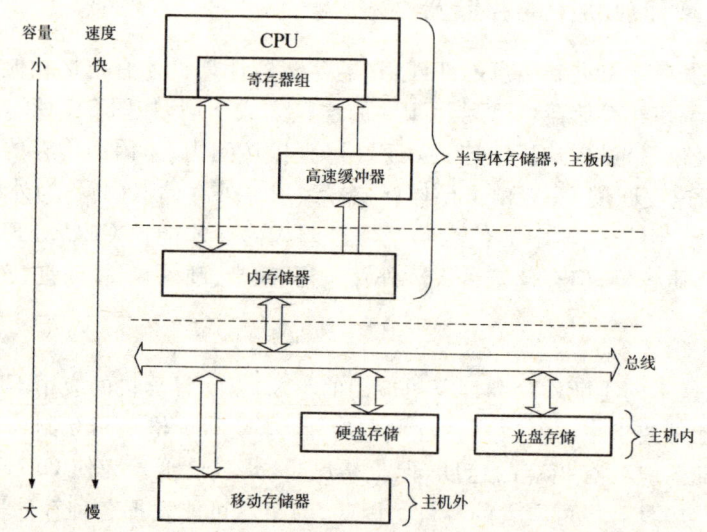

图 5-2 存储系统结构

表 5-1 各类存储器的特性比较

存储器类型	寄存器组	Cache	内存储器	硬盘存储器	光盘存储器	移动存储器
访问速度	ns 级	ns 级	几十 ns	us 级	us 级	us 级
存储容量	一般几十个 B	一般≤几个 MB	一般≤1GB	可达几百 GB	几百 MB/片	几个 KB～几十 GB

· 174 ·

5.1.2 存储器的主要技术指标

1. 存储容量

存储芯片的存储容量用"存储单元个数×每个存储单元的位数"来表示。例如,SRAM 芯片 6264 的容量为 8K×8bit,即它有 8K 个单元(1K=1024),每个单元存储 8 位(1B)二进制数据。DRAM 芯片 NMC41257 的容量为 256K×1bit,即它有 256K 个单元,每个单元存储一位二进制数据。各半导体器件生产厂家为用户提供了许多不同容量的存储器芯片,用户在构成计算机内存系统时,可以根据要求加以选用。当然。当计算机的内存确定后,选用容量大的芯片则可以少用几片,这样不仅使电路连接简单,而且功能也可以降低。

2. 存取时间和存取周期

存取时间又称存储器访问时间,即启动一次存储器操作(读或写)到完成该操作所需要的时间。CPU 在读写存储器时,其读写时间必须大于存储器芯片的额定存取时间。如果不能满足这一点,微型机则无法正常工作。

存取周期是连续启动两次独立的存储操作所需间隔的最小时间。若令存取时间为 t_A,存取周期为 T_c,则二者的关系为 $T_c \geqslant t_A$。

3. 可靠性

计算机要正确地运行,必然要求存储器系统具有很高的可靠性。内存发生的任何错误会使计算机不能正常工作。而存储器的可靠性直接与构成它的芯片有关。目前所用的半导体存储芯片的平均故障间隔时间(MTBF)约为 $5 \times 10^6 \sim 1 \times 10^8$h 左右。

4. 功耗

使用功耗低的存储器芯片构成存储系统,不仅可以减少对电源容量的要求,而且还可以提高存储系统的可靠性。

5.2 半导体存储器

5.2.1 半导体存储器的分类

1. 按制造工艺分类

按制造工艺可将半导体存储器分为双极型器件和 MOS 型器件两类。

(1) 双极型器件——所谓双极(Bipolar),是指该器件在工作时有两种极性的载流子(空穴和电子)参与电导。双极型器件由晶体管-晶体管逻辑电路(Transistor-Transistor Logic,TTL)构成。这种器件具有存取速度快、集成度低、功耗大、价格高等特点,主要用于高速存储场合。例如,双极型静态 RAM 可充当主板上的 Cache。

(2) MOS 型器件——MOS 的意思是金属氧化物半导体(Metal-Oxide-Semiconductor)。

在 MOS 型器件中,只有一种载流子(空穴或电子)参与导电,导电模式为沟道,所以它是单极型器件。按具体工艺可将 MOS 进一步细分,如 PMOS 指 P 沟道 MOS(空穴导电,速度较慢),NMOS 指 N 沟道 MOS(电子导电,速度较快),HMOS 指高 MOS,CMOS 指互补型 MOS(用一对 PMOS 和 NMOS 管来控制输出,省电),CHMOS 指高速 CMOS 等。采用 MOS 工艺可制作多种半导体器件,如动态 RAM、静态 RAM、EPROM、E^2PROM、Flash-ROM 等。MOS 型器件集成度高、功耗低、价格便宜,但速度较双极型器件慢。当前微机的主存(包括 RAM 和 ROM)一般均由 MOS 型半导体器件构成。

2. 按使用属性分类

按使用属性,可将半导体存储器分为 RAM 和 ROM 两类,如图 5-3 所示。

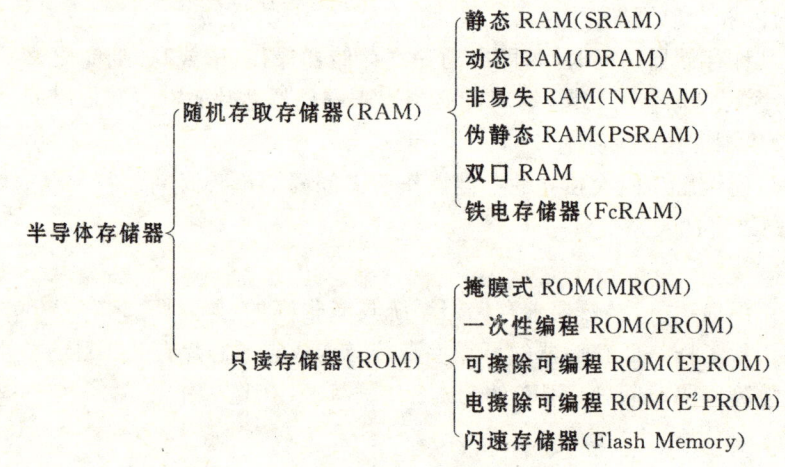

图 5-3　半导体存储器按使用属性的分类

(1) RAM——即随机存取存储器,随机存取的本意是指存取位置可以随机确定。但由于它可以随时读写,与只能读不能写的 ROM 器件截然不同,因而成为一类半导体存储器件的总称,有时也称它为读写存储器。

RAM 存储器可细分为以下几类:

① 静态 RAM(Static RAM,SRAM)——以触发器为基本存储单元,只要不掉电,信息就不会丢失。SRAM 的特点是:集成度低,速度快,但功耗和价格较高。因为它不需要额外的刷新电路,所以多用在存储容量不大的小系统中,比如嵌入式系统。PC 机中的 CMOS RAM 也属这一类,它内含实时时钟和若干 SRAM 单元(用来记忆系统配置),用电极省,断电后靠后备电池供电,即使关机,信息也不丢失,且内部时钟一直在行走。

② 动态 RAM(Dynamic RAM,DRAM)——以单个 MOS 管为基本存储单元,以极间电容充放电作为信息存储手段。由于该电容的容量很小,充电电荷自然泄漏会很快导致信息丢失,所以要不断对它进行刷新。DRAM 的特点是:集成度高,价格低,功耗小,但速度较 SRAM

慢,并必须在系统中配刷新电路。DRAM 主要用于存储容量较大的微机系统。例如,PC 机的内存主要是由 DRAM 芯片构成的。由于 DRAM 的控制比较复杂,所以设计有专门的 DRAM 控制器芯片(如 I8203 和 I8207)等,可以用它对一定容量的 DRAM 进行寻址、驱动和刷新服务。在现代 PC 机中,存储器控制器或被集成到北桥芯片,或被集成到 CPU 中。为不断提高 DRAM 的访问速度和访问效率,在各个时期,曾推出许多不同的 DRAM 芯片、内存条和相应的存储技术。

③ 伪静态 RAM(Pseudo SRAM,PSRAM)——一种内部配有自动刷新电路的 DRAM 芯片,可以当 SRAM 使用,但价格和功耗较 SRAM 为低,如 HM65256(32K×8 位)。

④ 非易失 RAM(Non-Volatile RAM,NVRAM)——也称为不挥发 RAM,有多种结构形式,多数情况下是指一种带有后备电池的 SRAM 芯片。这种芯片采用 CMOS 设计,用电极省,其背部驮有锂电池,断电后由电池维持供电,即使长期不用,所存的信息也能维持若干年,如 DS1230(32K×8 位)。还有一种芯片结构,一旦它检测到电压开始降落,便迅速将 RAM 中的数据转移到内部 E^2PROM 中进行保存,后者是非易失器件。

⑤ 双口 RAM(Dual Port RAM)——这种 RAM 有两套寻址和读写结构,可以应对两个设备的访问,并提供避免冲突的机制。主要用于数据共享或数据缓冲的场合,如显卡、智能接口卡等需要处理两个方向访问的场合。

⑥ 铁电 RAM(Ferroelectric RAM,FeRAM)——一种新的非易失 RAM,利用铁电晶体中心原子的位置变化来存储信息,有 100 亿次的写入寿命。只要不超出该范围,信息写入后不丢失。目前其价格仍较高,但将来有可能取代 DRAM。

(2) ROM——即只读存储器,属于非易失性存储器件。在正常工作状态下,它只能读出不能写入。其中的数据可长期保存,即使掉电也不会丢失。ROM 芯片的集成度高,价格便宜,但速度较慢,一般用来保存固定的程序或数据。

ROM 器件可细分为以下几类:

① 掩模式 ROM(Masked ROM,MROM)——该类芯片通过工厂的掩模制作,将要保存的信息直接做在芯片当中,以后再也不能更改。MROM 适用于大批量的定型产品。

② 一次性编程 ROM(One-time Programmable ROM,OTP-ROM)——该类芯片出厂时存储的信息全为"1",允许用户进行一次性编程,此后便不能更改。它有多种结构形式,如熔丝式、反熔丝式等;还有一种形式,实际上是不开窗的 EPROM。OTP-ROM 主要用于批量不大的产品。

③ 可擦除可编程 ROM(Erasable Programmable ROM,EPROM)——一般指可用紫外光擦除,并可重复编程的 ROM,也称为 UV-EPROM(Ultraviolet EPROM)。其显著特征是在芯片的顶部开有一个圆形石英窗口,可以通过紫外光的照射来擦除芯片中的原有信息。UV-EPROM 主要用于科研试制和小批量生产。

④ 电擦除可编程 ROM(Electrically Erasable Programmable ROM,E^2PROM)——其擦

除和编程(即擦写)通过加电的方法来进行,可实现在线编程(不需要将它从系统中取下)和在应用编程(通过系统中运行的程序自行进行擦写)。E^2PROM 芯片大概有 100 万次的擦写寿命。可用于多种场合,如遥控器、IC 卡等数据固定但有可能改变的场合,或者智能仪表等固化软件有可能升级的场合。

⑤ 闪速存储器(Flash Memory)——简称闪存,也称 Flash-ROM。它是一种新型的电擦除可编程 ROM 芯片,其写入原理同 UV-EPROM,擦除原理同 E^2PROM。与 E^2PROM 相比,有集成度高,价格便宜,擦除速度快的特点;但目前只支持整片擦除和块擦除,擦写寿命也比 E^2PROM 略短,大约为 10 万次~100 万次。当前对闪存的开发和应用步伐很快,最典型的应用是做半导体盘和便携式存储设备,如 U 盘、MP3 播放器等。当前,PC 机上的 ROM-BIOS 也被固化在 Flash-ROM 芯片中,所以也称它为"Flash-BIOS",这样做有利于 BIOS 的升级。

3. 按连接方式分类

按连接方式可将半导体存储器分为以下两类:

(1) 并行连接芯片——这类芯片具有较多的引脚,许多引脚来用来传送并行的地址和数据,具有较高的传送速率和传送效率。

(2) 串行连接芯片——这类芯片引脚很少,其地址、数据、控制信息均通过编码用少量引脚进行串行传送,常用连接形式有 2 线制的 I^2C 总线接口和 3 线制的 SPI 总线接口,多见于 E^2PROM 芯片。

5.2.2 半导体存储器组成

图 5-4 给出了半导体存储器的基本结构,主要由地址寄存器、地址译码器、存储体、读写放大电路、数据寄存器、控制电路等组成。

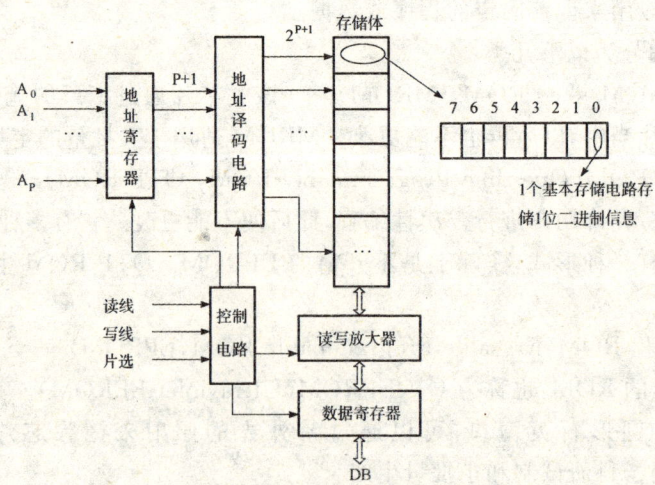

图 5-4 半导体存储器的一般结构

(1) 存储体是由许多基本存储电路按一定规则排列而成的阵列。存储体中每个基本存储电路只能存储一位二进制信息。通常把 8 个基本存储电路作为一个整体来看待,称为一个存储单元或一个字节。存储体中的每个存储单元都有独立编号,这些编号称为存储单元的地址。地址用二进制表示,但为了简明方便一般书写成十六进制。

(2) 地址寄存/译码电路包括地址寄存器和地址译码器等。为了从众多的存储单元中选取某个存储单元,首选 CPU 要把地址码通过地址总线送至地址寄存器,再由地址译码器对地址码进行译码,即可确定访问的存储单元。然后在读/写控制信号和芯片选择信号的配合下对选中的单元进行读/写操作。地址线的根数决定了译出编码的个数,从而决定了存储单元的个数。或者说决定了 CPU 可以访问存储单元的个数。地址译码电路通常有两种实现方式:单译码方式和双译码方式。

单译码方式又称为线性译码,是全部地址线通过逻辑电路进行编码构成译码电路。如图 5-5 所示,由 n 条地址线编出 2^n 个独立编码,用来表示存储单元地址。但是用这种方式译码。随着地址线的增加,译码器的输出线按指数增加,逻辑电路复杂程度也按指数增加,因此,只适用于容量较小的存储器。

双译码方式又称为复合译码,是将地址分为两部分,用两个线性译码器分别译码,X 向译码称为行译码,其输出线用来选择存储矩阵中一行所有的存储单元;Y 向译码称为列译码,其输出线用来选择存储矩阵中一列所有的存储单元,行和列的交叉点处的 X 值和 Y 值为一个状态,只有 X 向和 Y 向的选择线同时选中的存储单元才能进行读/写操作。采用双译码可以减少译码器的输出线。如图 5-6 所示,11 根地址线分为两组,X 组有 5 根地址,可产生 2^5 个译码输出线,Y 组有 6 根地址可产生 2^6 个译码输出线,X 和 Y 交叉点的个数为 $2^5 \times 2^6 = 2^{11}$,与单译码的效果一样,但引线和逻辑电路大大简化,大容量的存储器都采用双译码方式。

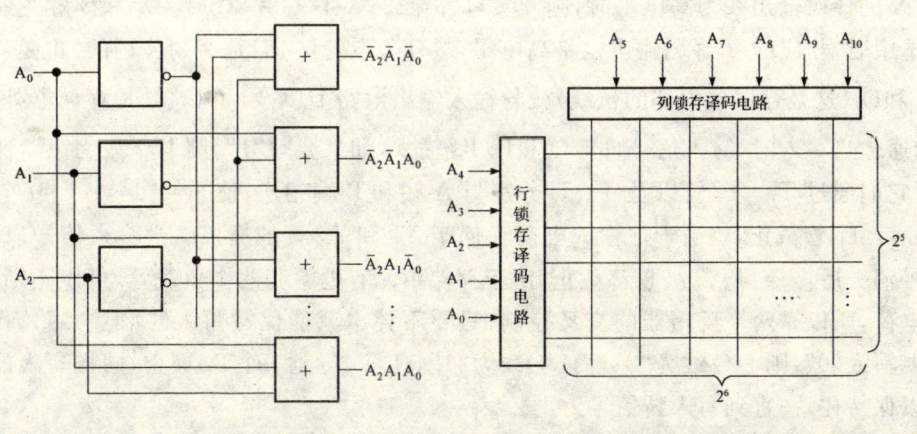

图 5-5 单译码方式　　　　　图 5-6 双译码方式

(3) 数据寄存器是存储信息流动的通道。读操作为从存储单元中读出信息；写操作为把要存储的信息写入存储单元。当该芯片未被选中时，将处于高阻状态，相当于与外界数据总线 DB 脱离。数据寄存器可以实现协调 CPU 与存储器之间在速度上的差异。

(4) 控制电路控制整个芯片是否被选通和控制存储信息流动的方向。只有当片选信号（常用 $\overline{CS}$ 或 $\overline{CE}$ 表示）有效，存储器才能与外界进行信息交换，而信息的流动方向由写线（常用 $\overline{WR}$ 或 $\overline{WE}$ 表示）和读线（常用 $\overline{RD}$ 或 $\overline{OE}$ 表示）来确定。

5.3 读写存储器 RAM

5.3.1 基本存储电路

基本存储电路是组成存储器的基础和核心，它用以存储一位二进制信息。"0"或"1"。在 MOS 存储器中，基本存储电路分为静态和动态两大类。

1. 六管静态存储电路

静态存储电路是由两个增强型的 NMOS 反相器交叉耦合而成的触发器，如图 5-7(a)所示。其中 T_1、T_2 为控制管，T_3、T_4 为负载管。这个电路具有两个不同的稳定状态：若 T_1 截止则 A＝"1"（高电平），它使 T_2 开启，于是 B＝"0"（低电平），而 B＝"0"又保证了 T_1 截止。所以，这种状态是稳定的。同样，T_1 导电，T_2 截止的状态也是互相保证而稳定的。因此，可以用这两种不同状态分别表示"1"或"0"。

当把触发器作为存储电路时，就要能控制是否被选中。这样，就形成了图 5-7(b)所示的六管的基本存储电路。

当 X 的译码输出线为高电平时，则 T_5、T_6 管导通，A、B 端就与位线 D_0 和 $\overline{D_0}$ 相连；当这个电路被选中时，相应的 Y 译码输出也是高电平，故 T_7、T_8 管（它们是一列公用的）也是导通的，于是 D_0 和 $\overline{D_0}$（这是存储器内部的位线）就与输入输出电路 I/O 及 $\overline{I/O}$（这是指存储器外部的数据线）相通。当写入时，写入信号自 I/O 和 $\overline{I/O}$ 线输入，如果要写"1"，则 I/O 线为"1"，而 $\overline{I/O}$ 线为"0"。它们通过 T_7、T_8 管以及 T_5、T_6 分别与 A 端和 B 端相连，使 A＝"1"，B＝"0"，就强迫 T_2 管导通，T_1 管截止，相当于把输入电荷存储于 T_1 和 T_2 管的栅极。当输入信号以及地址选择信号消失后，T_5、T_6、T_7、T_8 都截止，由于存储单元有电源和两个负载管，可以不断地向栅极补充电荷，所以靠两个反相器的交叉控制，只要不掉电就能保持写入的信号"1"，而不用刷新。若要写入"0"，则 I/O 线为"0"，而 $\overline{I/O}$ 线为"1"，使 T_1 导通，而 T_2 截止，同样写入的"0"信号也可以保持住，一直到写入新信号为止。

在读出时，只要某一电路被选中，相应的 T_5、T_6 导通，A 点和 B 点与位线 D_0 和 $\overline{D_0}$ 相通，且 T_7、T_8 也导通，故存储电路的信号被送至 I/O 和 $\overline{I/O}$ 线上。读出时可以把 I/O 和 $\overline{I/O}$ 线接到一

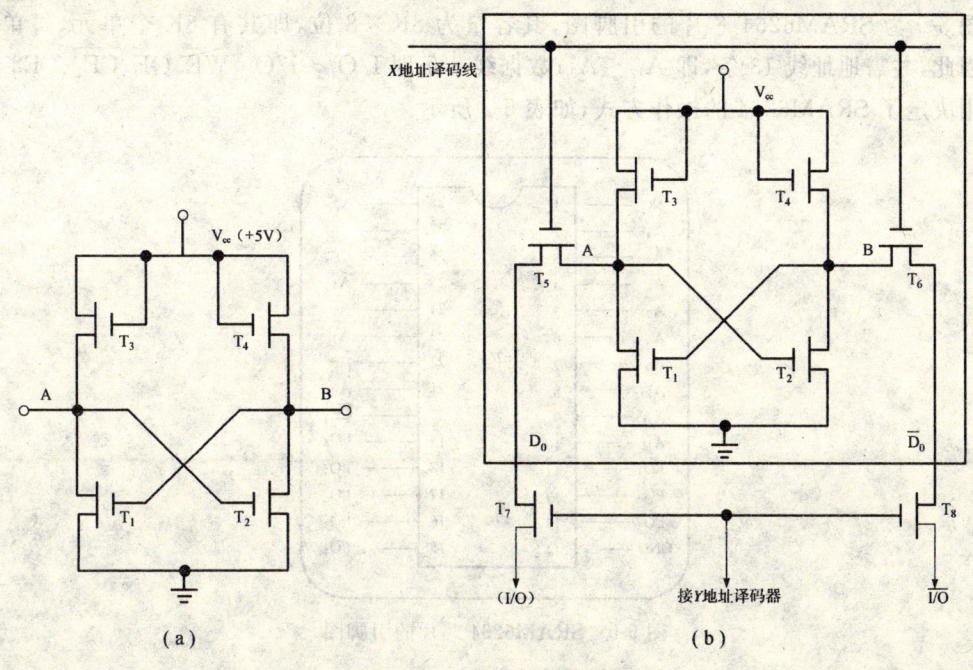

图 5-7 六管静态存储单元

个差动放大器,由其电流方向既可判定存储单元的信息是"1"还是"0";也可以只有一个输出端接到外部,以其有无电流通过而判定所存储的信息。这种存储电路的读出是非破坏性的,即信息在读出后仍保留在存储电路内。

2. 单管存储电路

其电路如图 5-8 所示。它是由一个管子 T_1 和一个电容 C 构成。写入时,字选择线为"1",T_1 管导通,写入信号由位线(数据线)存入电容 C 中;在读出时,选择线为"1",存储在电容 C 上的电荷,通过 T_1 输出到数据线上,通过读出放大器即可得到存储信息。为了节省面积,这种单管存储电路的电容不可能做得很大,一般都比数据线上的分布电容 C_D 小,因此,每次读出后,存储内容就被破坏,要保存原先的信息必须采取恢复措施。

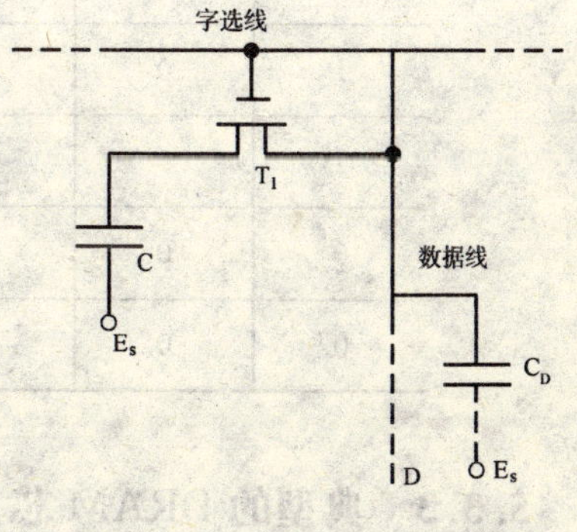

图 5-8 单管动态存储单元

5.3.2 典型的静态 RAM 芯片

不同的静态 RAM 的内部结构基本相同,只是在不同容量时其存储体的矩阵排列结构不同。典型的静态 RAM 芯片有 Intel6116(2K×8 位),

6264(8K×8 位),62128(16K×8 位)和 62256(32K×8 位)等。

图 5-9 为 SRAM6264 芯片的引脚图,其容量为 8K×8 位,即共有 8K 个单元,每单元 8 位。因此,共需地址线 13 条,即 $A_{12}\sim A_0$;数据线 8 条即 $I/O_1\sim I/O_8$、$\overline{WE}$、$\overline{OE}$、$\overline{CE_1}$、CE2 的共同作用决定了 SRAM6264 的操作方式,如表 5-2 所示。

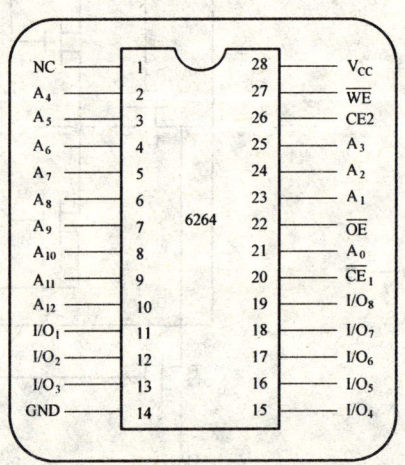

图 5-9　SRAM6264 芯片的引脚图

表 5-2　6264 的操作方式

$\overline{WE}$	$\overline{CE_1}$	CE2	$\overline{OE}$	方式	$I/O_1\sim I/O_8$
×	1	×	×	未选中	高阻
×	×	0	×	未选中	高阻
1	0	1	1	输出禁止	高阻
1	0	1	0	读	OUT
0	0	1	1	写	IN
0	0	1	0	写	IN

5.3.3　典型的 DRAM 芯片

Intel 2164A 是其内部结构具有典型性的 DRAM 芯片。其引脚图和逻辑符号如图 5-10 所示。每一片的容量为 64KB×1 位,即片内共有 64K(65536)个地址单元,每个地址单元一位数据。用 8 片 Intel2164A 就可以构成 64KB 的存储器。片内要寻址 64K,则需要 16 条地址线,为了减少封装引线,地址线分为两部分:行地址与列地址。芯片的地址引线只要 8 条,内部设有地址锁存器,利用多路开关,由行地址选通信号 $\overline{RAS}$(Row Address Strobe),把先送至的 8 位地址,送至行地址锁存器。由随后出现的列地址选通信号 $\overline{CAS}$(Column Address Strobe)把后出现的 8 位地址送至列地址锁存器。这 8 条地址线也用于刷新(刷新时地址计数,实现一行一行地刷新)。

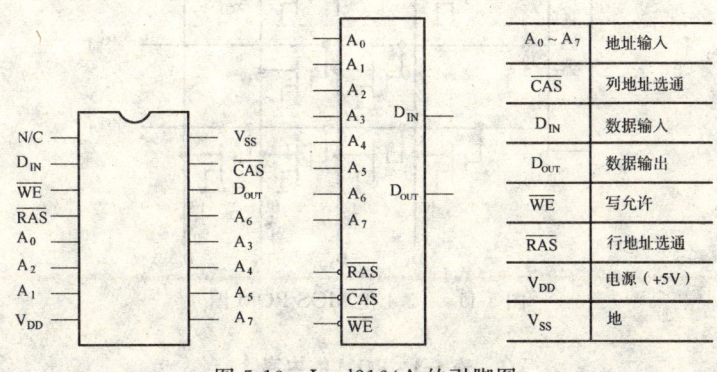

图 5-10　Intel2164A 的引脚图

5.4　只读存储器 ROM

5.4.1　掩模只读存储器

掩模只读存储器由制造厂制作完成,用户不能对其进行修改。这类只读存储器(ROM)可由二极管,双极型晶体管或 MOS 电路构成,但工作原理与其他存储器是类似的。

1. 字译码结构

图 5-11 是一个简单的 4×4 位的 MOS ROM,采用字译码方式,两位地址输入,经译码后,输出四条选择线,每一条选中一个字,位线输出即为这个字的各位。在如图 5-11 所示的存储矩阵中,有的列是连有管子的,有的列没有连管子,这是在制造时由二次光刻板的图形(掩模)所决定的,所以把它称为掩模式 ROM。

在图 5-11 中,若地址信号为 00,选中第一条字线,则它的输出为高电平。若有管子与其相连,如位线 0 和位线 3,则相应的 MOS 管导电,于是位线输出为"0";而位线 1 与位线 2,没有管子与字线相连,则输出为"1"(实际输出到数据总线上去是"1"还是"0",取决于在输出线上有无反相)。由此可见,当某一字线被选中时,连有管子的位线输出为"0"(或"1");而没有管子相连的位线,输出为"1"(或"0")。故存储矩阵的内容取决于制造工艺,而一旦制造好以后,用户是无法变更的。图 5-11 中的存储矩阵的内容,如表 5-3 所示。

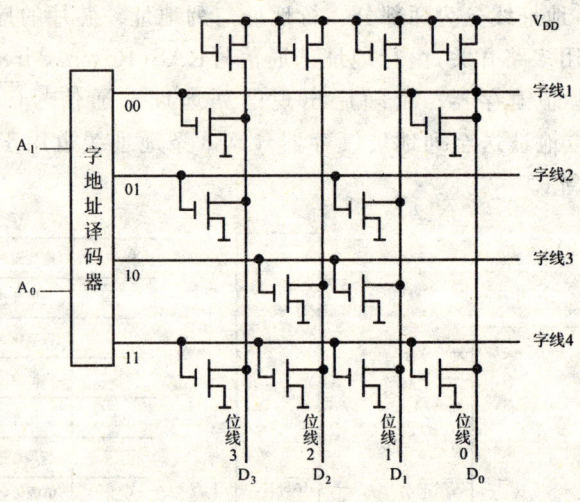

图 5-11 4×4 位 MOS ROM 图

表 5-3 ROM 的内容

位 字	位 4	位 3	位 1	位 0
字 1	0 (1)	1 (0)	1 (0)	0 (1)
字 2	0 (1)	0 (0)	0 (1)	1 (0)
字 3	1 (0)	0 (1)	1 (0)	0 (1)
字 4	0 (1)	0 (1)	0 (1)	0 (1)

ROM 有一个很重要的特点是：它所存储的信息不是易失的，即当电源掉电后又上电时，存储信息是不变的。

5.4.2 可编程的 ROM

可编程 ROM(PROM)是一种允许用户编程一次的 ROM，其存储单元通常用二极管或三极管实现。图 5-12 所示存储单元为双极型三极管，其发射极串接了一个可熔金属丝，出厂时，所有存储单元的熔丝都是完好的。编程时，通过字线选中某个晶体管。若准备写入 1，则向位线送高电平，此时管子截止，熔丝将被保留；若准备写入 0，则向位线送低电平，此时管子导通，控制电流使熔丝烧断，不可能再恢复，故只能进行一次编程。

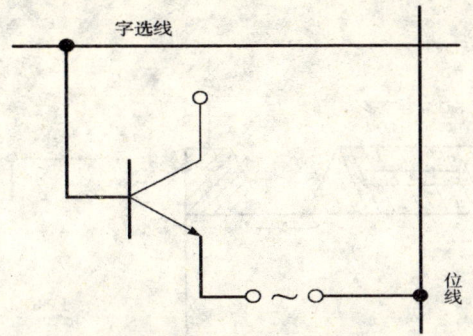

图 5-12 熔丝式 PROM 的基本存储结构

制造时每一单元都由熔丝接通,则存储的都是 0 信息。用户可根据程序需要,利用编程写入器对选中的基本存储电路通以 20~50mA 电流,将熔丝烧断,则该单元存储信息为 1。

其特点是:
1. 出厂时里面没有信息。
2. 用户根据自己需要对其进行设置(编程)。
3. 只能使用一次,一旦进行了编程不能擦除片内信息。

5.4.3 可擦除的可编程序的只读存储器 EPROM

1. 基本存储电路

为了便于用户根据需要来确定 ROM 的存储内容,以便在研究工作中试验各种 ROM 的方案(即可由用户改变 ROM 所存的内容),在 20 世纪 70 年代初就发展生产了一种 EPROM (Erasable Programmable ROM)电路。它的一个基本电路如图 5-13(a)所示。

它与普通的 P 沟道增强型 MOS 电路相似,在 N 型的基片上生产了两个高浓度的 P 型区,它们通过欧姆接触,分别引出源极(S)和漏极(D),在 S 和 D 之间有一个多晶硅做的栅极,但它是浮空的,并被绝缘物 SiO_2 所包围。在制造好时,硅栅上没有电荷,则管子内没有导电沟道,D 和 S 之间是不导电的。当把 EPROM 管子用于存储矩阵时,一个基本存储电路如图 5-13(b)所示,则这样电路所组成的存储矩阵输出为全 1(或 0)。要写入时,则在 D 和基片(也即 S)之间加上 25V 的高压,另外加上编程序脉冲(其宽度约为 50ms),所选中的单元在这个电源作用下,D 和 S 之间被瞬间击穿,就会有电子通过绝缘层注入到硅栅,当高电源去除后,因为硅栅被绝缘层包围,故注入的电子无处泄漏,硅栅上带负电荷,于是就形成了导电沟道,从而使 EPROM 单元导通,输出为"0"(或"1")。

由这样的 EPROM 存储电路做成的芯片的上方有一个石英玻璃的窗口,当用紫外线通过这个窗口照射时,所有电路中的浮空晶栅上的电荷会形成光电流泄漏,使电路恢复起始状态,从而把写入的信号擦去。这样经过照射后的 EPROM 就可以实现重写。由于写的过程是很

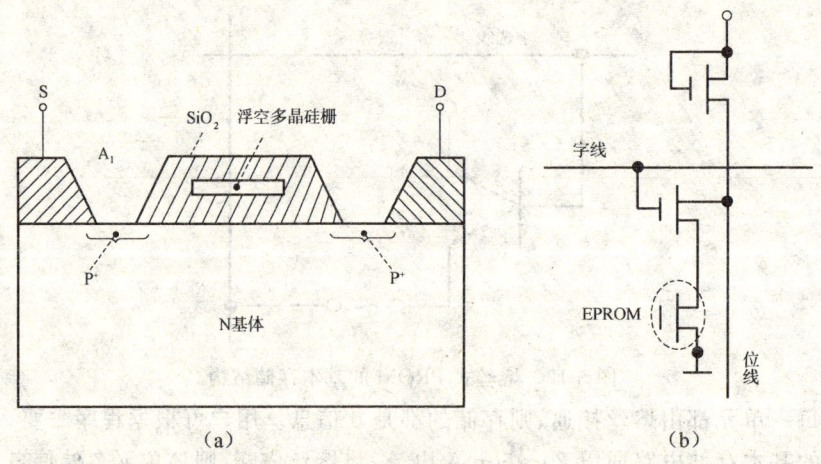

图 5-13 P 沟道 EPROM 结构示意图

慢的,所以,这样的电路在使用时,仍是作为只读存储器使用的。

这样的 EPROM 芯片的工作速度仍为双极型芯片工作速度的 1/5～1/10(如 Intel2716 的读出速度为 350～450ns)。常用的芯片的集成度为 16Kb、32Kb 或 64Kb(如 Intel2716 为 2K×8b,2732 为 4K×8b,2764 为 8K×8b)。集成度较高的为 128Kb 和 256Kb(如 Intel27128 或 27256)。

2. 一个 EPROM 的例子

Intel2716 是一个 16Kb(2K×8)的 EPROM,它只要求单一的 5V 电源。它的引脚及内部方框图如图 5-14 所示。因其容量是 2K×8 位,故用 11 条地址线,7 条用于 X 译码,以选择 128 行中的一行。8 位输出均有缓冲器。

为了减少功耗,EPROM 可以工作在备用方式。这时功耗可由 525mW 降为 132mW,下降了 75%。当 CE 端为高电平时,2716 就工作在备用方式,此时它的输出端工作在高阻状态。

2716 在出厂时或在擦除后,所有的内容全为"1",要使某一位为"0",必须经过编程。编程是一个单元一个单元进行的,此时 Vpp 接至 +25V,$\overline{OE}$ 接高电平,要编程写入的数据接至 2716 的数据输出线,当地址和数据稳定以后在 $\overline{CE}$ 输入端加一个 50ms 的正脉冲。在这个正脉冲的作用下,可以使内部的管子瞬时击穿,从而使浮空栅截获足够数量的电子。当脉冲过后,管子恢复,但浮空栅被绝缘物 SiO_2 所包围,电子的泄漏很慢,于是相当于在浮空栅上加上了负电源,从而感应出导电沟道使管子导通,存储的内容变为"0"。

要注意的是,编程后的芯片在阳光的影响和正常水平的荧光灯的照射下,经过 3 年时间,在浮空栅上的电荷可泄漏完;在阳光的直接照射下,经过一个星期,电荷可泄漏完。所以,在正常使用的时候,应在芯片的照射窗口上贴上黑色的保护层。

若要擦除已编程的内容,建议使用 2537A 的紫外线灯。用功率为 $12000\mu W/cm^2$ 的紫外线灯泡,在 2716 窗口 1 英寸的上方照射 15～20min。

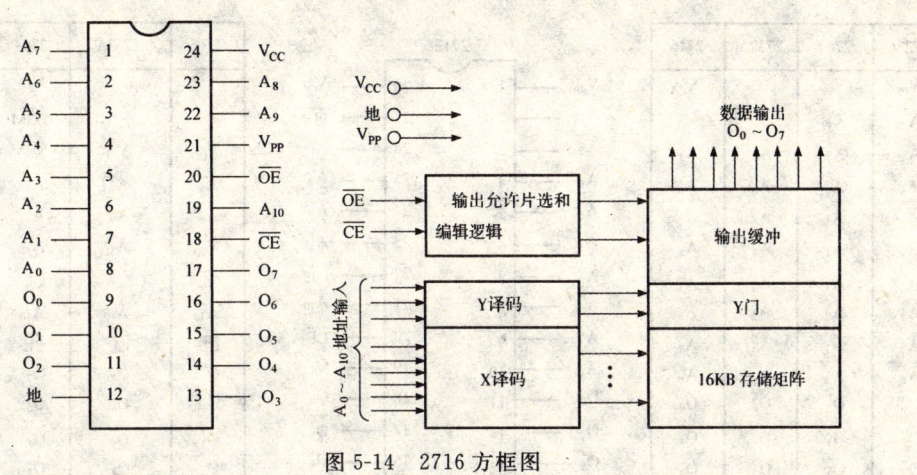

图 5-14 2716 方框图

3. 高集成度的 EPROM

随着超大规模集成电路技术的发展,现在 EPROM 的集成度越来越高,高集成度的 EPROM 的工作原理、使用方法与 2716 是类似的。下面以 Intel27128 为例,介绍它的主要特点。

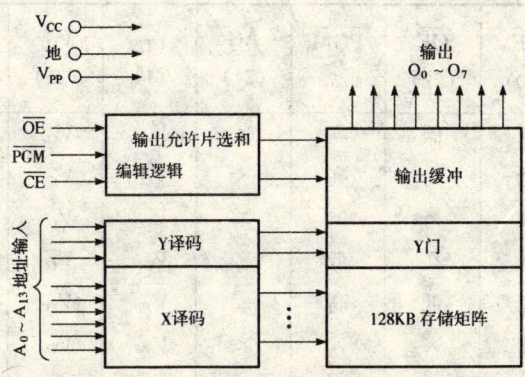

图 5-15 27128 结构方框图

Intel27128 的最大访问时间为 250ns,它可以与高速的 8MHz 的 iAPX186 兼容,不需要插入等待状态。它的结构方框图如图 5-15 所示。

128Kb 组成 16K×8 位,则需要有 14 条地址输入线,经过译码在 16K 地址中选中一个单元,此单元的 8 位同时输出,故有 8 条数据线。

输出和编程以及各种工作方式由 3 条控制线控制,这就是片选信号 $\overline{CE}$、输出允许信号 $\overline{OE}$ 和编程控制信号 $\overline{PGM}$。

27128 的引线以及别的芯片的引线对照如图 5-16 所示。

Intel27128 有 8 种工作方式,这些工作方式的选择如表 5-4 所示。

27256	2764	2732A	2716
V_{PP}	V_{PP}		
A_{12}	A_{12}		
A_7	A_7	A_7	A_7
A_6	A_6	A_6	A_6
A_5	A_5	A_5	A_5
A_4	A_4	A_4	A_4
A_3	A_3	A_3	A_3
A_2	A_2	A_2	A_2
A_1	A_1	A_1	A_1
A_0	A_0	A_0	A_0
O_0	O_0	O_0	O_0
O_1	O_1	O_1	O_1
O_2	O_2	O_2	O_2
地	地	地	地

27128 引脚(1–28):
1 V_{PP}, 2 A_{12}, 3 A_7, 4 A_6, 5 A_5, 6 A_4, 7 A_3, 8 A_2, 9 A_1, 10 A_0, 11 O_0, 12 O_1, 13 O_2, 14 地, 15 O_3, 16 O_4, 17 O_5, 18 O_6, 19 O_7, 20 $\overline{CE}$, 21 A_{10}, 22 $\overline{OE}$, 23 A_{11}, 24 A_9, 25 A_8, 26 A_{13}, 27 $\overline{PGM}$, 28 V_{CC}

2716	2732A	2764	27256
		V_{CC}	V_{CC}
		$\overline{PGM}$	A_{14}
V_{CC}	V_{CC}	N.C.	A_{13}
A_8	A_8	A_8	A_8
A_9	A_9	A_9	A_9
V_{PP}	A_{11}	A_{11}	A_{11}
$\overline{OE}$	$\overline{OE}/V_{PP}$	$\overline{OE}$	$\overline{OE}$
A_{10}	A_{10}	A_{10}	A_{10}
$\overline{CE}$	$\overline{CE}$	$\overline{CE}$	$\overline{CE}$
O_7	O_7	O_7	O_7
O_6	O_6	O_6	O_6
O_5	O_5	O_5	O_5
O_4	O_4	O_4	O_4
O_3	O_3	O_3	O_3

图 5-16 27128 的引线

表 5-4 27128 方式选择表

引脚 方式	$\overline{CE}$ (20)	$\overline{OE}$ (22)	$\overline{PGM}$ (27)	AG (24)	V_{PP} (1)	V_{CC} (28)	输出端 (11~13, 15~19)
读	低	低	高	×	V_{CC}	V_{CC}	数据输出
输出禁止	低	高	高	×	V_{CC}	V_{CC}	高阻
备用	高	×	×	×	V_{CC}	V_{CC}	高阻
编程	低	高	低	×	V_{PP}	V_{CC}	数据输入
校验	低	低	高	×	V_{PP}	V_{CC}	数据输出
编程禁止	高	×	×	×	V_{PP}	V_{CC}	高阻
Intel 标识符	低	低	高	高	V_{CC}	V_{CC}	编码
Intel 编程方法	低	高	低	×	V_{PP}	V_{CC}	数据输入

5.4.4 电可擦除的可编程序的 ROM(E^2PROM)

一个 E^2PROM 管子的结构示意图如图 5-17 所示。它的工作原理与 EPROM 类似,当浮空栅上没有电荷时,则管子的漏极和源极之间不导电;若设法使浮空栅上带上电荷,则管子就导通。在 E^2PROM 中,使浮空栅带上电荷和消去电荷的方法与 EPROM 中是不同的。在 E^2PROM 中漏极上面增加了一个隧道二极管,它在第二栅与漏极之间的电压 V_G 的作用下(在电场的作用下),可以使电荷通过它流向浮空栅(即起编程作用);若 V_G 的极性相反,也可以使电荷从浮空栅流向漏极(起擦除作用)。而编程与擦除所用的电流是极小的,可用极普通的电

源供给 V_G。

E^2PROM 的另一个优点就是擦除可以按字节分别进行(不像 EPROM 擦除时把整个芯片的内容全变为"1")。字节的编程和擦除都只需要 10ms。

E^2PROM 仍在发展中,所以我们就不作进一步介绍了。

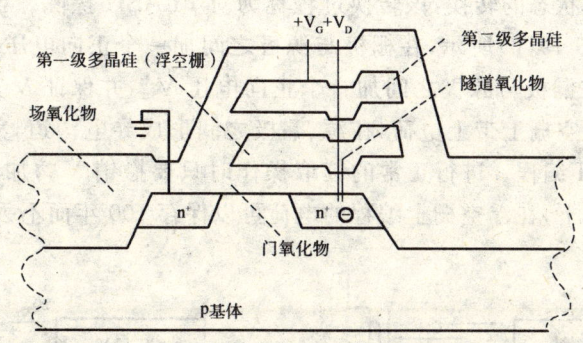

图 5-17 E^2PROM 结构示意图

5.4.5 FLASH 存储器

FLASH 的典型结构与逻辑符号如图 5-18 所示。

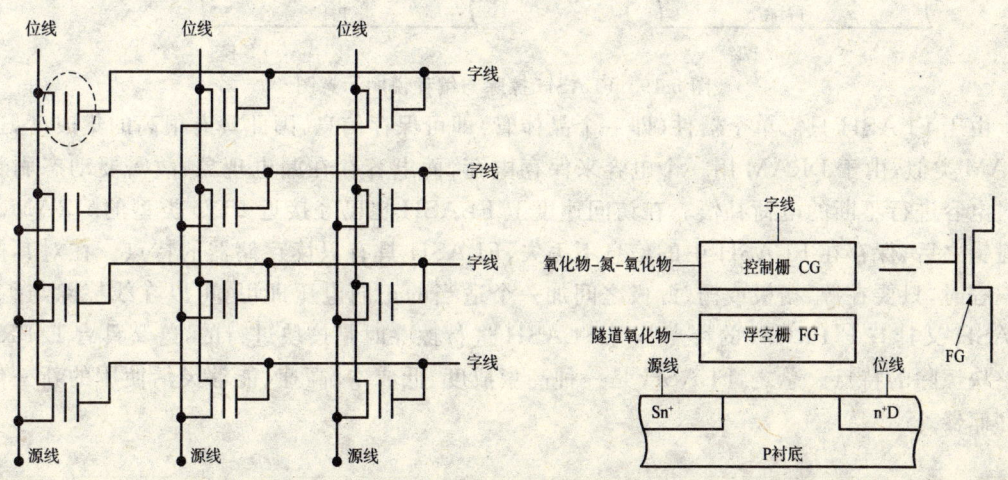

图 5-18 FLASH 结构示意图

FLASH 与 E^2PROM 有些类似,但工作机制却有所不同。FLASH 的信息存储电路由一个晶体管构成,通过沉积在衬底上被场氧化物包围的多晶硅浮空栅来保存电荷,以此维持衬底上源、漏极之间导电沟道的存在,从而保持其上的信息存储。若浮空栅上保存有电荷,则在源、漏极之间形成导电沟道,这是一种稳定状态,此时可以认为该单元电路保存"0"的信息;若浮空栅上没有电荷存在,则在源、漏极之间无法形成导电沟道,这是另一种稳定状态,此时可以认为该单元电路保存"1"的信息。

上述这两种稳定状态可以相互转换:状态"0"到状态"1"的转换过程,是将浮空栅上的电荷移走的过程,如图 5-19(a)所示。若在源极与栅极之间加一个正向电压 $V_{gs}=12V$(或一个其他值),则浮空栅上的电荷将向源极扩散,从而导致浮空栅的部分电荷丢失,不能在源、漏极之间形成导电沟道,完成状态的转换,该转换过程称为对 FLASH 擦除。当要进行状态"1"到状态"0"的转换时,如图 5-19(b)所示,在栅极与源极之间加一个正向电压 V_{sg}(与上面提到的电压 V_{gs} 的极性相反),在漏极与源极之间加一个正向电压 V_{sd},并保证 $V_{sg} > V_{sd}$,来自源极的电荷向浮空栅扩散,使浮空栅上带上电荷,在源、漏极之间形成导电沟道,完成状态的转换,该转换过程称为对 FLASH 编程。进行正常的读取操作时只要撤销 V_{sg},加一个适当的 V_{sd} 即可。据测定,正常使用情况下,在浮空栅上编程的电荷可以保存 100 年而不丢失。

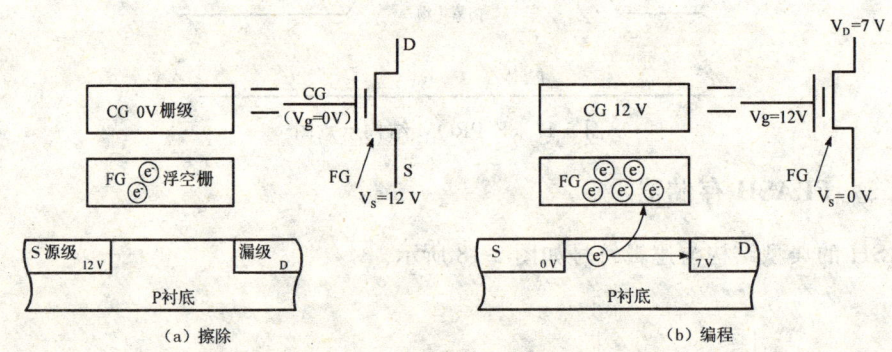

图 5-19 FLASH 擦除与编程说明示意图

由于 FLASH 只需单个器件(即一个晶体管)即可保存信息,因此具有很高的集成度,这与 DRAM 类似,由于 DRAM 用一个电容来保存电荷,而电容存在漏电现象,故需要动态刷新电路对电容进行不断的电荷补偿。在访问速度上 FLASH 也已经接近 EDO 类型的 DRAM。供电撤销之后,保存在 FLASH 中的信息不丢失,FLASH 具有只读存储器的特点。在对其擦除和编程时,只要在源、栅极或栅、源极之间加一个适当的正向电压即可,可以在线擦除与编程,FLASH 又具有 E^2PROM 的特点。对 FLASH 进行擦除时是按块进行的,这又具有 E^2PROM 的整块擦除的特点。总之,FLASH 是一种高集成度、低成本、高速、能够灵活使用的新一代只读存储器。

5.5 存储器与CPU的接口技术

5.5.1 存储器芯片的扩展

1. 位扩展

用1位或4位的存储器芯片构成8位的存储器,可采用位并联的方法。例如,可以用8片2K×1位的芯片组成容量为2K×8位的存储器。如图5-20所示。这时,各芯片的数据线分别接到数据总线的各位,而地址线的相应位及各控制线,则并联在一起。或用2片1K×4位的芯片,组成1K×8位的存储器。如图5-21所示。这时,一片芯片的

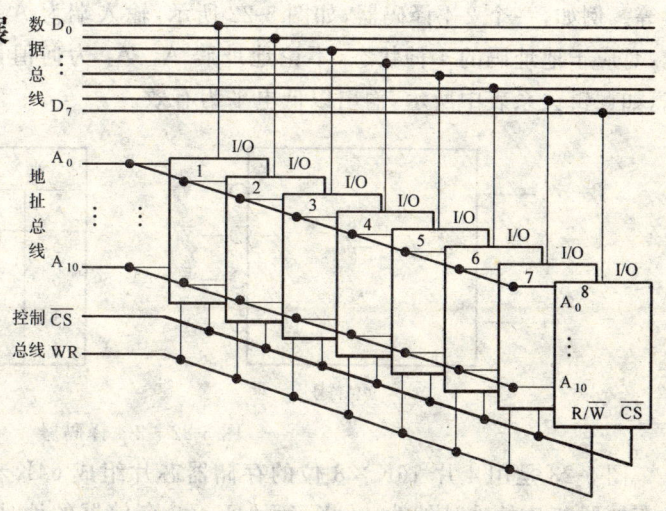

图 5-20 由2K×1位的芯片构成2K×8位存储器结构

数据线接数据总线的低4位,另一片芯片的数据线接数据总线的高4位。而两片芯片的地址线及控制线则分别并联在一起。

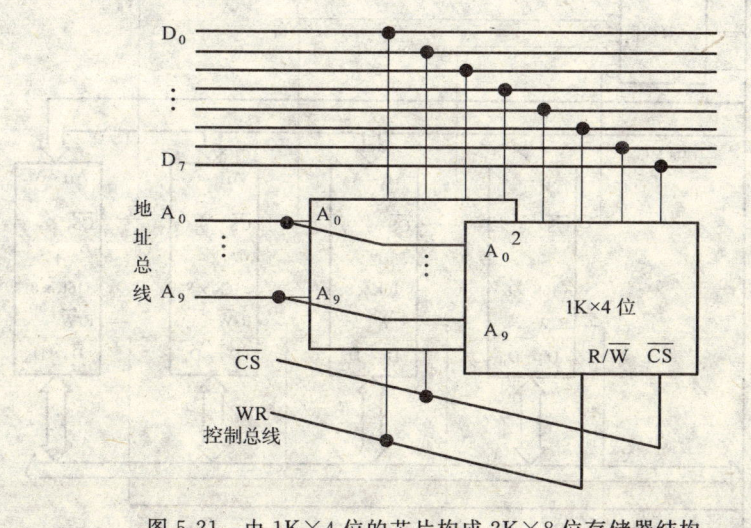

图 5-21 由1K×4位的芯片构成2K×8位存储器结构

2. 字扩展

当扩充存储容量时,采用地址串联的方法。这时,要用到地址译码电路,以其输入的地址线来区分高位地址,而以其输出的控制线来对具有相同低位地址的几片存储器芯片进行片选。

地址译码电路是一种可以将地址码翻译成相应控制信号的电路。有 2-4 译码器,3-8 译码器等。例如,一个 2-4 译码器,如图 5-22 所示,输入端为 A_0、A_1 为 2 位地址码,输出 4 根控制线,对应于地址码的 4 种状态,不论地址码 A_0、A_1 为何值,输出总是只有一根线处于有效状态,如逻辑关系表中所示,输出以低电平为有效。

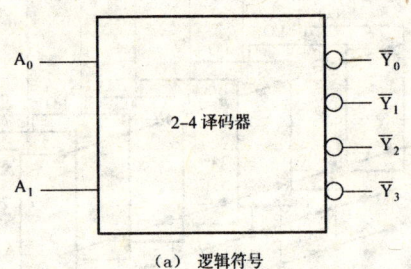

输入		输出			
A_1	A_0	$\overline{Y_0}$	$\overline{Y_1}$	$\overline{Y_2}$	$\overline{Y_3}$
0	0	0	1	1	1
0	1	1	0	1	1
1	0	1	1	0	1
1	1	1	1	1	0

(a) 逻辑符号　　　　　　　　　　　(b) 逻辑关系表

图 5-22　2-4 译码器

图 5-23 是用 4 片 16K×8 位的存储器芯片组成 64K×8 位存储器的连接线路。16K×8 位存储器芯片的地址线为 14 条,而 64K×8 存储器的地址线为 16 条。连接时,各芯片的 14 条地址线可直接接地址总线的 $A_0 \sim A_{13}$,而地址总线的 A_{15}、A_{14} 则接到 2-4 译码器的输入端,其输出端 4 根选择线分别接到 4 片芯片的片选端。

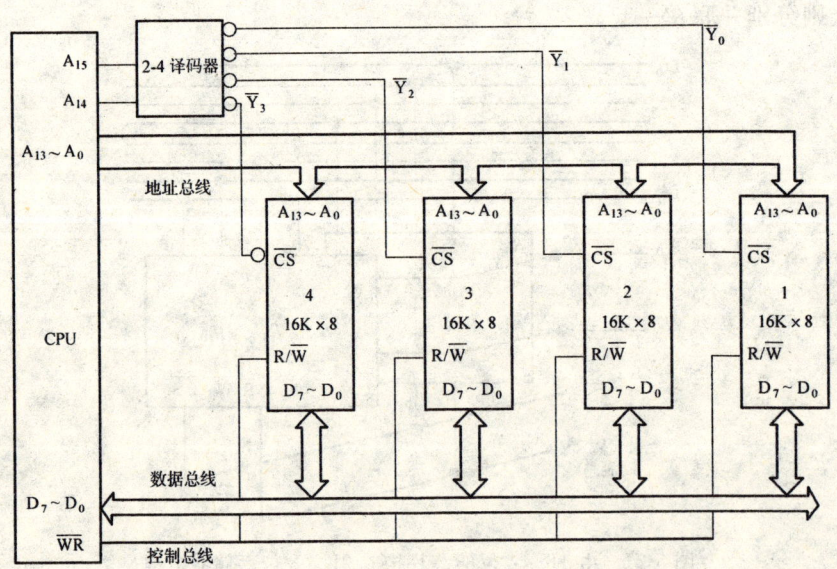

图 5-23　由 16K×8 位芯片组成 64K×8 位存储器结构

因此,在任一地址码时,仅有一片芯片处于被选中的工作状态,各芯片地址范围如表 5-5 所示。

表 5-5　各芯片地址范围

地址			译码器输出	选中的工作芯片	地址范围
A_{15}	A_{14}	$A_{13}\sim A_0$			
0	0	从全 0 到 1	$\overline{Y_0}$	1 号	0000H~3FFFH
0	1	从全 0 到 1	$\overline{Y_1}$	2 号	0400H~7FFFH
1	0	从全 0 到 1	$\overline{Y_2}$	3 号	8000H~BFFFH
1	1	从全 0 到 1	$\overline{Y_3}$	4 号	C000H~FFFFH

5.5.2　存储器与 CPU 的连接

1. 存储器与 CPU 连接时应注意的问题

(1) CPU 总线的负载能力

CPU 在设计时,一般输出线的直流负载能力为带一个 TTL 负载。现存储器都为 MOS 电路,直流负载很小,主要的负载是电容负载,故在小型系统中,CPU 是可以直接与存储器相连的,而在较大的系统中,需要时就要加上缓冲器,由缓冲器的输出再带负载。

(2) CPU 的时序和存储器的存取速度之间的配合问题

CPU 在取指和存储器读或写操作时,是有固定时序的,就要由这来确定对存储器的存取速度的要求。或在存储器已经确定的情况下,考虑是否需要 TW 周期,以及如何实现。

(3) 存储器的地址分配和选片问题

内存通常分为 RAM 和 ROM 两大部分,而 RAM 又分为系统区(即机器的监控程序或操作系统占用的区域)和用户区,用户区又要分成数据区和程序区。所以内存的地址分配是一个重要的问题。另外,目前生产的存储器,单片的容量仍然是有限的,所以总是要由许多片才能组成一个存储器,这就存在一个如何产生选片信号的问题。

(4) 各种信号线的配合与连接

由于 CPU 的各种信号要求与存储器的各种信号要求有所不同,往往要配合以必要的辅助电路。

数据线:数据传送一般是双向的。存储器芯片的数据线有输入输出共用的和输入输出分开的的两种结构。对于共用的数据线,由于芯片内部有三态驱动器,故它可以直接与 CPU 数据总线连接。而输入线与输出线分开的芯片,则要外加三态门,才能与 CPU 数据总线相连,如图 5-24 所示。

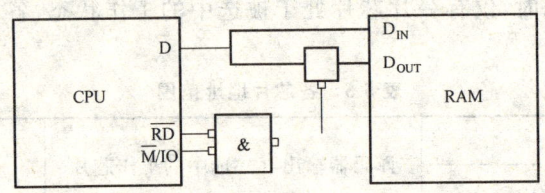

图 5-24 数据线的连接

地址线：存储器的地址线一般可以直接接到 CPU 的地址总线。而大容量的动态 RAM，为了减少引线的数目，往往采用分时输入的方式，这时，需在 CPU 与存储器芯片之间加上多路转换开关，用 $\overline{CAS}$ 与 $\overline{RAS}$ 分别将地址的高位与低位送入存储器。

控制线：CPU 通过控制线送出命令，以控制存储器的读写操作，以及送出片选信号、定时信号等。一般指存储器的 $\overline{WE}$、$\overline{OE}$、$\overline{CS}$ 等与 CPU 的 $\overline{RD}$、$\overline{WR}$ 等相连，不同的存储器和 CPU 连接时其使用的控制信号也不完全相同。

2. 片选信号产生的方法

在微型计算机中，CPU 对存储器进行读写操作，首先要由地址总线给出地址信号，然后要发出相应的是读还是写的控制信号，最后才能在数据总线上进行信息交流。片选信号产生的方法有全译码法，线选法和部分译码法。

（1）全译码法

设一具有 16 根地址总线的 8 位微机系统中用 Intel2114 1K×4 位的芯片构成一个 2KB 的系统，其连接如图 5-25 所示。

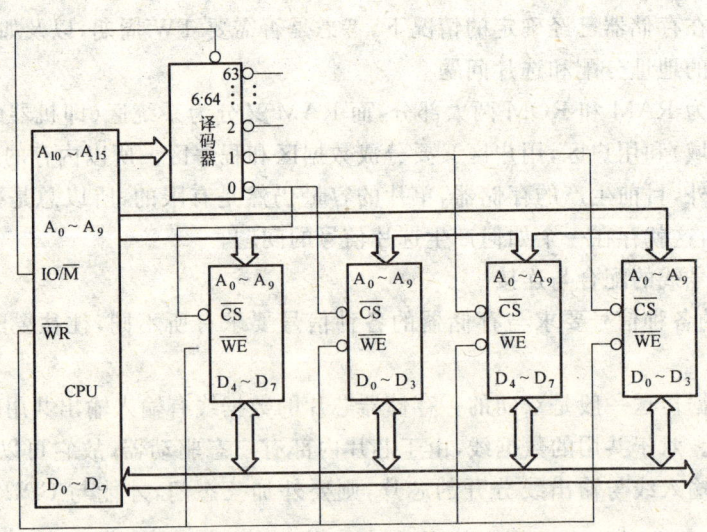

图 5-25 2KBRAM 的结构图

每一片为 1024×4 位，故 2KBRAM 共需 4 片。每片有 10 条地址线，直接接至 CPU 的地

址总线的 $A_0 \sim A_9$，可寻址 1KB。系统总共为 2KBRAM，则可看成是两组。如何能区分这不同的两组呢？这就要利用片选信号，用 $A_{10} \sim A_{15}$ 经过译码后来控制片选端。$A_{10} \sim A_{15}$ 经译码后可产生 64 条选择线以控制 64 个不同的组（在这里每组是 1KB）。现在 RAM 为 2KB，故只需两条选择线。如用地址最低的两条，即用 000000 和 000001。则此两组存储器的地址分配为：

  第一组： $A_{15} \sim A_{10}$ $A_9 \sim A_0$

  地址最低 000000   0000000000

  地址最高 000000   1111111111

即地址范围是： 0000～03FFH

  第二组： $A_{15} \sim A_{10}$ $A_9 \sim A_0$

  地址最低 000001   0000000000

  地址最高 000001   1111111111

即地址范围是： 0400～07FFH

这种片选控制的译码方式称为全译码，译码电路较复杂，但是每一组的地址是确定的、唯一的。

(2) 线选法

在系统的 RAM 为 2KB 的情况下，为了区分不同的两组，可以不用全译码的方式，而用 $A_{15} \sim A_{10}$ 中的任一位来控制片选端，例如用 A_{10} 来控制，如图 5-26 所示。

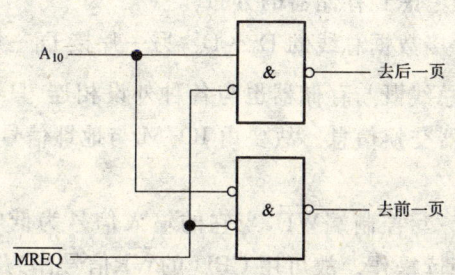

图 5-26 线选控制图

粗看起来，这两组的地址分配与全译码时相同，但是当用 A_{10} 这一信号作为片选控制时，只要 $A_{10}=0$，$A_{11} \sim A_{15}$ 可为任意值，都选第一组；而只要 $A_{10}=1$，$A_{11} \sim A_{15}$ 可为任意值，都选中第二组。所以，它们的地址有很大的重叠区（每一组占有 32KB 的地址空间），但在实际使用时，只要我们了解到这一点是不妨碍使用的。这种片选控制方式称为线选控制方式。

采用线选控制方式时，不仅有地址重叠问题，而且用不同的地址线作为片选控制，则它们的地址分配也是不同的。

在用 A_{11} 作为片选控制信号时，则这两组的基本地址分布为：

第一组： 0000~03FFH
第二组： 0800~0BFFH

但是，实际上只要 $A_{11}=0$，$A_{15} \sim A_{12}$、A_{10} 可为任意值，都选中第一组；而只要 $A_{11}=1$，$A_{15} \sim A_{12}$ 可为任意值，都选中第二组，它们同样有 32KB 的地址重叠区。

也可以用 A_{15} 作为片选控制，则就把 64KB 内存分为上、下两区，每区 32KB，前 32KB 都选中第一组，而后 32KB 都选中第二组，如图 5-27 所示。

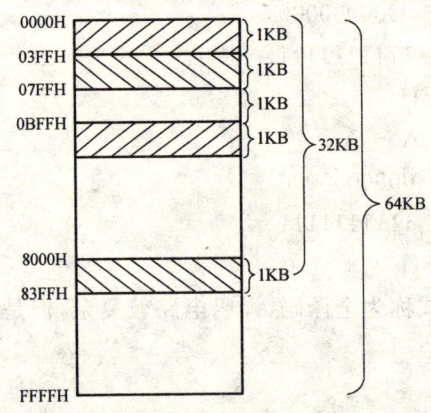

图 5-27 存储器的地址分布

总之，线选节省译码电路，但是必须要注意他们的地址分布，及其各自的地址重叠区。所以，在连地址线的时候，必须考虑到存储器的分布。

数据线每一组中的一片接数据总线的 $D_0 \sim D_3$，另一片接 $D_4 \sim D_7$，而片间则并联。

因 CPU 的地址和数据总线既与存储器也与各种外设相连，只有在 CPU 发出的 $IO/\overline{M}$ 信号为低电平时，才是与存储器交换信息。故要由 $IO/\overline{M}$ 与地址信号一起组成片选信号，控制存储器的工作。

通常存储器只有一个读/写控制端 $\overline{WE}$，当它的输入信号为低电平时，则存储器实现写操作，当它为高电平时，则实现读操作。故可用 CPU 的 $\overline{WR}$ 信号作为存储器的 $\overline{WE}$ 控制信号。

(3) 部分译码法

当系统 RAM 的容量大于 2KB，如 4KB（或更多）时，若还用 Intel2114 组成，则必须分成 4 组（或更多）。此时，显然就不能只用 $A_{10} \sim A_{15}$ 中的一条地址线作为组控制线，而必须经过译码，可采用全译码的形式，也可采用部分译码的形式，如图 5-28 所示。

其中，$A_0 \sim A_9$ 作为片内寻址，用 A_{10}、A_{11} 经过译码作为组选择，则其地址分布为：

第一组： 0000~03FFH；
第二组： 0400~07FFH；
第三组： 0800~0BFFH；

第四组：0C00～0FFFH；

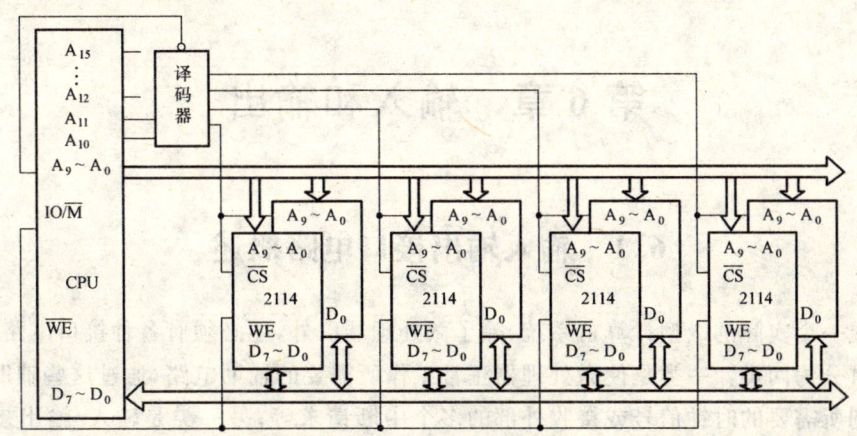

图 5-28　4KBRAM 结构图

但是,实际上 $A_{15}\sim A_{12}$ 为任意值时仍可选中这几组,故每一组仍有 16KB 的重叠区(每一组占 16KB 地址,地址的最高位由 0 变到 F 都是重叠的范围)。

这种用高位地址中的几位经过译码作为片选控制,称为部分译码方式。

显然,也可以用 $A_{10}\sim A_{15}$ 中的任意两条线组成译码器,作为组控制。例如用 A_{14}、A_{15} 来代替 A_{10} 和 A_{11},则它们的地址分布就变为：

第一组：　0000～03FFH；

第二组：　4000～43FFH；

第三组：　8000～83FFH；

第四组：　C000～03FFH；

实际上这时相当于把 64KB 内存地址分成 4 块,前 16KB 都选中第一组……最后 16KB 选中第 4 组。总之,CPU 的 16 条地址线可寻址 64KB。目前仍然要由许多片组成,则可由所选用的芯片的字数分组。有一部分地址线(通常是用低位)连到所有片,实现片内寻址;另外一些地址线或单独选用(线选),或组成译码器(部分译码或全译码),其输出控制芯片的片选端(当然实际的片选信号还要考虑 CPU 的控制信号,例如 8086 的 $IO/\overline{M}$ 等),以实现组的寻址。在连接时要注意其地址分布的重叠区。

第 6 章 输入和输出

6.1 输入输出接口电路概述

要构成一个实际的微型计算机系统,除了微处理器以外,还必须有各种接口电路。接口电路按功能可分为两类:一类是使微处理器正常工作所需要的辅助电路,通过这些辅助电路,使处理器得到所需要的时钟信号或接收外部的多个中断请求等;另一类是输入/输出接口电路,利用这些接口电路,微处理器可以接收外部设备送来的信息或将信息发送给外部设备。最常用的外部设备如键盘、显示装置、打印机、磁盘机等都是通过输入/输出接口和总线相连的,完成检测和控制的仪表装置也属于外部设备之列,也是通过接口电路和主机相连。

外部设备的功能多种多样。有些外设作为输入设备,有些外设作为输出设备,还有一些设备作为检测设备或控制设备,而每一类设备本身可能又包括了多种工作原理不同的具体设备。对于一个具体设备来说,它所使用的信息可能是数字式的,也可能是模拟式的,而非数字式信号必须经过转换,使其成为对应的数字信号才能送到计算机总线。这种将模拟信号变为数字信号、或者反过来将数字信号变为模拟信号的功能是 A/D、D/A 接口来完成的。

大多数外部设备所用的信息是数字式的,不过,有些外设的信息是并行的,有些外设的信息是串行的。串行设备只能接收和发送串行的数字信息。这样,串行设备必须通过接口将串行信息变为并行信息,才能送给 CPU;反过来,要将 CPU 送出的并行信息变为串行信息,才能送给串行设备。这种变换由串行接口来完成。可见接口也起到并行数据和串行数据的变换作用。

如果一个微型机系统中连接的是并行设备,是否可不用接口了呢? 也不是的。因为 CPU 通过总线要和多个外设打交道,而在同一个时刻 CPU 通常只和一个外设交换信息,就是说,一个外设不能长期和 CPU 相连,只有被 CPU 选中的外设,才接收数据总线上的数据或者将外部信息送到数据总线上。所以,即使是并行设备,也同样要通过接口与总线相连。这种接口就是后面要讲的并行接口。

除了上面这些原因外,外设的工作速度通常比 CPU 的速度低得多,而且各种外设的工作速度互不相同,这就要求接口电路对输入/输出过程能起一个缓冲和联络的作用。

对于输入设备来说,接口通常起信息变换和缓冲功能。变换的含义包括模拟量到数字量的变换、串行数据往并行数据的变换以及电平变换等,总之,目的是将输入设备送来的信息变换成 CPU 能接收的格式,并将其放在缓冲器中让 CPU 来接收。对于输出设备来说,接口要将 CPU 送来的并行数据放到缓冲器中,并将它变成外部设备所需要的信息形式,这种形式可能是串行数据,也可能是模拟量等。

可见,输入/输出接口电路是为了解决计算机和外部设备之间的信息变换问题而提出来的,输入/输出接口是计算机和外设之间传送信息的部件,每个外设都要通过接口和主机系统相连。接口技术就是专门研究 CPU 和外设之间的数据传送方式、接口电路的工作原理和使用方法的,以下将逐步讨论这些问题。

6.1.1 CPU 和输入/输出设备之间的信号

为了说明 CPU 和外设之间的数据传送方式,应该先了解 CPU 和输入/输出设备之间的信号分类。

通常,CPU 和输入/输出设备之间有以下几类信号。

1. 数据信息

CPU 和外部设备交换的基本信息就是数据,数据通常为 8 位或 16 位。数据信息大致分为如下三种类型。

(1) 数字量

这类是指由键盘、磁盘机、卡片机等读入的信息,或者主机送给打印机、磁盘机、显示器及绘图仪的信息,它们是二进制形式的数据或是以 ASCII 表示的数据及字符,通常是 8 位的。

(2) 模拟量

如果一个微型机系统是用于控制的,那么,多数情况下的输入信息就是现场的连续变化的物理量,如温度、湿度、位移、压力、流量等,这些物理量一般通过传感器先变成电压或电流,再经过放大。这样的电压和电流仍然是连续变化的模拟量,而计算机无法直接接收和处理模拟量,要经过模拟量往数字量(A/D)的转换,变成数字量,才能送入计算机。反过来,计算机输出的数字量要经过数字量往模拟量(D/A)的转换,变成模拟量,才能控制现场。

(3) 开关量

开关量可表示两个状态,如开关的闭合和断开、电机的运转和停止、阀门的打开和关闭等,这样的量只要用 1 位二进制数表示就可以了。

上面这些数据信息,一般是由外设通过接口传递给系统的。在输入过程中,数据信息由外设经过外设和接口之间的数据线进入接口,再到达系统的数据总线,从而送给 CPU。在输出过程中,数据信息从 CPU 经过数据总线进入接口,再通过接口和外设之间的数据线送到外设。外设和接口之间的数据信息可以是串行的,也可以是并行的。相应的要使用串行接口或并行接口。

2. 状态信息

状态信息反映了当前外设所处的工作状态,是外设通过接口往 CPU 传送的。对于输入设备来说,通常用准备好(READY)信号来表明输入的数据是否准备就绪;对于输出设备来说,通常用忙(BUSY)信号表示输出设备是否处于空闲状态,如为空闲状态,则可接收 CPU 送来的信息,否则 CPU 要等待。

3. 控制信息

控制信息是 CPU 通过接口传送给外设的,CPU 通过发送控制信息控制外设的工作。如外设的启动信号和停止信号就是常见的控制信息。实际上,控制信息往往随着外设的具体工作原理不同而含义不同。

从含义上说,数据信息、状态信息和控制信息各不相同,应该分别传送。但在微型计算机系统中,CPU 通过接口和外设交换信息时,只有输入指令(IN)和输出指令(OUT),所以,状态信息、控制信息也被广义地看成是一种数据信息。即状态信息作为一种输入数据,而控制信息作为一种输出数据。这样,状态信息和控制信息也通过数据总线来传送。但在接口中,这三种信息进入不同的寄存器。具体地说,CPU 送往外设的数据或者外设送往 CPU 的数据放在接口的数据缓冲器中,从外设送往 CPU 的状态信息放在接口的状态寄存器中,而 CPU 送往外设的控制信息要送到接口的控制寄存器中。

6.1.2 接口部件的 I/O 端口

每个接口部件都包含一组寄存器,如图 6-1 所示,CPU 和外设进行数据传输时,各类信息在接口中进入不同的寄存器,一般称这些寄存器为 I/O 端口,每个端口有一个端口地址。

有些端口是用于对来自 CPU 和内存的数据或者送往 CPU 和内存的数据起缓冲作用的,这些端口称为数据端口。

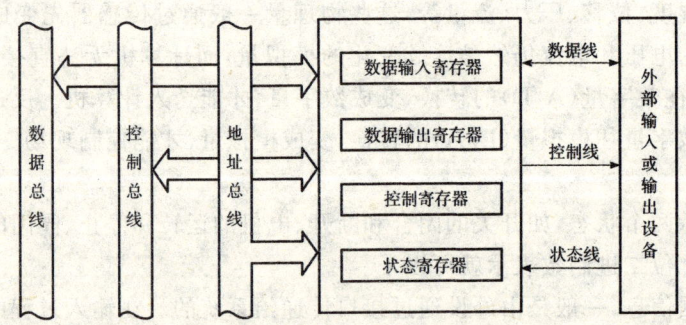

图 6-1 外设通过接口和系统的连接

还有一些端口用来存放外部设备或者接口部件本身的状态,称为状态端口。CPU 通过对状态端口的访问可以检测外设和接口部件当前的状态。

第三类端口用来存放 CPU 发出的命令,以便控制接口和设备的动作,这类端口叫控制端口或命令端口。

可以说,计算机主机和外部设备之间都是通过接口部件的 I/O 端口来沟通的,所以,CPU

就一定有和I/O端口打交道的办法。

有些计算机对内存和I/O端口统一进行编址,因而只有一个统一的地址空间,这样,所有访问内存空间的指令也都能访问I/O端口。在8086系统中,通常建立两个地址空间,一个为内存地址空间,一个为I/O地址空间。通过控制总线来确定CPU到底要访问内存空间还是I/O空间。为确保控制总线发出正确的信号,系统提供了专用于和I/O端口通信的输入/输出指令。

CPU要往数据端口或控制端口输出信息,必须先把地址送到地址总线上,将确定的控制信息送到控制总线上,再把数据信息送到数据总线上。与此相对应,为了从数据端口或状态端口输入信息,CPU先把地址信息和控制信息分别送到地址总线和控制总线上,然后等待接口把指定端口的内容送到数据总线,由此CPU可以获得所需要的信息。

应该指出,不管是输入还是输出,所用到的地址总是对端口而言的,而不是对接口部件而言的。如果一个接口有两个端口。那么,在设计接口部件时,就已经考虑了它能接收两个端口地址。一个双向工作的接口芯片通常有4个端口,即数据输入端口、数据输出端口、状态端口和控制端口。因为数据输入端口和状态端口是"只读"的,数据输出端口和控制端口是"只写"的,所以,系统为了节省地址空间,往往将数据输入端口和数据输出端口对应一个端口地址,CPU用此地址进行读操作时,实际上是从数据输入端口读取数据,而当CPU用此地址进行写操作时,实际上是往数据输出端口写入数据。同样,状态端口和控制端口也用同一个端口地址。

可见,有了端口地址,CPU对外设的输入/输出操作归结为对接口芯片各端口的读/写操作。

6.2 CPU和外设之间的数据传送方式

各种外设的工作速度相差很大,有些相当高,如磁盘机的传送速度达 $0.2\sim6\text{Mbit/s}$,而有些外设却由于机械和其他因素所致速度相当低,如键盘是用于人工输入数据的,通常速度为几十毫秒输入1个字节。这样,CPU何时从输入设备读取数据以及何时往输出设备写入数据,就成为较复杂的定时问题。

概括起来,有如下三种传送方式解决上述问题:程序方式、中断方式、DMA方式。

下面对这些方式逐一进行讨论。

6.2.1 程序方式

程序方式传送是指在程序控制下进行信息传送,又分为无条件传送方式和条件传送方式。

1. 无条件传送方式

如果计算机能够确信一个外设已经准备就绪,那就不必查询外设的状态而可直接进行信息传输,这称为无条件传送方式。

在无条件传送方式下,程序设计较简单。不过,名为无条件传送,实际上是有条件的,那就是传送不能太频繁,以保证每次传送时,外设处于就绪状态。所以无条件传送方式用得较少,只用在对一些简单外设的操作,如开关、七段显示管等。

由于简单外设作为输入设备时,输入数据保持时间相对于 CPU 的处理速度要长得多,所以可直接使用三态缓冲器和数据总线相连,如图 6-2 所示。当 CPU 执行输入指令时,读信号 $\overline{RD}$ 有效,选择信号 M/$\overline{IO}$ 处于低电平,因而三态缓冲器被选通,使其中早已准备好的输入数据进入数据总线,再到达 CPU。可见,要求 CPU 在执行输入指令时,外设的数据是准备好的,即已经存在三态缓冲器中,否则会出错。

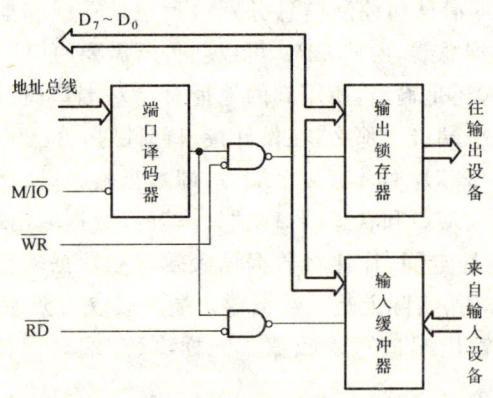

图 6-2 无条件传送方式的工作原理

简单外设作为输出设备时,一般都需要锁存器,也就是说,要求 CPU 送出的数据在接口电路的输出端保持一段时间。其原因仍然是由于外设的速度比较慢,所以,要求 CPU 送到接口的数据能保持和外设动作相适应的时间。如图 6-2 所示,CPU 执行输出指令时,M/$\overline{IO}$ 和 $\overline{WR}$ 信号有效,于是,接口中的输出锁存器被选中,CPU 输出的信息经过数据总线打入输出锁存器,输出锁存器保持这个数据,直到外设取走。显然,这里要求 CPU 在执行输出指令时,确信所选中的输出锁存器是空的。

2. 条件传送方式

条件传送也称为查询传送方式。用条件传送方式时,CPU 通过执行程序不断读取并测试外设的状态,如果外设处于准备好状态(输入设备)或者空闲状态(输出设备),则 CPU 执行输入指令或输出指令与外设交换信息。为此,接口电路除了有传送数据的端口以外,还有传送状态的端口。对于输入过程来说,当外设将数据准备好时,则使接口的状态端口中的"准备好"标志位置 1;对于输出过程来说,外设取走一个数据后,接口便将状态端口中的对应标志位置 1,表示当前输出寄存器已经处于"空"状态,可以接收下一个数据。

可见,对于条件传送来说,一个数据传送过程由 3 个环节组成:

① CPU 从接口中读取状态字。

② CPU检测状态字的对应位是否满足"就绪"条件,如果不满足,则回到前一步读取状态字。
③ 如状态字表明外设已处于"就绪"状态,则传送数据。

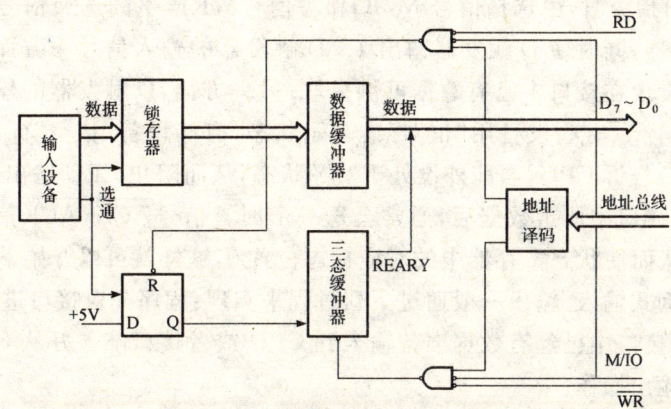

图 6-3 查询式输入的接口电路

图 6-3 表明了用查询方式进行输入的接口电路的工作原理。输入设备在数据准备好以后便往接口发一个选通信号。这个选通信号有两个作用,一方面将外设的数据送到接口的锁存器中,另一方面使接口中的一个 D 触发器输出 1,从而使接口中三态缓冲器的 READY 位置 1。数据信息和状态信息从不同的端口经过数据总线送到 CPU。按数据传送过程的 3 个步骤,CPU 从外设输入数据时先读取状态字,检查状态字看数据是否准备就绪,即数据是否已进入接口的锁存器中,如准备就绪,则执行输入指令读取数据,此时,状态位清 0,这样,便开始下一个数据传输过程。

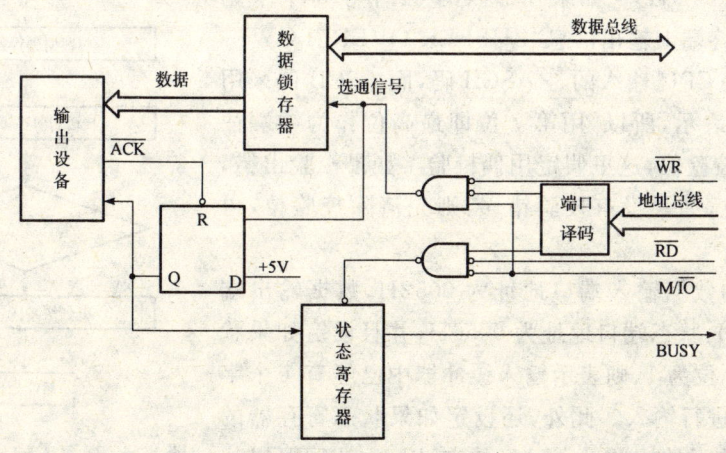

图 6-4 查询式输出的接口电路

图 6-4 表明了用查询方式进行输出的接口电路的工作原理。当 CPU 要往一个外设输出

· 203 ·

数据时，先读取接口中的状态字，如果状态字表明外设有空（或"不忙"），则说明可以往外设输出数据，此时 CPU 执行输出指令，否则 CPU 必须等待。

CPU 执行输出指令时，由选择信号 M/$\overline{IO}$ 和写信号 $\overline{WR}$ 产生的选通信号将数据总线上的数据打入接口锁存器，同时使 D 触发器输出 1。D 触发器的输入信号一方面为外设提供一个联络信号，告诉外设现在接口中已有数据可供提取；另一方面，D 触发器的输出信号使状态寄存器的对应标志位置1（有些设备用"忙"标志表示状态，有些设备用"空"标志表示状态，两者有效电平正好相反）告诉 CPU，当前外设处于"忙"状态，从而阻止 CPU 输出新的数据。

当输出设备从接口中取走数据后，通常会送一个回答信号 $\overline{ACK}$，$\overline{ACK}$ 信号使接口中的一个 D 触发器置 0，从而使状态寄存器中的对应标志位置 0，这样就可以开始下一个输出过程。

归纳起来，查询式输入/输出一般通过下列过程来实现：程序先对接口进行连续的检测，当检测到的状态表示接口中已经有数据准备输入到 CPU 或者接口准备好从 CPU 接收数据时，就可以执行输入/输出操作。

图 6-5 是一个查询式操作的流程图。图中假定要输入 1 个字节串或者 1 个字串，每个字节或者字被送到 CPU 以后进行一定的处理，然后再送到内存缓冲区，当所有的数据都输入完毕并送到缓冲区后，再对缓冲区中的数据进行处理。

下面举一个使用查询式输入/输出方式的实例。

假设从终端往缓冲区输入 1 个字符行，当遇到回车符（0DH）或者字符行超过 80 个字符时，输入便结束，并自动加上 1 个换行符（0AH）。如果在输入的 81 个字符中未见到回车符，则在终端上输出信息"BUFFER OVERFLOW"。

因为终端往 CPU 输入的是 ASCII 码，而 ASCII 码采用 7 位二进制数据表示，所以，用第 7 位即最高位作为终端往 CPU 传输时的校验位，这里假定用偶校验。如果校验出错，也输出错误信息，如果没有校验错误，则先清除校验位，再传输到缓冲区。

假定接口的数据输入端口地址为 0052H，数据输出端口地址为 0054H，状态端口地址为 0056H，并且设定如果状态寄存器中第 1 位为 1，则表示输入缓冲器中已经有 1 个字节准备好，可以进行输入。此外，还设定如果状态寄存器的第 0 位为 1，则表示输出缓冲器已经腾空，因而 CPU 可以往终端输出数据。当然，后面两个假设都是有条件的，即在设计接口部件时，使得状态寄存器的第 1 位在接口从设备输入 1 个字节时，便自动置 1，而当 CPU 从接口读取 1 个字节时，便自动

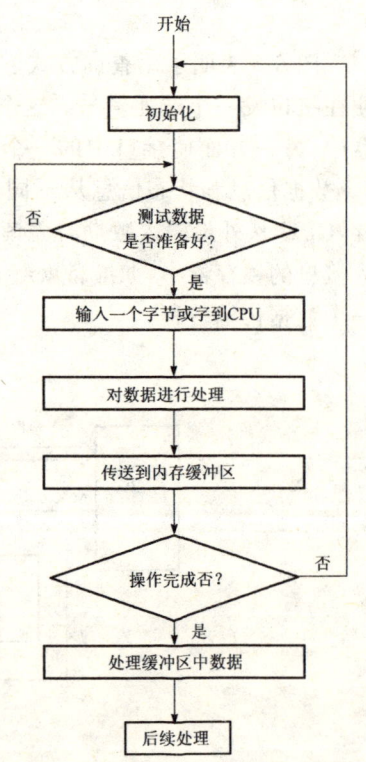

图 6-5 查询式输入过程的流程图

置0；相类似的，当CPU往接口输出1个字节时，状态寄存器的第0位自动置0，而当1个字节从接口输出到设备时，则自动置1。

利用查询方式来进行输入/输出操作时，会遇到一个问题，即如果系统中有多个利用查询方式实现输入/输出的设备，那该怎么处理呢？通常是用轮流查询的方式来检测接口的状态位。

假定一个系统中有3个输入设备，那么，可以用下面的程序实现轮流查询方式的输入操作。

```
TREE_IN:   MOV    FLAG,0        ; 清除标志
INPUT:     IN     AL,STAT1      ; 读入第一个设备的状态
           TEST   AL,20H        ; 是否准备就绪
           JZ     DEV2          ; 否，则转DEV2
           CALL   PROC1         ; 如准备就绪，则调PROC1
           CMP    FLAG,1        ; 如标志被清除，则输入另一个数
           JNZ    INPUT
DEV2:      IN     AL,STAT2      ; 读入第二个设备的状态
           TEST   AL,20H        ; 是否准备就绪
           JZ     DEV3          ; 否，则转DEV3
           CALL   PROC2         ; 如准备就绪，则调PROC2
           CMP    FLAG,1        ; 如标志被清除，则输入另一个数
           JNZ    INPUT
DEV3:      IN     AL,STAT3      ; 读入第三个设备的状态
           TEST   AL,20H        ; 是否准备就绪
           JZ     NO_INPUT      ; 否，则转NO_INPUT
           CALL   PROC3         ; 如准备就绪，则调PROC3
NO_INPUT:  CMP    FLAG,1        ; 如标志被清除，则输入另一个数
           JNZ    INPUT
```

对上面的程序，作如下说明：

① 在程序中，对状态寄存器没有赋予具体地址，而用标号STAT 1、STAT 2和STAT 3来表示。

② PROC1、PROC2和PROC3是3个执行输入操作的子程序，这里没有具体列出。

③ 3个接口的状态寄存器均用第5位来作为输入准备好标志位。所以程序中用20H去测试状态寄存器的值，再对测试结果作判断，如果结果为0，则表示未准备好，于是再测下一个接口的状态。

④ 程序中设置了一个标志FLAG，实际上，这是一个任选的内存单元，将它作为标志单元来用。有了FLAG标志后，就可以使第一个输入设备有比较高的优先级，第二个输入设备次

之,第三个输入设备最低。FLAG 开始设置为 0,只有当第一个输入设备结束输入过程时,才使 FLAG 设置为 1。这样,比如第一个输入设备要输入 10 个字符,那么,当输入第 1、2、3……9 个字符时,FLAG 一直保持为 0,所以,程序一直在 INPUT 标号段运行,当输入第 10 个字符后,FLAG 置 1,于是,进入 DEV2。另外一种情况下,如果开始第一个输入设备没有准备就绪,那么,转到 DEV2 并且从第二个输入设备输入 1 个字符后,又会立刻回到 INPUT 程序段。从程序中可以想到,只有在第一个设备未准备好,并且第二个设备也未准备好的情况下,才会转到 DEV3 程序段对第三个输入设备作状态测试,如果状态表明已准备好,则再执行 PROC3 子程序进行输入。

从上面的例子可以看到,利用轮流查询方式时,可以通过程序的优先级来决定设备的优先级。根据这样的思想,当系统中有更多的设备时,仍可以安排一个优先级链。

当然,也可以使系统中几个设备处于完全等同的地位,即没有优先级,这种方法叫循环查询法。下面就是实现使 3 个设备处于相同优先级的循环查询程序,在此程序中,FLAG 标志只在循环底部受到检测,如果 FLAG 为 1,则退出循环。可见,在这个程序中,FLAG 作为退出所有 3 个设备输入过程的标志来用了。具体程序如下:

```
INTREE:   MOV    FLAG,0      ; 清除标志
INPUT:    IN     AL,STAT1    ; 读入第一个设备的状态
          TEST   AL,20H      ; 是否准备就绪
          JZ     DEV2        ; 否,则转 DEV2
          CALL   PROC1       ; 如准备就绪,则调 PROC1
DEV2:     IN     AL,STAT2    ; 读入第二个设备的状态
          TEST   AL,20H      ; 是否准备就绪
          JZ     DEV3        ; 否,则转 DEV3
          CALL   PROC2       ; 如准备就绪,则调 PROC2
DEV3:     IN     AL,STAT3    ; 读入第三个设备的状态
          TEST   AL,20H      ; 是否准备就绪
          JZ     NO_INPUT    ; 否,则转 NO_INPUT
          CALL   PROC3       ; 如准备就绪,则调 PROC3
NO_INPUT: CMP    FLAG,1      ; 如标志被清除,则输入另一个数
          JNZ    INPUT
          ⋮
```

6.2.2 中断方式

1. 中断传送方式的原理

从原理上看,查询式传送比无条件传送可靠,因此使用场合也较多。但在查询方式下,

CPU 不断地读取状态字和检测状态字,如果状态字表明外设未准备好,则 CPU 须等待。这些过程占用了 CPU 的大量工作时间,而 CPU 真正用于传输数据的时间却很少。

比如,操作员用终端进行输入,按每秒钟打入 10 个字符计算,那么计算机平均用 100 000μs 时间完成一个输入过程,而计算机真正用来从终端读入一个字符的时间却只有 10μs,这样,计算一下用于测试状态和等待的时间,将为

$$100\ 000 - 10 = 99\ 990 \mu s$$

换句话说,99 990/100 000＝99.99% 的时间被浪费掉了。可见,由于大多数外设的速度比 CPU 的工作速度低得多,所以,查询式传送的实质无异于让 CPU 降低有效的工作速度而去适从速度低得多的外部设备。

另外,用查询方式工作时,如果一个系统有多个外设,那么 CPU 只能轮流对每个外设进行查询,而这些外设的速度往往并不相同。这时 CPU 显然不能很好满足各个外设随机性的对 CPU 提出的输入/输出服务要求,所以,不具备实时性。可见,在实时系统以及多个外设的系统中,采用查询方式进行数据传送往往是不相宜的。

为了提高 CPU 的效率和使系统有实时性能,可以采用中断传送方式。在中断传送方式下,外设具有申请 CPU 服务的主动权,当输入设备将数据准备好或者输出设备可以接收数据时,便可以向 CPU 发出中断请求,使 CPU 暂时停下目前的工作而和外设进行一次数据传输。等输入操作或者输出操作完成以后,CPU 继续进行原来的工作。

可见,中断传送方式就是外部设备中断 CPU 的工作,使 CPU 停止执行当前程序,而去执行一个数据输入/输出的程序。此程序称为中断处理子程序或中断服务子程序。中断子程序执行完后,CPU 又转回来执行原来的程序。

使用中断传送方式时,CPU 就不必花费大量时间去查询外设的工作状态了,因为当外设就绪时,会主动向 CPU 发中断请求信号。而 CPU 本身具有这样的功能:在每条指令被执行完以后,会检查外部是否有中断请求,如果有中断请求,那么在中断允许标志为 1 的情况下,CPU 保留下一条指令的地址和当前的标志,转到中断服务程序去执行。被外界中断时,程序中下一条指令所在处称为断点。从中断服务程序返回时,CPU 会恢复标志和断点地址。

可以看到,在中断传送时,CPU 和外设处在并行工作的情况下。CPU 不必在两个输入/输出过程之间对接口进行状态测试和等待,而可以去做别的处理,因为每当外部设备准备就绪时,会主动向 CPU 发中断请求,由此而进入一个传输过程。此过程完成后,CPU 又可以执行别的任务,而不是处在等待状态,这样就大大提高了 CPU 的效率。

图 6-6 表示利用中断方式进行数据输入时所用的基本接口电路的工作原理。

从图 6-6 中可以看到,当外设准备好一个数据供输入时,便发一个选通信号,从而使数据打入接口的锁存器中,并使中断请求触发器置 1,此时,如果中断屏蔽触发器的值为 1,则产生一个向 CPU 的中断请求信号 $\overline{INT}$。中断屏蔽触发器的状态为 1 还是为 0 决定了系统是否允许本接口发出中断请求。

CPU 接收到中断请求信号以后,如果中断允许触发器状态为 1,则在当前指令被执行完后,响应中断。中断允许触发器在 CPU 内部,它的状态决定了当前 CPU 是否可以响应可屏蔽中断。

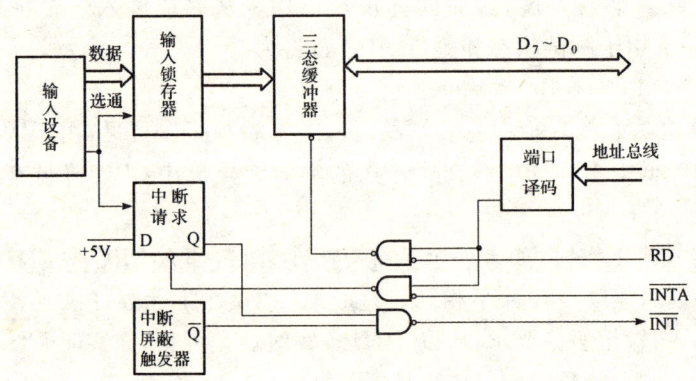

图 6-6 中断方式输入的接口电路

6.2.3 DMA 方式

1. DMA 传送方式的提出

比起程序方式来,利用中断方式进行数据传送可以大大提高 CPU 的工作效率。但在中断方式下,仍然是通过 CPU 执行程序来实现数据传送的,每进行 1 次传送,CPU 都必须执行一遍中断处理程序。而每进入 1 次中断处理程序,CPU 都要保护断点和标志;此外,在中断处理程序中,通常有一系列保护寄存器和恢复寄存器的指令,这些指令显然和数据传送没有直接关系,但在执行时,却要使 CPU 花费不少时间;还有,对于 8086 来说,本来取指令和执行指令分别由总线接口部件和执行部件完成,它们并行地工作,即执行部件在执行指令时,总线接口部件把下面要执行的指令取到指令队列中,但是,一旦进入中断,指令队列就要清除,执行部件须等待总线接口部件将中断处理子程序中的指令取到指令队列中才开始执行程序,同样,返回断点时,指令队列也要作清除,执行部件要等待总线接口部件重新装入断点处的指令后才开始执行,这使并行工作机制失去功能。上述几方面的因素造成中断方式下的传输效率仍然不是很高。

如 I/O 设备的数据传输率较高,那么 CPU 和这样的外部设备进行数据传输时,即使尽量压缩程序查询方式和中断方式中的非数据传输时间,也仍然不能满足要求。这是因为在这两种方式下,还存在另外一个影响传输速度的原因,即它们都是按字节或字来进行传输的。为了解决这个问题,实现按数据块传输,就需要改变传输方式,这就是直接存储器传输方式,即 DMA 方式。

为了说明 DMA 的工作原理,需要附带对外部设备的数据传输率问题作一说明。

外部设备的数据传输率通常是由外设本身决定的,而不是由 CPU 决定的。像磁带、磁盘、模/数转换器,它们在操作过程中对数据的处理速度很高,所以和主机之间的数据传输率也很高。对磁盘来说,数据传输率由磁头的读/写速度来决定,而磁头的读/写速度经常超过 200 000 字节/秒,这样,磁盘和内存之间传输一个字节的时间不能超过 $5\mu s$。

在程序查询方式或中断方式下,都是通过执行指令来实现主机和外设的传输。在系统总线上传输 1 个字节或者 1 个字需要 1 个或 2 个总线周期,而一条指令的执行需要几个总线周期,每个总线周期中又至少包含 4 个时钟周期。这样,外设和 CPU 传输数据的时间,加上每传送 1 个字节后修改地址指针和计数器的时间,再加上 CPU 和内存的传输时间,就很难保证使磁盘和内存之间传输 1 个字节的时间控制在 $5\mu s$ 内。

在 DMA 方式下,外部设备利用专用的接口电路直接和存储器进行高速数据传送,而并不经过 CPU。这样,传输时就不必进行保护现场之类的一系列额外操作,数据的传输速度基本上决定于外设和存储器的速度。

在利用 DMA 方式进行数据传输时,当然要利用系统的数据总线、地址总线和控制总线。但系统总线原是由 CPU 或者总线控制器管理的,因此在用 DMA 方式进行数据传输时,接口电路要向 CPU 发出请求,使 CPU 让出总线,即把总线控制权交给控制 DMA 传输的接口电路。这种接口电路就是后面要讲的 DMA 控制器。

2. DMA 控制器的功能和 DMA 传送的原理

DMA 控制器应该具备下列这些功能:

(1) 当外设准备就绪,希望进行 DMA 操作时,会向 DMA 控制器发出 DMA 请求信号,DMA 控制器接到此信号后,应能向 CPU 发总线请求信号。

(2) CPU 接到总线请求信号后,如果允许,则会发出 DMA 响应信号,从而 CPU 放弃对总线的控制,这时 DMA 控制器应能施行对总线的控制。

(3) DMA 控制器得到总线控制权以后,要往地址总线发送地址信号,修改所用的存储器或接口的地址指针。为此,DMA 控制器内部设有地址寄存器。一开始,由软件往此寄存器中设置 DMA 的首地址。在 DMA 操作过程中,每传送 1 个字节,就会自动对地址寄存器的内容进行修改,以指向下一个要传送的字节。

(4) 在 DMA 传送期间,DMA 控制器应能发读/写控制信号。

(5) 为了决定所传送的字节数,并且判断 DMA 传送是否结束,在 DMA 控制器内部必须有 1 个字节计数器,用来存放所传送的字节数,即数据长度。一开始由软件设置数据长度。在 DMA 过程中,每传送 1 个字节,字节计数器的值便自动减 1,减为 0 时,则 DMA 过程结束。

(6) DMA 过程结束时,DMA 控制器应向 CPU 发出结束信号,将总线控制权交还给 CPU。

在 8086 系统中,CPU 通过 HOLD 引脚接收 DMA 控制器的总线请求,而在 HLDA 引脚上发出对总线请求的允许信号。当 DMA 控制器往 HOLD 引脚上发一个高电平信号时,就相当于发总线请求。通常,CPU 在完成当前总线操作后,就使 HLDA 引脚出现高电平而响应总线请求,DMA 控制器接收到此信号后就成了主宰总线的部件。此后,当 DMA 控制器将 HOLD 信号变为低电平时,便放弃对总线的控制,8086 检测到 HOLD 信号变为低电平后,也将 HLDA 信号变为低电平,于是,CPU 又控制系统总线。

在 DMA 控制器控制系统总线后,完全由 DMA 控制器决定什么时候将总线请求信号变为低电平。所以每次数据传输以后,DMA 控制器既可以立刻将总线控制权还给 CPU,也可以继续进行传输,等到整个数据块传输完毕后,再交出总线控制权。前一种是用 DMA 方式进行单个数据传输的情况,后一种是用 DMA 方式进行数据块传输的情况。图 6-7 表示了用 DMA 方式传输单个数据的工作过程。

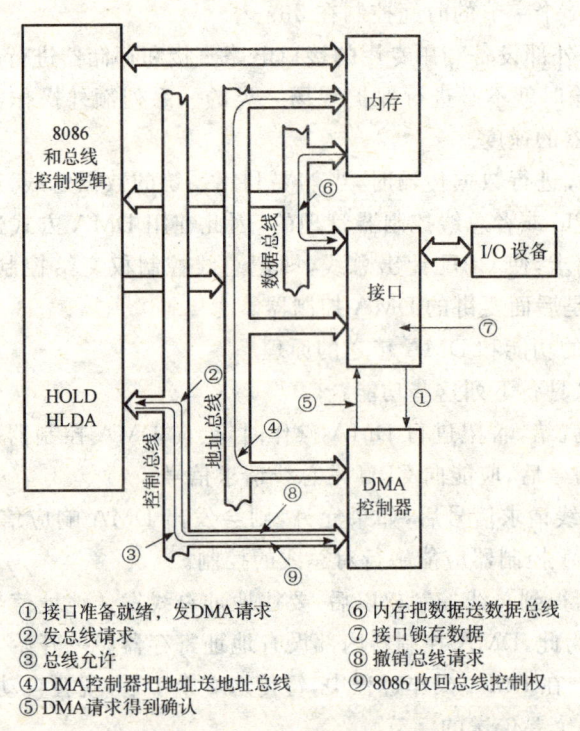

① 接口准备就绪,发 DMA 请求 ⑥ 内存把数据送数据总线
② 发总线请求   ⑦ 接口锁存数据
③ 总线允许   ⑧ 撤销总线请求
④ DMA 控制器把地址送地址总线   ⑨ 8086 收回总线控制权
⑤ DMA 请求得到确认

图 6-7 用 DMA 方式传输单个数据(输出过程)

不管是单个数据传输,还是连续传输,下一次传输总是用紧挨着的内存单元。在 DMA 传输期间,DMA 控制器要提供所访问的内存单元地址,所以从结构上看,DMA 控制器内部,一定有 1 个寄存器用来存放下一个要访问的内存单元的地址。另外,DMA 控制器还必须知道什么时候结束数据传输,所以它内部也必然有一个作为计数器的寄存器。图 6-8 给出了 DMA 控制器的内部最小配置和接口要求。从图中可看到,DMA 控制器内部含有 1 个控制寄存器、1 个状态寄存器、1 个地址寄存器和 1 个字节计数器。除了状态寄存器外,其它寄存器在块传输前都要进行初始化。每传输 1 个字节以后,地址寄存器的内容加 1(或者减 1——这决定于

DMA 控制器的设计),字节计数器减 1。当然,在进行字传输时,地址寄存器和字节计数器以 2 为修改量。

如果从接口往内存传输一个数据块,使用 DMA 方式时,系统将按照下面的过程动作:

(1) 接口往 DMA 控制器发一个 DMA 请求;

(2) DMA 控制器发总线请求,然后得到 CPU 送来的 DMA 允许信号,从而得到总线控制权;

(3) DMA 控制器中地址寄存器的内容送到地址总线上;

(4) DMA 控制器往接口发一个确认 DMA 传输的信号,以便通知接口将数据送到数据总线(如果是输出过程,则此信号通知接口去锁住总线上出现的下一个数据);

(5) 数据送到地址总线所指出的内存单元;

(6) 地址寄存器的值加 1;

(7) 字节计数器的值减 1;

(8) 如字节计数器的值不为 0,则回到第一步;否则结束。

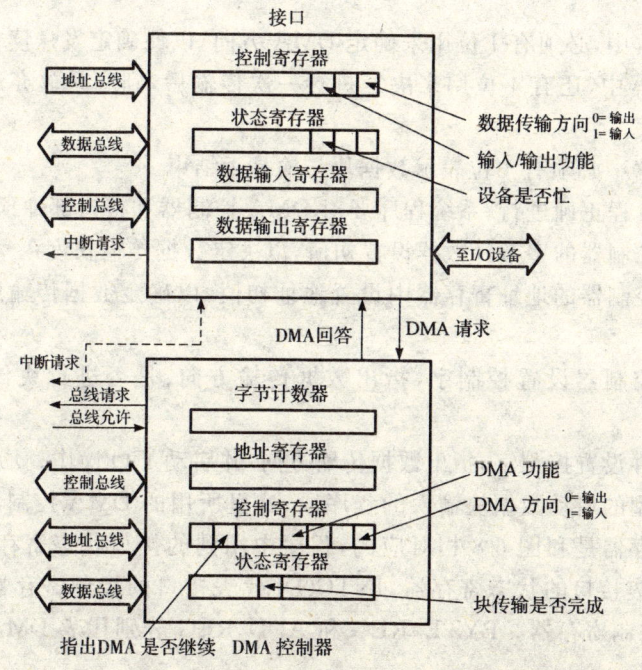

图 6-8 DMA 控制器的内部最小配置和接口要求

从图 6-8 中看到,DMA 控制器连有双向地址线,而接口的地址线却是单向的。这是因为 DMA 控制器可以控制总线,当它得到总线控制权时,可以把地址送到地址总线上,而接口却只能接收端口地址。

另外,双向的数据总线既连到接口,也连到 DMA 控制器。读者会问:既然只有接口才能和内存传送数据,为什么 DMA 控制器还要与数据总线相连呢?这是因为 CPU 要和 DMA 控制器的各个寄存器通信,具体地说,往 DMA 控制器设置控制字、设置地址初值和计数初值以及读取状态字,这些都要通过数据总线来进行。

考虑到接口一般可以双向工作,即它所连的设备既能执行输入操作,又能执行输出操作(如磁记录设备),所以对接口提出下列要求:

(1) 控制寄存器中必须有 1 位用来指出数据传输方向,这样,当 DMA 控制器控制总线时,就能判断是进行输入还是输出;

(2) 控制寄存器中必须有 1 位用来启动 I/O 操作,通过这 1 位的设置来启动外部设备的动作;

(3) 状态寄存器中必须有 1 位用来指出设备当前是否处于忙状态。

对于 DMA 控制寄存器,也提出了一些要求,具体如下:

(1) 控制寄存器中,专门有 1 位作为 DMA 允许位,用来控制是否确认来自接口的 DMA 请求;

(2) 控制寄存器中,必须有 1 位用来确定 DMA 方向,以便确定发送读信号还是写信号;

(3) 控制寄存器中,还有 1 位用来决定进行一次传输后,到底是放弃还是维持对总线的控制;

(4) 状态寄存器中必须有 1 位表示数据块传输是否结束。

为了使 DMA 过程正确进行,系统程序要对 DMA 控制器和接口部件预置下面这些信息:

(1) 往 DMA 控制器的字节计数器设置初值,以决定数据传输长度;

(2) 往 DMA 控制器的地址寄存器中设置地址初值,以确定数据传输所用的存储区域的首地址;

(3) 对 DMA 控制器设置控制字,指出数据传输方向、是否进行块传输,并启动 DMA 操作;

(4) 对接口部件设置控制字,指出数据传输方向,并启动 I/O 操作。

下面是一个典型的启动数据块输入的程序段,这里所用的 DMA 控制器中的控制寄存器和接口中的控制寄存器是和图 6-8 相对应的,程序中用到的接口状态寄存器也与此图对应。标号 INTSTAT 代表接口的状态寄存器,INTCON 代表接口的控制寄存器,DMACON 代表 DMA 控制器中的控制寄存器。BYTE_REG 和 ADD_REG 分别代表 DMA 控制器的字节计数器和地址寄存器。

控制寄存器和状态寄存器所用的一些数位含义如下:

INTSTAT 的第 2 位——I/O 设备的忙位;

INTCON 的第 0 位——数据传输方向,如为 1,则为输入;如为 0,则为输出;

INTCON 的第 2 位——接口允许位,如为 1,则启动 I/O 操作;

DMACON 的第 0 位——传输方向控制,如为 1,则为输入;如为 0,则为输出;

DMACON 的第 3 位——DMA 控制器允许位,本位为 1 时,可接收 DMA 请求;

DMACON 的第 6 位——如 2 次 DMA 传输之间,DMA 控制器放弃对总线的控制,则为 0;否则为 1。

程序如下:

```
IDLE:   IN    AL,INTSTAT        ; 检测设备是否处于忙状态,如是,则等待
        TEST  AL,04
        JNZ   IDLE
        MOV   AX,COUNT          ; 设置计数值
        OUT   BYTE_REG,AX
        LEA   AX,BUFFER         ; 设置地址初值
        OUT   ADD_REG,AX
        MOV   AL,DMAC           ; 取原 DMA 控制字
        OR    AL,49H            ; 设置方向、块传输和允许标志
        OUT   DMACON,AL         ; 设置 DMA 控制字
        MOV   AL,INTC           ; 设置接口的传输方向及允许标志
        OR    AL,05H
        OUT   INTCON,AL         ; 设置接口的控制字
        ⋮
```

数据块传输结束以后,通常需要后续处理。后续处理可以由主程序来完成,也可以由中断处理程序完成。

在数据块传输结束时,DMA 控制器的状态寄存器中有一个传输结束标志位被置 1,同时,DMA 控制器会从引腿上送出一个传输结束信号。因此,一方面,主程序可以通过对状态位的检测来判断块传输是否结束,从而决定是否转入相应的后续处理;另一方面,也可以将 DMA 控制器输出的结束信号作为中断请求信号,此时,中断请求信号可以送到总线控制逻辑电路,也可以送到接口,由接口重新设置对总线控制逻辑电路的中断请求(见图 6-8)。要注意一点,DMA 控制器并不能提供中断类型号,所以,如果中断请求信号直接送到总线控制逻辑电路,那么,总线控制逻辑中应包括中断管理电路。

接口和 DMA 控制器都有状态寄存器,用来记录传输过程中的重要信息,当然具体的信息含义决定于设计。但是无论用什么设计方案,状态寄存器中一定会有一位用来指出是否发生传输错误。在传输结束或者中途出了某种问题而退出传输后,后续程序必须检测状态寄存器的内容而获得必要的信息,从而决定是否重新输入刚才的数据以及打印出错信息。

如果一个 DMA 控制器连接了几个接口,那么,DMA 控制器内部还要增加某些寄存器的数目。比如,如果几个接口同时执行数据块传输,那么,就要有相应于每个接口所用的地址寄

存器和字节计数器。另外，DMA 控制器必须在控制寄存器中规定一些数位，用来作为对应于各接口的 DMA 允许位。DMA 控制器的状态寄存器中也要规定一些位，它们分别指出哪些接口完成了 DMA 传输。这样，尽管 DMA 控制器只用一个引脚输出告示 DMA 完成的信号，但是通过程序对状态位的检测仍可确定是哪个接口完成了 DMA 传输。除此以外，在多个接口连接 DMA 控制器时，DMA 控制器还必须能够对来自各接口的 DMA 请求进行优先级排队。

3. DMA 控制器的工作特点

据前所述，可以归纳出 DMA 控制器的一些工作特点。它一方面是一个接口电路，因为它也有 I/O 端口地址，CPU 可以通过端口地址对 DMA 控制器进行读/写操作，以便对 DMA 控制器进行初始化或读取状态。另一方面，DMA 控制器在得到总线控制权以后，能够控制系统总线，它可以提供一系列控制信号，像 CPU 一样操纵外设和存储器之间的数据传输，所以，DMA 控制器又不同于一般的接口电路。

在 DMA 控制器控制数据传输时，也有不同于其它情况的传输特点。在程序传送和中断式传送时，都是由 CPU 执行输入/输出指令实现和外设的数据交换。具体说，要通过取指令、对指令进行译码，由此而决定发出一个读信号或者写信号，CPU 才能完成一个数据传输过程。但 DMA 控制器在传输数据时不用指令，而是通过硬件逻辑电路用固定的顺序发地址和用读/写信号来实现高速数据传输。在此过程中，CPU 完全不参与，数据也不经过 CPU 而是直接在外设和存储器之间传输。

6.3 并行通信和并行接口

并行通信就是把一个字符的各数位用几条线同时进行传输。与串行通信相比，在同样的传输率下，并行通信的信息实际传输速度快、信息率高。当然，由于并行通信比串行通信所用的电缆要多，随传输距离的增加，电缆的开销会成为突出的问题，所以，并行通信总是用在数据传输率要求较高、而传输距离较短的场合。

和串行通信不同，当前对并行通信还没有标准化。通常，一次传输一个字符，不像串行通信过程那样有判断一个字符从哪儿开始、到哪儿结束的问题，也没有信息帧的组织格式问题。在并行通信中也没有对同步传输和异步传输作严格的定义，如果 CPU 用一个时序信号来管理接口和设备的动作，那么这种并行传输应看成同步传输。如果 CPU 和接口及设备之间只用应答信号，那么这种并行传输应看成异步传输。

实现并行通信的接口就是并行接口。一个并行接口可以设计为只用来作为输出接口，也可以只用来作为输入接口，此外，还可以将它设计成既作为输入又作为输出的接口。在后一种情况下，有两种方法可以采用，一种方法是利用同一个接口中的两个通路，一个作为输入通路，一个作为输出通路；另一种方法是用一个双向通路，既作为输入又作为输出。

比如，如果一个并行接口连接一个打印机，那么，这个接口只作为输出口来用。如果一个并行接口连接卡片读入机,那么,这个接口只作为输入口来用。一个既连接纸带读入机,又连接纸带穿孔机的接口应用两个分开的通路,一个作为输入通路,一个作为输出通路。在有些情况下,一个设备尽管既可输出又可输入,但是输入动作和输出动作并不是同时进行的,那么,就可以用一个双向的通路和设备相连,比如磁盘驱动器就是这样的外部设备。

图 6-9 是典型的并行接口和外设连接的示意图。图中的并行接口用一个通道和输入设备相连,用另一个通道和输出设备相连。每个通道都配有一定的控制线和状态线。

从图中可以看到,并行接口中应该有一个控制寄存器用来接收 CPU 的控制命令,有一个状态寄存器提供各种状态位供 CPU 查询。为了实现输入和输出,并行接口中还必定有相应的输入缓冲寄存器和输出缓冲寄存器。

接下来,我们讲述并行接口在输入过程和输出过程中的作用。

在输入过程中,外设将数据送给接口,并且使状态线"数据输入准备好"成为高电平。接口在把数据接收到输入缓冲寄存器中的同时,使"数据输入回答"线变为高电平,作为对外设的响应。外设接到这个回答信号后,就撤除数据和"数据输入准备好"信号。数据到达接口中后,接口会在状态寄存器中设置"输入准备好"状态位,以便 CPU 对其进行查询,接口也可以在此时向 CPU 发一个中断请求。所以,CPU 既可以用软件查询的方式,也可以用中断方式来设法读取接口中的数据。CPU 从并行接口中读取数据后,接口会自动清除状态寄存器中的"输入准备好"状态位,并且使数据总线处于高阻状态。此后,又可以开始下一个输入过程。

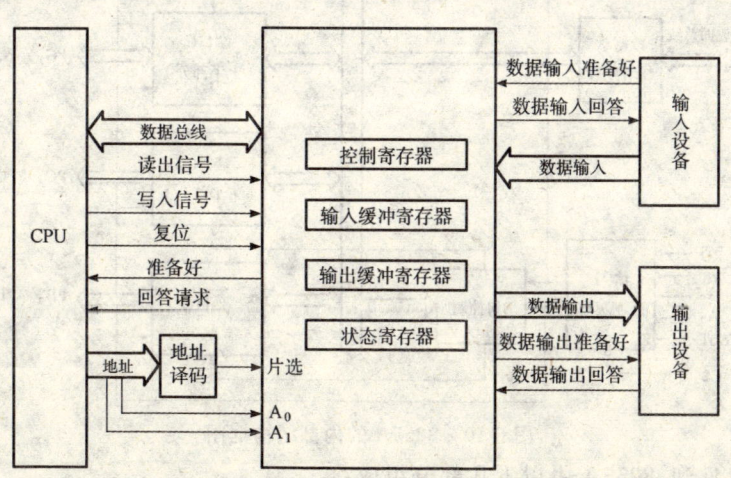

图 6-9 并行接口连接外设的示意图

在输出过程中,每当外设从接口取走一个数据之后,接口就会将状态寄存器中的"输出准备好"状态位置"1",以表示 CPU 当前可以往接口中输出数据,这个状态位可供 CPU 进行查询。此时,接口也可以向 CPU 发一个中断请求。所以,CPU 既可以用软件查询的方式,也可以用中断方式设法往接口中输出一个数据。当 CPU 输出的数据到达接口的输出缓冲寄存器中后,接口会自动清除"输出准备好"状态位,并且将数据送往外设。与此同时,接口往外设发送一个"数据输出准备好信号"来启动外设接收数据。外设受到启动后,便收取数据,并往接口发一个"数据输出回答"信号。接口收到此信号后,会将状态寄存器中的"输出准备好"状态位重新置"1",以便CPU输出下一个数据。

6.4 可编程并行通信接口 8255A

8255A 是 Intel 系列的并行接口芯片。由于它是可编程的,可以通过软件来设置从片的工作方式,所以,用 8255A 连接外部设备时,通常不需要再附加外部电路,给使用带来很大的方便。

6.4.1 8255A 的内部结构

8255A 的内部结构框图如图 6-10 所示。

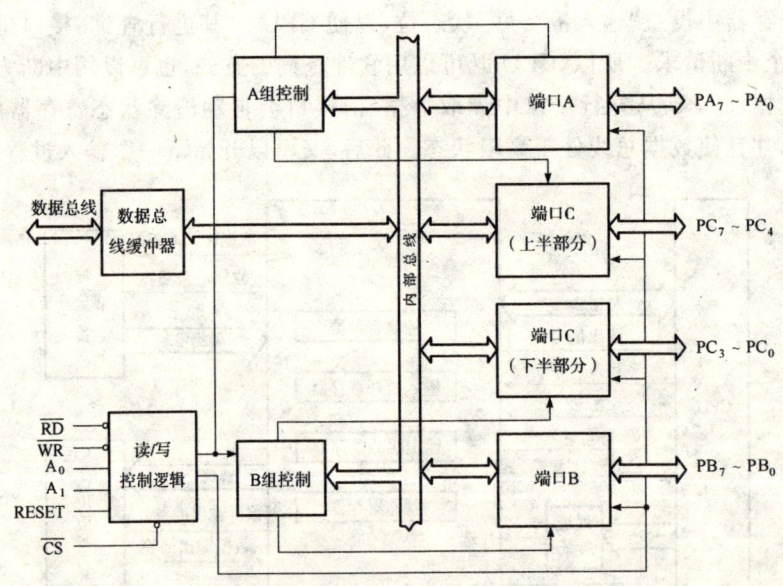

图 6-10 8255A 的内部结构框图

从图中可以见到,8255A 由以下几部分组成:

1. 数据端口 A、B、C

8255 有 3 个 8 位数据端口,即端口 A、B、C。设计人员可以用软件使它们作为输入或输出端口。不过这 3 个端口有着各自的特点。

(1) 端口 A

端口 A 对应 1 个 8 位数据输入锁存器和 1 个 8 位数据输出锁存器/缓冲器。所以,用端口

A作为输入或输出时,数据均受到锁存。

(2) 端口 B

端口 B 对应 1 个 8 位数据输入缓冲器和 1 个 8 位数据输出锁存器/缓冲器。

(3) 端口 C

端口 C 对应 1 个 8 位数据输入缓冲器和 1 个 8 位数据输出锁存器/缓冲器。这样,当端口 C 作为输入端口时,对数据不作锁存,而作为输出端口时,对数据进行锁存。

在使用中,端口 A 和端口 B 常常作为独立的输入端口或者输出端口,端口 C 则配合端口 A 和端口 B 的工作。具体地讲,端口 C 常常通过控制命令被分成 2 个 4 位端口,每个 4 位端口包含 1 个 4 位的输入缓冲器和 1 个 4 位的输出锁存器/缓冲器,它们分别用来为端口 A 和端口 B 提供控制信号和状态信号。

2. A 组控制和 B 组控制

这两组控制电路一方面接收芯片内部总线上的控制字,一方面接收来自读/写控制逻辑电路的读/写命令,据此而决定两组端口的工作方式和读/写操作。

A 组控制电路控制端口 A 和端口 C 的高 4 位($PC_7 \sim PC_4$)的工作方式和读/写操作。

B 组控制电路控制端口 B 和端口 C 的低 4 位($PC_3 \sim PC_0$)的工作方式和读/写操作。

3. 读/写控制逻辑电路

读/写控制逻辑电路负责管理 8255A 的数据传输过程。它接收$\overline{CS}$及来自系统地址总线的信号 A_1、A_0(在 8086 系统中为 A_2、A_1)和控制总线的信号 RESET、$\overline{WR}$、$\overline{RD}$,将这些信号进行组合后,得到对 A 组控制部件和 B 组控制部件的控制命令,并将命令发给这两个部件,以完成对数据、状态信息和控制信息的传输。

4. 数据总线缓冲器

这是一个双向三态的 8 位数据缓冲器,8255A 正是通过它与系统数据总线相连。输入数据、输出数据、CPU 发给 8255A 的控制字都是通过这个缓冲器传递的。

6.4.2 8255A 的芯片引腿信号

图 6-11 是 8255A 的芯片引脚信号。除了电源和地以外,其他信号可以分为两组:

1. 和外设相连的引脚信号

$PA_7 \sim PA_0$:A 组数据信号

$PB_7 \sim PB_0$:B 组数据信号

$PC_7 \sim PC_0$:C 组数据信号

2. 和 CPU 相连的引脚信号

RESET:复位信号,低电平有效。当 RESET 信号来到时,所有内部寄存器都被清除,同时,3 个数据端口被自动设为输入端口。

$D_7 \sim D_0$:它们是 8255A 的数据线,和系统数据总线相连。

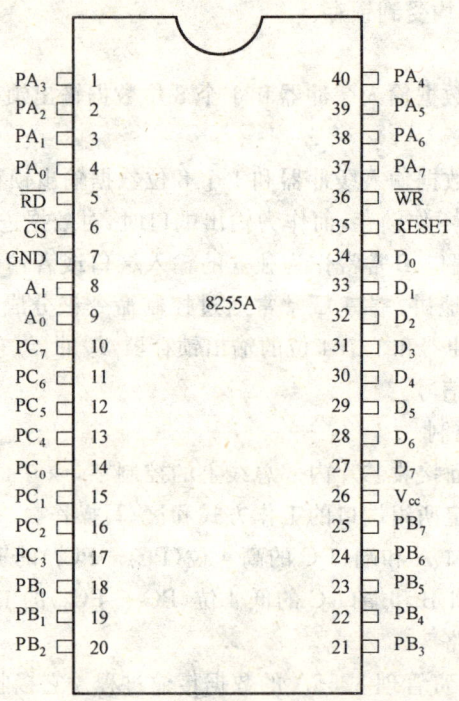

图 6-11　8255A 的芯片引脚信号

$\overline{CS}$：芯片选择信号，低电平有效。在一个系统中，一般根据全部接口芯片来分配若干较低位地址（比如 A_5、A_4、A_3）组成各种芯片选择码，当这几位地址组成某一个代码时，译码器便往 8255A 的 $\overline{CS}$ 端输出一个低电平，于是，8255A 被选中。只有当 $\overline{CS}$ 有效时，读信号 $\overline{RD}$ 和写信号 $\overline{WR}$ 才对 8255A 有效。

$\overline{RD}$：芯片读出信号，低电平有效。当 $\overline{RD}$ 有效时，CPU 可以从 8255A 中读取输入数据。

$\overline{WR}$：芯片写入信号，低电平有效。当 $\overline{WR}$ 有效时，CPU 可以往 8255A 中写入控制字或数据。

A_1、A_0：端口选择信号。8255A 内部有 3 个数据端口和 1 个控制端口，共 4 个端口。规定当 A_1、A_0 为 00 时，选中 A 端口；为 01 时，选中 B 端口；为 10 时，选中 C 端口；为 11 时，选中控制口。

在 8086 系统中，采用 16 位数据总线，进行数据传输时，CPU 总是将低 8 位数据送往偶地址端口，而将高 8 位数据送往奇地址端口；反过来，从偶地址端口取得的数据总是通过低 8 位数据线传送到 CPU，从奇地址端口取得的数据总是通过高 8 位数据线送到 CPU，所以，当 8255A 的 $D_7 \sim D_0$ 接到系统总线的低 8 位时（为了硬件上连接的方便，实际系统中常常这样连接），从 CPU 一边看来，要求 8255A 的 4 个端口地址必须全为偶地址。为了既满足这个要求，又满足 8255A 本身规定 4 个端口地址为 00、01、10、11 的要求，所以，在 8086 系统中，将

8255A 的 A_1 端和地址总线的 A_2 相连,而将 8255A 的 A_0 端和地址总线的 A_1 相连,并且,CPU 在对 8255A 的端口进行访问时,将地址的 A_0 位总是设置为 0。

概括起来,8255A 的几个控制信号和传输动作之间的关系如表 6-1 所示。

表 6-1　8255A 的控制信号和传输动作的对应关系

$\overline{CS}$	A_1	A_0	$\overline{RD}$	$\overline{WR}$	传输说明
0	0	0	0	1	数据从端口 A 送数据总线
0	0	1	0	1	数据从端口 B 送数据总线
0	1	0	0	1	数据从端口 C 送数据总线
0	0	0	1	0	数据从数据总线送端口 A
0	0	1	1	0	数据从数据总线送端口 B
0	1	0	1	0	数据从数据总线送端口 C
0	1	1	1	0	如 D_7 为 1,则由数据总线往控制寄存器写入控制字;如 D_7 为 0,则由数据总线输入的数据作为对 C 端口的置位/复位命令
1	×	×	×	×	$D_7 \sim D_0$ 进入高阻状态
0	1	1	0	1	非法的信号组合
0	×	×	1	1	$D_7 \sim D_0$ 进入高阻状态

6.4.3　8255A 的控制字

8255A 可以通过指令在控制端口中设置控制字来决定它的工作。

控制字分为两类。

一类是芯片各端口的方式选择控制字,它可以使 8255A 的 3 个数据端口工作在不同的工作方式。方式选择控制字总是将 3 个数据端口分为两组来设定工作方式,即端口 A 和端口 C 的高 4 位作为一组,端口 B 和端口 C 的低 4 位作为一组。

另一类是 C 端口按位置 1/置 0 控制字,它可以使 C 端口中的任何一位进行置位或复位。

方式选择控制字的第 7 位总是 1,而端口 C 置 1/置 0 控制字的第 7 位总是 0,8255A 正是通过这一位来识别这两个同样写入控制端口中的控制字到底是哪一个,所以,第 7 位称为标识位。1 称为方式选择控制字的标识符,0 称为 C 端口按位置 1/置 0 控制字的标识符。

下面,我们对它们的格式作一个具体的讲述。

1. 方式选择控制字

方式选择控制字的格式如图 6-12 所示。

对 8255A 的方式选择控制字,我们作下面几点说明:

(1) 8255A 有 3 种基本工作方式:

方式 0:基本的输入/输出方式

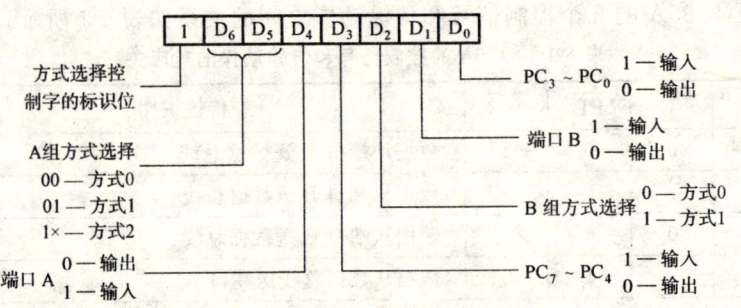

图 6-12　8255A 的方式选择控制字

方式 1：选通的输入/输出方式

方式 2：双向传输方式

(2) 端口 A 可以工作在 3 种工作方式中的任何一种，端口 B 只能工作在方式 0 或方式 1，端口 C 则常常配合端口 A 和端口 B 工作，为这两个端口的输入/输出传输提供控制信号和状态信号。可见，只有端口 A 能工作在方式 2。

(3) 归为同一组的两个端口可以分别工作在输入方式和输出方式，并不要求同为输入方式或同为输出方式。而一个端口具体到底作为输入端口还是输出端口，这也由方式选择控制字来决定。

为了说明方式选择控制字的具体使用，举例如下。

设一个 8086 系统中有两个 8255A 芯片 J_1 和 J_2，如图 6-13 所示。

从图中可以见到，两个 8255A 的 A_1、A_0 端分别和系统地址总线的 A_2、A_1 端相连，而 $\overline{RESET}$、$\overline{RD}$、$\overline{WR}$ 以及数据端也都分别连在一起，然后与系统的有关信号端相连，系统仅靠 $\overline{CS}$ 端来区分当前是对 J_1 还是 J_2 进行访问。

J_1 和 J_2 的片选信号 $\overline{CS}$ 通过 3－8 译码器 74LS138 来供给。74LS138 的输入信号为地址码 A_5、A_4、A_3，由这 3 位地址可以构成 8 组代码，从而可以作为 8 个接口芯片的片选信号。当 A_5、A_4、A_3 为某两组代码时，$\overline{Y_4}$ 或者 $\overline{Y_5}$ 端输出为低电平，从而使 J_1 或 J_2 得到了有效的片选信号而被选中。

74LS138 的 3 个控制端 G_1、$\overline{G_2}$、$\overline{G_3}$ 中，一个控制端接地，另一个控制端接地址总线的 A_8，还有一个控制端接芯片分组译码器的输出端，芯片分组译码器在图中未画出来。分组译码器实际上是比片选译码器高一层次的译码器。多级译码的方法常用在外接芯片较多的系统中。

两片 8255A(J_1、J_2)接口芯片的端口名称、端口地址和工作方式如表 6-2 所示。

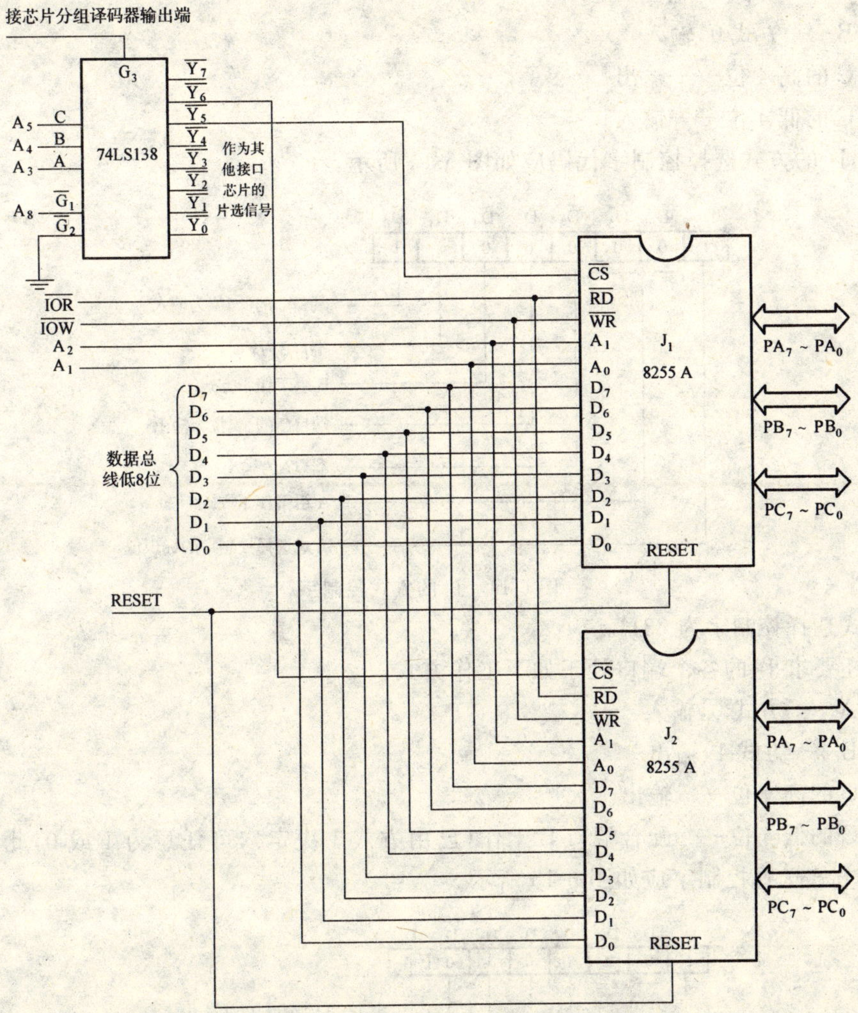

图 6-13 两片 8255A 在 8086 系统中的连接

表 6-2 此 8086 系统中两片 8255A 的端口地址

芯片	端口名称	地址(16进制)	芯片	端口名称	地址(16进制)
J_1 (8255A)	端口 A	00E0	J_2 (8255A)	端口 A	00E8
	端口 B	00E2		端口 B	00EA
	端口 C	00E4		端口 C	00EC
	控制口	00E6		控制口	00EE

如果我们要求 J_1 的各个端口处于如下工作方式:

端口 A——方式 0,输出
端口 B——方式 0,输入
端口 C 的高 4 位——输出
端口 C 的低 4 位——输入

于是,J_1 的方式选择控制字代码应如图 6-14 所示。

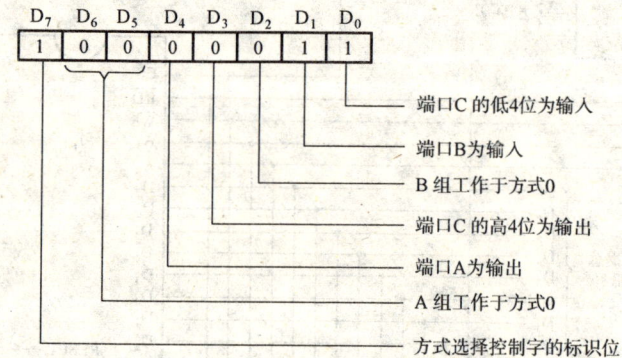

图 6-14　J_1 的方式控制字

即方式选择控制字为 83H。

我们还要求 J_2 的各个端口处于如下工作方式:

端口 A——方式 0,输入
端口 B——方式 1,输出
端口 C 的高 4 位——输出
端口 C 的低 4 位——配合端口 B 工作(已由方式 1 决定),可任意为 1 或 0,此处设为 0。

于是 J_2 的方式选择控制字应如图 6-15 所示。

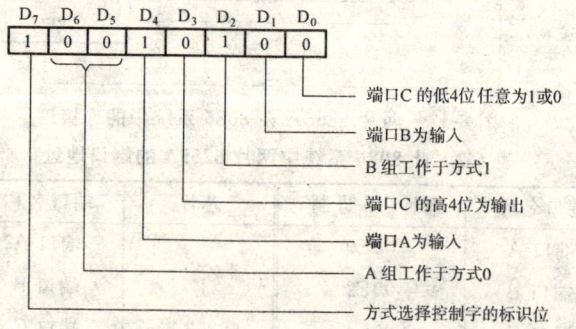

图 6-15　J_2 的方式控制字

即 J_2 的方式选择控制字为 94H。

利用下面 6 条指令就可以为 J_1、J_2 这两个 8255A 设置方式选择控制字(它们的控制口地址分别为 00E6H 和 00EEH)。

```
MOV     AL,83H              ；对第一片 8255A 设置方式选择控制字
MOV     DX,00E6H
OUT     DX,AL
MOV     AL,94H              ；对第二片 8255A 设置方式选择控制字
MOV     DX,00EEH
OUT     DX,AL
```

2. 端口 C 置 1/置 0 控制字

端口 C 的数位常常作为控制位使用，所以，在设计 8255A 芯片时，应使得端口 C 中的各数位可以用置 1/置 0 控制字单独设置。

当 8255A 接收到写入控制口的控制字时，就会对最高位即标志位进行测试。如为 1，则将此字节作为方式选择控制字写入控制寄存器；如为 0，则此字节就作为对端口 C 的置 1/置 0 控制字来处理。

端口 C 置 1/置 0 控制字的具体格式如图 6-16 所示。

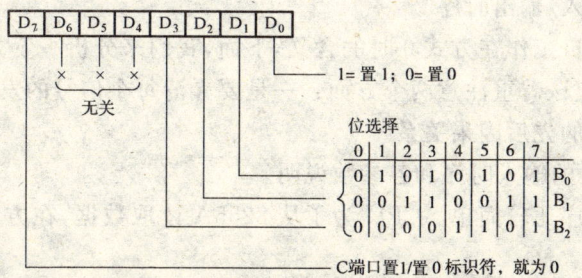

图 6-16　端口 C 置 1/置 0 控制字

对 C 端口置 1/置 0 控制字，我们作如下几点说明：

① C 端口置 1/置 0 控制字尽管是对端口 C 进行操作，但此控制字必须写入控制口，而不是写入 C 端口。

② 置 1/置 0 控制字的 D_0 位决定了是置 1 操作还是置 0 操作。如为 1，则对端口 C 中某一位置 1，如为 0，则置 0。

③ 置 1/置 0 控制字的 D_3、D_2、D_1 位决定了对 C 端口中的哪一位进行操作。

④ 置 1/置 0 控制字的 D_6、D_5、D_4 位可为 1，也可为 0，它们不影响置 1/置 0 操作。D_7 位必须为 0，它是对 C 端口置 1/置 0 控制字的标识符。

比如，要求对端口 C 的 PC_7 位置 1，则控制字为 00001111B，即 0FH；而端口 C 的 PC_3 要求置 0，则控制字为 00000110B，即 06H。

6.4.4 8255A 的工作方式

前面已经提到,8255A 的端口 A 可以在方式 0、方式 1、方式 2 这三种方式下工作,而端口 B 只能在方式 0 和方式 1 这两种方式下工作。此外,我们也说明了端口的工作方式是由方式选择控制字决定的。

下面,介绍三种工作方式的具体含义。

1. 方式 0

(1) 方式 0 的工作特点

方式 0 也叫基本输入/输出方式。在这种方式下,端口 A 和端口 B 可以通过方式选择字规定为输入口或者输出口,端口 C 分为 2 个 4 位端口,高 4 位为一个端口,低 4 位为一个端口。这两个 4 位端口也可由方式选择字规定为输入口或输出口。

概括地说,方式 0 的基本特点如下:

① 任何一个端口可作为输入口,也可作为输出口,各端口之间没有规定必然的关系。

② 各个端口的输入或输出,可以有 16 种不同的组合,所以可以适用于多种使用场合。

(2) 方式 0 的输入/输出时序

为了了解一个端口工作在方式 0 时的含义,下面,我们来分析一下方式 0 的时序关系。

在分析时序时,应该着重注意两个方面:一是要弄清每个信号的发出者和承受者;二是要弄明白各个信号之间的先后因果关系。

图 6-17 是方式 0 的输入时序和各参数说明。

方式 0 的输入时序比较简单。CPU 为了从 8255A 读取数据,在方式 0 下,首先要满足两个条件:

① 要求 CPU 在发出读信号前,先发出地址信号,从而使 8255A 的片选信号$\overline{CS}$和端口选择信号 A_1、A_0 有效,于是,8255A 得到启动。

② 要求 CPU 在发出读信号前,外设已经将数据送到 8255A 的输入缓冲器中,即输入数据要领先于读信号。

CPU 在发出地址信号以后,至少经过 t_{AR} 时间,便发出读信号$\overline{RD}$。8255A 在读信号有效以后,经过 t_{RD} 时间,就可以使数据在数据总线上得到稳定。不过,这里有 3 个要求:

① 在整个读出期间,地址信号保持有效。

② 输入数据必须保持到读信号结束后才消失。

③ 要求读脉冲的宽度至少为 300 ns。

在 8086 系统中,由于配备地址锁存器,所以,前一个要求自然得到满足。

对于第二个要求,则要由输入设备给予满足。由于方式 0 时对输入数据不作锁存,所以,这一要求更要给予注意。

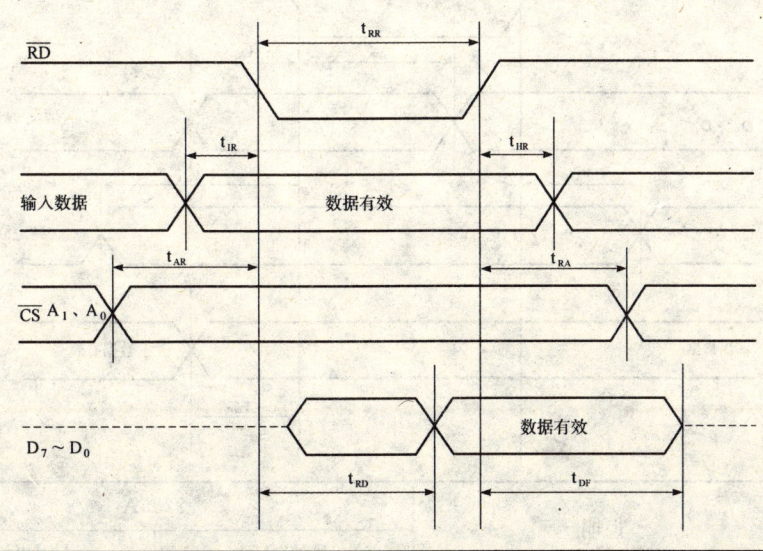

参数	说明	8255A 最小时间	8255A 最大时间
t_{RR}	读脉冲的宽度	300ns	
t_{AR}	地址稳定领先于读信号的时间	0	
t_{IR}	输入数据领先于$\overline{RD}$的时间	0	
t_{HR}	读信号过后数据继续保持时间	0	
t_{RA}	读信号无效后地址保持时间	0	
t_{RD}	从读信号有效到数据稳定的时间		250ns
t_{DF}	读信号撤除后数据保持时间	10 ns	150ns
t_{RY}	两次读操作之间的时间间隔	850ns	

图 6-17 方式 0 的输入时序

图 6-18 是方式 0 的输出时序和各参数说明。

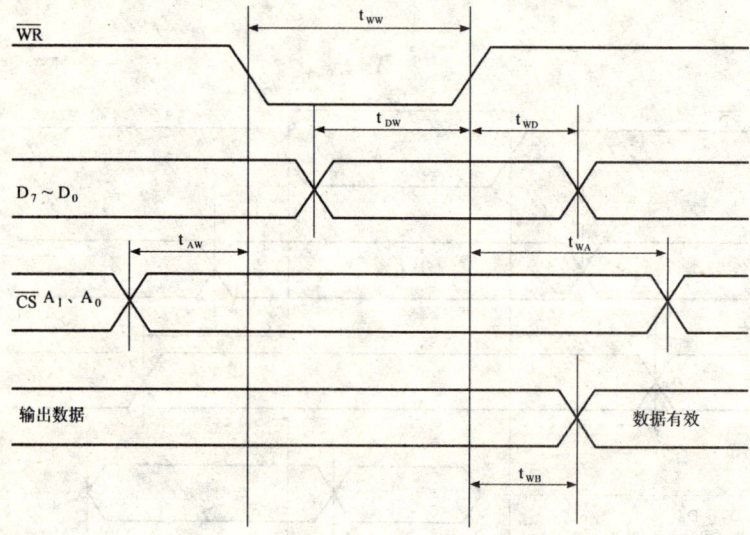

参数	说明	8255A	
		最小时间	最大时间
t_{AW}	地址稳定领先于读信号的时间	0	
t_{WW}	写脉冲的宽度	400ns	
t_{DW}	数据有效时间	100ns	
t_{WD}	数据保持时间	30ns	
t_{WA}	写信号撤除后的地址保持时间	20ns	
t_{WB}	写信号结束到数据有效的时间		350ns

图 6-18 方式 0 的输出时序

方式 0 的输出时序也比较简单。为了将数据有效地输出到 8255A，对各信号有如下要求：

① 地址信号必须在写信号前 t_{AW} 时间就有效，从而使片选信号 $\overline{CS}$、端口选择信号 A_1、A_0 有效。并且要求地址信号一直保持到写信号撤除以后再过 t_{WA} 时间才消失。

② 写脉冲宽度至少要有 400ns。

③ 数据必须在写信号结束前 t_{DW} 时间就能出现在数据总线上，且保持 t_{WD} 时间。

这样，在写信号结束后最多 t_{WB} 时间，CPU 输出的数据就可以出现在 8255A 的指定端口，从而可以送到外部设备。

(3) 方式 0 的使用场合

方式 0 的使用场合有两种，一种是同步传送，另一种是查询式传送。

在同步传送时，发送方和接收方的动作由一个时序信号来管理，所以，双方互相知道对方的动作,不需要应答信号,也就是说,CPU 不需要查询外设的状态。这种情况下,对接口的要求很简单,只要能传送数据就行了。因此,在同步传输下使用 8255A 时,3 个数据端口可以实现三路数据传输。

查询式传输时,需要有应答信号。但是,在方式 0 情况下,没有规定固定的应答信号,所以,这时,将端口 A 和端口 B 作为数据端口,把端口 C 的 4 个数位(高 4 位或者低 4 位均可)规定为输出口,用来输出一些控制信号,再把端口 C 的另外 4 个数位规定为输入口,用来读入外设的状态。就是这样,利用端口 C 来配合端口 A 和端口 B 的输入/输出操作。

2. 方式 1

(1) 方式 1 的工作特点

方式 1 也叫选通的输入/输出方式。和方式 0 相比最重要的差别是 A 端口和 B 端口用方式 1 进行输入/输出传输时,要利用端口 C 提供的选通信号和应答信号,而这些信号与端口 C 中的数位之间有着固定的对应关系,这种关系不是程序可以改变的,除非改变工作方式。

概括地讲,方式 1 有如下特点:

① 端口 A 和端口 B 可分别作为两个数据口工作在方式 1,并且,任何一个端口可作为输入口或者输出口。

② 如果 8255A 的端口 A 和端口 B 中只有一个端口工作于方式 1,那么,端口 C 中就有 3 位被规定为配合方式 1 工作的信号,此时,另一个端口可以工作在方式 0,端口 C 中的其它数位也可以工作在方式 0,即作为输入或者输出。

③ 如果 8255A 的端口 A 和端口 B 都工作在方式 1,那么,端口 C 中就有 6 位被规定为配合方式 1 工作的信号,剩下的两位,仍可作为输入或输出。

(2) 方式 1 输入情况下有关信号的规定和输入时序

当端口 A 工作在方式 1 并作为输入端口时,端口 C 的数值 PC_4 作为选通信号输入端 $\overline{STB_A}$,PC_5 作为输入缓冲区满信号输出端 IBF_A,PC_3 则作为中断请求信号输出端 $INTR_A$。

当端口 B 工作在方式 1 并作为输入端口时,端口 C 的数位 PC_2 作为选通信号输入端 $\overline{STB_B}$,PC_1 作为输入缓冲区满信号输出端 IBF_B,PC_0 作为中断请求信号输出端 $INTR_B$。

这些数位和信号之间的对应关系是在对端口设定工作方式时自动确定的,不需要程序员干预,而且,一旦确定了某个端口工作于方式 1,程序员也就无法改变端口 C 的数位与信号之间的对应关系,除非重新设置方式选择控制字。

当 8255A 的端口 A 和端口 B 都工作在方式 1 的输入情况时,端口 C 的 $PC_0 \sim PC_5$ 共 6 个数位都被定义,只剩下 PC_6、PC_7 这两位还未用。此时,方式选择控制字的 D_3 位用来定义 PC_6 和 PC_7 的数据传输方向。当 D_3 为 1 时,PC_6 和 PC_7 这两位作为输入来用;当 D_3 为 0 时,PC_6 和 PC_7 作为输出来用。

图 6-19 是端口 A 和端口 B 工作于方式 1 情况下作为输入端口时,各控制信号的示意图,图中还给出了应该设置的方式选择控制字。

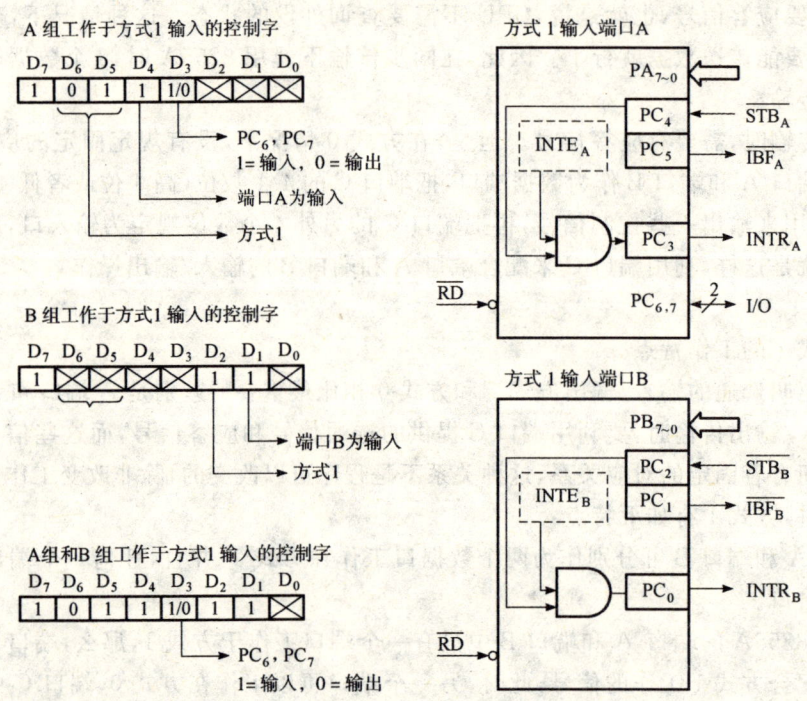

图 6-19 方式 1 时输入端口对应的控制信号

对于各控制信号，说明如下：

① $\overline{STB}$(Strobe)：这是选通信号输入端，低电平有效，它是由外设送往 8255A 的，当 $\overline{STB}$ 有效时，8255A 接收外设送来的一个 8 位数据，从而 8255A 的输入缓冲器中得到一个新的数据。

② IBF(Input Buffer Full)：这叫缓冲器满信号，高电平有效。它是 8255A 输出的状态信号，当它有效时，表示当前已有一个新的数据在输入缓冲器中，此信号一般供 CPU 查询用。IBF 信号是由 $\overline{STB}$ 信号使其置位的，而由读信号 $\overline{RD}$ 的后沿即上升沿使其复位。

③ INTR(Interrupt Request)：它是 8255A 送往 CPU 的中断请求信号，高电平有效。INTR 端在 $\overline{STB}$、IBF 均为高时被置为高电平，也就是说，当选通信号结束，从而已将一个数据送进输入缓冲器中，并且输入缓冲器满信号已为高电平时，8255A 会向 CPU 发出中断请求信号，即将 INTR 端置为高电平。在 CPU 响应中断读取输入缓冲器中的数据时，由读信号 $\overline{RD}$ 的下降沿将 INTR 降为低电平。

④ INTE(Interrupt Enable)：这叫中断允许信号，实际上，它就是控制中断允许或中断屏蔽的信号。INTE 没有外部引出端，它是由软件通过对 C 端口的置 1 指令或置 0 指令来实现对中断的控制的。具体讲，对 PC_4 置 1，则使 A 端口处于中断允许状态；对 PC_4 置 0，则使 A 端口处于中断屏蔽状态。与此类似，对 PC_2 置 1，则使 B 端口处于中断允许状态；对 PC_2 置 0，则使 B 端口处于中断屏蔽状态。当然，如果要使用中断功能，应该用软件使相应的端口处于

中断允许状态。

图 6-20 是方式 1 的输入时序。

从方式 1 的输入时序图中,可以看到,当来自外设的输入数据出现之后,选通信号接着就来到,选通信号的宽度至少要求为 500ns。

经过 t_{STB} 时间后,输入缓冲器满信号 IBF 有效①,此信号可供 CPU 查询,这为 CPU 工作在查询方式下输入数据提供了条件。

8255A 在选通信号结束以后,经过 t_{SIT} 时间,便发出中断请求信号 INTR②,这样,为 CPU 工作在中断方式下输入数据提供了条件。

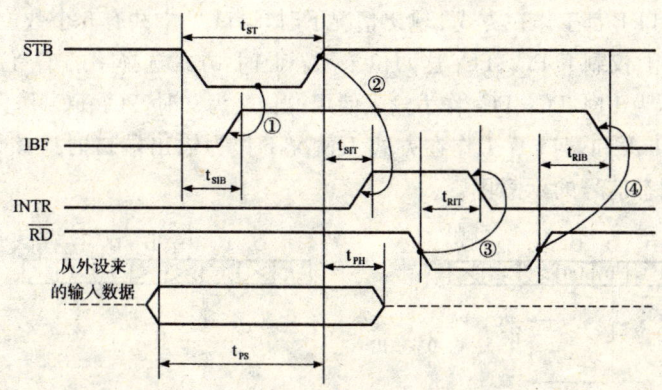

参数	说明	8255A	
		最小时间	最大时间
t_{ST}	选通脉冲的宽度	500ns	
t_{SIB}	选通脉冲有效到 IBF 有效之间的时间		300ns
t_{SIT}	$\overline{STB}$=1 到中断请求 INTR 有效之间的时间		300ns
t_{PH}	数据保持时间	180ns	
t_{PS}	数据有效到 $\overline{STB}$ 无效之间的时间	0	
t_{RIT}	$\overline{RD}$ 有效到中断请求信号撤除之间的时间		400ns
t_{RIB}	$\overline{RD}$ 为 1 到 IBF 为 0 之间的时间		300ns

图 6-20 方式 1 的输入时序

不管 CPU 是用查询方式还是中断方式,每当从 8255A 读入数据时,都会发出读信号 $\overline{RD}$。如果工作在中断方式,那么,当读信号 $\overline{RD}$ 有效以后,经过 t_{RIT} 时间,就将中断请求信号清除③。$\overline{RD}$ 信号结束之后,数据已经读到 CPU 的寄存器中,经过 t_{RIB} 时间,输入缓冲器满信号 IBF 变低④,从而可以开始下一个数据输入过程。

（3）方式 1 输出情况下有关信号的规定和输出时序

当端口 A 工作在方式 1 并作为输出端口时，端口 C 的数位 PC_7 作为输出缓冲器满信号 $\overline{OBF_A}$ 输出端，PC_6 作为外设接收数据后的响应信号 $\overline{ACK_A}$ 输入端，PC_3 则作为中断请求信号 $INTR_A$ 输出端。

当端口 B 工作在方式 1 并作为输出端口时，端口 C 的数位 PC_1 作为输出缓冲器满信号 $\overline{OBF_B}$ 输出端，PC_2 作为外设接收数据后的响应信号 $\overline{ACK_B}$ 输入端，PC_0 则作为中断请求信号 $INTR_B$ 输出端和作为输入端口时的情况一样，端口 A、端口 B 和这些信号之间的对应关系是在对 8255A 设定工作在方式 1 时自动确定的，不需要程序员干预。

当端口 A 和端口 B 都工作在方式 1 输出情况下时，端口 C 中共有 6 个数位被定义为控制信号端和状态信号端使用，仅剩下 PC_4、PC_5 这两位未用。此时，方式选择字的 D_3 位用来定义 PC_4、PC_5 的传输方向。当 D_3 为 1 时，PC_4、PC_5 作为输入使用；当 D_3 为 0 时，PC_4、PC_5 作为输出使用。

图 6-21 是端口 A 和端口 B 工作在方式 1 情况下作为输出端口时应该设置的方式选择字和各控制信号和状态信号的示意图。

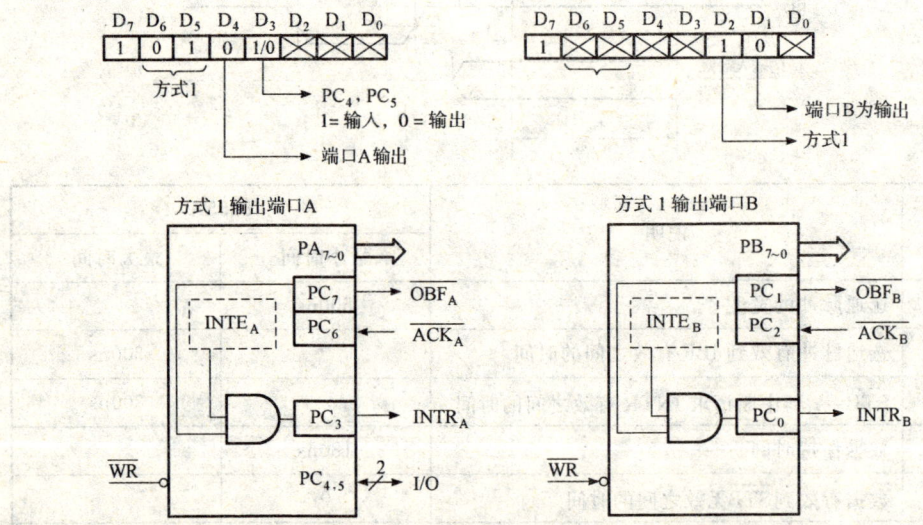

图 6-21 方式 1 时输出端口对应的控制信号和状态信号

对于方式 1 时输出端口对应的控制信号和状态信号，我们作如下说明：

① $\overline{OBF}$(Output Buffer Full)：这是输出缓冲器满信号，低电平有效。$\overline{OBF}$ 由 8255A 送给外设，当 $\overline{OBF}$ 有效时，表示 CPU 已经向指定的端口输出了数据，所以，$\overline{OBF}$ 是 8255A 用来通知外设取走数据的信号。$\overline{OBF}$ 由写信号 $\overline{WR}$ 的上升沿置成有效电平即低电平，而由 $\overline{ACK}$ 的有效信号使它恢复为高电平。

② $\overline{ACK}$(Acknowledge)：这叫外设响应信号，它是由外设送给 8255A 的，低电平有效。

当$\overline{ACK}$有效时,表明 CPU 通过 8255A 输出的数据已送到外设。

③ INTR(Interrupt Request):中断请求信号,高电平有效。当输出设备从 8255A 端口中提取数据,从而发出$\overline{ACK}$信号后,8255A 便向 CPU 发新的中断请求信号,以便 CPU 再次输出数据,所以,当$\overline{ACK}$变为高电平,并且$\overline{OBF}$也变为高电平时,INTR 便成为高电平即有效电平,而当写信号$\overline{WR}$的下降沿来到时,INTR 变为低电平即复位。

④ INTE(Interrupt Enable):中断允许信号。与端口 A、端口 B 工作在方式 1 输入情况时 INTE 的含义一样,INTE 为 1 时,使端口处于中断允许状态,而 INTE 为 0 时,使端口处于中断屏蔽状态。在使用时,INTE 也是由软件来设置的,具体地说,PC_6 为 1,则使端口 A 的 INTE 为 1,PC_6 为 0,则使端口 A 的 INTE 为 0。PC_2 为 1,使端口 B 的 INTE 为 1,PC_2 为 0,则使端口 B 的 INTE 为 0。

图 6-22 是方式 1 的输出时序。

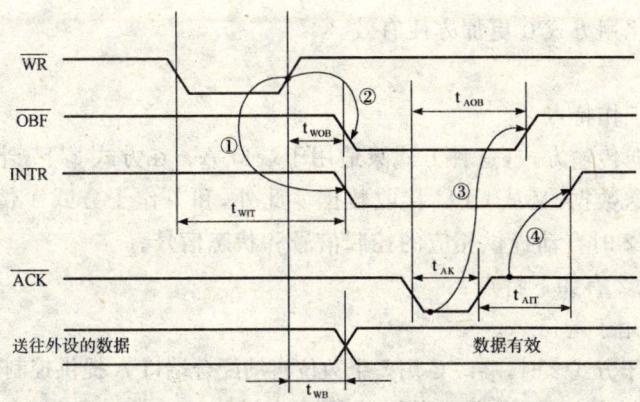

参数	说明	8255A	
		最小时间	最大时间
t_{WIT}	从写信号有效到中断请求无效的时间		850ns
t_{WOB}	从写信号无效到输出缓冲器满的时间		650ns
t_{AOB}	$\overline{ACK}$有效到$\overline{OBF}$无效的时间		350ns
t_{AK}	$\overline{ACK}$脉冲的宽度	300ns	
t_{AIT}	$\overline{ACK}$为 1 到发新的中断请求的时间		350ns
t_{WB}	写信号撤除到数据有效的时间		350ns

图 6-22 方式 1 的输出时序

工作在方式 1 的输出端口一般采用中断方式与 CPU 相联系。从方式 1 的输出时序图中,我们可以见到,CPU 响应中断以后,便往 8255A 输出数据,并发出写信号$\overline{WR}$。写信号$\overline{WR}$的上升沿一方面清除中断请求信号 INTR①,表示 CPU 已经响应了中断;另一方面,使$\overline{OBF}$有效②,通知外设接收数据。

实际上,在 CPU 发出写信号后经过 t_{WB} 时间,数据就出现在端口的输出缓冲器中。当外设接收数据后,便发一个 $\overline{ACK}$ 信号。$\overline{ACK}$ 信号一方面使 $\overline{OBF}$ 无效③,表示数据已经取走,当前输出缓冲器为空;另一方面,又使 INTR 有效④,即向 CPU 发出中断请求,从而可以开始一个新的输出过程。

(4) 方式 1 的使用场合

在方式 1 下,规定一个端口作为输入口或者输出口的同时,自动规定了有关的控制信号和状态信号,尤其是规定了相应的中断请求信号。这样,在许多采用中断方式进行输入/输出的场合,如果外部设备能为 8255A 提供选通信号或者数据接收应答信号,那么,常常使 8255A 的端口工作于方式 1 情况。

用方式 1 工作比用方式 0 更加方便有效。

3. 方式 2

(1) 方式 2 的工作特点

方式 2 也叫双向传输方式,这种方式只适用于端口 A。在方式 2 下,外设可以在 8 位数据线上,既往 CPU 发送数据,又从 CPU 接收数据。此外,和工作于方式 1 情况类似,端口 C 在端口 A 工作于方式 2 时自动提供相应的控制信号和状态信号。

概括起来,方式 2 有如下特点:

① 方式 2 只适用于端口 A。

② 端口 A 工作于方式 2 时,端口 C 用 5 个数位自动配合端口 A 提供控制信号和状态信号。

(2) 方式 2 工作时的控制信号和状态信号

当端口 A 工作于方式 2 时,端口 C 中的 $PC_3 \sim PC_7$ 共 5 个数位分别作为控制信号和状态信号端。具体对应关系如图 6-23 所示。

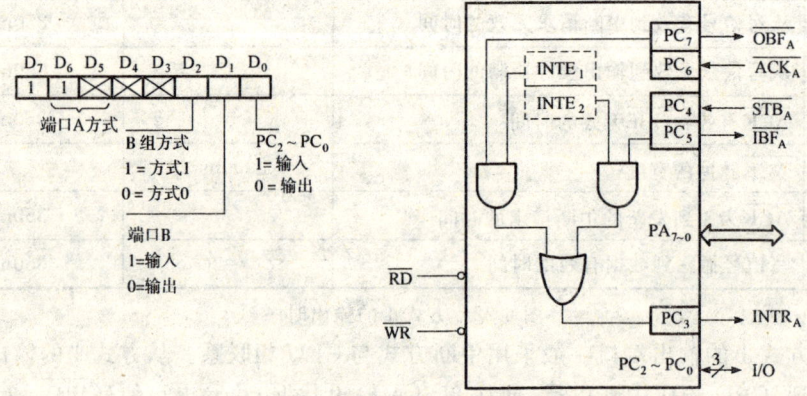

图 6-23 方式 2 的控制信号

图 6-23 中给出了 8255A 的端口 A 工作于方式 2 时的各信号和方式选择控制字格式。各控制信号和状态信号的含义如下：

① $INTR_A$(Interrupt Request)：中断请求信号，高电平有效。不管是输入动作还是输出动作，当一个动作完成，而要进入下一个动作时，8255A 都通过这一引腿向 CPU 发出中断请求信号。

② $\overline{STB_A}$(Strobe)：这是外设供给 8255A 的选通信号，低电平有效。此信号将外设送到 8255A 的数据打入输入锁存器。

③ IBF_A(Input Buffer Full)：这是 8255A 送往 CPU 的状态信息，表示当前已有一个新的数据送到输入缓冲器中，等待 CPU 取走。IBF_A 可以作为供 CPU 查询的信号。

④ $\overline{OBF_A}$(Output Buffer Full)：这是输出缓冲器满信号，实际上，它是一个由 8255A 送给外设的状态信号，低电平有效。当 $\overline{OBF_A}$ 有效时，表示 CPU 已经将一个数据写入 8255A 的端口 A，通知外设将数据取走。

⑤ $\overline{ACK_A}$(Acknowledge)：这是外设对 $\overline{OBF_A}$ 信号的响应信号，低电平有效，它使 8255A 的端口 A 的输出缓冲器开启，送出数据。否则，输出缓冲器处于高阻状态。

⑥ $INTE_1$(Interrupt Enable)：中断允许信号。$INTE_1$ 为 1 时，允许 8255A 由 INTR 往 CPU 发中断请求信号，以通知 CPU 往 8255A 的端口 A 输出一个数据；$INTE_1$ 为 0 时，则屏蔽了中断请求，这时，即使 8255A 的数据输出缓冲器空了，也不能在 INTR 端产生中断请求。$INTE_1$ 到底为 0 还是 1，这是由软件通过对 PC_6 的设置来决定的，PC_6 为 1，则 $INTE_1$ 为 1，PC_6 为 0，则 $INTE_1$ 为 0。

⑦ $INTE_2$(Interrupt Enable)：中断允许信号。当 $INTE_2$ 为 1 时，端口 A 的输入处于中断允许状态，当 $INTE_2$ 为 0 时，端口 A 的输入处于中断屏蔽状态。$INTE_2$ 是软件通过对 PC_4 的设置来决定为 1 还是为 0 的，将 PC_4 置 1 时，使 $INTE_2$ 为 1，PC_4 为 0 时，则使 $INTE_2$ 为 0。

(3) 方式 2 的时序

方式 2 的时序相当于方式 1 的输入时序和输出时序的组合。图 6-24 中画出了一个数据输出过程和一个数据输入过程的时序。实际上，当端口 A 工作在方式 2 时，输入过程和输出过程的顺序以及各自的次数是任意的。

对于输出过程，作如下说明：

CPU 响应中断，并用输出指令往 8255A 的 A 端口中写入一个数据时，会发出写脉冲信号 $\overline{WR}$。$\overline{WR}$ 信号一方面使中断请求信号 INTR 变低①，另一方面使输出缓冲区满信号 $\overline{OBF_A}$ 变低②。$\overline{OBF_A}$ 信号送往外设，外设得到此信号后，发出 $\overline{ACK_A}$ 信号③。$\overline{ACK_A}$ 使 8255A 的输出锁存器打开，从而数据便出现在 8255A 与外设之间的数据连线上④，$\overline{ACK_A}$ 信号也使输出缓冲器满信号 $\overline{OBF_A}$ 变为高电平⑤，从而可以开始下一个数据传输过程，此传输过程可能仍是一个输出过程，也可能是一个输入过程。

对于输入过程，也作如下的说明：

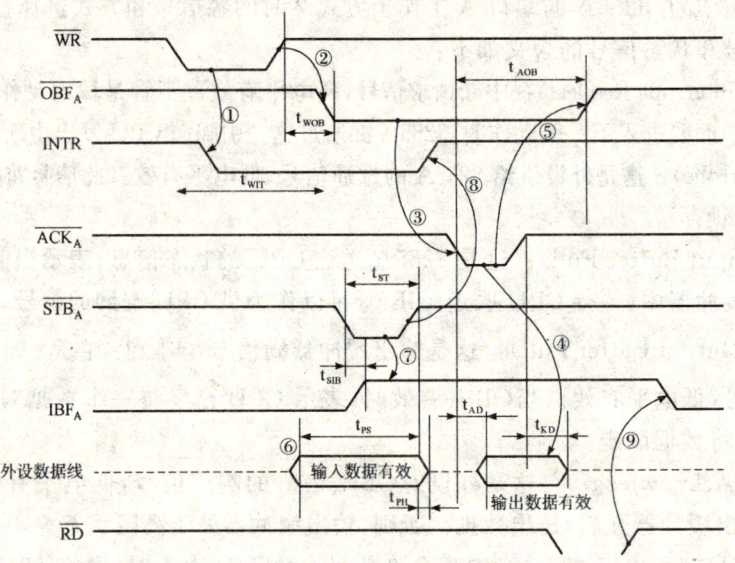

参数	说明	8255A 最小时间	8255A 最大时间
t_{ST}	选通脉冲宽度	500ns	
t_{SIB}	选通有效到 IBF_A 有效之间的时间		300ns
t_{PS}	数据有效到 $\overline{STB_A}$ 无效之间的时间	0	
t_{PH}	数据保持时间	180ns	
t_{WOB}	写信号无效到 $\overline{OBF_A}$ 有效的时间		650ns
t_{AOB}	$\overline{ACK_A}$ 有效到 $\overline{OBF_A}$ 无效的时间		350ns
t_{AD}	$\overline{ACK_A}$ 有效到数据输出的时间		350ns
t_{KD}	数据保持时间	200ns	

图 6-24 方式 2 的时序

当外设往 8255A 送来数据时⑥,选通信号 $\overline{STB_A}$ 也一起来到,选通信号将数据锁存到 8255A 的输入锁存器中,从而使输入缓冲器满信号 IBF_A 成为高电平⑦,选通信号结束时,使中断请求信号为高⑧。

当 CPU 响应中断进行读操作时,会发出读信号 $\overline{RD}$。$\overline{RD}$ 信号有效后,将数据从 8255A 读到 CPU 中,于是,输入缓冲器满信号 IBF_A 又成为低电平⑨,且中断请求信号变为低电平。

(4) 方式 2 的使用场合

方式 2 是一种双向工作方式,如果一个并行外部设备既可以作为输入设备,又可以作为输出设备,并且输入输出动作不会同时进行,那么,将这个外设和 8255A 的端口 A 相连,并使它工作在方式 2,就会非常合适。比如,磁盘驱动器就是这样一个外设,主机既可以往磁盘输出数据,也可以从磁盘输入数据,但数据输出过程和数据输入过程总是不重合的,所以,可以将磁盘驱动器的数据线与 8255A 的 $PA_7 \sim PA_0$ 相连,再使 $PC_7 \sim PC_3$ 和磁盘驱动器的控制线和状态线相连即可。

(5) 方式 2 和其他方式的组合

从方式选择控制字可以知道,当 8255A 的端口 A 工作于方式 2 时,端口 B 可以工作在方式 1,也可以工作在方式 0,而且,端口 B 可以作为输入口,也可以作为输出口。在各种组合下,端口 C 都用一定的数位配合工作。下面,我们对此作一个归纳。

① 方式 2 和方式 0 输入的组合

当端口 A 工作于方式 2,端口 B 工作于方式 0 的输入情况时,方式选择控制字如图 6-25 所示。

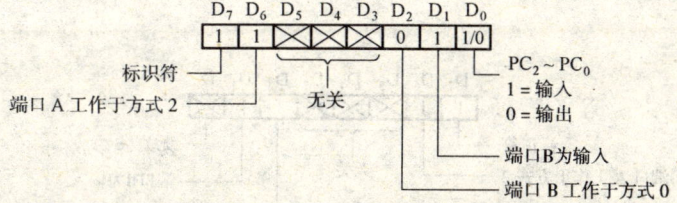

图 6-25　A 端口工作于方式 2;B 端口工作于方式 0 输入情况

在这种组合情况下,端口 C 的 $PC_7 \sim PC_3$ 配合端口 A 工作于方式 2,即:

$PC_3 = INTR_A$

$PC_4 = \overline{STB_A}$

$PC_5 = IBF_A$

$PC_6 = \overline{ACK_A}$

$PC_7 = \overline{OBF_A}$

$PC_2 \sim PC_0$ 工作于方式 0,这 3 位可以都是输入,也可以都是输出。

② 方式 2 和方式 0 输出的组合

当端口 A 工作于方式 2,端口 B 工作于方式 0 输出情况时,方式选择控制字应当如图 6-26 所示。

在这种组合下,端口 C 的 $PC_7 \sim PC_3$ 配合端口 A 的工作,即:

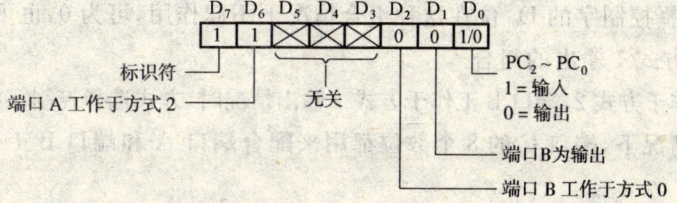

图 6-26　A 端口工作于方式 2;B 端口工作于方式 0 输出情况

$PC_3 = INTR_A$

$PC_4 = \overline{STB_A}$

$PC_5 = IBF_A$

$PC_6 = \overline{ACK_A}$

$PC_7 = \overline{OBF_A}$

从这种组合和前一种组合中,可以看到,当端口 A 工作于方式 2,端口 B 工作于方式 0 时,端口 C 只剩下 3 位($PC_2 \sim PC_0$)工作于方式 0,因为端口 A 用方式 2 工作时,借用了 PC_3 作为中断请求信号。至于 $PC_2 \sim PC_0$ 到底是作为输入还是输出,则由方式选择控制字的 D_0 位来决定,这和端口 C 低 4 位工作于方式 0 的情况一样。

③ 方式 2 和方式 1 输入的组合

当端口 A 工作于方式 2,端口 B 工作于方式 1 输入情况时,方式选择控制字应如图 6-27 所示。

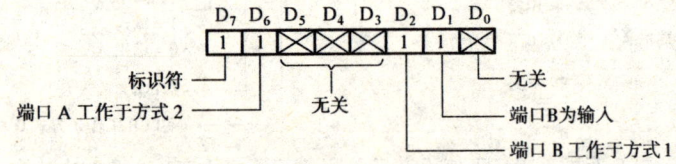

图 6-27 A 端口工作于方式 2;B 端口工作于方式 1 输入情况

在这种组合下,端口 C 的 8 个数位都配合端口 A 和端口 B 工作,具体对应关系如下:

$PC_0 = INTR_B$

$PC_1 = IBF_B$

$PC_2 = \overline{STB_B}$

$PC_3 = INTR_A$

$PC_4 = \overline{STB_A}$

$PC_5 = IBF_A$

$PC_6 = \overline{ACK_A}$

$PC_7 = \overline{OBF_A}$

所以,方式选择控制字的 D_0 位在这种组合情况下不起作用,可为 0,也可为 1。

④ 方式 2 和方式 1 输出的组合

当端口 A 工作于方式 2,端口 B 工作于方式 1 输出情况时,方式选择控制字如图 6-28 所示。

在这种组合情况下,端口 C 的 8 个数位都用来配合端口 A 和端口 B 工作,具体对应关系如下:

$PC_0 = INTR_B$

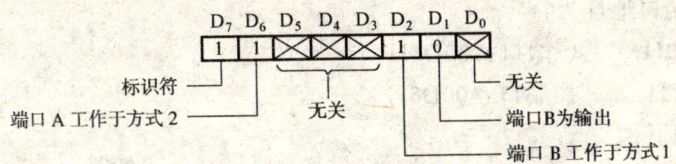

图 6-28　A 端口工作于方式 2；B 端口工作于方式 1

$PC_1 = OBF_B$
$PC_2 = \overline{ACK_B}$
$PC_3 = INTR_A$
$PC_4 = \overline{STB_A}$
$PC_5 = IBF_A$
$PC_6 = \overline{ACK_A}$
$PC_7 = \overline{OBF_A}$

6.4.5　8255A 的应用举例

【例 6-1】8255A 作为连接打印机的接口，工作于方式 0，如图 6-29 所示。

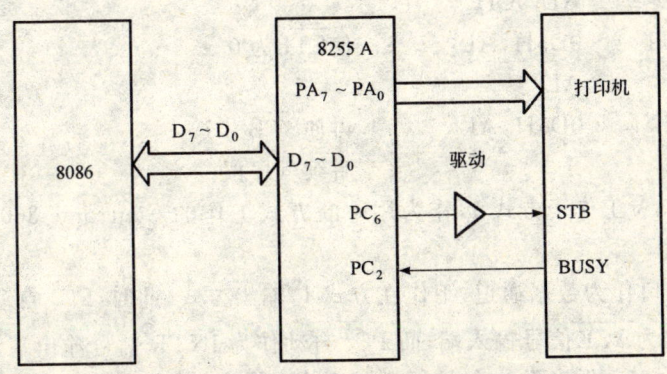

图 6-29　8255A 作为打印机接口的示意图

工作过程为：当主机要往打印机输出字符时，先查询打印机忙信号，如果打印机正在处理一个字符或正在打印一行字符，则忙信号为 1，反之，则忙信号为 0。因此，当查询到忙信号为 0 时，则可通过 8255A 往打印机输出一个字符。此时，要将选通信号 $\overline{STB}$ 置成低电平，然后再使 $\overline{STB}$ 为高电平，这样，相当于在 $\overline{STB}$ 端输出一个负脉冲（在初始状态，$\overline{STB}$ 也是高电平），此负脉冲作为选通脉冲将字符选通到打印机输入缓冲器。

现将 A 端口作为传送字符的通道，工作于方式 0，输出方式；B 端口未用；C 端口也工作于方式 0，PC_2 作为 BUSY 信号输入端，故 $PC_3 \sim PC_0$ 为输入方式，PC_0 作为 $\overline{STB}$ 信号输出端，故

$PC_7 \sim PC_4$ 为输出方式。

设 8255A 的端口地址为：

A 端口：00D0H　　C 端口：00D4H
B 端口：00D2H　　控制口：00D6H

具体程序段如下：

PP：	MOV	AL,81H	；控制字,使 A、B、C 三个端口均工作于方式 0,A 端口为输出,$PC_7 \sim PC_4$ 为输出,$PC_3 \sim PC_0$ 为输入。
	OUT	0D6H,AL	
	MOV	AL,0DH	；用置 1/置 0 方式使 PC_6 为 1,即 $\overline{STB}$ 为高电平
	OUT	0D6H,AL	
LPST：	IN	AL,0D4H	；读端口 C 的值
	AND	AL,04H	
	JNZ	LPST	；如不为 0,说明忙信号为 1,则打印机处于忙状态,故等待
	MOV	AL,CL	
	OUT	0D0H,AL	；如不忙,则把 CL 中字符送端口 A
	MOV	AL,0CH	
	OUT	0D6H,AL	；使 $\overline{STB}$ 为 0
	INC	AL	
	OUT	0D6H,AL	；再使 $\overline{STB}$ 为 1
	⋮	⋮	；后续程序段

【例 6-2】 8255A 工作于方式 1,作为用中断方式工作的 Centronic 360 字符打印机的接口,如图 6-30 所示。

8255A 的 A 端口作为数据通道,工作在方式 1,输出方式,此时,PC_7 自动作为 $\overline{OBF}$ 信号输出端,PC_6 则自动作为 $\overline{ACK}$ 信号输入端,而 PC_3 自动作为 INTR 信号输出端。

Centronic 360 打印机需要一个数据选通信号,故由 CPU 控制 PC_0 来产生选通脉冲。$\overline{OBF}$ 在这里没有用,将它悬空就行了。$\overline{ACK}$ 连接打印机 ACKNLG 端。

PC_3 连到 8259A 的中断请求信号输入端 IR_3。对应于中断类型号 0BH,此中断对应的中断向量放在 00 段 2CH、2DH、2EH、2FH 这 4 个单元中,8259A 在系统程序中已完成初始化,这部分连接图没有画出。

设 8255A 的端口地址为：

A 端口：　00C0H
B 端口：　00C2H

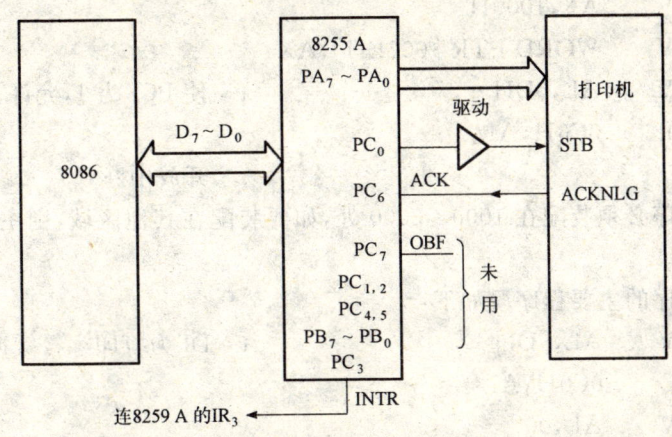

图 6-30　8255A 作为中断方式打印机接口的示意图

C 端口：　　00C4H

控制口：　　00C6H

方式控制字为 A0H,其中 $D_3 \sim D_1$ 位为任选,现取为 0,其他各位的值使 A 组工作于方式 1,A 端口为输出,PC_0 作为输出。

在实际使用时,在这个系统中由中断处理子程序完成字符输出,而主程序仅仅对 8255A 设置方式控制字、开放中断就行了。此后,就可以执行其他操作。要指出的是这里开放中断不仅是指用开中断指令 STI 使 CPU 的中断允许标志 IF 为 1,还要使 8255A 的 INTE 为 1,即让 8255A 也处于中断允许状态。

在中断处理子程序中,设字符已放在主机的字符输出缓冲区,往 A 端口输出字符后,CPU 用对 C 端口的置 1/置 0 命令使选通信号为 0,从而将数据送到打印机。当打印机接收并打印字符后,发出回答信号 $\overline{ACK}$,由此清除了 8255A 的"缓冲器满"指示,并使 8255A 产生全新的中断请求。如果中断是开放的,CPU 便响应中断,进入中断处理子程序。

下面是具体程序段：

```
MAIN:   MOV     AL,0A0H           ; 主程序段
        OUT     0C6H,AL           ; 设置 8255A 的控制字
        MOV     AL,01
        OUT     0C6H,AL           ; 使 PC₀ 为 1,即让选通无效
        XOR     AX,AX
        MOV     DS,AX             ; 设置中断向量 1000:2000 至 2C、
                                  ; 2D、2E、2F 中
        MOV     AX,2000H
        MOV     WORD PTR [002CH],AX
```

```
            MOV     AX,1000H
            MOV     WORD PTR [002EH],AX
            MOV     AL,0DH                  ; 使PC₆为1,允许8255A中断
            OUT     0C6H,AL
            STI                             ; 开放中断
```

中断处理子程序必须装配在 1000:2000 处,如要装配在其他区域,则主程序的中断向量设置要作相应变化。

中断处理子程序的主要程序段如下:

```
ROUTINTR: MOV     AL,[DI]                   ; DI为打印字符缓冲区指针
          OUT     0C0H,AL
          MOV     AL,00
          OUT     0C6H,AL                   ; 使PC₀为0,产生选通信号
          INC     AL
          OUT     0C6H,AL                   ; 使PC₀为1,撤销选通信号
          ⋮                                 ; 后续处理
          IRET                              ; 中断返回
```

第7章 中断系统

7.1 中断的基本概念

1. 什么是中断？

在 CPU 运行过程中，由于内部或外部某个随机事件的发生，使 CPU 暂停正在运行的程序，而转去执行处理引起中断事件的程序，完成后返回原来的程序继续执行。这个过程称为中断。

2. 中断服务程序。

处理中断源，完成其所要求功能的程序。

3. 为什么要用中断？

◆ 同步操作

有了中断功能，就可以使 CPU 和外设同时工作。CPU 在启动外设后，继续执行主程序，同事外设也在工作。当外设把数据准备好，就发出了中断申请，请求 CPU 的处理，处理完毕，CPU 继续执行主程序，外设继续工作。有了中断，CPU 可以允许多个外设同时工作。这样就大大提高了 CPU 的利用率。

◆ 实现实时处理

中断对于计算机的实时控制非常重要。若现场设备向 CPU 发出中断请求，若 CPU 响应中断请求，就可以立刻进行处理，这样的及时处理在查询方式下是做不到的。

◆ 故障处理

计算机在运行中会出现一些故障，如电源掉电、存储出错、运算溢出等。这时计算机可以运用中断系统自行处理，而不用停机或报告工作人员再进行处理。

7.2 8086/8088 中断系统

7.2.1 中断分类及中断类型码

中断源 引起中断的原因或发出中断请求的设备称为中断源。通常有以下几种：

● 一般的输入输出设备。如键盘、打印机。

- 数据通道中断源。如磁盘、磁带等。
- 实时时钟。通常采用外部时钟电路产生时钟,由CPU发出定时指令,让时钟电路开始工作,到规定时间后,时钟电路发出中断申请,由CPU进行处理。
- 故障源。
- 为调试程序而设置的中断源。在调试新编制的程序时而设置的中断,检验中间的结果,在程序中设置断点,也可以执行单步中断。

中断系统的功能:

实现中断及返回。若CPU响应中断,在执行中断程序以前,需要把现行的指令执行完后,利用堆栈把IP和CS值保存起来,以便中断处理完以后,使CPU返回到断点,继续执行主程序。

能实现优先权排队。当有多个中断源同时发出中断请求时,CPU能找到优先权级别最高的中断源,最先响应它的请求,处理完最高的中断请求以后,再去响应级别较低的中断请求。

高级中断源能中断低级的中断处理。如果CPU正在进行中断处理时,若有优先权级别更高的中断源发出中断申请,CPU就去响应高级中断,高级中断处理完以后,再继续执行被中断的服务程序。

7.2.2 中断的分类

共分为两类:硬件中断和软件中断。

1. 硬件中断:即通过外部的硬件产生的中断,如打印机、键盘等,有时也称为外部中断。硬件中断又可分为两类:可屏蔽中断和不可屏蔽中断。

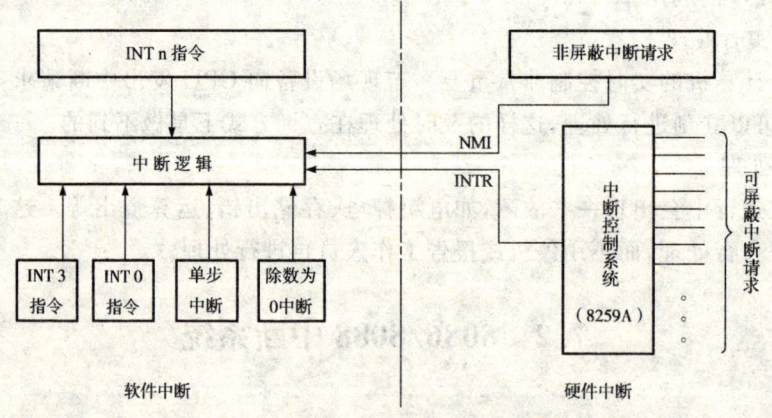

图 7-1 中断的分类

不可屏蔽中断:由NMI引脚引入,它不受中断允许标志的影响,每个系统中仅允许有一个,都是用来处理紧急情况的,如掉电处理。这种中断一旦发生,系统会立即响应。

可屏蔽中断：由 INTR 引脚引入，它受中断允许标志的影响，也就是说，只有当 IF＝1 时，可屏蔽中断才能进入，反之则不允许进入，可屏蔽中断可有多个，一般是通过优先级排队，从多个中断源中选出一个进行处理。

2. 软件中断（内部中断）：即根据某条指令或者对标志寄存器中某个标志的设置而产生，它与硬件电路无关，常见的如除数为 0，或用 INT n 指令产生。

溢出中断由 INT0 指令引起，断点中断由 INT3 指令引起，单步中断由标志 TF 引起。除法错中断由除 0 由计算结果引起的。

中断类型码 8086/8088 为每个中断源分配了一个中断类型码，其取值范围为 0～255，即可处理 256 种中断。其中包括软件中断，系统占用的中断以及开放给用户使用的中断。

7.2.3 中断向量和中断向量表

系统处理中断的方法很多，处理中断的步骤中最主要的一步就是如何根据不同的中断源进入相应的中断服务子程序，目前使用最多的就是向量式中断。

中断向量：中断服务程序的入口地址（首地址）。

中断向量表：将这些中断向量按一定的规律排列成一个表，就是所谓的中断向量表，当中断源发出中断请求时，即可查找该表，找出其中断向量，就可转入相应的中断服务子程序。

8086/8088 中断系统中的中断向量表是位于 0 段的 0～03FFH 的存储区内，每个中断向量占四个单元，其中前两个单元存放中断处理子程序的入口地址的偏移量（IP），低位在前，高位在后；后两个单元存放中断处理子程序入口地址的段地址（CS），也是低位在前，高位在后，整个中断向量的排列是按中断类型号进行的。见图 7-2。

图示给出了中断类型码与中断向量所在位置之间的对应关系。其中 00H～04H 为专用中断，05H～3FH 为系统保留中断，用户一般是不能对它们定义的（这里面有一些为固定用途，如 INT 21H 即为 MS－DOS 的系统调用），40～FF 为用户定义的中断。

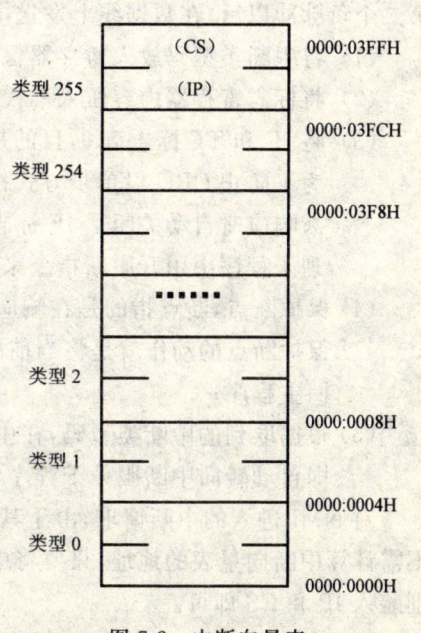

图 7-2 中断向量表

00H～04H——系统专用	10H～1FH——BIOS 用	40H～FFH——用户用
08H～0FH——硬件中断	20H～3FH——DOS 用	

中断类型号＊4 即可计算某个中断类型的中断向量在整个中断向量表中的位置。如类型

号为 20H，则中断向量的存放位置为 20H*4=80H，（设中断服务子程序的入口地址为 4030：2010，则在 0000：0080H～0000：0083H 中就应顺序放入 10H、20H、30H、40H。当系统响应 20H 号中断时，会自动查找中断向量，找出对应的中断向量装入 CS、IP，即转入该中断服务子程序。

7.2.4 中断响应过程与时序

8086/8088 对软件中断和硬件中断响应的过程是不同的，这是由于软件中断和硬件中断所产生的原因不同，下面主要讨论硬件中断的情况。

1. 硬件中断的响应过程

硬件中断指的是由 NMI 引脚进入的非屏蔽中断或由 INTR 引脚进入的可屏蔽中断。下面以可屏蔽中断为例。

CPU 在 INTR 引脚上接到一个中断请求信号，如果此时 IF=1，CPU 就会在当前指令执行完以后开始响应外部的中断请求，这时，CPU 在 $\overline{INTA}$ 引脚连续发两个负脉冲，外设在接到第二个负脉冲以后，在数据线上发送中断类型码，接到这个中断类型码后，CPU 做如下动作：

(1) 将中断类型码放入暂存器保存；

(2) 将标志寄存器内容压入堆栈，以保护中断时的状态；

(3) 将 IF 和 TF 标志清 0，目的是防止在中断响应的同时又来别的中断，而将 TF 清 0 是为了防止 CPU 以单步方式执行中断处理子程序。这时要特别提醒，因为 CPU 在中断响应时自动关闭了 IF 标志，因此用户如要进行中断嵌套时，必须在自己的中断处理子程序中用开中断指令来重新设置 IF；

(4) 保护断点，断点指的是在响应中断时，主程序当前指令下面的一条指令的地址。因此保护断点的动作就是将当前的 IP 和 CS 的内容入栈，保护断点是为了以后正确地返回主程序；

(5) 根据取到的中断类型码，在中断向量表中找出相应的中断向量，将其装入 IP 和 CS，即自动转向中断服务子程序。

对 NMI 进入的中断请求，由于其类型码固定为 2，因此 CPU 不用从外设读取类型码，也不需计算中断向量表的地址，只要将中断向量表中 0000：0008H～0000：000BH 单元内容分别装入 IP 和 CS 即可。

图 7-3 给出了 8086/8088 中断响应过程的流程图，对这个图我们做几点说明：

① 8086/8088 除软件中断外，内部"非屏蔽中断"、"可屏蔽中断"均设立有优先级，其中内中（除单步外）——即 0、1、3、4 号中断的优先级高于非屏蔽中断，非屏蔽中断高于可屏蔽中断，单步中断优先级最低。

② 只有在可屏蔽中断的情况下才判 IF=1，才取中断类型码，其余的没有这个动作。

③ 关于单步中断，它是每执行一条指令中断一次，显示出当时各寄存器的内容，供用户参

考,当进入单步中断响应时,CPU 自动清除了 TF,在中断返回后,由于恢复了响应时的标志寄存器的值,因此 TF=1,执行完一条指令后又进入单步中断,直到程序将 TF 改为 0 为止。

④ 关于中断的嵌套,NMI 总是可以响应的,若在中断处理子程序中设立了开中断指令,INTR 的请求也能响应。

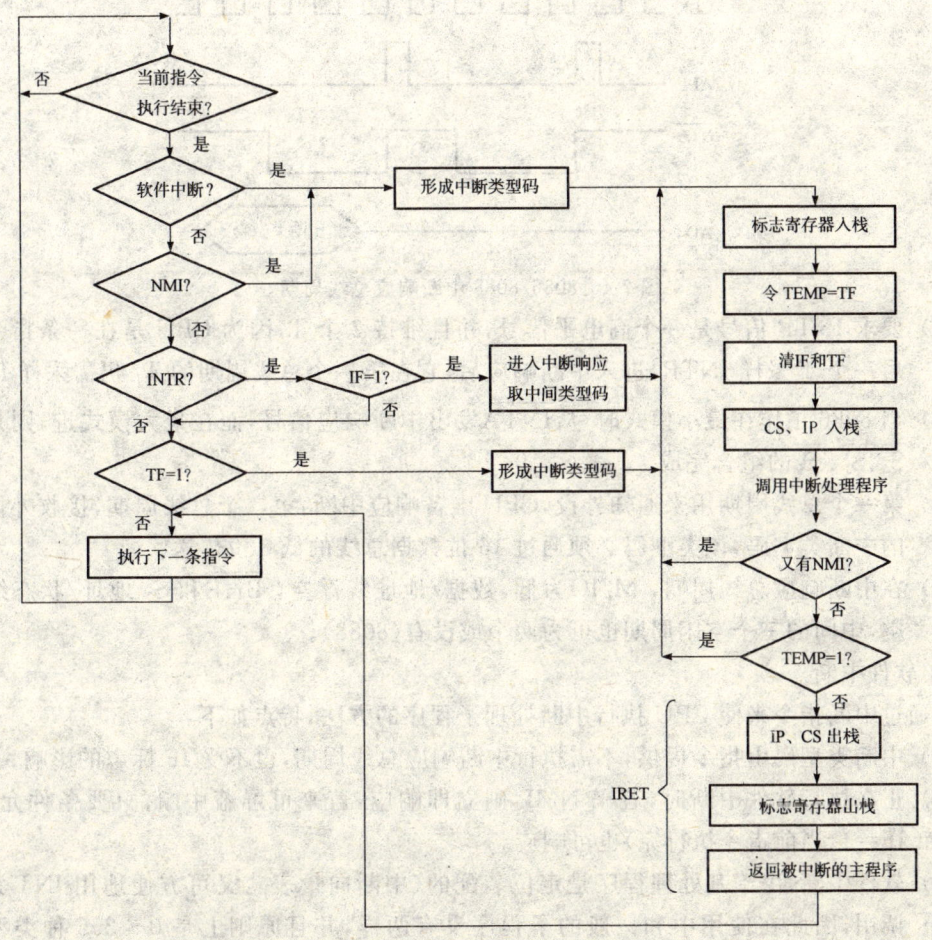

图 7-3 中断响应流程图

⑤ 弹出 IP、CS 标志,返回断点的动作由 IRET 指令完成。

⑥ 有些情况下,即使条件满足,CPU 也不能马上响应中断,必须执行完下一条指令(而不是当前指令)才行。

◇ 正好执行 LOCK 指令;

◇ 执行往 SS 寄存器赋值的传送指令,因为一般要求连续用两条指令对 SS 和 SP 寄存器赋值,以保证堆栈指针的正确性。

⑦ 当遇到等待指令或串操作指令时,允许在指令执行的过程中进入中断。这时需注意在中断处理子程序中保护现场,以保证中断返回后能继续正确地执行这些指令。

2. 硬件中断的时序

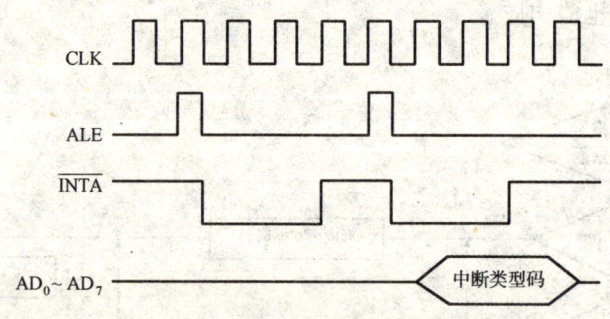

图 7-4 8086/8088 中断响应总线周期

(1) 要求 INTR 信号是一个高电平信号,并且维持 2 个 T,因为 CPU 是在一条指令的最后一个 T 采样 INTR,进入中断响应后,它在第一个总线周期的 T_1 仍需采样 INTR。

(2) 当 8086 工作在最小模式时,从 $\overline{INTA}$ 发出中断响应信号,而在最大模式进,则是通过 $\overline{S_2}$、$\overline{S_1}$、$\overline{S_0}$ 的组合完成。

(3) 第一个总线周期用来通知外设,CPU 准备响应中断,第二个总线周期,接收外设发回的中断类型码,该类型码必须通过 16 位数据总线的低 8 位传送。

(4) 在中断响应总线周期,M/$\overline{IO}$ 为低,数据/地址线浮空,$\overline{BHE}$ 和 S_7 地址/状态线均浮空,中间的三个空闲周期也可为两个或没有(8088)。

3. 软件中断

即通过中断指令来使 CPU 执行中断处理子程序的方法,特点如下:

(1) 中断类型码由指令提供,不需执行中断响应总线周期,也不受 IF 标志的影响。

(2) 正在执行软件中断时,若来 NMI,则立即响应,若来可屏蔽中断,只要条件允许(如 IF=1,当前指令执行完)也可响应。

(3) 软件中断,由于其处理程序是定位装配的(中断向量表),又可方便地用 INT n 指令调用,因此在使用中和一般的子程序没有两样,并且原则上是 0~255 种类型均可使用。

7.3 中断优先权

当系统中有多个设备提出中断请求时,就有一个该响应谁的问题,也就是一个优先级的问题,解决优先级的问题一般可有两种方法:软件方法及硬件方法。下面分别介绍:

1. 软件查询法：查询过程如图 7-5 所示。

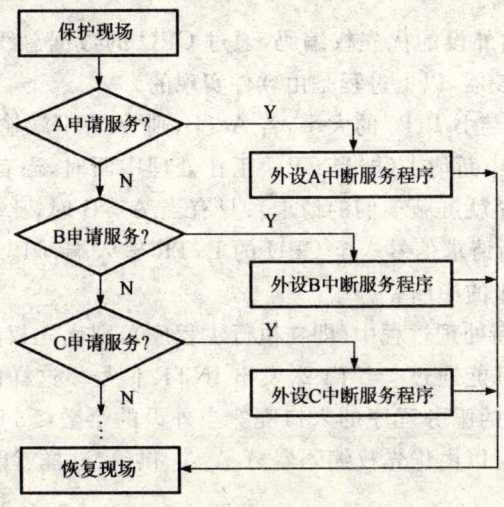

图 7-5　软件查询方式

2. 硬件方法

中断优先权编码电路如图 7-6 所示：若有 8 个中断源，当任一个有中断源请求时，通过"或"门，即可有一个中断请求信号产生，但它能否送至 CPU 的中断请求线，还要受比较器的控制（若优先权失效信号为低电平，则"与"门 2 关闭）。

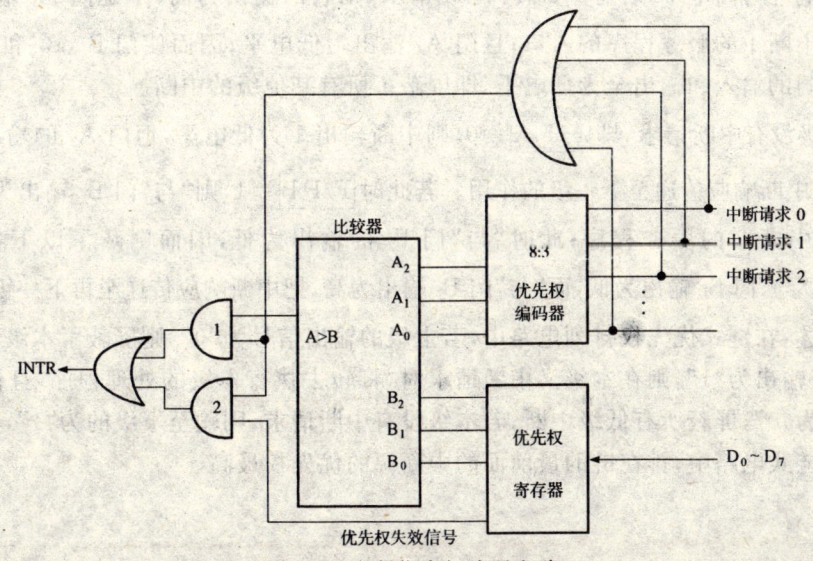

图 7-6　中断优先权编码电路

8 条中断输入线的任一条，经过编码器可以产生 3 位二进制优先权编码 $A_2A_1A_0$，优先权最高的线的编码为 111,优先权最低的线的编码为 000。若有多个输入线同时输入,则编码器只输出优先权最高的编码。

正在进行中断处理的外设的优先权编码,通过 CPU 的数据总线,送至优先权寄存器,然后输出编码 $B_2 B_1 B_0$ 至比较器,以上过程是由软件实现的。

比较器比较 $A_2 A_1 A_0$ 与 $B_2 B_1 B_0$ 的大小,若 $A \leqslant B$,则"$A > B$"端输出低电平,此时封锁"与"门 1,不向 CPU 发出新的中断请求(即当 CPU 正在处理中断时,当有同级或低级的中断源请求中断时,优先权排队线路就屏蔽他们的请求);只有当 $A > B$ 时,比较器输出端才为高电平,此时打开"与"门 1,将中断请求信号送至 CPU 的 INTR 输入端,CPU 就中断正在进行的中断处理程序,转去响应更高级的中断。

若 CPU 不在进行中断处理过程中(即在执行主程序),则优先权失效信号为高电平,当有任一中断源请求中断时,都能通过"与"门 2,发出 INTR 信号。这样的优先权电路,如何能做到转入优先权最高的外设的服务程序的入口呢?当外设的个数 $\leqslant 8$ 时,则它们公用一个产生中断向量的电路,比较器可以由优先权编码器 $A_2 A_1 A_0$ 供给,这样就能做到不同的编码转入不同的入口地址。

链式中断优先权排队电路如下:

当多个输入有中断请求时,则由中断输入信号的"或"电路产生 INTR 信号,送至 CPU。当 CPU 在现行指令执行完后,响应中断,发出中断响应信号。但究竟响应哪一个中端呢?或 CPU 是转向哪一个中断服务程序的入口呢?这还要由如图 7-7 所示的链式优先权排队电路确定。

当中断响应为高电平,若有中断 $\boxed{F/F\ A}$ 请求,则它的输出为高,于是门 A_1 输出为高,有它控制转至中断 1 的服务程序的入口;且门 A_2 输出为低电平;因而使门 B_1、B_2 和 C_1、C_2 …所有下面各级门的输入和输出全为低电平,即屏蔽了所有其他级的中断。

若第一级没有中断请求,即 $\boxed{F/F\ A} = 0$,则中断输出 1 为低电平,但门 A_2 的输出却为高电平,起到了把中断响应传递至下一级的作用。若此时 $\boxed{F/F\ B} = 1$,则"与"门 B_1 输出为高电平,控制转去执行中断 2 的服务程序;此时"与"门 B_2 的输出为低,因而屏蔽了以下各级。而若 $\boxed{F/F\ B} = 0$ 则"与"门 B_1 输出为低,而"与"门 B_2 输出为高,把中断响应传递至再下一级…

综上所述,在链式优先权排列电路中,若上级的输出信号为"0",则屏蔽了本级和所有低级中断,若上级输出为"1",则在本级又中断请求时,将转去执行本级的处理程序,且使本级输至下级的输出为"0",屏蔽所有低级中断;若本级没有中断请求,则输至下级的为"1",允许下一级中断。故在链式电路中,排在链的最前面的中断源的优先权最高。

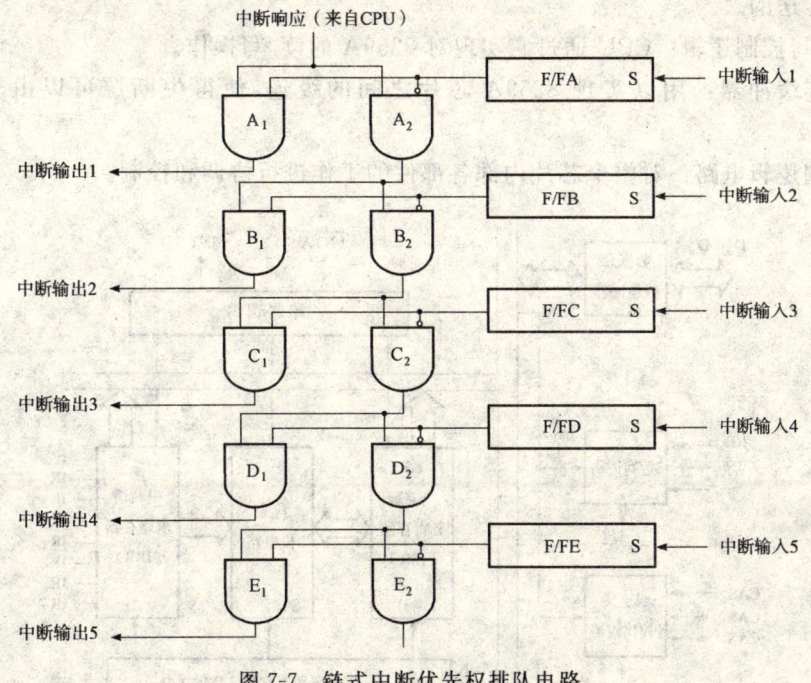

图 7-7 链式中断优先权排队电路

7.4 中断控制器 Intel8259A

Intel 8259A 是 8088/8086 微机系统的中断控制器件,它具有对外设中断源进行管理,并向 CPU 转达中断请求的能力。

7.4.1 8259A 的性能概述

1. 具有 8 级中断优先控制,通过级连可以扩展至 64 级优先权控制;
2. 每一级中断都可以通过初始设置为允许或屏蔽状态;
3. 8259A 的工作方式,可以通过变成设置,因此,使用非常灵活;
4. 8259A 采用 NMOS 制造工艺,只需要单一的 +5V 电源。

7.4.2 8259A 的内部结构和工作原理

下面,我们来讨论 8259A 的内部结构,并进而分析它的工作原理,8259A 的内部结构如图 7-8 所示,它主要由下列主要部分组成:
1. 数据总线缓冲器:它是 8259A 与系统数据总线的接口,是 8 位双向三态缓冲器。CPU 与 8259A 之间的控制命令信息、状态信息以及中断类型信息,都是通过该缓冲器传送的。
2. 读/写控制逻辑：CPU 通过它实现对 8259A 的读/写操作。
3. 级连缓冲器：用以实现 8259A 芯片之间的级连，使得中断源可以由 8 级扩展至 64 级。
4. 控制逻辑电路：对整个芯片内部各部件的工作进行协调和控制。

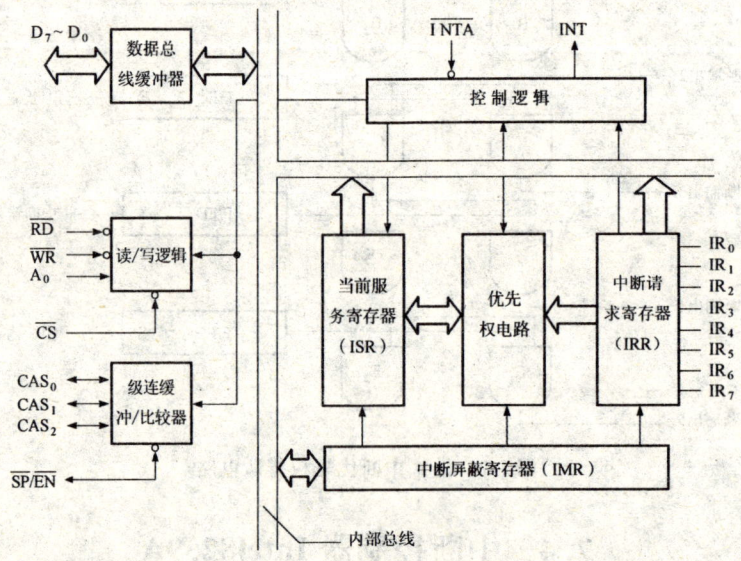

图 7-8　8259A 的内部结构

5. 中断请求寄存器 IRR：8 位，用以分别保存 8 个中断请求信号，当相应的中断请求输入引脚有中断请求时，该寄存器的相应位置 1。
6. 中断屏蔽寄存器 IMR：8 位，相应位用以对 8 个中断源的中断请求信号进行屏蔽控制。当其中某位置 "0" 时，则相应的中断请求可以向 CPU 提出；否则，相应的中断请求被屏蔽，即不允许向 CPU 提出中断请求。该寄存器的内容为 8259A 的操作命令字 OCW1，可以由程序设置或改变。
7. 中断服务寄存器 ISR：8 位，当 CPU 正在处理某个中断源的中断请求时，ISR 寄存器中的相应位置 1。
8. 优先级比较器：用以比较正在处理的中断和刚刚进入的中断请求之间的优先级别，以决定是否产生多重中断或中断嵌套。

A_0	$\overline{RD}$	$\overline{WR}$	$\overline{CS}$	功能
0	1	0	0	写入 ICW_1、OCW_2 和 OCW_3
1	1	0	0	写入 $ICW_2 \sim ICW_4$ 和 OCW_1
0	0	1	0	读出 IRR、ISR 和查询字
1	0	1	0	读出 IMR
×	1	1	0	数据总线高阻状态
×	×	×	1	数据总线高阻状态

7.4.3 8259A 的外部引脚

8259A 是具有 28 个引脚的集成电路芯片，这 28 个引脚分别是：

1. $D_0 \sim D_7$：双向数据输入/输出引脚，用以与 CPU 进行信息交换。
2. $IR_0 \sim IR_7$：8 级中断请求信号输入引脚，规定的优先级为 $IR_0 > IR_1 > \cdots > IR_7$，当有多片 8259A 形成级连时，从片的 INT 与主片的 IR_i 相连。
3. INT：中断请求信号输出引脚，高电平有效，用以向 CPU 发中断请求，应接在 CPU 的 INTR 输入端。
4. $\overline{INTA}$：中断响应答信号输入引脚，低电平有效，在 CPU 发出第二个 $\overline{INTA}$ 时，8259A 将其中最高级别的中断请求的中断类型码送出；应接在 CPU 的 $\overline{INTA}$ 中断应答信号输出端。
5. $\overline{RD}$：读控制信号输入引脚，低电平有效，实现对 8259A 内部有关寄存器内容的读操作。
6. $\overline{WR}$：写控制信号输入引脚，低电平有效，实现对 8259A 内部有关寄存器的写操作。
7. $\overline{CS}$：片选信号输入引脚，低电平有效，一般由系统地址总线的高位，经译码后形成，决定了 8259A 的端口地址范围。
8. A_0：8259A 两组内部寄存器的选择信号输入引脚，决定 8259A 的端口地址。
   $A_0 = 0$ ICW_1、OCW_2、OCW_3；
   $A_0 = 1$ $ICW_2 \sim ICW_4$、OCW_1
9. $CAS_0 \sim CAS_2$：级连信号引脚，当 8259A 为主片时，为输出；否则为输入，与 $\overline{SP}/\overline{EN}$ 信号配合，实现芯片的级连，这三个引脚信号的不同组合 000～111，刚好对应于 8 个从片。
10. $\overline{SP}/\overline{EN}$：$\overline{SP}$ 为级连管理信号输入引脚，在非缓冲方式下，若 8259A 在系统中作从片使用，则 $\overline{SP} = 1$；否则 $\overline{SP} = 0$；在缓冲方式下，$\overline{EN}$ 用作 8259A 外部数据总线缓冲器的启动信号。

11. +5V、GND：电源和接地引脚

8259A 的中断顺序如下：

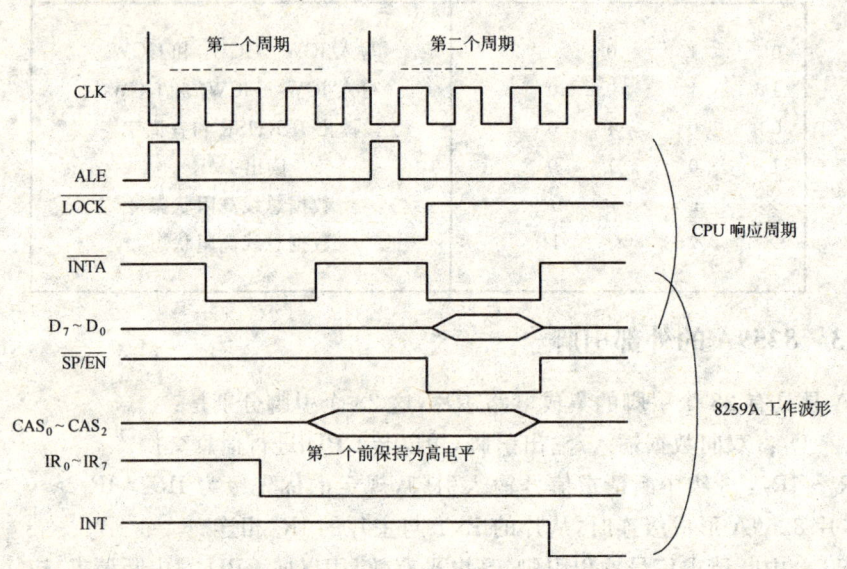

7.4.4 8259A 的工作过程

1. 当有一条或若干条中断请求输入（$IR_7 \sim IR_0$）有效时,则使中断请求寄存器的 IRR 的相应位置位。
2. 若 CPU 处于开中断状态,则在当前指令执行完之后,响应中断,并且从 $\overline{INTA}$ 发应答信号（两个连续的 $\overline{INTA}$ 负脉冲）。
3. 第一个 $\overline{INTA}$ 负脉冲到达时,IRR 的锁存功能失效,对于 $IR_7 - IR_0$ 上发来的中断请求信号不予理睬。
4. 使正服务寄存器 ISR 的相应位置 1,以便为中断优先级比较器的工作做好准备。
5. 使寄存器的相应位复位,即清除中断请求。
6. 第二个 $\overline{INTA}$ 负脉冲到达时,将中断类型寄存器中的内容 ICW_2,送到数据总线的 $D_7 \sim D_0$ 上,CPU 以此作为相应中断的类型码。
7. 若 ICW_4 中的中断结束位为 1,那么,第二个 $\overline{INTA}$ 负脉冲结束时,8259A 将 ISR 寄存器的相应位清零。否则,直至中断服务程序执行完毕,才能通过输出操作命令字 EOI,使该位复位。

7.4.5 8259A 的工作方式

8259A 有多种工作方式,这些工作方式,可以通过编程设置或改变。下面,我们进行分类介绍。

1. 优先权的管理方式

(1) 全嵌套方式

这是 8259A 默认的优先权设置方式,在全嵌套方式下,8259A 所管理的 8 级中断优先权是固定不变的,其中 IR_0 的中断优先级最高,IR_7 的中断优先级最低。

CPU 响应中断后,请求中断的中断源中,优先级最高的中断源,在中断服务寄存器 ISR 中的相应位置位,而且把它的中断矢量送至系统数据总线,在此中断源的中断服务完成之前,与它同级或优先级低的中断源的中断请求被屏蔽,只有优先级比它高的中断源的中断请求才是运算的,从而出现中断嵌套。

(2) 特殊全嵌套方式

特殊全嵌套方式与全嵌套方式基本相同,所不同的是,当 CPU 处理某一级中断时,如果有同级中断请求,那么 CPU 也会作出响应,从而形成了对同一级中断的特殊嵌套。

特殊全嵌套方式通常应用在有 8259A 级连的系统中,在这种情况下,对主 8259A 编程时,通常使它工作在特殊全嵌套方式下。这样,一方面,CPU 对于优先级别较高的主片的中断输入是允许的,另一方面,CPU 对于来自同一从片的优先级别较高(但对于主片来讲,优先级别是相同的)的中断也是允许、能够响应的。

(3) 优先级自动循环方式

在实际应用中,中断源优先级的情况是比较复杂的,要求 8 级中断的优先级在系统工作过程中,可以动态改变。即一个中断源的中断请求被响应之后,其优先级自动降为最低。系统启动时,8 级中断优先级默认为 $IR_0 \sim IR_7$,这时,刚好 IR_4 发出了中断请求,CPU 响应之后,若 8259A 工作在优先级自动循环方式下,则中断优先级自动变为 IR_5、IR_6、IR_7、IR_0、IR_1、IR_2、IR_3、IR_4。

(4) 优先级特殊循环方式

优先级特殊循环方式与自动循环方式相比,只有一点不同,即初始化的优先级是由程序控制的,而不是默认的 $IR_0 \sim IR_7$。

2. 中断源的屏蔽方式

CPU 对于 8259A 提出的中断请求,都可以加以屏蔽控制,屏蔽控制有下列几种方式:

(1) 普通屏蔽方式

8259A 的每个中断请求输入,都要受到屏蔽寄存器中相应位的控制。若相应位为"1",则中断请求不能送 CPU。屏蔽是通过对屏蔽寄存器 IMR 的编程(操作命令字 OCW_1),来加以设置和改变的。

(2) 特殊屏蔽方式

有些场合下,希望一个中断服务程序的运行过程中,能动态地改变系统中的中断优先级结构,即在中断处理的一部分,禁止低级中断,而在中断处理的另一部分,又能够允许低级中断,于是引入了对中断的特殊屏蔽方式。

设置了特殊屏蔽方式后,用 OCW$_1$ 对屏蔽寄存器中的某一位复位时,同时也会是中断服务寄存器 ISR 中的相应位复位,这样就不只屏蔽了正在处理的等级中断,而且真正开放了其他优先级别叫低的中断请求。

特殊屏蔽是在中断处理程序中使用的,用了这种方式之后,尽管系统正在处理高级中断,但对外界来讲,只有同级中断被屏蔽,而允许其他任何级别的中断请求。

3. 结束中断处理的方式

按照对中断结束(复位中断响应寄存器 ISR 中相应位)的不同处理,8259A 有两种工作方式,即自动结束方式(AEI)和非自动结束方式。而非自动结束方式又可进一步分为一般的中断结束方式和特殊的中断结束方式。

(1) 中断自动结束方式

这种方式仅适用于只有单片 8259A 的场合,在这种方式下,系统一旦响应中断,那么 CPU 在发第二个 INTA 脉冲时,就会使中断响应寄存器 ISR 中相应位复位,这样一来,虽然系统在进行中断处理,但对于 8259A 来讲,ISR 没有相应的指示,就像中断处理结束,返回主程序之后一样。CPU 可以再次响应任何级别的中断请求。

(2) 一般的中断结束方式

一般的中断结束方式适用用在全嵌套的情况下,当 CPU 用输出指令向 8259A 发一般中断中断结束命令 OCW$_2$ 时,8259A 才会使中断响应寄存器 ISR 中优先级别最高的位复位。

(3) 特殊的中断结束方式

在特殊全嵌套模式下,系统无法确定哪一级中断为最后相应和处理的中断,也就是说,CPU 无法确定当前所处理的是哪级中断,这时就要采用特殊的中断结束方式。

特殊的中断结束方式是指在 CPU 结束中断处理之后,向 8259A 发送一个特殊的 EOI 中断结束命令,这个特殊的中断结束 EOI 命令,明确指出了中断响应寄存器 ISR 中需要复位的位。

这里,我们还要指出一点,在级联方式下,一般不用自动中断结束方式,而需要用非自动结束中断方式,一个中断处理程序结束时,都必须发两个中断结束 EOI 命令,一个发往主片,一个发往从片。

4. 系统总线的连接方式

按照 8259A 与系统总线的连接方式来分,有下列两种方式:

(1) 缓冲方式

在多片 8259A 级连的大系统中,8259A 通过外部总线驱动器和数据总线相连,这就是缓冲方式。在缓冲方式下,8259 的 $\overline{SP/EN}$ 输出信号作为缓冲器的启动信号,用来启动总线驱动器,在 8259A 与 CPU 之间进行信息交换。

(2) 非缓冲方式

当系统中只有一片或几片 8259A 芯片时,可以将数据总线直接与系统数据总线相连,这时 8259A 处于非缓冲方式下。

在这种方式下,8259A 的 $\overline{SP}/\overline{EN}$ 作为输入端设置,主片应接高电平,从片应接低电平。

5. 引入中断请求的方式

按照引入中断请求的方式,8259A 有下列几种工作方式:

(1) 边沿触发方式

8259A 将中断请求输入端出现的上升沿,作为中断请求信号,上升沿后相应引脚,可以一直保持高电平。

(2) 电平触发方式

8259A 将中断请求输入端出现的高电平作为中断请求信号,在这种方式下,必须注意:中断响应之后,高电平必须及时撤除,否则,在 CPU 响应中断,开中断之后,会引起第二次不应该有的中断。

(3) 中断查询方式

当系统中的中断源很多,超过 64 个时,则可以使 8259A 工作在查询方式下,中断查询方式的特点是:

① 中断源仍往 8259A 发中断请求,但 8259A 却不使用 INT 信号向 CPU 发中断请求信号。

② CPU 内部的中断允许标志复位,所以 CPU 对 INT 引脚上出现的中断请求呈禁止状态。

③ CPU 用软件查询的方法来确定中断源,从而实现对设备的中断服务,可见,中断查询方式,既有中断的特点,又有查询的特点,从外设的角度来看,是靠中断的方式来请求服务,但从 CPU 的角度来看,是用查询方式来确定发中断请求的中断源。

查询是通过 CPU 向 8259A 发查询命令来实现的,查询命令字由 OCW_3 构成的,其格式如下:

$$\begin{array}{ccccccc} D_7 & . & . & . & D_3 & D_2 & D_1 & D_0 \\ X & 0 & 0 & 0 & 1 & 1 & 0 & 0 \end{array}$$

其中 D_2-1,是查询命令的特征位。

8259A 在接到 CPU 发来的上述格式的查询命令之后,立即组成状态字,等待 CPU 来读取,状态字的格式如下:

$$\begin{array}{ccccccc} D_7 & . & . & . & D_3 & D_2 & D_1 & D_0 \\ I & X & X & X & X & W_2 & W_1 & W_0 \end{array}$$

若 $I=0$,则表示该 8259A 芯片没有中断请求,若 $I=1$,则表示有中断请求,W_2、W_1、W_0 即为本片中中断请求优先级别最高的中断源的编码。

7.4.6 8259A 的编程

■ 8259A 是可编程的集成电路芯片,这大大增加了其使用的灵活性。

1. 8259A 的端口地址

由 8259A 的外部结构可知:与寻址 8259A 内部寄存器组有关的信号包括:$\overline{CS}$、A_0、$\overline{RD}$、$\overline{WR}$ 等,其中$\overline{CS}$是由地址译码器形成的芯片选择信号,只有该引脚为低电平时,相应的 8259A 芯片才工作。

若 8259A 与 8088CPU 配合使用,可直接将 A_0 与 CPU 的地址信号输出引脚 A_0 相连,8259A 的两个端口地址是连续的;若 8259A 与 8088CPU 配合使用,如将 8259A 的 $D_7 \sim D_0$ 接到 16 位数据总线的低 8 位,则 A_0 应与 CPU 的地址信号输出引脚 A_1 相连,此时地址码 A_0 应取 0,8259A 的两个端口地址都是偶地址,若除以 2 之后若仍为偶数,则为偶地址;除以 2 之后若为奇数,则为奇地址,即:

A_1	A_0		
0	0	—	ICW_1、OCW_2、OCW_3
1	0	—	$ICW_2 \sim ICW_4$、OCW_1

A_0 用以区分 8259A 芯片中的不同寄存器组,由于 8259A 内部寄存器的寻址,只用到一位地址信号,所以一片 8259A 芯片占用系统中的两个端口地址,即偶地址和奇地址,并且规定偶地址小于奇地址。

需要注意的是:8259A 内部并不只有两个寄存器,为了区别不同的寄存器,需采用在有关信息中加特征位、或规定有关操作顺序的方法,来区分不同的输入/输出信息。

2. 8259A 的初始化编程

(1) 引言

- 初始化编程
  - 8259A 开始工作前,必须进行初始化编程
  - 给 8259A 写入初始化命令字 ICW
- 中断操作编程
  - 在 8259A 工作期间
  - 可以写入操作命令字 OCW 将选定的操作传送给 8259A,使之按新的要求工作
  - 还可以读取 8259A 的信息,以便了解他的工作状态

在使用 8259A 之前,必须对其进行初始始化编程,以规定它的各种工作方式,并明确其所处的硬件环境。

若 CPU 用一条输出指令向 8259A 的偶地址端口写入一个命令字,而且 $D_4=1$,则被解释为初始化命令字 ICW_1,输出 ICW_1 启动了 8259A 的初始化操作,8259A 的内、外部自动产生

下列操作:
① 边沿敏感电路复位,中断请求的上升沿有效。
② 中断屏蔽器 IMR 清零,即对所有的中断呈现允许状态。
③ 中断优先级自动按 IR_0-IR_7 排列。
④ 清除特殊屏蔽方式

8259A 的初始化编程,需要 CPU 向它输出一个 2~4 字节的初始化命令字,输出初始化命令字的流程如图 7-9 所示,其中 ICW_1 和 ICW_2 是必须的,而 ICW_3 和 ICW_4 需根据具体的情况来加以选择。各初始化命令字的安排与作用分叙如下:

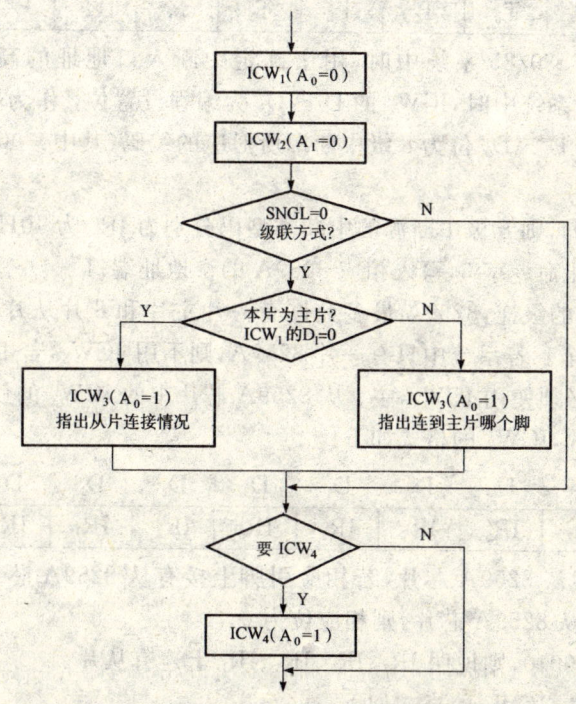

图 7-9 8259A 初始化流程图

(2) ICW_1:初始化命令字 1,写入 8259A 偶地址端口,其各位的功能及含义如下:

A_0	D_7	D_6	D_5	D_4	D_3	D_2	D_1	D_0
0	×	×	×	1	LTIM	×	SNGL	IC4

① D_0:IC_4 位,用以决定是否跟 ICW_4,若 $D_0=1$,则说明必须输出 ICW_4;若 $D_0=0$,则说明不需输出 ICW_4。若 ICW_4 的各位都为 0,则说明不需要输出 ICW_4。

② D_1:SNGL 位,取决于 8259A 芯片是单片工作,还是多片级联工作。若 8259A 单片工作,则 $D_1=1$;若 8259A 多片级连工作,则 $D_1=0$。

③ D_2：ADI 位，只用于 MCS80/85 系统中，规定 CALL 地址的间隔，在 8088/8086 系统中，该位无意义。

④ D_3：LTIM 位，规定中断请求信号的引入方式。若 $D_3=1$，则表示中断请求信号为高电平有效；若 $D_3=0$，则表示中断请求信号为上升沿有效。

⑤ D_4：恒定为 1，为 ICW_1 的特征位。

⑥ D_{5-7}：应用于 MCS80/85 系统，为入口地址中的编程位，在 8088/8086 系统中，无意义。

(3) ICW_2：初始化命令字 2，写入 8259A 奇地址端口

A_0	D_7	D_6	D_5	D_4	D_3	D_2	D_1	D_0
1	T_7	T_6	T_5	T_4	T_3	×	×	×

当 8259A 用于 MCS80/85 系统中时，用于确定中断入口地址的高 8 位（$A_{15} \sim A_8$）；当 8259A 用于 8088/8086 系统中时，ICW_2 的 $D_7 \sim D_3$ 为编程设置位，作为本芯片所管理 8 级中断类型码的高 5 位。而 $D_2 \sim D_0$ 位为 8 级中断源所对应的编码（其中：000～IR_0，111～IR_7）编程设置对其无影响。

例：若 $ICW_2=45H$，则 8 极中断源的中断类型码分别为 IR_0 为 40H，…，IR_7 为 47H

(4) ICW_3：初始化命令字 3，写入相应 8259A 的奇地址端口

ICW_3 用于 8259A 的级连，8259A 最多允许有一片主片和 8 片从片级连，使能够管理的中断源可以扩充至 64 个。若系统中只有一片 8259A，则不用 ICW_3，若由多片 8259A 级连，则主、从 8259A 芯片，都必须使用 ICW_3，主、从 8259A 芯片中的 ICW_3 的使用方式不同。

对于主 8259A 芯片，ICW_3 的格式如下：

A_0	D_7	D_6	D_5	D_4	D_3	D_2	D_1	D_0
1	IR_7	IR_6	IR_5	IR_4	IR_3	IR_2	IR_1	IR_0

其中每一位对应于一片从 8259A 芯片，若相应引脚上接有从 8259A 芯片，则相应位为 1；否则，若相应引脚上未接从 8259A 芯片，则相应位为 0。

例：$ICW_3=1110\ 0010$，则说明 IR_7、IR_6、IR_5、IR_1 上连有从片。

对于从 8259A 芯片，ICW_3 的格式如下：

A_0	D_7	D_6	D_5	D_4	D_3	D_2	D_1	D_0
1	1/0	1/0	1/0	1/0	1/0	ID_2	ID_1	ID_0

从 8259A 芯片中的 ICW_3，只用其中的低 3 来设置该芯片的标识符，高 5 位全为 0。在中断响应时，主 8259A 通过级连线 $CS_2 \sim CS_0$，依次向各个从 8259A 芯片输送中断请求的源中，优先级最高的源所对应的标识符，每个从 8259A 拿到这个标识符之后，与自己在初始化编程时，由 ICW_3 设置的标识符进行比较，当两者相符合时，则该从 8259A 芯片在第二个中断响应周期，向 CPU 提供由 ICW_2 设置的 8 位中断类型码。

例：若本从片的 INT 接在主片的 IR_1 引脚上，则 $ICW_3=0000\ 0001$

(5) ICW_4：初始化命令字 4，写入 8259A 奇地址端口，只有当 ICW_1 中的 $D_0=1$ 时才需要设置，其各位的功能及含义如下：

A_0	D_7	D_6	D_5	D_4	D_3	D_2	D_1	D_0
1	0	0	0	SFNM	BUF	M/S	AEOI	μPM

① D_0：μPM 位，取决于系统中所采用微处理器的类型，若系统中的微处理器为 MCS80/85，则 $D_0=0$；反之，若系统中的微处理器为 8088/8086 则 $D_0=1$。

② D_1：AEOI 位，规定结束中断的方式，若 $D_1=1$，则为自动中断结束方式；若 $D_1=0$，则需要用中断结束命令来结束中断。

③ D_2：M/S 位，缓冲方式下使用，若 $D_2=1$，则表示为主 8259A；若 $D_2=0$，则表示为从 8259A。

④ D_3：BUF 位，若 8259A 工作于缓冲方式，则 $D_3=1$；否则，$D_3=0$。

⑤ D_4：SFNM 位：若 $D_4=1$，则规定特殊的全嵌套模式；否则，若 $D_3=0$ 则规定普通的全嵌套模式。

⑥ D_{5-7}：恒定为 000。

3. 8259A 的操作编程

对 8259A 按照上述流程进行初始化编程之后，相应芯片就做好了接收中断的准备，若中断源发生了中断请求，则 8259A 按照初始化编程所规定的各种方式来处理这种请求。在 8259A 的工作期间，CPU 也可以通过操作命令字，实现对 8259A 的操作控制，或者改变工作方式，或者实时读取 8259A 中某些寄存器的内容。8259A 有三个操作命令字，我们分别讨论如下：

(1) OCW_1：中断屏蔽字，必须写入相应 8259A 芯片的奇地址端口，其格式如下：

A_0	D_7	D_6	D_5	D_4	D_3	D_2	D_1	D_0
1	M_7	M_6	M_5	M_4	M_3	M_2	M_1	M_0

它的每一位，可以对相应的中断请求输入进行屏蔽，若 OCW_1 的某一位为 1，则相应的中断请求输入被屏蔽；反之，则相应的中断请求输入呈现允许状态。即若 $M_i=1$，则表示 8259A 对 IR_i 的中断请求呈屏蔽状态；否则若 $M_i=0$，则表示 8259A 对 IR_i 的中断请求呈允许状态。

(2) OCW_2：必须写入相应 8259A 芯片的偶地址端口，其格式如下：

A_0	D_7	D_6	D_5	D_4	D_3	D_2	D_1	D_0
1	R	SL	EOI	0	0	L_2	L_1	L_0

其中 D_4、D_3 位恒定为 0，是 OCW_2 的特征位，R、SL、EOI 三位的不同组合，可以组成 7 种不同的操作命令，用于改变 8259A 的工作方式。其中三种操作命令字要用到 OCW_2 的低三位，这三位所形成的编码指出操作所涉及的中断源。

R——用于表示优先级是否采用循环方式；

SL——用于确定是否需要使用 L_2、L_1、L_0 来明确中断源；

EOI——用于指示 OCW_2 是否作为中断结束命令；

L_2、L_1、L_0——当 SL=1 时，三位的编码用以指示 8 个中断源之一。

R、SL、EOI 共有 8 种不同的组合形式，其中有 7 种是相应的控制命令，分别介绍如下：

① 0、0、0：为取消自动 EOI 循环命令；

② 1、0、0：为设置自动 EOI 循环命令；

③ 0、0、1：为普通的 EOI 命令，它适用于完全嵌套方式，在中断服务程序结束时，用于清除 ISR 中最后被置位的相应位。显然，只有在 ICW_4 中的 AEOI=0 时，才需要在中断服务子程序中向 8259A 发普通的 EOI 命令。

④ 0、1、1：为特殊的 EOI 命令，与普通的 EOI 命令的差别在于，它需要利用 L_2、L_1、L_0 位明确指出 ISR 寄存器中需要被复位的位。

⑤ 1、0、1：为普通循环的 EOI 命令，它在中断服务程序结束时使用，它使已置位的 ISR 寄存器中优先级最高的那一位复位，同时赋予刚刚结束中断处理的中断源的中断优先级最低。

⑥ 1、1、1：为特殊的 EOI 循环命令，它一方面复位 ISR 寄存器中由 L_2、L_1、L_0 位明确指出的那一位；另一方面，使 L_2、L_1、L_0 位明确指出的那一个中断源的中断优先级最低。

⑦ 1、1、0：为置位优先权命令，它用以设置优先级特殊循环方式，即利用 L_2、L_1、L_0 位明确指出中断优先级最低的中断源。

⑧ 0、1、0：非操作命令，无实际意义。

(3) OCW_3：必须写入相应 8259A 芯片的偶地址端口。其格式如下：

A_0	D_7	D_6	D_5	D_4	D_3	D_2	D_1	D_0
1	0	ESMM	SMM	0	1	P	RR	RIS

① D_0：RIS 位，用以决定下一个读操作所对应的寄存器，若 D_0=1，则下一个读操作读取中断服务寄存器 ISR 的内容；否则，读取中断请求寄存器 IRR 的内容。

② D_1：RR 位，决定下一个操作是否读操作，若 D_1=1，则下一个操作是读操作；否则，下一个操作不是读操作。

③ D_2：P 位，用于 8259 的查询中断方式下，若 D_2=1，表示为查询命令；否则，表示不是查询命令。

④ $D_3 \sim D_4$：恒定为 10，是 OCW_3 的特征位。

⑤ $D_5 \sim D_6$：决定 8259A 是否为设置特殊屏蔽模式命令，若 D_6、D_5 为 11，则为设置特殊屏蔽模式命令；若 D_6、D_5 为 01，则为撤销特殊屏蔽模式、返回普通屏蔽模式命令；若 D_6=0，则 D_5 无意义。

⑥ D_7：无关。

7.4.7 8259A 的级联

所谓级联,就是在微型计算机系统中,以 1 片 8259A 的 INT 引脚与 CPU 的 INTR 引脚相连,称为主片;再将最多 8 片 8259A 的 INT 引脚,分别与主 8259A 的 IR_0-IR_7 相连,称为从片。显然,在主-从式 8259 级联的微机系统中,系统能够管理的中断源可由 8 级扩展至 64 级。

- 一个系统中,8259A 可以级连,有一个主 8259A,若干个(最多 8 个)从 8259A
- 级连时,主 8259A 的三条级连线 CAS0~CAS2 作为输出线,连至每个从 8259A 的 CAS0~CAS2
- 每个从 8259A 的中断请求信号 INT,连至主 8259A 的一个中断请求输入端 IR
- 主 8259A 的 INT 线连至 CPU 的中断请求输入端

$\overline{SP}/\overline{EN}$ 在非缓冲方式下,规定该 8259A 是主片($\overline{SP}$ =1)还是从片($\overline{SP}$ =0)。

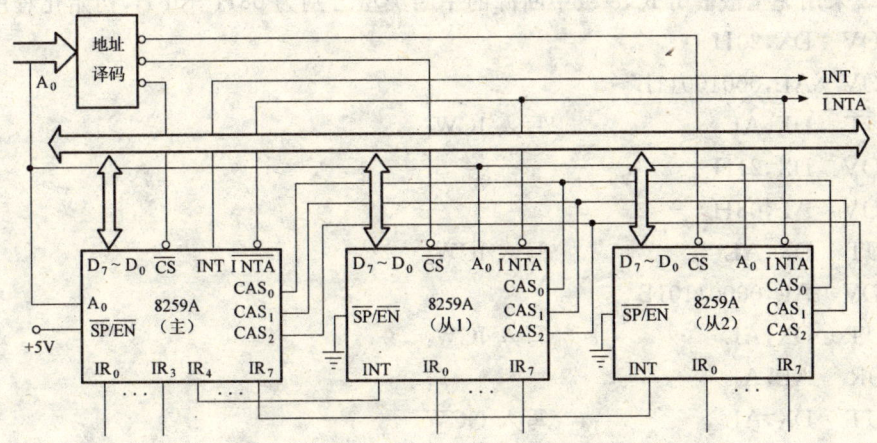

图 7-10 8259A 的级联

主-从式 8259 级联系统的连接,需要注意的要点如下:

* 主片的 INT 引脚接 CPU 的 INTR 引脚,从片的 INT 引脚分别主片的 IR_i 引脚,使得由从片输入的中断请求,能够通过主片向 CPU 发出;
* 主片的 3 条级联线与各从片的同名级联线引脚对接,主片为输出,从片为输入。主片用以向各从片发出优先级别最高的中断请求的从片代码,各从片用该代码与本片的代码进行比较,符合则将本片 ICW_2 中预先设定中断类型码,送数据总线。
* 主片的 $\overline{SP}/\overline{EN}$ 接 +5v,从片的 $\overline{SP}/\overline{EN}$ 接地。

图 7-10 为 1 片主片与 3 片从片级联的情况。

级连系统中的所有 8259A 都必须进行各自独立的编程,作为主片的 8259A 必须设置为特殊的全嵌套方式,可以避免相同从片中,优先级较高的中断请求被屏蔽的情况发生,与一般的全嵌套方式相比,有两点需要注意:

① 当来自某个从设备的中断请求被响应之后,主片的优先权逻辑不封锁这个从片,从而可以使来自从设备的较高优先级的中断请求能被主片正常接受,并向 CPU 发出。

② 中断服务结束时,必须用软件来检查被服务的中断是否为该从片中,唯一的中断请求。为此,须先向从片发一个一般的中断结束命令,清除已完成服务的 ISR 中的相应位,然后,再读出 ISR 的内容,检查是否全 0,若为全 0,则向主片发一个中断结束命令,清除与从设备相应的 ISR 中的位;反之,则不向主片发中断结束命令,因为同一从片中还有其他中断请求正在处理。

7.4.8 8259A 的应用举例

【例 7-1】 IBMPC 机中,只有一片 8259A,可接受外部 8 级中断。在 I/O 地址中,分配 8259A 的端口地址为 20H 和 21H,初始化为:边沿触发、缓冲连接、中断结束采用 EOI 命令、中断优先级采用完全嵌套方式,8 级中断源的中断类型分别为 08H-0FH,初始化程序为:

```
    MOV    DX,20H
    MOV    AL,00010011B
    OUT    DX,AL          ;   写入 ICW₁
    MOV    DX,21H
    MOV    AL,08H
    OUT    DX,AL          ;   写入 ICW₂
    MOV    AL,00001101B
    OUT    DX,AL          ;   写入 ICW₄
    XOR    AL,AL
    OUT    DX,AL          ;   写入 OCW₁
    ……
    STI
    ……
```

【例 7-2】 进入和退出特殊屏蔽方式的流程图。

假定,初始化之后,8259A 工作于完全嵌套方式,要求对于 IR_3 的中断级,能够允许任何级别的中断中断其中断服务程序,即 8259A 按特殊屏蔽方式工作。因而在响应 IR_3 而执行 IR_3 的中断服务程序时,在 A 处,写入 OCW_1 以屏蔽 IR_3,然后写入 OCW_3 使 ESMM=SMM=1,于是从 A 处开始,8259A 进而特殊屏蔽方式,此后继续执行 IR_3 的中断服务程序。在中断服务结束之前,再向 8259A 写入 OCW_3 使 ESMM=1,SMM=0,结束特殊屏蔽方式,返回到完全嵌套方式,接着写入 OCW_1,撤销对 IR_3 的屏蔽,最后写入 OCW_2,向 8259A 发出 EOI 命令。此例,说明在 IR_3 的中断服务程序的 A 处至 B 处,允许任何级别的中断源中断 IR_3 的服务程序(除本身之外)。

```
...                                              IR₃ 中断服务程序入口
STI                                              保护现场
...                                              STI 开中断
MOV AL,00001000B                                 服务程序
OUT 21H,AL              ; OCW₁                   写入 OCW₁,使 IM₃=1
MOV AL,01101000B                                 写入 OCW₃,使 ESMM=SMM=1
OUT 20H,AL              ; OCW₃                   继续服务
...                                              写入 OCW₃,使 ESMM=1,SMM=0
MOV AL,01001000B                                 写入 OCW₁,使 IM₃=0
OUT 20H,AL              ; OCW₃                   写入 OCW₂,普通的 EOI 命令
MOV AL,00H                                       中断返回
OUT 21H,AL              ; OCW₁
MOV AL,00100111B
OUT 20H,AL              ; OCW₃
OUT 21H,AL              ; OCW₃ EOI 命令
```

【例 7-3】 读 8259A 相关寄存器的内容。

设 8259A 的端口地址为 20H、21H,请读入 IRR、ISR、IMR 寄存器的内容,并相继保存在数据段 2000H 开始的内存单元中;若该 8259A 为主片,请用查询方式,查询哪个从片有中断请求。

```
解: MOV AL,xxx01010B        发 OCW₃,欲读取 IRR 的内容
    OUT 20H,AL
    IN AL,20H               读入并保存 IRR 的内容
    MOV (2000H),AL
    MOV AL,xxx01011B        发 OCW₃,欲读取 ISR 的内容
    OUT 20H,AL
    IN AL,20H               读入并保存 ISR 的内容
    MOV (2001H),AL
    IN AL,21H               读入并保存 ISR 的内容
    MOV (2002H),AL
    MOV AL,xxx0110xB        发 OCW₃,欲查询是否有中断请求
    OUT 20H
    IN AL,20H               读入相应状态,并判断最高位是否为 1
    TEST AL,80H
    JZ DONE
```

```
        AND AL,07H            判断中断源的编码
        ············
DONE: HLT
```

第8章 计数器/定时器 8253

在控制系统中,常常要求有一些实时时钟以实现定时或延时控制,如定时中断、定时检测、定时扫描等,也往往要求有计数器能对外部事件计数。

要实现定时或延时控制,有三种主要方法:软件定时、不可编程的硬件定时、可编程的硬件定时器。

软件定时——即让计算机执行一个程序段,这个程序段本身没有具体的执行目的。但由于执行每条指令都需要时间,则执行整个程序段就需要一个固定的时间。通过正确地挑选指令和安排循环次数很容易实现软件定时,但软件定时占用了 CPU 的时间,降低了 CPU 的利用率。

不可编程的硬件定时可以采用小规模集成电路器件如 555,外接定时部件——电阻和电容构成。这样的定时电路简单,而且通过改变电阻和电容,可以使定时在一定的范围内改变。这种定时电路在硬件连接好以后,定时值及定时范围不能由程序(软件)来控制和改变,由此就产生了可编程的定时器电路。

可编程定时器电路的定时值及其范围,可以很容易地由软件来确定和改变。所以,功能较强,使用灵活。本章就介绍这种定时器电路。

Intel 系列的计数器/定时器电路为可编程序间隔定时器 PIT(Programmable Interval Timer),型号为 8253,改进型为 8254。

8.1 概述

Intel 8253 具有 3 个独立的 16 位计数器通道,使用单一 5V 电源,它是 24 个引脚的双列直插式器件。

8.1.1 8253-PIT 的主要功能

Intel8253-PIT 具有以下主要功能:
(1) 一个芯片上有三个独立的 16 位计数器通道;
(2) 每个计数器都可以按照二进制或二—十进制计数;
(3) 每个计数器的计数速率可高达 2MHz;

(4) 每个通道有 6 种工作方式,可由程序设置和改变;

(5) 所有的输入输出都与 TTL 兼容。

8.1.2 8253-PIT 的内部结构

8253-PIT 的内部结构如图 8-1 所示。

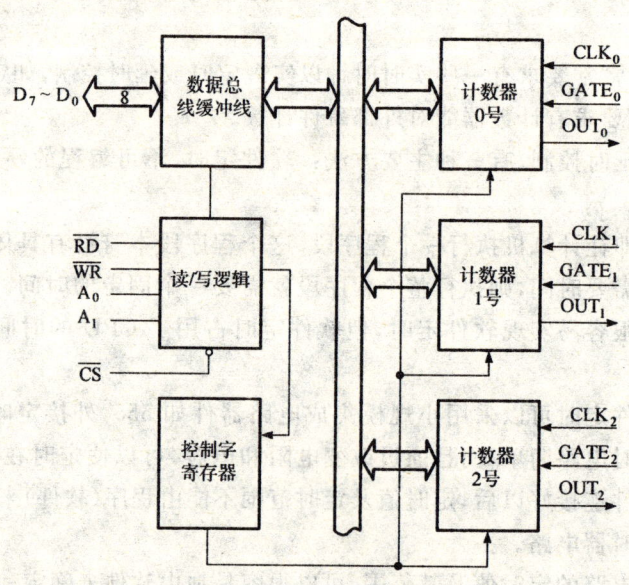

图 8-1 8253 的内部结构

1. 数据总线缓冲器

这是 8253 与 CPU 数据总线连接的 8 位双向三态缓冲器。CPU 用输入输出指令对 8253 进行读写的所有信息,都是通过这 8 条总线传送的。包括:

(1) CPU 在初始化编程时,写入 8253 的控制字;

(2) CPU 向某一通道写入的计数值;

(3) CPU 从某一个通道读取的计数值。

2. 读/写逻辑

这是 8253 内部操作的控制部分。首先有选片信号$\overline{CS}$的控制部分,当$\overline{CS}$为高电平(无效)时,数据总线缓冲器处在三态,与系统的数据总线脱开,故不能进行编程,也不能进行读写操作。其次,由这部分选择读写操作的端口(三个计数器及控制字寄存器),也由这部分控制数据传送的方向,读——数据由 8253 传向 CPU,写——数据由 CPU 传向 8253。

3. 控制字寄存器

在 8253 的初始化编程时,由 CPU 写入控制字以决定通道的工作方式。此寄存器只能写入而不能读出。

4. 计数器0,计数器1,计数器2

这是三个计数器/定时器通道,每一个都是由一个16位的可预置值的减法计数器构成。这三个通道的操作是完全独立的。

每个通道都是对输入脉冲 CLK 按二进制或二一十进制,从预置值开始减1计数。当预置值减到0时,从 OUT 输出端输出一信号。

计数器/定时器电路的本质是一个计数器。若计数器对频率精确的时钟脉冲计数,则计数器就可作为定时器。计数频率取决于输入脉冲的频率。在计数过程中,计数器受到门控信号 GATE 的控制。计数器的输入与输出以及与门控信号之间的关系,取决于工作方式。

计数器的初值必须在开始计数之前,由 CPU 用输出指令预置。在计数过程中,CPU 随时可用输入指令读取任一计数器的当前计数值,这一操作对计数没有影响。

8.1.3 8253-PIT 的引线

Intel8253-PIT 的引线如图 8-2 所示。

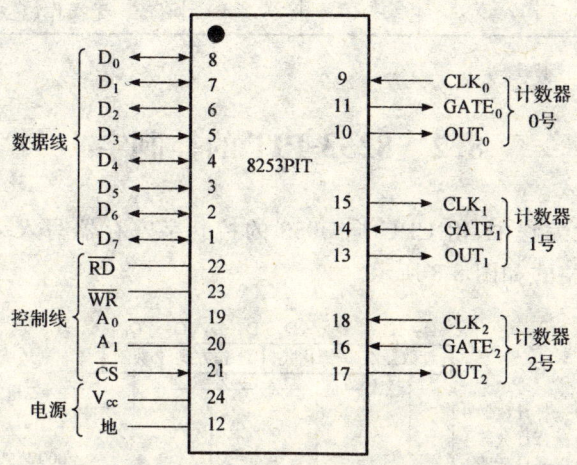

图 8-2 8253 的引线图

8253-PIT 与 CPU 接口的引线,除了没有复位信号 RESET 引脚外,其他与 8255 并行输入输出接口芯片相同。

每一个通道有三条引线:

CLK:输入脉冲线。计数器就是对这个脉冲计数。8253 规定,加在 CLK 引脚的输入时钟周期不能小于 380ns。

GATE:门控信号输入引脚。这是控制计数器工作的一个外部信号。当 GATE 引脚为低电平(无效)时,通常都是禁止计数器工作;只有当 GATE 为高电平时,才允许计数器工作。

OUT:输出引脚。当计数到"0"时,OUT 引线上必然有输出,输出信号的波形取决于工作方式。

8253 内部端口的选择是由引线 A_1 和 A_0 决定的,它们通常接至地址总线的 A_1 和 A_0。各个通道的读写操作的选择,如表 8-1 所示。

表 8-1　8253-PIT 端口的选择

$\overline{CS}$	$\overline{RD}$	$\overline{WR}$	A_1	A_0	寄存器选择和操作
0	1	0	0	0	写入计数器 0
0	1	0	0	1	写入计数器 1
0	1	0	1	0	写入计数器 2
0	1	0	1	1	写入控制寄存器
0	0	1	0	0	读计数器 0
0	0	1	0	1	读计数器 1
0	0	1	1	0	读计数器 2
0	0	1	1	1	无操作(三态)
1	×	×	×	×	禁止(三态)
0	1	1	×	×	无操作(三态)

8.2　8253-PIT 的控制字

在 8253 的初始化编程中,由 CPU 向 8253 的控制字寄存器写入一个控制字,它规定了 8253 的工作方式。其格式如图 8-3 所示。

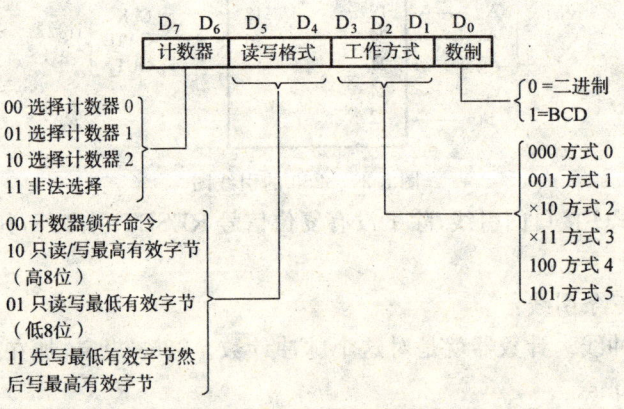

图 8-3　8253 的控制字

1. 计数器选择($D_7 D_6$)

控制字的最高两位决定这个控制字是哪一个通道的控制字。由于三个通道的工作是完全独立的。所以需要有三个控制字寄存器分别规定相应通道的工作方式。但它们的地址是同一个,即 $A_1A_0=11$——控制字寄存器的地址。所以,需要由这两位来决定是哪一个通道的控制字。因此,对三个通道的编程需要向同一个地址(控制字寄存器地址)写入三个控制字,它们的 D_7、D_6 位分别指定不同的通道。在控制字中的通道选择与通道计数器的地址是两回事,不能混淆。计数通道的地址是用作 CPU 向计数器写初值,或者从计数器读取当前的计数值。

2. 数据读/写格式(D_5D_4)

CPU 向计数通道写入初值和读取它们的当前计数值时,有几种不同的格式。例如,写数据时,是写入 8 位数据还是 16 位数据,若是 8 位计数,可以令 $D_5D_4=01$ 只写低 8 位,则高 8 位自动置 0;若是 16 位计数,而低 8 位为 0,则可令 $D_5D_4=10$,只写入高 8 位,而低 8 位就自动为 0;在令 $D_5D_4=11$ 时,16 位计数就先写入低 8 位,后输入高 8 位。

在读取当前计数值时,可令 $D_5D_4=00$,对计数器进行锁存操作,使当前计数值在输出锁存器中锁定,以便读出。

3. 工作方式($D_3D_2D_1$)

8253 的每个通道可以有 6 种不同的工作方式,由这 3 位决定。每种方式的特点随后介绍。

4. 数制选择(D_0)

8253 的每个通道有两种计数制:二进制和二—十进制,由这位决定。在二进制计数时,写入的初值的范围为 0000H—FFFFH。其中 0000H 是最大值,代表 65536;在二—十进制时,写入的初值的范围为 0000—9999,其中 0000 是最大值,代表 10000。

8.3 8253-PIT 的工作方式

8.3.1 方式 0——计完最后一个数时中断

在这种方式,当控制字 CW(Control word)写入控制字寄存器,则使 OUT 输出端变低,即使计数器没有赋初值,也没开始计数。

要开始计数,GATE 信号必须为高电平。则在写入计数初值以后,通道开始计数,在计数过程中,OUT 信号线一直维持为低电平,直到计数到"0"时,OUT 输出信号线才变为高电平。方式 0 过程如图 8-4 所示。其中,LSB=4 表示只写低 8 位计数值为 4,最底下一行是计数器中的数值。

方式 0 的主要特点是:

1. 计数器只计数一遍。当计数到 0 时,并不恢复计数初值,不开始重新计数,且输出保持为高。只有在写入另一个计数值时,OUT 变低,开始新的计数。

2. 8253 内部是在 CPU 写计数值的 $\overline{WR}$ 信号上升沿,将此值写入通道的时间常数寄存器,在 $\overline{WR}$ 信号上升沿后的下一个 CLK 脉冲,才将计数值由时间常数寄存器送至计数器作为初值,开始计数。所以,8253-PIT 是在写计数值命令后经过一个输入脉冲,才将计数值装入计数器,下一个脉冲才开始计数。因此,如果设置计数初值为 N,则输出信号 OUT 是在 N+1 个 CLK 脉冲之后才变高的,这个特点在方式 1、方式 2、方式 4 和方式 5 时也是同样的。

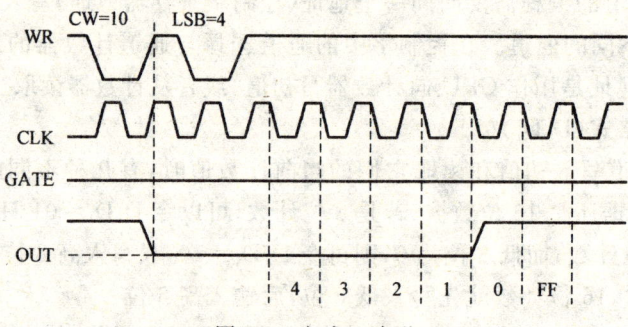

图 8-4　方式 0 波形

3. 在计数过程中,可由门控制信号 GATE 控制暂停。当 GATE=0 时,计数暂停;当 GATE 变高后,就接着计数,其波形如图 8-5 所示。

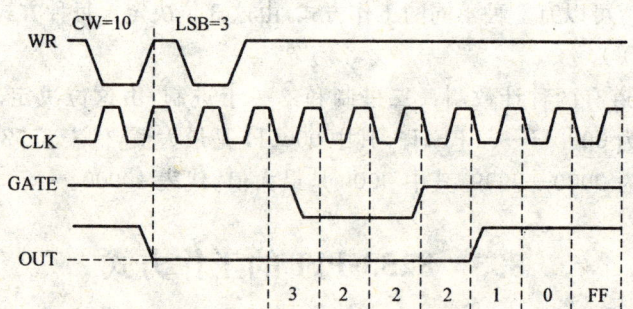

图 8-5　方式 0 时 GATE 信号的作用

4. 在计数过程中可以改变计数值。若是 8 位计数,则在写入新的计数值后、计数器将按新的计数值重新开始计数,如图 8-6 所示。如果是 16 位计数,在写入第一个字节后,计数器停止计数,在写入第二个字节后,计数器便按照新的数值开始计数,即改变计数值是立即有效的。

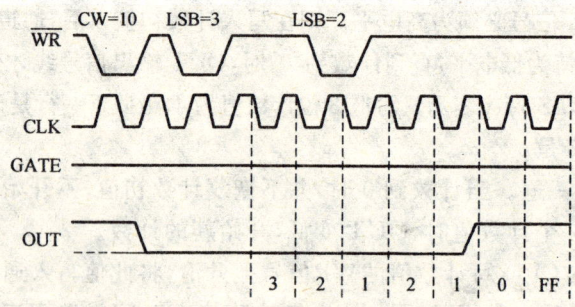

图 8-6　方式 0 在计数过程中改变计数值

5. 8253 内部没有中断控制电路,也没有专用的中断请求引线,所以若要用于中断,则可以用 OUT 信号作为中断请求信号,但是,需要有外接的中断优先权排队电路与中断向量产生电路。

若 8253 的地址为 04H—07H,要使计数器 1 工作在方式 0,仅用 8 位二进制计数,计数值为 128,初始化程序为:

```
MOV    AL,50H       ;设控制字
OUT    07H,AL       ;输出至控制字寄存器
MOV    AL,80H       ;设置计数值
OUT    05H,AL       ;输出至计数通道 1
```

8.3.2 方式 1——可编程序的单拍脉冲

在这种方式下,当 CPU 写控制字之后($\overline{WR}$ 的上升沿),输出 OUT 信号将保持为高电平(若原为低,则由低变高)。当 CPU 写完计数值后,计数器并不开始计数,直到外部门控脉冲 GATE 启动之后的下一个输入 CLK 脉冲的下降沿开始计数,输出 OUT 变为低电平,在整个计数过程中,OUT 都维持为低电平,直到计数到 0,输出变为高电平,因此输出为一个单拍脉冲。若外部再次触发启动,则可以再产生一个单拍脉冲,如图 8-7 所示。

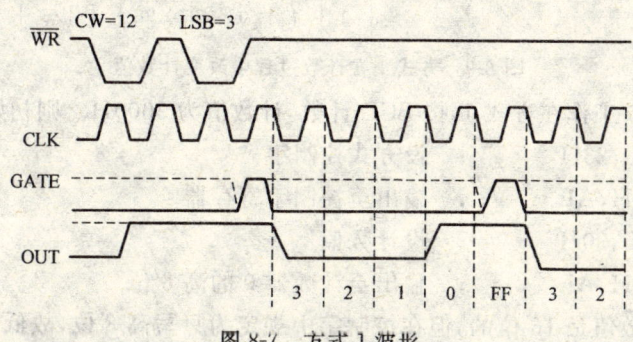

图 8-7 方式 1 波形

方式 1 的主要特点是:

1. 若设置的计数值为 N,则输出的单拍脉冲的宽度即为 N 个输入脉冲间隔。

2. 当计数到 0 后,可再次由外部触发启动,于是可再输出一个同样宽度的单拍脉冲,而不用再次送入一个计数值。

3. 在计数过程中,外部可发出门控脉冲进行再触发。在再触发脉冲上升沿之后的一个 CLK 脉冲的下降沿,计数器将重新开始计数。如图 8-8 所示。

4. 在计数过程中,CPU 可改变计数值,这时计数过程不受影响,计数到 0 后输出为高。若再次触发启动,则计数器将按重新输入的计数值计数,即计数值是下次有效的。如图 8-9 所示。

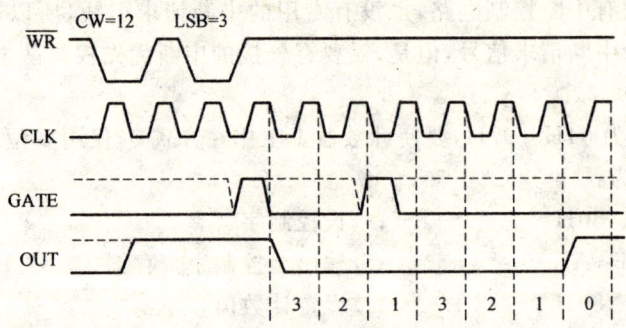

图 8-8 方式 1 时 GATE 信号的作用

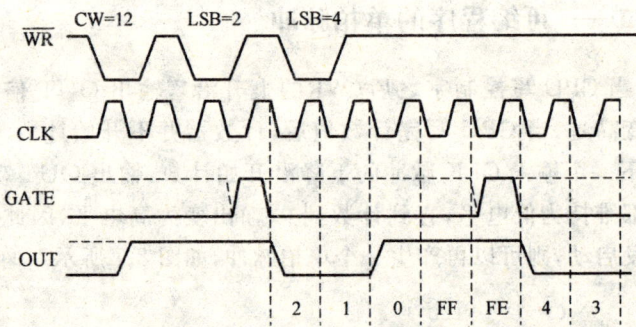

图 8-9 方式 1 在计数过程中改变计数值

若要使计数器 0 工作在方式 1,按 BCD 计数,计数值为 3000H。则初始化程序为:

MOV　　　AL,23H　　　；设方式控制字
OUT　　　07H,AL　　　；输出至控制字寄存器
MOV　　　AL,30H　　　；设计数值
OUT　　　04H,AL　　　；输出至计数器 0 的高 8 位

注意：虽然计数值是 16 位的,但在控制字中规定为只写高 8 位,故低 8 位自动设置为 0。

8.3.3 方式 2——速率发生器

在这种方式下,当 CPU 输出控制字后,输出 OUT 信号将为高电平。在写入计数值后,计数器将立即自动对输入时钟 CLK 计数。在计数过程中输出始终保持为高电平,直至计数器减到 1 时,输出才变为低电平,经过一个 CLK 周期,输出又恢复为高电平,且计数器开始重新计数,如图 8-10 所示。

方式 2 的一个突出特点是能够连续工作。如果计数值为 N。则每输入 N 个 CLK 脉冲,输出一个脉冲。因此,这种方式可以作为一个脉冲速率发生器或用于产生实时时钟中断。

方式 2 的主要特点是:

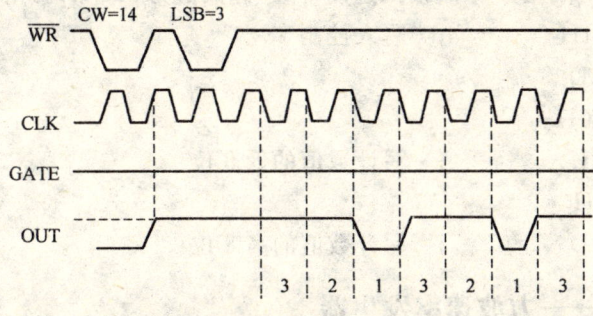

图 8-10 方式 2 波形

1. 不用重新设置计数值,通道能够连续工作,输出固定频率的脉冲。
2. 计数过程可由门控脉冲控制,当 GATE 变低时,就暂停计数;在 GATE 变高后的下一个 CLK 脉冲使计数器恢复初值,重新开始计数,如图 8-11 所示。

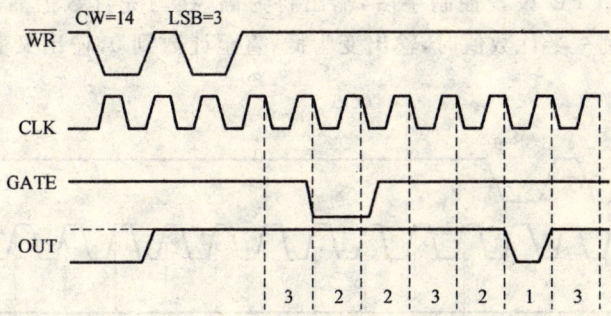

图 8-11 方式 2 时 GATE 信号的作用

3. 在计数过程中可以改变计数值,这对正在进行的计数过程没有影响,但在计数到 1 时输出变低,过一个 CLK 周期输出又变高,计数器将按新的计数值计数,所以改变计数值是下次有效的,如图 8-12 所示。

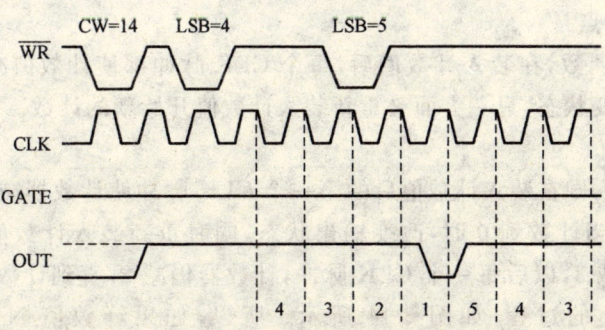

图 8-12 方式 2 在计数过程中改变计数值

若要使计数器2工作在方式2,按二进制计数,计数值为02F0H。则初始化程序为:

```
MOV    AL,084H            ;写入控制字
OUT    07H,AL
MOV    AL,0F0H
OUT    06H,AL             ;写计数值的低8位
MOV    AL,02H
OUT    06H,AL             ;写计数值的高8位
```

8.3.4 方式3——方波速率发生器

方式3和方式2的输出都是周期性的,它们的主要区别是:方式3在计数过程中输出有一半时间为高,另一半时间为低。所以,若计数值为N,则方式3的输出为方波,周期是N个CLK脉冲。

在这种方式。当CPU设置控制字后,输出将为高,在写完计数值后就自动开始计数,输出保持为高;当计数到一半计数值时,输出变为低,直至计数到0,输出又变高,重新开始计数,如图8-13所示。

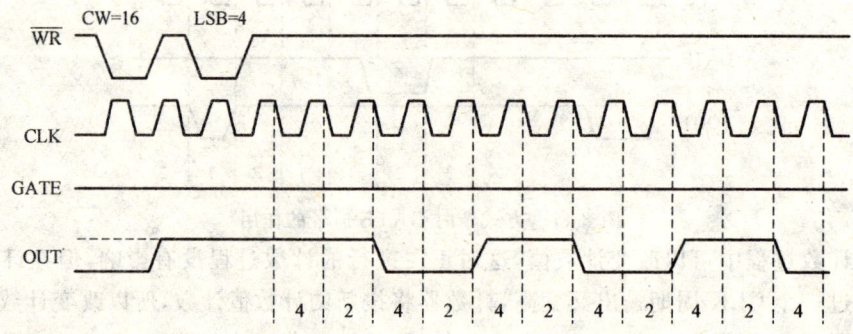

图8-13 方式3在计数值为偶数时的波形

方式3的主要特点是:

1. 若计数值为偶数,在装入计数值后,每个CLK脉冲都使计数值减2,当计数值减到0时,一方面使输出改变状态,只一方面又重新装入计数值开始新的计数。该过程就这样周而复始地进行。

若计数值为奇数,则在装入计数值后的第一个CLK脉冲使计数器减1,其后每一个CLK脉冲使计数器减2。当计数到0时,改变输出状态,同时重新装入计数值。这以后的第一个CLK脉冲使计数器减3,以后每一个CLK脉冲,计数器仍减2,直到计数器再次到0时,输出恢复为高,重复上述的过程,如图8-14所示。所以,如果计数值N是奇数。则输出有(N+1)/2个CLK脉冲周期为高,而在(N-1)/2个脉冲周期为低。即OUT为高将比其为低

多一个 CLK 周期时间。

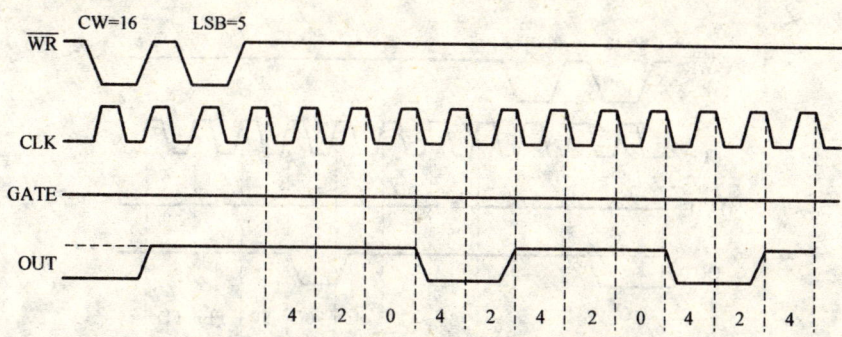

图 8-14　方式 3 在计数值为奇数时的波形

2. GATE 信号能使计数过程重新开始。GATE＝1 允许计数,GATE＝0 禁止计数。如果在输出 OUT 为低期间,GATE＝0,OUT 将立即变高,停止计数。当 GATE 变高以后。计数器将重新装入初始值,重新开始计数。如图 8-15 所示。

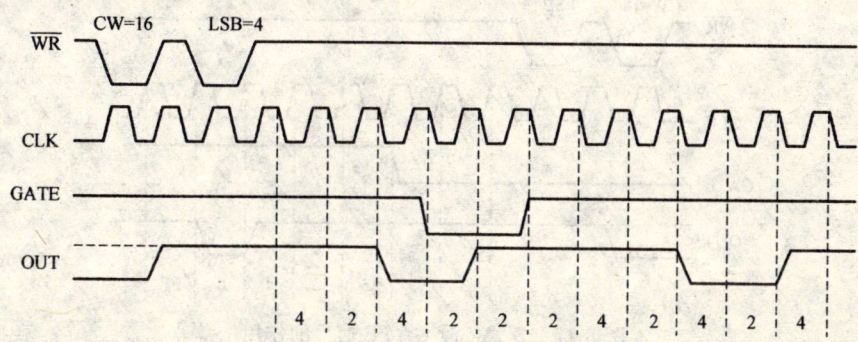

图 8-15　方式 3 时 GATE 信号的作用

3. 若在计数期间写入一个新的计数值,并不影响现行的计数过程。但是若在方波半周期结束之前和新计数值写入之后收到 GATE 脉冲,计数器将在下一个 CLK 脉冲时装入新的计数值并以这个计数值开始计数。否则,新计数值将在现行半周结束时装入计数器。

8.3.5　方式 4——软件触发选通

在这种方式,当写入控制字后,输出 OUT 信号为高电平(原为高则保持为高,原为低则变为高)。当写入计数值后立即开始计数(相当于软件启动),当计数到 0 后,输出变低,经过一个输入时钟周期,输出又变高。计数器停止计数。故这种方式计数也是一次性的,只有在输入新的计数值后,才能开始新的计数,如图 8-16 所示。

方式 4 的特点:

1. CPU 写入计数值后的下一个 CLK 脉冲,把计数值写入计数器,再下一个 CLK 脉冲开始减数。因此,若设置的计数值为 N,则是在写入计数值后的 N−1 个脉冲,才输出一个负脉冲。

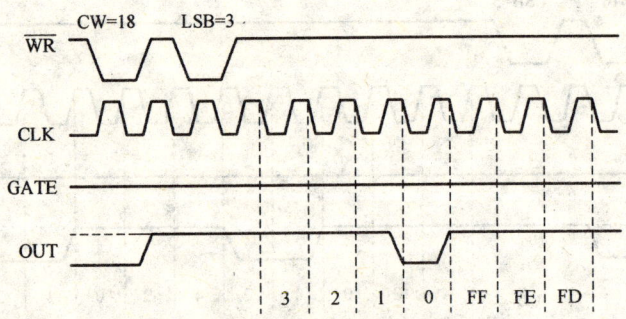

图 8-16 方式 4 波形

2. 当 GATE=1 时允许计数,而 GATE=0 时禁止计数。所以,要做到软件启动,则 GATE 应保持为"1"。GATE 信号不影响输出,如图 8-17 所示。

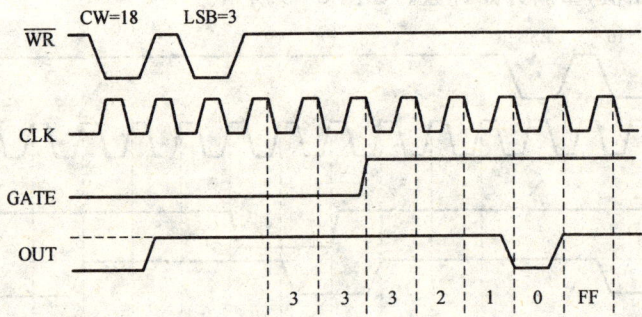

图 8-17 方式 4 时 GATE 信号的作用

3. 若在计数过程中,改变计数值,则按新的计数值重新开始计数,如图 8-18 所示。

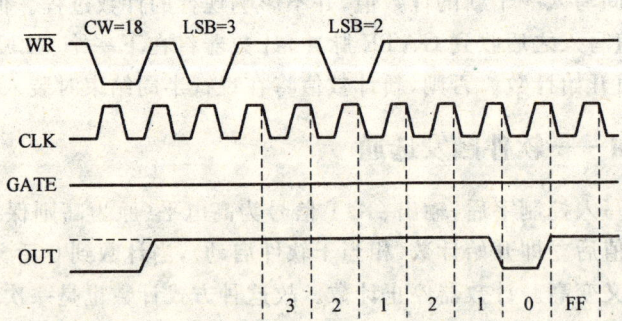

图 8-18 方式 4 在计数过程中改变计数值

若计数值是双字节,则在设置第一字节时停止计数,在设置第二字节后,按照新的计数值开始计数。

8.3.6 方式 5——硬件触发选通

在这种方式,设置了控制字后,输出 OUT 信号为高电平。在设置了计数值后,计数器并不立即开始计数,而是由门控脉冲的上升沿触发启动。当计数到 0 时,输出变为低电平,经过一个 CLK 脉冲,输出恢复为高电平,停止计数。要等到下次门控脉冲的触发才能再计数,如图 8-19 所示。

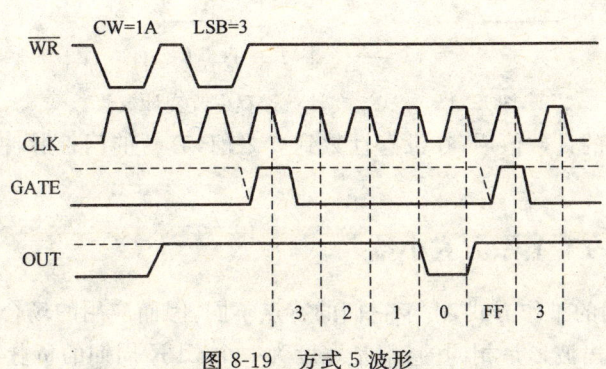

图 8-19　方式 5 波形

方式 5 的特点:

1. 若设置计数值为 N,则在门控脉冲触发后,经过 N＋1 个 CLK 脉冲,才输出一个负脉冲。

2. 若在计数过程中使用门控脉冲,则使计数器重新开始计数,但对输出的状态没有影响,如图 8-20 所示。

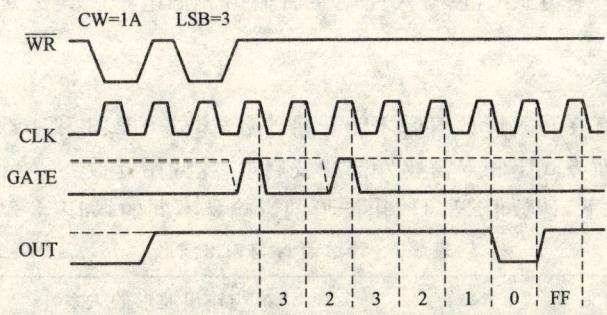

图 8-20　方式 5 时 GATE 信号的作用

3. 若在计数过程中改变计数值,只要没有门控信号的触发,不影响计数过程。当计数到 0 后,若有新的门控信号的触发,则按新的计数值计数,如图 8-21 所示。

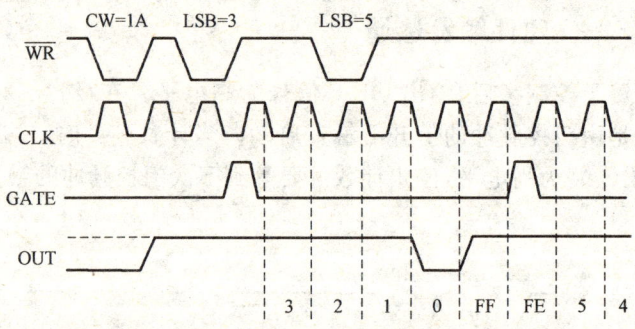

图 8-21 方式 5 在计数过程中改变计数值

但若在写入了新的计数值后,在没有计数到 0 之前,有新的门控脉冲触发,则立即按新的计数值重新开始计数。

8.3.7　8253-P1T 工作方式小结

8253 有 6 种不同的工作方式,由于它们的特点不同,因而应用的场合也就不同。

方式 2、4、5 的输出波形是相同的,都是宽度为一个 CLK 周期的负脉冲。但方式 2 是连续工作,方式 4 由软件(设置计数值)触发启动,而方式 5 由门控脉冲触发启动。

方式 5(硬件触发选通)与方式 1(硬件再触发单拍脉冲),工作方式基本相同,但输出波形不同,方式 1 输出的为宽度是 N 个 CLK 脉冲的低有效脉冲(计数过程中输出为低),而方式 5 输出的为宽度是 1 个 CLK 脉冲的负脉冲(计数过程中输出为高)。

1. 输出 OUT 信号的初始状态

在 6 种方式中,只有方式 0,在写入控制字后输出为低电平。其他 5 种方式,都是在写入控制字后输出为高电平。

2. 计数值的设置

任一种方式,只有在写入计数值后才能开始计数,方式 0、2、3 和 4 都是在写入计数值后,计数过程就开始了,而方式 1 和 5 需要外部触发启动,才开始计数。

在不同工作方式下,计数值 N 对输出波形的影响是不同的,如表 8-2 所示。

表 8-2　计数值 N 与输出波形

方式	功能	N 与输出波形的关系
0	计完最后一个数中断	写入计数值 N 后,经过 N+1 个 CLK 脉冲输出变高
1	硬件再触发单拍脉冲	单拍脉冲的宽度为 N 个 CLK 脉冲
2	速率发生器	每 N 个 CLK 脉冲,输出一个宽度为 CLK 周期的脉冲
3	方波速率发生器	写入 N 后,输出

续表

方式	功能	N与输出波形的关系
		$\begin{cases} N/2 \text{ 个 CLK 高电平},N/2 \text{ 个 CLK 低电平}(N \text{ 为偶数}) \\ (N+1)/2 \text{ 个 CLK 高电平},(N-1)/2 \text{ 个 CLK 低电平}(N \text{ 为奇数}) \end{cases}$
4	软件触发选通	写入N后,过N+1个CLK,输出宽度为1个CLK的脉冲
5	硬件触发选通	门控触发后,过N+1个CLK,输出宽度为1个CLK的脉冲

在6种方式中,只有方式2和方式3是连续计数,其他4种方式都是一次性计数,要继续工作需要重新启动,方式0、方式4由写入计数值(软件)启动,方式1、方式5要由外部信号(硬件)启动。

3. 门控信号的作用

8253在不同方式下门控输入信号GATE的作用,如表8-3所示。

表8-3 8253门控输入信号GATE的作用

方式	功能	GATE		
		低或变为低	上升沿	高
0	计数最后一个数中断	禁止计数	—	允许计数
1	硬件再触发单拍脉冲	—	① 启数计数 ② 下一个CLK脉冲使输出变低	—
2	速率发生器	① 禁止计数 ② 立即使输出为高	① 重新装入计数值 ② 启动计数	允许计数
3	方波速率发生器	① 禁止计数 ② 立即使输出为高	启动计数	允许计数
4	软件触发选通	禁止计数		允许计数
5	硬件触发选通	—	启动计数	—

GATE输入信号总是在CLK输入时钟的上升沿被采样。在方式0、2、3、4中,GATE输入信号是电平起作用,逻辑电平在CLK的上升沿采样。在方式1、2、3、5中,GATE输入信号是上升沿起作用。在这种情况下,GATE信号的上升沿使计数器内部的一个边沿敏感的触发器置位,在下一个CLK脉冲的上升沿采样,采样之后,这个触发器被复位。这样不管GATE的上升沿何时出现总能被检测到,而且对GATE高电平的持续时间没有要求。在方式2和方式3中,GATE信号的上升沿和电平都可以起作用。

4. 在计数过程中改变计数值

8253 在不同方式时都可以在计数过程中写入计数值,但它的作用在不同方式时有所不同,如表 8-4 所示。表中的立即有效是指写入计数值后的下一个 CLK 脉冲以后,新的计数值开始起作用。

表 8-4 计数过程中改变计数值的结果

方式	功能	改变计数值
0	计完最后一个数中断	立即有效
1	硬件再触发单拍脉冲	外部触发后有效
2	速率发生器	计数到 1 后有效
3	方波速率发生器	① 外部触发后有效 ② 计数到 0 后有效
4	软件触发选通	立即有效
5	硬件触发选通	外部触发后有效

5. 计数到 0 后计数器的状态

计数器减到 0 后并不停止不动。在方式 0、1、4、5,计数器计到 0 后,都从这个最大计数值(十六进制的 0FFFFH 和 BCD 的 9999)继续倒计数。方式 2 与方式 3 是连续计数,计数器自动装入计数值继续计数。

8.4 8253-PIT 的编程

要使用 8253-PIT 必须首先进行初始化编程,初始化编程的内容为:必须先写入每一个通道的控制字,然后写入通道的计数值。如前所述,在有些方式下,写入计数值后此计数通道就开始工作了,而有的方式需要外界门控信号的触发启动。

在初始化编程时,某一通道的控制字和计数值,是通过两个不同的端口地址写入的。任一通道的控制字都是写入至控制字寄存器(地址总线低两位 $A_1A_0=11$),由控制字中的 D_7D_6 来确定是哪一个通道的控制字;而计数值是由各个通道的端口地址写入的。

初始化编程的步骤为:
(1) 写入通道控制字,规定通道的工作方式。
(2) 写入计数值。
① 若规定只写低 8 位,则写入的为计数值的低 8 位,高 8 位自动置 0;
② 若规定只写高 8 位,则写入的为计数值的高 8 位,低 8 位自动置 0;
③ 若是 16 位计数值,则分两次写入,先写入低 8 位,再写入高 8 位。
例如:若要用通道 0,工作在方式 1,按二—十进制计数,计数值为 5080H。则初始化编程

的步骤为：

(1) 确定通道控制字：

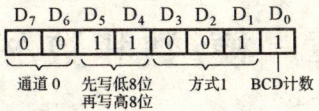

(2) 计数值的低 8 位为 80H。

(3) 计数值的高 8 位为 50H。

若端口地址位为 F8H～FBH,则初始化程序为：

MOV   AL,33H
OUT   0FBH,AL
MOV   AL,80H
OUT   0F8H,AL
MOV   AL,50H
OUT   0F8H,AL

8253 任一通道的计数值,CPU 可用输入指令读取。CPU 读到的是执行输入指令瞬间计数器的现行值。但 8253 的计数器是 16 位的,所以要分两次读至 CPU,因此,若不设法锁存现行计数值,则在输入过程中,计数值可能已经变化了。要锁存有两种办法：

(1) 利用 GATE 信号使计数过程暂停。

(2) 向 8253 输送一个通道控制字,令 8253 通道中的锁存器锁存。8253 的每一个通道都有一个输出锁存器(16 位),平时,它的值随通道计数器的值变化,当向通道写入锁存的控制字时,它把计数器的现行值锁存(计数器中继续计数)。于是 CPU 读取的就是锁存器中的值。当对计数器重新编程,或 CPU 读取了计数值后,自动解除锁存状态,它的值又随计数器变化。

若要读取通道 1 的 16 位计数值,其程序为：

MOV   AL,40H
OUT   0FBH,AL
IN   AL,0F9H
MOV   CL,AL
IN   AL,0F9H
MOV   CH,AL

第 9 章 模/数和数/模转换

9.1 概述

模/数(A/D)和数/模(D/A)转换技术主要用于计算机控制和测量仪表中。

在工业控制和参数测量时,经常遇到有关的参量是一些连续变化的物理量。比如,温度、速度、流量、压力等。这些量有一个共同的特点,即都是连续变化的,这样的物理量称为模拟量。

用计算机处理这些模拟量时,一般先利用光电元件、压敏元件、热敏元件等把它们变成模拟电流和模拟电压,然后再将模拟电流或模拟电压变为数字量。

为了把模拟电流或模拟电压变为数字量,一般分两步进行。先是对模拟电流或电压采样,得到与此电流或电压相对应的离散脉冲序列,然后用模/数转换器将离散脉冲变为离散的数字信号,这样就完成了模拟量往数字量的转换。这两个步骤就是本章要讲述的采样保持和 A/D 转换技术。

对于控制过程来说,最终目的是要根据当时现场情况进行控制,所以,计算机还应该发出信号送到控制目标。但是,计算机内部运行的都是数字量,为此,需要通过数/模(D/A)转换器把它们变成模拟电流或模拟电压,这就要涉及本章讲解的 D/A 转换技术。

可见,D/A 转换是 A/D 转换的逆过程。这两个互逆的转换过程通常出现在一个控制系统中。图 9-1 表示一个实时控制系统的各个环节,从图中可以看到 A/D 转换器和 D/A 转换器在控制系统中的位置和作用。图中在 A/D 转换器前面加了一级放大器,这是因为传感器一般不能提供足够的模拟信号幅度。同样,D/A 转换器的输出信号通常也不足以驱动执行部件,所以,要在 D/A 转换器和执行部件之间加入一级功率放大器。

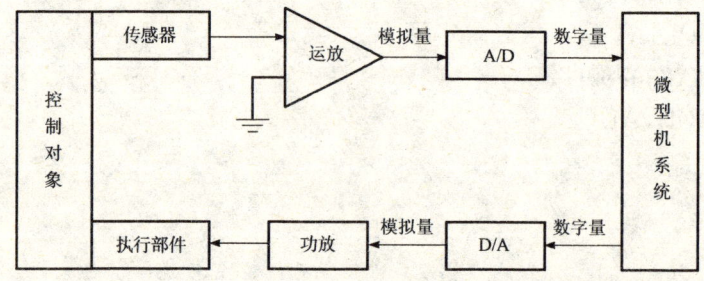

图 9-1 一个包含 D/A 和 A/D 转换环节的实时控制系统

如果图 9-1 所示的闭环实时控制系统中,去掉了执行部件和 D/A 转换及功放环节,那么就成了一个将现场模拟信号变为数字信号,并送计算机进行处理的系统。这样一个系统实际上就是个测量系统。

另外一种情况下,如果只有计算、D/A 转换器、功放级和执行部件,那么就成了一个程序控制系统。

9.2 数/模(D/A 转换器)

9.2.1 数/模转换的原理

数字量是由一位一位的数位构成的,每个数位都代表一定的权。比如,10000001,最高位的权是 $2^7=128$,所以此位上的代码 1 表示数值 1×128,最低位的权是 $2^0=1$。此位上的代码 1 表示数值 1,其他数位均为 0,所以,二进制数 10000001 就是十进制数 129。

为了把一个数字量变为模拟量,必须把每一位上的代码按照权来转换为对应的模拟量,再把各模拟量相加。这样,得到的总的模拟量便对应于给定的数据。

在集成电路中,通常采用 T 型网络实现数字量往模拟电流的转换,再利用运算放大器来完成模拟电流到模拟电压的转换。所以,要把一个数字量变为模拟电压,实际上需要两个环节:即先把数字量变为模拟电流,这是由 D/A 转换器完成的;再将模拟电流变为模拟电压。这是由运算放大器完成的。有些 D/A 转换集成电路芯片只包含前一个环节,有些 D/A 转换集成电路芯片则包含两个环节。用前一种芯片时,要外接运算放大器才能得到模拟电压。

为了说明数/模转换的原理,先扼要地复习一下运算放大器的工作特点和原理,再讲述 T 型电阻网络的工作原理。

1. 运算放大器的工作特点和原理

运算放大器有三个特点。

一是开环放大倍数非常高,一般为几千,有些甚至高达十万。所以,正常情况下,运算放大器所需要的输入电压非常小。

二是输入阻抗非常大,所以,运算放大器工作时,输入端相当于一个很小的电压加在一个很大的输入阻抗上,这样,输入电流也极小。

三是输出阻抗很小,所以,它的驱动能力非常大。

运算放大器有两个输入端,一个和输出端同相,称为同相端,用"+"号表示,另一个和输出端反相,称为反相端,用"—"号表示。

如图 9-2(a)所示,在同相端接地时,用反相端作为输入端,由于输入电压 V_r 十分小,即输入点的电位和地的电位差不多,所以,可以认为,输入端和地之间近似短路;另一方面,输入电流也非常小,这说明又不是真的和地短路。一般把这种输入电压近似为 0,输入电流也近似为

0 的特殊情况称为虚地。虚地的概念是分析运算放大器工作情况的基础。

图 9-2(b)中，输入端有一个电阻 R_i，输出端和输入端之间有一个反馈电阻 R_o，由于运算放大器的 G 点为虚地，所以，

输入电流 $I_i = \dfrac{U_i}{R_i}$

又由于运算放大器的输入阻抗极大，所以，认为流入运算放大器的电流几乎是 0，这样，也就可以认为输入电流 I_i 全部流过 R_o 了，而 R_o 一端为输出端，一端为虚地，因此，R_o 上的电压降也就是输出电压 U_o。即

$$U_o = -R_o \cdot I_i = -R_o \cdot \dfrac{U_i}{R_i}$$

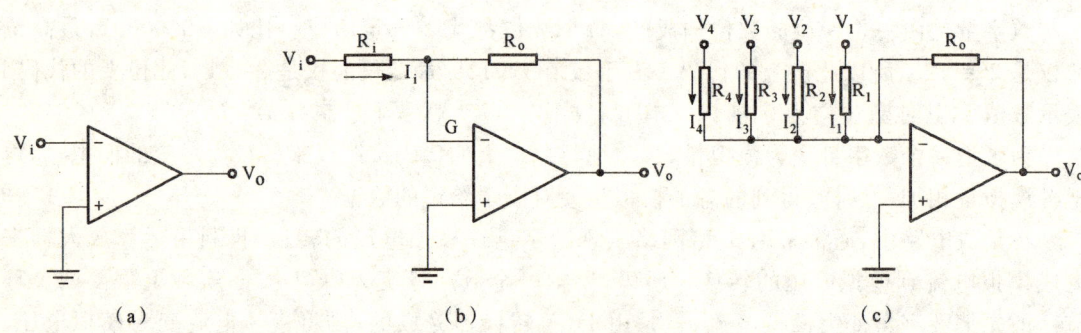

图 9-2 运算放大器的原理

(a) 运算放大器的输入和输出；(b) 带反馈电阻的运算放大器；(c) 输入端有 4 个输入支路的运算放大器

因此运算放大器的放大倍数为：

$$\dfrac{U_o}{U_i} = -\dfrac{R_o}{R_i}$$

如图 9-2(c)所示，对于输入端具有 4 个支路的运算放大器来说，输出电压为：

$$U_o = -(I_1 + I_2 + I_3 + I_4) \cdot R_o$$

以此类推，对于输入端具有 n 个支路的运算放大器来说，输出电压为 n 个支路电流的和与反馈电阻的乘积。

2. 由 T 型电阻网络和运算放大器构成的 D/A 转换器

利用运算放大器各输入电流相加的原理，可以如图 9-3(a)所示构成一个最简单的 D/A 转换器。

图 9-3(a)中，V_{REF} 是一个有足够精度的标准电源，运算放大器输入端的各支路对应于待转换数据的第 0 位、第 1 位……第 n 位。支路中的开关由对应的数位来控制，如果数值为 1，则对应的开关闭合；如果数值为 0，则对应的开关打开。各输入支路中的电阻分别为 R、$2R$、$4R$……这些电阻称为权电阻。

设现在输入端有 4 个支路,从 4 个开关全部断开到全部闭合,运算放大器可以得到 16 种不同的电流输入。这就是说,通过电阻网络,可以把 0000～1111 转换成大小不同的电流,从而可以在运算放大器输出端得到大小不同的电压。如果由数字 0000 每次增 1,一直变化到 1111,那么,就可以得到一个阶梯波电压,如图 9-3(b)所示。

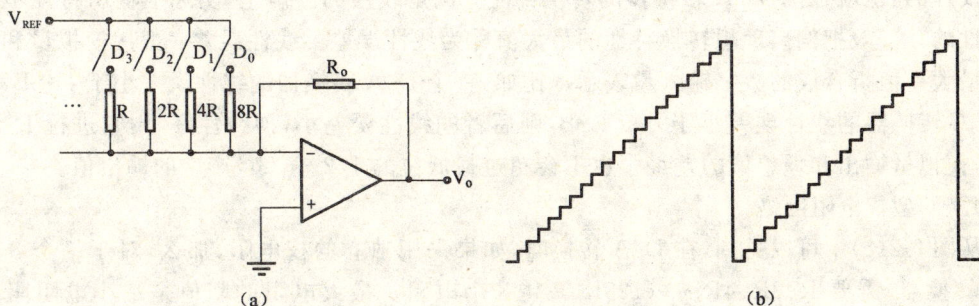

图 9-3 (a)最简单的 D/A 转换器;(b)阶梯波电压

3. 分辨率和精度

阶梯波的每一级增量对应输入数据的最低数位 1。在 D/A 转换时,将最低位增 1 所引起的增量和最大输入量的比称为分辨率,即

$$\text{分辨率} = \frac{1}{2^n - 1}$$

其中,n 为二进制数位的数目。

比如一个 4 位的 D/A 转换器,它的分辨率为 $\frac{1}{2^4 - 1} = \frac{1}{15}$

分辨率也常用百分比表示,所以,4 位的 D/A 转换器的分辨率也等于 $1/15 = 6.67\%$。显然,位数越多,分辨率越好。比如,8 位 D/A 转换器的分辨率为 $1/255 = 0.392\%$。

另一个衡量 D/A 转换器的指标是转换精度。转换精度又分为绝对转换精度和相对转换精度。所谓绝对转换精度,就是指每个输出电压接近理想值的程度。绝对转换精度和标准电源的精度、权电阻的精度有关。

相对转换精度是更加常用的描述输出电压接近理想值程度的物理量,一般用绝对转换精度相对于满量程输出的百分数来表示,有时也用最低位(LSB)的几分之几表示。比如,一个 D/A 转换器的相对转换精度为 1/2 LSB,这就意味着,可能出现的最大相对误差为

$$\Delta A = \frac{1}{2} \frac{FS}{2^n} = \frac{FS}{2^{n+1}}$$

其中,FS 为满量程输出电压。

通常,相对转换精度比绝对转换精度更有实用性。

除了分辨率和转换精度外,D/A 转换时涉及的参数还包括转换速率、建立时间、线性误差等。

转换速率是指大信号工作时,横拟输出电压的最大变化速度,单位力 $V/\mu s$。

建立时间是指大信号工作时,D/A 转换器的模拟输出电压达到某个规定范围时所需要的时间,所调规定范围一般指终值 $\pm\frac{1}{2}$LSB。很显然,建立时间越大,转换速率越低。

在 D/A 转换时,两个相邻数据之间的差是 1,假如数据连续转换,那么输出的模拟电压应该是线性的,也就是说,D/A 转换器的转换特性应该是线性的。但是,实际上输出特性不是理想线性的。一般把偏离理想转换特性的最大值称为线性误差。线性误差一般用模拟量和理想值的最大差值折合成的数字输入量表示。比如,一个 D/A 转换器的线性误差小于 1LSB,另一个 D/A 转换器的线性误差小于 0.5 LSB,则后者的线性误差小,即线性好,用它进行 D/A 转换时,模拟量输出和理想值的差最多也不会超过最低位的 1/2 输入量产生的输出值。

4. T 型权电阻网络

从图 9-2(c)中可以见到,在 D/A 转换时,如果采用独立的权电阻,那么,对于一个 8 位的 D/A 转换器,需要 R、2R、4R……128R 等共 8 个电阻。最大电阻的阻值是最小电阻阻值的 128 倍,而对这些电阻的误差要求又比较高,这样,从工艺上实现起来是很困难的。所以,n 个独立输入支路的方案是不实用的。

在集成电路中,如图 9-4 所示,常用 T 型电阻网络来代替单一的权电阻支路,采用 T 型网络时,整个网络只需要 R 和 2R 两种电阻。

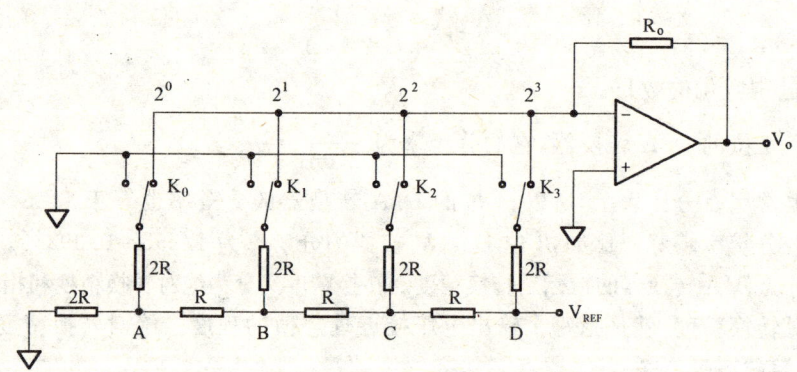

图 9-4 采用 T 型电阻网络的 D/A 转换器

在集成电路中,由于所有的元件都做在同一个芯片上,所以,电阻的特性可以做得很相近,误差问题也可以得到解决。

从图 9-4 中可以看到,一个支路中,如果开关倒向左边,那么,支路中的电阻就接到真正的地去了,如果开关倒向右边,那么,电阻就接到虚地去了。所以,不管开关倒向哪一边,都可以认为是接"地"。不过,只有开关倒向右边时,才能给运算放大器输入端提供电流。

T 型电阻网络中,节点 A 的左边为两个 2R 的电阻并联,它们的等效电阻为 R,节点 B 左边也是两个 2R 的电阻并联,结果等效电阻也是 R……,以此类推,最后,在 D 点等效于一个数值为 R 的电阻连在参考电压 V_{REF} 上。

这样，就很容易算出，C 点、B 点、A 点的电位分别为 $-\frac{1}{2}V_{REF}$、$-\frac{1}{4}V_{REF}$、$-\frac{1}{8}V_{REF}$。

在分析了电阻网络的特点和节点电位以后，再来看各支路的电流值。

当右边第一个支路的开关 K_3 倒向右边时，运算放大器得到的输入电流为：

$$-\frac{V_{REF}}{2R}$$

当右边第二个支路的开关 K_2 倒向右边时，运算放大器得到的输入电流为：

$$-\frac{V_{REF}}{4R}$$

同样可以算出，K_1、K_0 倒向右边时，输入电流分别为 $-\frac{V_{REF}}{8R}$ 和 $-\frac{V_{REF}}{16R}$。

让开关 K_3、K_2、K_1、K_0 对应于 1 位二进制数。当一个二进制数据为 0000 时，流入运算放大器的电流为：

$$I = -\frac{V_{REF}}{2R} - \frac{V_{REF}}{4R} - \frac{V_{REF}}{8R} - \frac{V_{REF}}{16R}$$

$$= -\frac{V_{REF}}{2R}(1 + \frac{1}{2} + \frac{1}{4} + \frac{1}{8})$$

$$= -\frac{V_{REF}}{2R}(1 + \frac{1}{2^1} + \frac{1}{2^2} + \frac{1}{2^3})$$

括号内各项分别对应二进制数 2^0、2^1、2^2、2^3。

相应的输出电压

$$V_o = I \cdot R_o = -\frac{V_{REF}}{2R} \cdot R_o(\frac{1}{2^0} + \frac{1}{2^1} + \frac{1}{2^2} + \frac{1}{2^3})$$

由上式可见，输出电压除了和输入的二进制数有关以外，还和运算放大器的反馈电阻 R_o、标准电压 V_{REF} 有关。

9.2.2 数/模转换器件和有关电路

当前使用的数/模转换器件中，大部分是集成电路芯片。其中，既有分辨率较低、较通用、价格也较低的 8 位芯片，也有速度和分辨率较高、价格也较高的 16 位芯片，既有电流输出的芯片、也有电压输出的芯片。

根据能否直接和总线相连这一点，目前市场上的 D/A 转换芯片可以分为两类。其中有一类芯片内部没有数据输入寄存器。这类芯片内部结构简单，价格比较低廉，比如 AD7520、AD7521、DAC0808 等。但是，这些芯片不能直接和总线相连。另一类芯片内部有数据输入寄存器，比如 DAC0832、AD 7524 等。这些芯片使用时可以直接和系统总线相连。

1. 不带数据输入寄存器的 D/A 芯片的使用

对于一个 D/A 转换部件来说，当待转换的数据量加到输入端时，在输出端也随之建立相应的电流或者电压。对于没有数据输入寄存器的D/A转换器来说,随着输入数据的变化,输出电流或输出电压也随之变化,同样的道理,当输入数据消失时,输出电流或输出电压也消失。比如,在微型机系统中,转换的数据经常来自CPU,而8086执行输出指令以后。数据在总线上的保持时间只有2个时钟周期。这样,模拟量在输出端的保持时间也很短。但是,在实际的控制系统中,为了便于控制一个对象,往往要求转换以后的电流量或电压量能保持一段时间,所以,要求在D/A转换器的前面增加一个数据锁存器,再与总线相连,如图9-5所示。

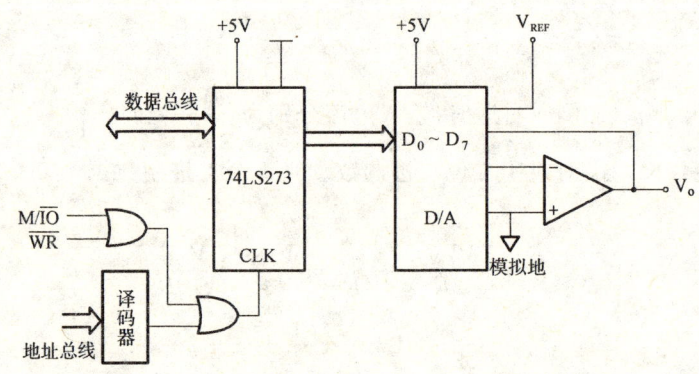

图 9-5 不带数据输入寄存器的 D/A 转换器的连接

图 9-5 中译码器的接法决定了锁存器的端口地址,当CPU用输出指令往这个端口输出一个数据时,就把累加器中的数据送入锁存器,这时,D/A转换器输出端得到相应的电压。

如果一个D/A转换器超过8位,这时,用一个锁存器就不够了。比如,10位的D/A转换芯片就要用两个锁存器和总线相连。工作时,CPU通过两条输出指令往两个锁存器对应的端口地址中输出数据,就可以完成数据的传送。具体连接方法如图9-6所示。

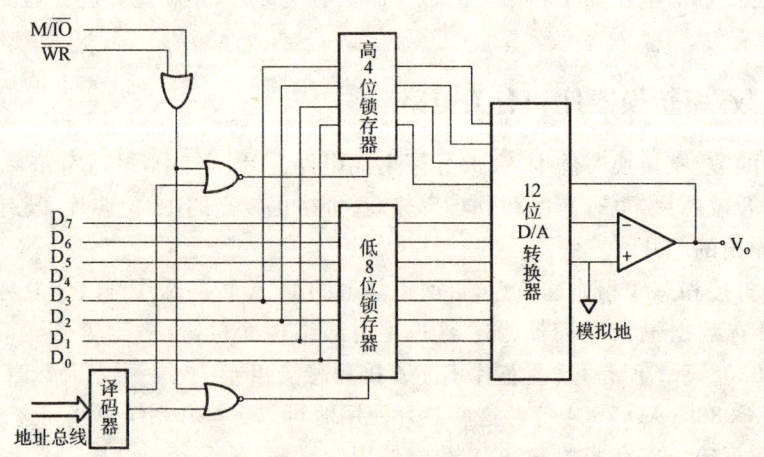

图 9-6 超过 8 位的 D/A 转换器的连接

不过,用图 9-6 的线路时,CPU 要执行两次输出指令,D/A 转换器才得到所需要的电流,而在第一次执行输出指令以后,D/A 转换器会得到一个局部的输入,由此,输出端会得到一个局部的、实际上是不需要的模拟输出量,显然,这是应该避免的一个问题。为此,往往用两级数据缓冲结构来解决 D/A 转换器和总线的连接问题,比如,要转换 12 位数据时,可以如图 9-7 所示进行连接。工作时,CPU 先用两条输出指令把数据送到第一级数据缓冲器,然后通过第三条输出指令使数据送到第二级数据缓冲器,从而使 D/A 转换器一次得到 12 位待转换的数据。

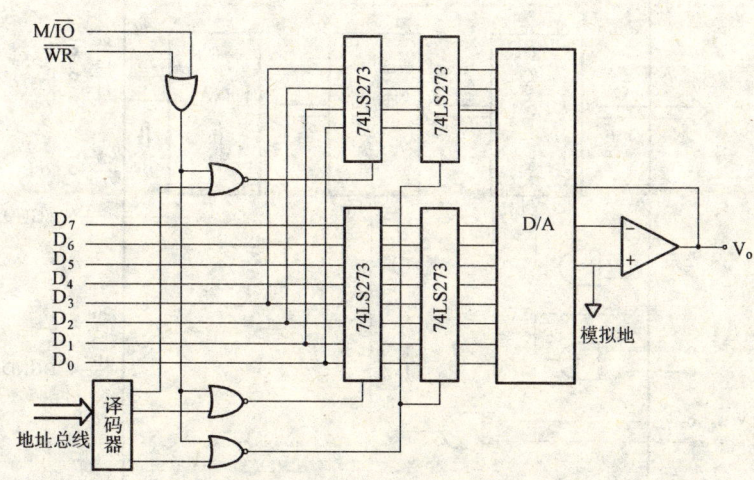

图 9-7　D/A 转换器通过两级数据缓冲器和总线相连的示意图

可以想到,由于第二级数据缓冲器并没有和数据总线相连,所以,第三条输出指令所执行的是伪输出,它并没有真正把数据总线上的数据送到缓冲器,而仅仅是使缓冲器得到一个选通信号,从而,使第一级缓冲器的数据打入第二级缓冲器。

具体程序段如下:

```
MOV     AL,DATAL
OUT     PORTL,AL        ;低 8 位数据送第一级缓冲器
MOV     AL,DATAH
OUT     PORTH,AL        ;高 8 位数据送第一级缓冲器
OUT     PORT,AL         ;使数据打入第二级缓冲器
```

2. 带有数据输入寄存器的 D/A 芯片的使用

对于内部带数据输入寄存器的 D/A 芯片,使用时可以将 D/A 芯片直接和数据总线相连。

下面,以 DAC0832 为例来具体介绍这类 D/A 转换芯片的工作原理和使用方法。图 9-8 是 DAC0832 的功能示意图。

DAC0832 内部有一个 T 型电阻网络,用来实现 D/A 转换,它需要外接运算放大器,才能

得到模拟电压输出。从图 9-8 中可以见到,在 DAC0832 中有两级锁存器,第一级锁存器称为输入寄存器,它的锁存信号为 ILE,第二级锁存器称为 DAC 寄存器,它的锁存信号也称为通道控制信号 XFER。因为有两级锁存器,所以,DAC0832 可以工作在双缓冲器方式,即在输出模拟信号的同时可以采集下一个数字,于是,可以有效地提高转换速度。另外,有了两级锁存器以后,可以在多个 D/A 转换器同时工作时,利用第二级锁存器的锁存信号来实现多个转换器的同时输出。

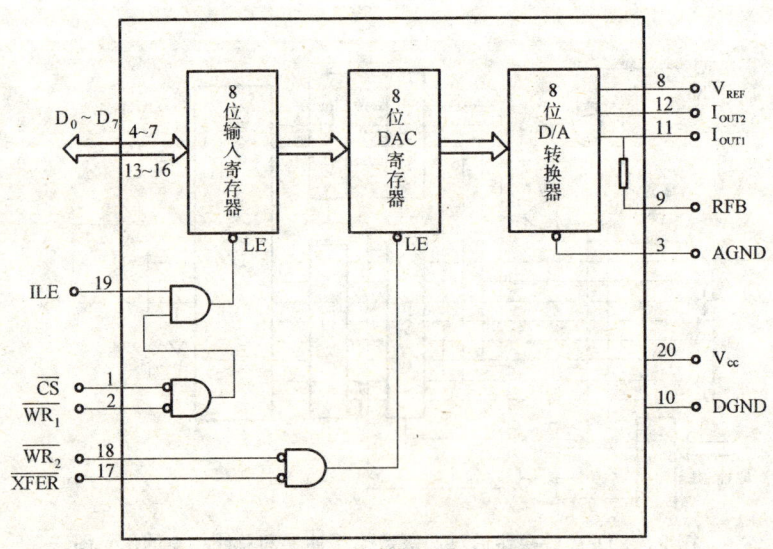

图 9-8　DAC0832 的功能示意图

图 9-8 中,当 ILE 为高电平、$\overline{CS}$、$\overline{WR_1}$ 为低电平时,LE 为 1,这种情况下,输入寄存器的输出随输入而变化。此后,当 $\overline{WR_1}$ 由低电平变高时,LE 成为低电平,此时,数据被锁存到输入寄存器中,这样,输入寄存器的输出端不再随外部数据的变化而变化。

对第二级锁存器来说,$\overline{XFER}$ 和 $\overline{WR_2}$ 同时为低电平时,LE 为高电平,这时,8 位的 DAC 寄存器的输出随输入而变化,此后,当 $\overline{WR_2}$ 由低电平变高时,LE 变为低电平,于是,将输入寄存器的信息锁存到 DAC 寄存器中。

为了用 DAC0832 进行数/模转换,可以使用两种方法对数据进行锁存。

第一种方法是使输入寄存器工作在锁存状态,而 DAC 寄存器工作在不锁存状态。具体地说,就是使 $\overline{WR_2}$ 和 $\overline{XFER}$ 都是低电平,这样,DAC 寄存器的锁存端得不到有效电平;另一方面,使输入寄存器的有关控制信号中,ILE 处于高电平,$\overline{CS}$ 处于低电平,这样,当 $\overline{WR_1}$ 端来一个负脉冲时,就可以完成一次变换。

第二种方法是使输入寄存器工作在不锁存状态,而使 DAC 寄存器工作在锁存状态。就是使 $\overline{WR_1}$ 为低电平,$\overline{CS}$ 为低电平而 ILE 为高电平,这样,输入寄存器的锁存信号处于无效状态;另外,$\overline{WR_2}$和$\overline{XFER}$端输入一个负脉冲,从而使 DAC 寄存器工作在锁存状态。这样做,也可以达到锁存目的。

图 9-9 是 DAC0832 的引腿图,图中各信号的定义如下:

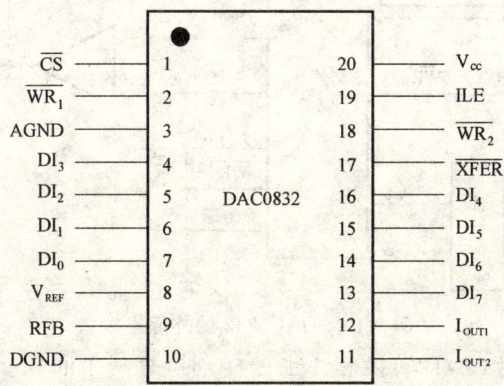

图 9-9 DAC0832 的引腿信号

$\overline{CS}$——片选信号,它和允许输入锁存信号 ILE 合起来决定$\overline{WR_1}$是否起作用。

ILE——允许锁存信号。

$\overline{WR_1}$——写信号 1,它作为第一级锁存信号将输入数据锁存到输入寄存器中,$\overline{WR_1}$必须和$\overline{CS}$、ILE 同时有效。

$\overline{WR_2}$——写信号 2,它将锁存在输入锁存器中的数据送到 8 位 DAC 寄存器中进行锁存,此时,传送控制信号$\overline{XFER}$必须有效。

$\overline{XFER}$——传送控制信号,用来控制$\overline{WR_2}$。

$DI_7 \sim DI_0$——8 位的数据输入端,DI_7为最高位。

I_{OUT1}——模拟电流输出端,当 DAC 寄存器中全为 1 时,输出电流最大,当 DAC 寄存器中全为 0 时,输出电流为 0。

I_{OUT2} 模拟电流输出端,I_{OUT2}为一个常数和I_{OUT1}的差,也就是说,$I_{OUT1}+I_{OUT2}=$常数。

RFB——反馈电阻引出端,DAC0832 内部已经有反馈电阻,所以,RFB 端可以直接接到外部运算放大器的输出端,这样,相当于将一个反馈电阻接在运算放大器的输入端和输出端之间。

V_{REF}——参考电压输入端,此端可接一个正电压,也可接负电压,范围为$+10V \sim -10V$。外部标准电压通过V_{REF}与 T 型电阻网络相连。

V_{CC}——芯片供电电压,范围为$+5V \sim +15V$,最佳工作状态是$+15V$。

AGND——模拟量地,即模拟电路接地端。

DGND——数字量地。

图 9-10 是 DAC0832 的外部连接图。由于在 DAC0832 内部有数据锁存器,所以,在控制信号作用下,可以对总线上的数据直接进行锁存。$\overline{WR_1}$和$\overline{CS}$信号在 CPU 执行输出指令时处

于有效电平。

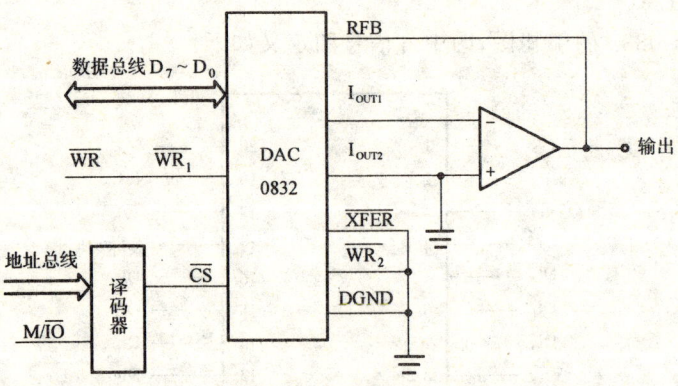

图 9-10　DAC0832 的外部连接

在使用 D/A 转换芯片（A/D 转换芯片也一样）时，有一个问题必须指出来。就是要正确处理地线的连接问题。在数字量和模拟量并存的系统中，有两类电路芯片，一类是模拟电路芯片，一类是数字电路芯片。像 D/A 转换器、A/D 转换器内部主要是模拟电路，运算放大器内部则完全是模拟电路，它们属于模拟电路芯片，而 CPU、锁存器、译码器则属于数字电路芯片，这两类芯片要用两组独立的电源供电。并且，一方面要把各个"模拟地"连在一起，而把各个"数字地"连在一起，要注意，两种"地"不能彼此相混地连接在一起；另一方面，整个系统中要用一个共地点把模拟地和数字地连起来，以免造成回路，引起数字信号通过数字地线干扰模拟信号。图 9-11 表示了这种连接方法。

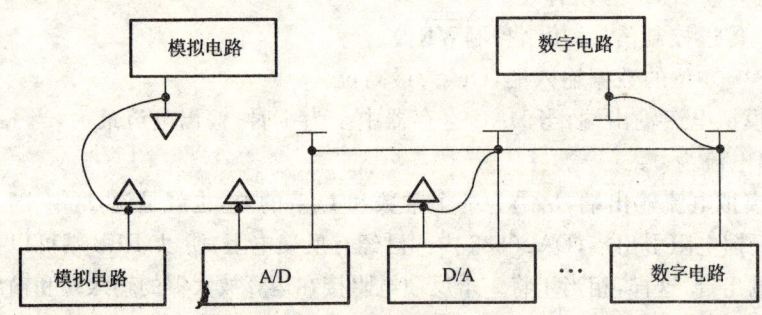

图 9-11　地址的连接方法

现在，再介绍用软件怎样来实现图 9-10 中的 D/A 转换。下面的程序段在执行时，可以实现一次 D/A 转换，程序中假设要转换的数据放在 1000H 单元。

```
MOV    BX,1000H
MOV    AL,[BX]          ;数据送 AL 中
MOV    DX,PORTA         ;PORTA 为 D/A 转换器端口号
OUT    DX,AL
```

在实际应用中,经常需要用一个线性增长的电压去控制某一个检测过程或者作为扫描电压去控制一个电子束的移动。为了说明 D/A 转换器的应用,看一下怎样利用 D/A 转换器产生一个锯齿电压。

对于图 9-10 的电路,执行下面的程序时,就可以产生一个锯齿电压。

```
         MOV    DX,PORTA      ; PORTA 为 D/A 转换器端口号
         MOV    AL,0FFH       ; 初值为 0FFH
ROTATE:  INC    AL
         OUT    DX,AL         ; 往 D/A 转换器输出数据
         JMP    ROTATE
```

实际上,上面程序在执行时得到的输出电压会有 256 个小台阶,不过,从宏观看,仍为连续上升的锯齿波,对于锯齿波的周期,可以利用延迟进行调整。延迟的时间如果比较短,那么,就可以用几条 NOP 指令来实现,如果比较长,则可用延迟子程序。

比如,下面的程序段就是利用延迟子程序来控制铅齿波周期的。

```
         MOV    DX,PORTA      ; PORTA 为 D/A 转换器端口号
         MOV    AL,0FFH       ; 初值为 0FFH
ROTATE:  INC    AL
         OUT    DX,AL         ; 往 D/A 转换器输出数据
         CALL   DELAY         ; 调用延迟子程序
         JMP    ROTATE
         MOV    CX,DATA       ; 往 CX 中送延迟常数
DELAY:   LOOP   DELAY
         RET
```

如果需要一个负向的锯齿波,那么,只要将指令 INC AL 改成 DEC AL 就可以了。

9.3 模/数(A/D)转换器

9.3.1 模/数转换涉及的参数

模/数(A/D)转换是指通过一定的电路将模拟量转变为数字量,在实现 A/D 转换时主要涉及下面几个参数。

1. 转换精度

由于模拟量是连续的,而数字量是离散的,所以,一般是某个范围中的模拟量对应于某一个数字量。这就是说,在 A/D 转换时,模拟量和数字量之间并不是一一对应的关系。比如说,有一个 A/D 转换器,从理论上,模拟量 5V 电压对应数字量 800H,但是,实际上 4.997V、

4.998V、4.999V 也对应数字量 800H。这样,就有一个转换精度问题。

转换精度反映了 A/D 转换器的实际输出接近理想输出的精确程度。A/D 转换的精度通常是用数字量的最低有效位(LSB)来表示的。设数字量的最低有效位对应于模拟量 Δ,这时,我们称 Δ 为数字量的最低有效位的当量。

如果模拟量在 $\pm\frac{\Delta}{2}$ 范围内都产生相对应的唯一的数字量,那么,这个 A/D 转换器的精度为 ± 0 LSB。

如果模拟量在 $+\frac{3}{4}\Delta$ 和 $-\frac{3}{4}\Delta$ 范围中都产生相同的数字量,那么,这个 A/D 转换器的精度为 $\pm\frac{1}{4}$ LSB。这是因为和精度为 ± 0 LSB(误差范围为 $\pm\frac{\Delta}{2}$)的 A/D 转换器相比,现在这个 A/D 转换器的误差范围扩展了 $\pm\frac{1}{4}\Delta$。

类似的道理,如果模拟量在 $+\Delta$ 到 $-\Delta$ 范围中部产生相同的数字量,那么,这个 A/D 转换器的精度为 $\pm\frac{1}{2}$ LSB。因为和精度为 ± 0 LSB 的 A/D 转换器相比,现在模拟量的允许误差范围扩展了 $\pm\frac{\Delta}{2}$。

2. 转换率

转换率的概念比较简单,它是用完成一次 A/D 转换所需要的时间的倒数来表示的,所以,转换率表明了 A/D 转换的速度。

比如完成一次 A/D 转换所需要的时间是 200ns,那么,转换率为 5MHz。

3. 分辨率

A/D 转换器的分辨率表明了能够分辨最小的量化信号的能力。通常用位数来表示 A/D 转换器的分辨率。对于一个实现 N 位转换的 A/D 转换器来说,它能分辨的最小量化信号的能力为 2^N 位,所以,它的分辨率为 2^N 位。比如,对一个 12 位的 A/D 转换器,分辨率为 $2^{12} = 2048$ 位。

9.3.2 模/数转换的方法和原理

实现模/数转换的方法比较多,常见的有计数法、权积分法和逐次逼近法。

1. 计数式 A/D 转换

计数式 A/D 转换的原理如图 9-12 所示。其中,V_i 是模拟输入电压,$D_7 \sim D_0$ 是数字输出,数字输出量又同时驱动一个 D/A 转换器,D/A 转换器的输出电压为 V_o。当 C=1 时,计数器从 0 开始计数,C=0 时,则停止计数。

具体工作过程如下:首先启动信号 S 由高电平变为低电平,使计数器清 0,当启动信号恢复高电平时,计数器准备计数。开始,D/A 转换器的输出电压 V_o 为 0,此时,运算放大器在同相端的输入电压作用下,输出高电平,从而使计数信号 C 为 1。于是,计数器开始计数,D/A 转换器输入端获得的数字量不断增加,使输出电压 V_o 不断上升。在 V_o 小于 V_i 时,运算放大器的输出总是保持高电平。

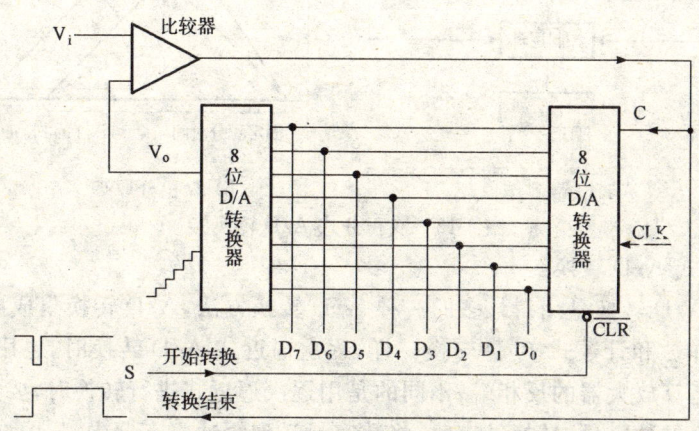

图 9-12　计数式 A/D 转换

当 V_o 上升到某个值时,会出现 V_o 大于 V_i 的情况,这时,运算放大器的输出变为低电平,即 C 为 0。于是,计数器停止计数,这时候的数字输出量 $D_0 \sim D_7$ 就是与模拟输入电压对应的数字量。计数信号 C 的负向跳变也是 A/D 转换的结束信号。它用来通知其他电路,当前已经完成一次 A/D 转换。

计数式 A/D 转换的缺点是速度比较慢,特别是模拟电压比较大时,转换速度更慢。设想对于一个 8 位的 A/D 转换器来说,计数器从 0 开始进行计数,如果输入模拟量为最大值,那么,要计到 255 时,才完成转换,这样,相当于需要 255 个计数脉冲周期。很容易算出,对于 12 位的 A/D 转换器来说,最长的转换时间达 4095 个脉冲周期。

2. 双积分式 A/D 转换

双积分式 A/D 转换的电路原理如图 9-13(a)所示。电路中的主要部件包括积分器、比较器、计数器和标准电压源。

一开始,电路对输入的未知模拟量进行固定时间的积分,然后转换为对标准电压进行反向积分,如图 9-13(b)所示。反向积分进行到一定时候,便返回起始值。可以看出,对标准电压进行反向积分的时间 T 正比于输入模拟电压,输入模拟电压越大,反向积分所需要的时间越长。因此,只要用标准的高频时钟脉冲测定反向积分花费的时间,就可以得到输入模拟电压所对应的数字量。即实现了 A/D 转换。

双积分式 A/D 转换的优点是精度高、干扰小,但是速度慢。

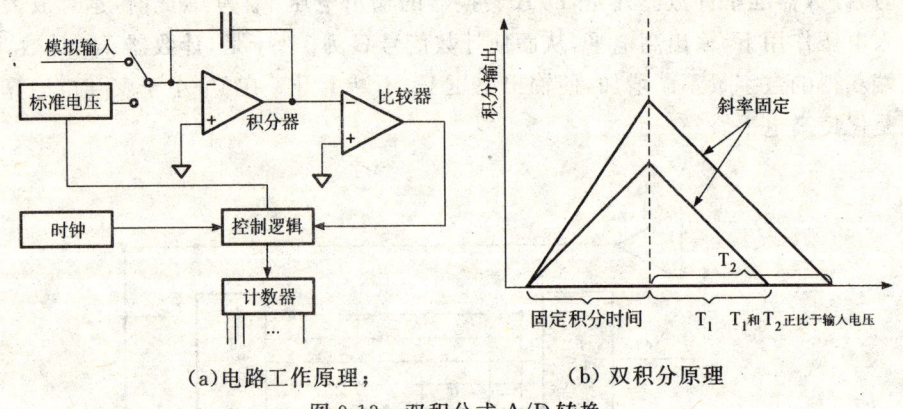

(a)电路工作原理;　　　　　　　(b)双积分原理

图 9-13　双积分式 A/D 转换

3. 逐次逼近式 A/D 转换

逐次逼近式 A/D 转换是用得最多的一种 A/D 转换方法,A/D 转换集成电路芯片通常都采用这种方式工作。和计数式 A/D 转换一样,逐次逼近式 A/D 转换时,也用 D/A 转换器的输出电压来驱动运算放大器的反相端,不同的是用逐次逼近式进行转换时,要用一个逐次逼近寄存器存放转换好的数字量,转换结束时,将数字量送到缓冲寄存器中,如图 9-14 所示。

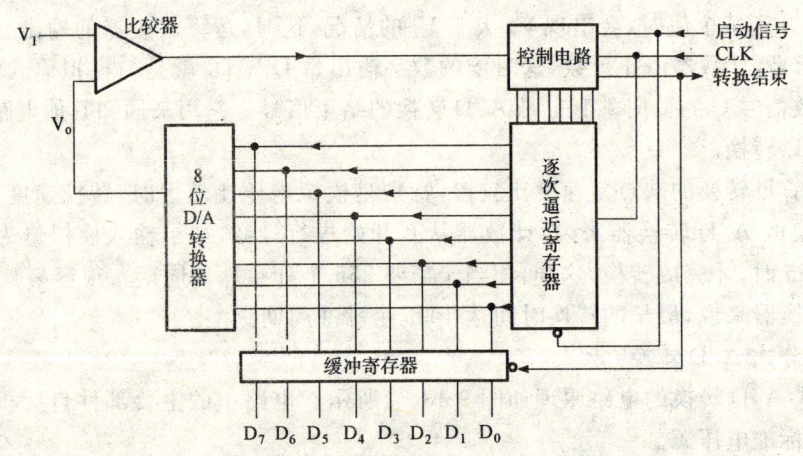

图 9-14　逐次逼近式 A/D 转换

当启动信号由高电平变为低电平时,逐次逼近寄存器清 0,这时,D/A 转换器输出电压 V_o 也为 0,当启动信号变为高电平时,转换开始,同时,逐次逼近寄存器进行计数。

逐次逼近寄存器工作时与普通计数器不同,它不是从低位往高位逐一进行计数和进位,而是从最高位开始,通过设置试探值来进行计数,具体讲,在第一个时钟脉冲时,控制电路把最高位送到逐次逼近寄存器,使它的输出为 10000000,这个输出数字一出现,D/A 转换器的输出电

压 V_o 就成为满量程值的 $\frac{128}{255}$。这时,如果 V_o 大于 V_i,那么,作为比较器的运算放大器的输出就成为低电平,控制电路据此清除逐次逼近寄存器中的最高位;如果 V_o 小于或等于 V_i,则比较器输出高电平,控制电路使最高位的 1 保留下来。

如果最高位被保留下来,那么,逐次逼近寄存路的内容为 10000000,下一个时钟脉冲使次低位 D_6 为 1。于是,逐次逼近寄存器的值为 11000000,D/A 转换器的输出电压 V_o 到达满量程值的 $\frac{192}{255}$。此后,如果 V_o 大于 V_i,则比较器输出为低电平,从而使次高位 D_6 复位;如果 V_o 小于 V_i,则比较器输出为高电平,从而保留次高位 D_6 为 1。再下一个时钟脉冲对 D_5 位置 1,然后根据对 V_o 和 V_i 的比较,决定保留还是清除 D_5 位上的 1……重复上述过程,直到 $D_0 = 1$,再与输入电压比较。经过 N 次比较以后,逐次逼近寄存器中得到的值就是转换后的数据。

转换结束以后,控制电路送出一个低电平作为结束信号,这个信号的下降沿将逐次逼近寄存器中的数字量送入缓冲寄存器,从而得到数字量输出。

从上面可以看到,用逐次逼近法时,首先将最高位置 1,这相当于取最大允许电压的 1/2 与输入电压比较,如果搜索值在最大允许电压的 1/2 范围中,那么,最高位置 0,此后,次高位置 1,相当于在 1/2 范围中再作对半搜索。如果搜索值超过最大允许电压的 1/2 范围,那么,最高位和次高位均为 1,这相当于在另外一个 1/2 范围中再作对半搜索……因此,逐次逼近法也常称为二分搜索法或对半搜索法。

用逐次逼近法时,如果设计合理,那么,用 8 个时钟脉冲就可以完成 8 位转换。在比较差的设计中,需要用几个时钟脉冲完成置位、复位,这样,转换时间会长一些。但是,总的说,用逐次逼近法进行 A/D 转换的速度是很快的。

4. 用软件和 D/A 转换器来实现 A/D 转换

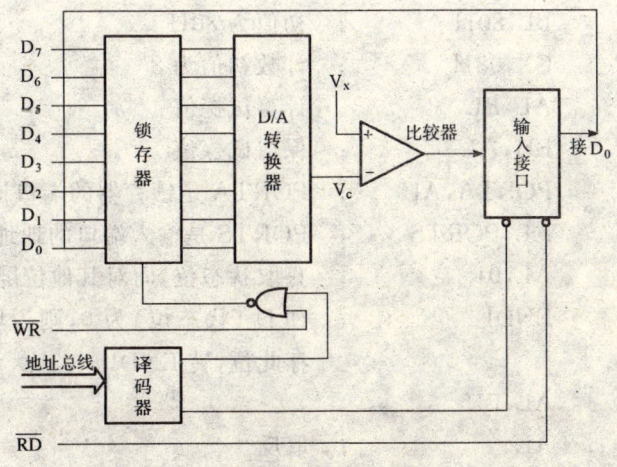

图 9-15 用 D/A 转换器实现的 A/D 转换

从计数式和逐次逼近式进行 A/D 转换的工作原理中，可以看出，A/D 转换功能也可以用软件和 D/A 转换器来实现。图 9-15 是一个简单的 A/D 转换电路，除了 D/A 转换器外，电路中还包括一个输入接口、一个比较器和一个锁存器。

下面，依照逐次逼近式的原理来看看图 9-15 电路进行 A/D 转换的过程和软件设计方法。

工作时，CPU 通过执行输出指令使最高位 D_7 为 1，此数据经过 D/A 转换，得到模拟电压 V_o，V_o 和转换电压 V_x 送到比较器进行比较，并通过输入指令读取比较结果。如果 V_o 大于 V_x，则 D_7 清 0，否则，D_7 保持 1。然后，D_6 置 1，并和 D_7 的值一起通过输出指令送锁存器，再进入 D/A 转换器进行转换，并由比较器和 V_x 进行比较，再读取比较结果，修改下一次的值。

比如，要实现 8 位的 A/D 转换，而待转换的一个模拟电压相当于数据量 121，那么，逐次逼近过程如表 9-1 所示。

表 9-1 逐次逼近过程的例子

设定的试探值	比较后的状态和修改方法	和
10000000	太大，故 D_7 改为 0	0
01000000	太小，故 D_6 保持为 1	64
01100000	64＋32＝96，仍太小，故 D_5 保持为 1	96
01110000	64＋32＋16＝112，仍太小，故 D_4 保持为 1	112
01111000	64＋32＋16＋8＝120，仍太小，故 D_3 保持为 1	120
01111100	64＋32＋16＋8＋4＝124，太大，故 D_2 改为 0	120
01111010	64＋32＋16＋8＋2＝122，太大，故 D_1 改为 0	120
01111001	64＋32＋16＋8＋1＝121，正好，故 D_0 保持为 1	121

实现上述逐次逼近过程的程序段如下：

```
START:  XOR   AX,AX       ; 累加器清 0
        MOV   BL,80H      ; 初值为 80H
        MOV   CX,08H      ; 计数初值为 8
AGAIN:  ADD   AL,BL       ; 计算试探值
        MOV   BH,AL       ; 保留试探值
        OUT   PORTA,AL    ; PORTA 是锁存器的端口地址
        IN    AL,PORTS    ; PORTS 是输入端口的地址，读取状态值
        AND   AL,01       ; 只取状态位，而对其他位屏蔽
        JZ    END1        ; 如 $D_0$（状态位）为 0，则说明试探值太小，故保
                          ;   存此位，转 END1
        MOV   AL,BL
        NOT   AL          ; 取反
        AND   AL,BH       ; 使这次的试探位为 0
```

```
            MOV    BH,AL          ;保存试探值
END1:       ROR    BL,1           ;右移,得到下一个试探值
            MOV    AL,BH
            LOOP   AGAIN          ;继续进行试探和测试
            ⋮                     ;后续程序段
```

比较起来,上述几种 A/D 转换方式中,计数式 A/D 转换的速度比较慢,但价格低,故适用于慢速系统。双积分式 A/D 转换的分辨率高,抗干扰性也比较高,适用于中等速度的系统。逐次逼近式 A/D 转换速度最快,分辨率高,在计算机用户采用的 A/D 集成电路芯片多数工作于这种方式。用软件和 D/A 芯片实现 A/D 转换的速度比较慢,但省硬件。

9.3.3 模/数转换器和系统连接时要考虑的问题

随着集成电路的发展,现在市场上已经有各种集成电路的 A/D 转换芯片,它们内部包含了 D/A 转换器、比较器、逐次逼近寄存器、控制电路和数据输出缓冲器。使用时,只要连接供电电源,将模拟信号加到输入端,往控制端加一个启动信号,A/D 转换器就开始工作。转换结束时,芯片经过一个输出引腿给出结束信号,通知 CPU 此时可读取数据。

A/D 转换芯片有各种型号,既有通用而廉价的 AD570、AD7574、ADC80、ADC0801(0802、0803、0804、0809),也有高精度高速度的 AD574、ADC1130、AD578、ADC1131,还有高分辨率的 ADC1210(12 位)、ADC1140(16 位),低功耗的 AD7550、AD7574 等。

不管是哪种型号的 A/D 转换芯片,对外引腿都是类似的。一般 A/D 转换芯片的引腿涉及这样几类信号:模拟输入信号、数据输出信号、启动转换信号和转换结束信号。A/D 芯片和系统连接时,就要考虑这些信号的连接问题。下面,逐一对这些问题进行讨论,再举例作具体说明。

1. 输入模拟电压的连接

A/D 转换芯片的输入模拟电压往往既可以是单端的,也可以是差动的,这种类型的 A/D 芯片常用 VIN(−)、VIN(+)或 IN(−)、IN(+)一类标号注出输入端,比如 ADC0804 就是这样的芯片,它的两个输入端为 VIN(−)、VIN(+)。如果用单端输入的正向信号,则把 VIN(−)接地,信号加到 VIN(+)端;如果用单端输入的负向信号,则把 VIN(+)接地,信号加到 VIN(−)端;如果用差动输入,则模拟信号加在 VIN(−)端和 VIN(+)端之间。

2. 数据输出线和系统总线的连接

A/D 转换芯片一般有两种输出方式。

有一类芯片输出端具有可控的三态输出门,比如 ADC0804,这种芯片的输出端可以直接和系统总线相连,由读信号控制三态门,转换结束后,CPU 执行一条输入指令,从而产生读信号,将数据从 A/D 转换器取出。

另有一类 A/D 转换器内部有三态输出门,但这种三态门不是受外部控制的,而是由 A/D

转换电路在转换结束时自动接通的。比如 AD570 就是这样的芯片,此外,还有某些 A/D 转换器甚至根本没有三态输出门电路。这些情况下,A/D 转换芯片的数据输出线就不能直接和系统的数据总线相连。而是必须通过 I/O 通道或者附加的三态门电路实现 A/D 转换器和 CPU 之间的数据传输。

至于 8 位以上的 A/D 转换器和系统连接时,还要考虑 A/D 输出数位和总线数位的对应关系问题。这种情况下,可以采用两种方法之一。一种方法是按位对应与数据总线进行连接,CPU 通过对字的输入指令读取 A/D 转换数据,另一种方法是用读/写控制逻辑将数据按字节分时读出,这样,CPU 可以分两次读得转换数据。用这两种方法时,当然都要注意 A/D 转换芯片是否有三态输出功能,如果没有可控的三态输出,则需外加三态门。

3. 启动信号的供给

A/D 转换器的启动信号一般有两种形式,即电平启动信号和脉冲启动信号。

有些 A/D 转换芯片要求用电平作为启动信号,比如 AD 570、AD571、AD572,对这类芯片,整个转换过程中都必须保证启动信号有效,如果中途撤走启动信号,那就会停止转换而得到错误结果。为此,CPU 一般要通过并行接口来对 A/D 芯片发启动信号,或者用 D 触发器使启动信号在 A/D 转换期间保持在有效电平。

另外一些 A/D 转换芯片要求用脉冲信号来启动,比如 ADC0804、ADC0809、ADC1210,对这种芯片,通常用 CPU 执行输出指令时发出的片选信号和写信号即可在片内产生启动脉冲,从而开始转换。

4. 转换结束信号以及转换数据的读取

A/D 转换结束时,A/D 转换芯片会输出转换结束信号,通知 CPU 读取转换数据。

CPU 一般可以采用 4 种方式和 A/D 转换器进行联络来实现对转换数据的读取。

第一种是程序查询方式。这种方式就是在启动 A/D 转换器以后,程序不断读取 A/D 转换结束信号,如果发现结束信号有效,则认为完成一次转换,因而用输入指令读取数据。

第二种是中断方式。用这种方式时,把转换结束信号作为中断请求信号,送到中断控制器的中断请求输入端。

实际上,有一些 A/D 转换芯片正是用 $\overline{INTR}$ 来标出转换结束信号端的。

第三种是 CPU 等待方式。这种方式利用 CPU 的 READY 引腿的功能,设法在 A/D 转换期间使 READY 处于低电平,以使 CPU 停止工作,转换结束时,则使 READY 成为高电平,CPU 读取转换数据。

第四种是固定的延迟程序方式。用这种方式时,要预先精确地知道完成一次 A/D 转换所需时间。这样,CPU 发出启动命令之后,执行一个固定的延迟程序,此程序执行完时,A/D 转换也正好结束,于是,CPU 读取数据。

如果 A/D 转换的时间比较长,或者同时有几件事情需要 CPU 处理,那么,用中断方式效率较高,因为在 A/D 转换期间,CPU 可以处理其他事情,但是,如果 A/D 转换时间比较短,中断方式就失去了优越性，因为响应中断、保留现场、恢复现场、退出中断这一系列环节所花去的时间将和 A/D 转换的时间相当，所以，此时可用 3 种非中断方式之一来实现转换数据的读取。

【例 9-1】 用带有可控三态门的 A/D 转换器进行 A/D 转换，且采用中断方式传输结果。

下面，以 ADC0804 作为 A/D 转换器来说明怎样用中断方式完成 CPU 和 A/D 转换器之间的数据传输。

ADC0804 是 8 位分辨率的 A/D 转换器，完成一次转换的时间为 100 μs，转换精度为 ±1 LSB。

ADC0804 的主要硬件特性如下：

① $\overline{CS}$ 和 $\overline{WR}$ 有效时，即启动转换。

② 片内有可控制的三态输出门，由 $\overline{RD}$ 信号控制三态门的开启。当 $\overline{CS}$ 和 $\overline{RD}$ 同时有效时，即可读出转换数据。

③ 转换结束时，$\overline{INTR}$ 端输出低电平；CPU 读取数据时，$\overline{INTR}$ 端复位，即为高电平。

从上面这些特点中可看到，ADC0804 带有可控三态输出门，所以，可以直接和系统总线相连。又由于它的转换速度比较慢，所以，采用中断方式传输转换数据，为此，电路中将 ADC0804 的转换结束信号端 $\overline{INTR}$ 作为中断请求信号输出端，如图 9-16 所示。

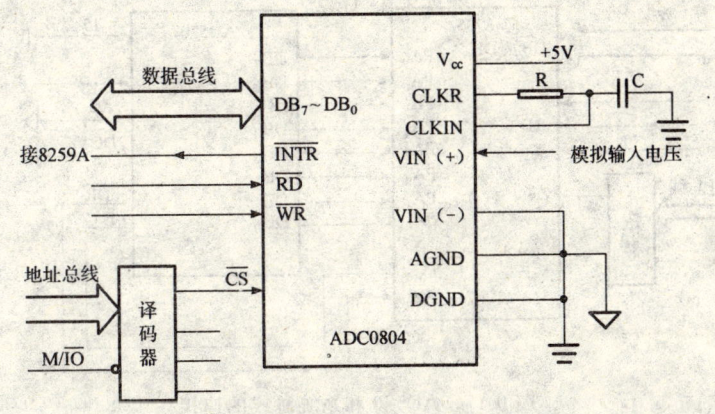

图 9-16 ADC0804 和系统总线的连接

采用中断方式时，程序非常简单。主程序中，只要一条输出指令即可以启动 A/D 转换。比如图 9-16 中，ADC0804 的端口号为 PORTAD，则在指令 OUT PORTAD, AL 执行后，A/D 转换器便开始转换。这条输出指令中，寄存器 AL 预先放什么内容是无关紧要的，执行这条指令的目的是为了得到有效的片选信号和写信号，使 ADC0804 受到启动。此后，便开始 A/D 转换过程。转换结束时，ADC0804 在 $\overline{INTR}$ 端输出一个低电平作为转换结束信号，此信号产生中断请求，CPU 响应中断后，便转去执行中断处理程序。中断处理程序中的主要指令是输入指令 IN AL, PORTAD，它用来读取转换结果，在这条指令执行时，片选信号 $\overline{CS}$ 和读信号 $\overline{RD}$ 有效，三态输出门开启，从而 CPU 获得转换数据，同时，$\overline{INTR}$ 端复位成高电平。

【例 9-2】 用不带可控三态门的 A/D 转换器实现 A/D 转换,且分别采用程序查询方式及等待方式来读取转换结果。

在这个例子中,以 AD 570 为具体对象对有关问题进行说明。

AD570 需要加上 +5V 和 -15V 电源才能够工作,完成一次 A/D 转换的时间为 25 μs,精度为 ±2 LSB。

AD570 内部带有三态输出门,但不是外部可控的。A/D 转换结束时,三态门会自动接通,因此,从转换结束到取走数据这段时间内,输出数据线始终被占据,这样,AD570 就不能直接和系统总线相连。

AD 570 的输入模拟电压可为单极性,也可为双极性,极性可以通过标为 BIPOLAR OFF 的 15 脚的不同接法来选择。当 15 脚接地时,为单极性输入,此时,输入模拟电压变化范围为 0~+10V;如 15 脚悬空,则为双极性输入,变化范围为 -5V~+5V。

AD 570 要求用一个低电平作为启动信号,启动信号输入端称为 $\overline{B/C}$(BLK/$\overline{CONV}$)。

转换结束信号为 $\overline{DR}$(DATAREADY),每完成一次转换,芯片在 $\overline{DR}$ 引脚输出一个低电平,以通知 CPU 可取走转换数据。

图 9-17 是 AD 570 和系统总线的连接图。

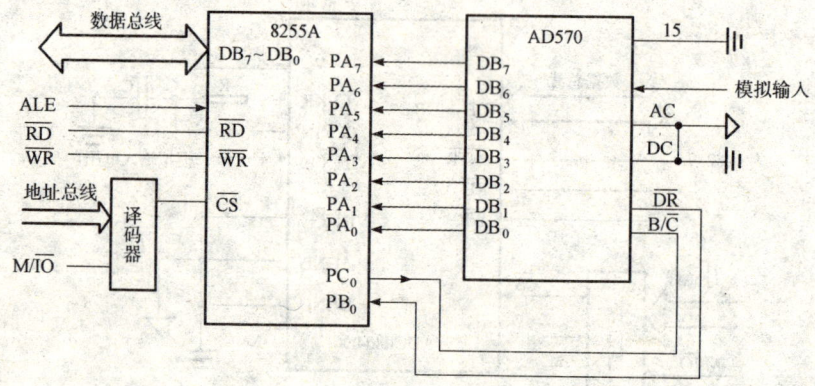

图 9-17 AD570 和系统总线的连接

从图 9-17 中看到,在 AD570 和系统总线之间连接了并行接口 8255A。8255A 的端口 A 连接 A/D 转换器的数据端,工作在输入方式。端口 B 也工作在输入方式,PB_0 和转换结束信号 $\overline{DR}$ 相连,因此,用程序读取 PB_0 的值并进行判断,便可得知 A/D 转换是否完成。端口 C 工作在输出方式,PC_0 连接 A/D 转换芯片的启动信号端 $\overline{B/C}$。在工作时,CPU 用输出指令将 PC_0 置为 0,这样,使 AD570 的 $\overline{B/C}$ 端得到一个低电平,从而启动转换。此后,用输入指令不断读取端口 B 的数据,并进行测试,以判断 PB_0 是否为 0,如 PB_0 为 0,则说明完成一次 A/D 转换,故 CPU 可从端口 A 读取转换结果,否则继续查询。

下面就是用查询方式读取转换结果的程序段:

READAD:	MOV	AL,92H	;	方式字,使端口 A、B 为输入方式,端口 C 为输出方式
	OUT	PORTCT,AL	;	PORTCT 为控制口地址,设方式字
	MOV	AL,01		
	OUT	PORTC,AL	;	使 PC_0 为 1,PORTC 为 C 端口地址
	MOV	AL,00		
	OUT	PORTC,AL	;	使 PC_0 为 0,启动 A/D 转换
W:	IN	AL,PORTB	;	读取端口 B 中的状态
	RCR	AL,01	;	如 PB_0 为 1,则再查询
	JC	W		
	MOV	AL,01		
	OUT	PORTC,AL	;	使 PC_0 为 1,撤销启动信号
	IN	AL,PORTA	;	读取转换数据

图 9-18 是用 AD570 作为 A/D 转换芯片、CPU 工作于等待方式的电路图。8255A 仍连接在系统总线和 A/D 转换器之间,8255A 的端口 A 工作于输入方式,用来传递转换结果,端口 C 工作于输出方式,用 PC_0 连接 AD570 的启动信号端 $B/\overline{C}$。

在 A/D 转换期间,$B/\overline{C}$ 为低电平,$\overline{DR}$ 为高电平,与非门 1 和与非门 2 使 READY 端处于低电平,这样,CPU 便处于等待状态。A/D 转换结束时,$\overline{DR}$ 端输出低电平作为转换结束信号,于是,READY 成为高电平,这样,CPU 结束等待状态而去读取 A/D 转换结果。

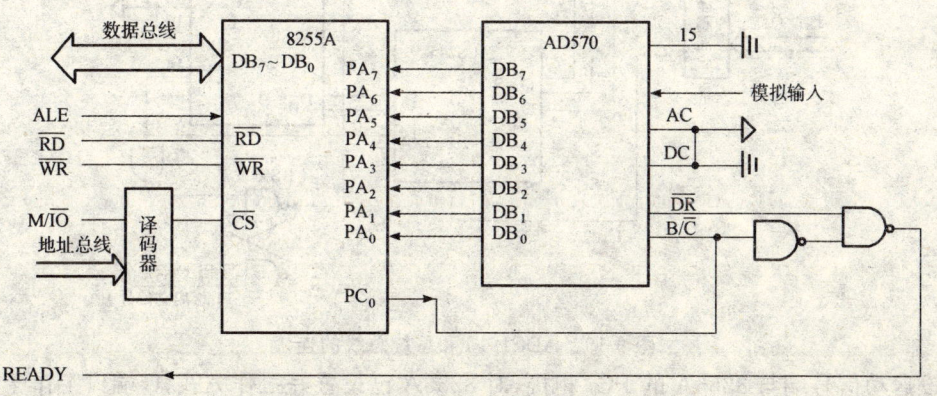

图 9-18 工作于 CPU 等待方式的连线图

用 CPU 等待方式时,程序设计变得极简单,只要对 8255A 设置方式字、并将 PC_0 置 0 来启动转换后,用一条输入指令读取结果就行了。

【例 9-3】 8 位以上的 A/D 转换器和系统的连接。

现在,用 ADC1210 来说明 8 位以上的 A/D 转换器和系统总线的连接。ADC1210 是 12

位的 A/D 转换器,转换时间为 100 μs。主要硬件特性如下:

① 芯片内有输出锁存器,但没有三态功能;
② 以脉冲作为启动信号,要求启动信号的宽度等于时钟周期,启动输入端为 $\overline{SC}$;
③ 转换结束信号为 $\overline{CC}$,低电平有效,一直维持到下次启动转换为止;
④ 转换结果以二进制反码输出。

图 9-19 是 ADCl210 和系统总线的连接图。

从图 9-19 中可以看到,由于 ADC1210 没有三态输出门,所以通过两片外接的三态门 74LS244 和总线相连。图中 RS 触发器的一个输入端加上 A/D 转换启动信号,启动信号由接口电路给出(图中未画),RS 触发器的功能是为了使 SC 端得到的芯片启动信号和时钟信号同步以保证满足宽度要求。

CPU 启动 A/D 转换以后,通过对转换结束信号 $\overline{CC}$ 进行查询来判断转换是否完成,如果 $\overline{CC}$ 端为低电平,则说明完成一次转换,于是,CPU 执行两条输入指令把 12 位的转换结果通过三态门 74LS244 读出。

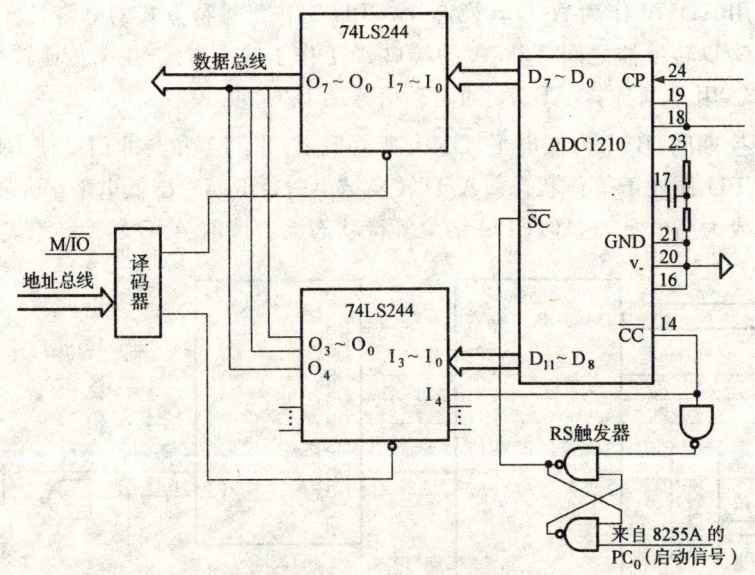

图 9-19 ADC1210 和系统总线的连接

设启动信号端与 8255A 的 PC_0 相接,对 8255A 已设置好工作方式,C 端口工作于输出方式。下面便是用查询方式读取 A/D 转换数据的程序段:

```
START:  MOV     AL,01
        OUT     PORTC,AL      ; PORTC 是 8255A 的 C 端口地址,启动 A/D 转换
WAIT1:  IN      AL,PORTH      ; 读取转换结束信号,PORTH 为高位三态门地址
```

```
        MOV   CL,5
        RCR   AH,CL      ; 右移5次
        JC    WAIT1      ; 如为高电平,则继续等待
        IN    AL,PORTH   ; 如转换结束,则读取高位数据
        AND   AL,0FH     ; 屏蔽高4位
        MOV   AH,AL      ; 保存转换结果的高4位
        IN    AL,PORTL   ; 读取低位数据
        ⋮                ; 后续处理
```

上面程序段执行完后,AX 中为转换结果。

9.4 采样保持电路

在实际系统中用到 A/D 转换时,如果 A/D 转换器的转换速度比模拟信号高许多倍,那么,模拟信号可以直接加到 A/D 转换器,但是,如果模拟信号变化比较快,那么,为了保证转换精度,就要在 A/D 转换之前加上采样保持电路,使得在 A/D 转换期间输入模拟信号保持不变。

采样保持电路有两种工作状态,一种是采样状态,一种是保持状态。在采样状态,输出随输入而变化,增益为 1;在保持状态,输出保持为某个值。

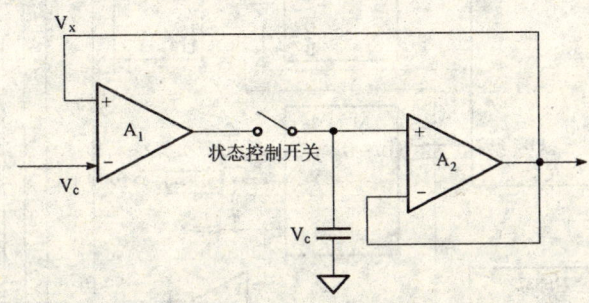

图 9-20 采样保持电路

图 9-20 为采样保持电路的原理图,从图中可看到,采样保持电路由输入缓冲放大器、输出缓冲放大器、保持电容和控制开关组成,两个放大器的增益均为 1。

采样保持电路先按采样方式工作,此时,开关闭合,输入放大器的输出端给电容快速充电。然后进入保持方式,此时,开关断开,由于运算放大器的输入阻抗很高,所以流入 A_2 的电流几乎为 0,这样,电容保持充电时的最终电压值,从而保证电路输出端的电压值维持不变。这便是采样保持电路的采样功能和保持功能。

采样保持电路大多集中在一个芯片中。市场上既有通用的采样保持电路芯片,如

AD583K、AD582K、LF398；也有高速的采样保持电路芯片，如 THS-0025、THS-0060、THC-0300、THC-1500；还有高分辨率的采样保持电路，如 SHA1144、ADC1130 等。使用时，可查询集成电路手册进行选择。

9.5 多路转换模拟开关

在实时控制和实时数据处理系统中，要求同时测量或控制几路甚至几十路信息，常用公共的 A/D、D/A 转换电路实现多个回路的转换，这样，就要求解决多个回路和 A/D、D/A 转换器之间的切换问题。通常，可采用的方法有两种。

第一种方法是用独立的多路转换模拟开关来轮流切换各回路和 A/D、D/A 之间的通路。对于 A/D 转换来说，要用到多路输入、一路输出的模拟开关电路；对 D/A 转换来说，要用到一路输入、多路输出的模拟开关电路。这两种电路都已经有集成电路芯片，比如 AD7501、AD7503 都是多路输入、一路输出的多路开关，CD4051、CD4052 是可以进行双向切换的多路开关，即既可以作为多路输入、一路输出的模拟开关，也可以作为一路输入、多路输出的模拟开关。

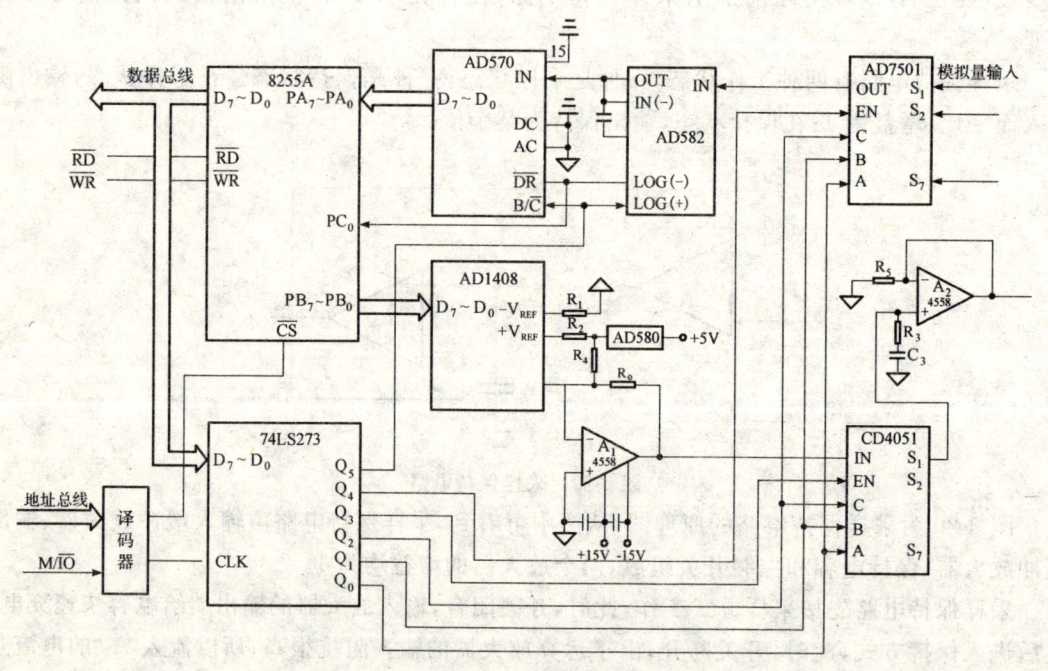

图 9-21　8 路模拟输入/输出和系统的连接

第二种方法是选择内部带多路转换模拟开关电路的 A/D、D/A 转换器，比如 ADC0809 就是内部带多路输入、一路输出切换开关的 A/D 转换器。

在本章最后,用一个综合性例子来说明 A/D、D/A 系统的连接。

图 9-21 是 8 路模拟输入、8 路模拟输出和系统总线的连接图。

图 9-21 中包含这样几个主要环节:

- A/D 转换芯片 AD570;
- 采样保持电路 AD582;
- 多路输入、一路输出的模拟开关电路 AD7501;
- D/A 转换芯片 AD1408;
- 一路输入、多路输出的模拟开关电路 CD4051;
- 并行接口 8255A;
- 8D 触发器 74LS273。

电路中,将 AD570 的 15 腿接地,因此,模拟电压为单端输入,范围为 0~10V。AD1408 的模拟输出电压为 0~+5V。

8D 触发器 74LS273 的 Q_0、Q_1、Q_2 为多路开关 AD7501 和 CD4051 提供公用的 3 位切换地址码,以实现对 8 个通道的选择;Q_3Q_4 为 CD4051 和 AD7501 提供允许信号;Q_5 作为采样保持电路 AD582 的控制信号,用来控制它工作在采样状态或保持状态,当 $Q_5=1$ 时,AD582 工作在采样状态,当 $Q_5=0$ 时,AD582 工作在保持状态;Q_5 同时也是 A/D 转换芯片 AD570 的启动转换信号,$Q_5=0$ 时启动转换,即采样保持电路进入保持状态时便开始 A/D 转换。

AD570 的转换结束信号送到 8255A 的 PC_0 端,转换结束时,$PC_0=0$。

电路工作在查询方式。CPU 通过执行输出指令启动转换以后,便不断读取端口 C 中的值,再判断 PC_0 是否为 0,如是,则完成一个 A/D 转换过程,于是读取转换数据,并对数据进行处理。然后往 D/A 通道输出转换结果。

AD580 是稳压块,用+5V 电源供电,它的功能是为 D/A 转换电路 AD1408 提供稳定而精确的参考电压,以保证转换精度。AD1408 的参考电压端 V_{REF} 通过电阻连接 AD580 的输出。

运算放大器 A2(4558)和电阻 R_3、电容 C_3 构成模拟量保持电路。因为 8255A 的端口 B 是分时往各通道传输数据量的,所以,端口中不能对某通道的数据量做保持。而是随着通道的切换来容纳相应的数据。这样,就会造成 D/A 转换后的模拟量也不能保持的情况,有了运算放大器 A_2、电阻 R_3、电容 C_3 构成的保持电路后,当多路开关 CD4051 接通某一个通道时,AD1408 输出的模拟量便向保持电容 C_3 充电,充电回路由 C_3、R_3、运算放大器 A_1 的输出阻抗和多路开关 CD4051 的接通电阻构成,此回路的总阻值很低,所以充电过程很快,这样,模拟信号的失真较小。

当多路开关 CD4051 断开时,电容 C_3 开始放电,放电回路由 C_3、R_3 和运算放大器 A_2 的输入阻抗构成。由于运算放大器的输入阻抗很高,所以,保持电容 C_3 放电过程很慢,这样,运算放大器 A_2 输出端保持多路开关切断时的模拟电压。